***ACCESO GRATIS** a la Lectura en la Nube*

Para visualizar el libro electrónico en la nube de lectura envíe junto a su nombre y apellidos una fotografía del código de barras situado en la contraportada del libro y otra del ticket de compra a la dirección:

ebooktirant@tirant.com

En un máximo de 72 horas laborales le enviaremos el código de acceso con sus instrucciones.

La visualización del libro en **NUBE DE LECTURA** excluye los usos bibliotecarios y públicos que puedan poner el archivo electrónico a disposición de una comunidad de lectores. Se permite tan solo un uso individual y privado

PRINCIPIOS GENERALES DEL DERECHO: Legitimidad, método y controversias en derecho administrativo y constitucional

Procedimiento de selección de originales, ver página web:
www.tirant.net/index.php/editorial/procedimiento-de-seleccion-de-originales

PRINCIPIOS GENERALES DEL DERECHO:

Legitimidad, método y controversias en derecho administrativo y constitucional

FRANCK MODERNE
Profesor emérito de la Université Paris 1 Panthéon Sorbonne
y de la Université de Pau et des Pays de l'Adour
Fundador del Institut d'études ibériques et ibérico-américaines, de Pau, Francia

Prólogo
EDUARDO GARCÍA DE ENTERRÍA
Profesor Emérito de la Universidad Complutense de Madrid

Compilación, traducción y estudio preliminar
ALEJANDRO VERGARA BLANCO
Profesor Titular [Catedrático] de Derecho Administrativo de
la Pontificia Universidad Católica de Chile

tirant lo blanch
Valencia, 2024

En caso de erratas y actualizaciones, la Editorial Tirant lo Blanch publicará la pertinente corrección en la página web www.tirant.com.

Dentro del control de los originales de libros de la colección Teoría de la Editorial Tirant lo Blanch, hemos establecido, además de los protocolos editoriales habituales, el sometimiento de estos a revisión ex ante por parte de dos pares académicos expertos. Este procedimiento redunda en la idoneidad de las obras que finalmente serán publicadas.

La primera edición de esta traducción y compilación se publicó bajo el título: *Principios generales de derecho público* (Editorial Jurídica de Chile, Santiago, 2005), 301 pp. Su segunda edición se publicó bajo el título *Principios generales del derecho. Método y aceptación en Derecho administrativo y constitucional* (Thomson Reuters, Santiago, 2017).
Traducción realizada con la autorización de los editores.

TEORÍA Segunda época
Colección dirigida por
Jorge Cerdio

© TIRANT LO BLANCH
EDITA: TIRANT LO BLANCH
C/ Artes Gráficas, 14 - 46010 - Valencia
TELFS.: 96/361 00 48 - 50
FAX: 96/369 41 51
Email:tlb@tirant.com
www.tirant.com
Librería virtual: www.tirant.es
DEPÓSITO LEGAL: V-3218-2024
ISBN: 978-84-1071-391-8

Índice Sumario

Nota introductoria y estudio preliminar

Alejandro Vergara Blanco

Prólogo

Eduardo García de Enterría

Principios generales del derecho: Legitimidad, método y controversias en derecho administrativo y constitucional

Franck Moderne

Parte I

Legitimidad y actualidad de los principios generales del derecho

Parte II

Métodos en materia de principios generales de derecho

Parte III
Aceptación de nuevos principios generales del derecho

Nota introductoria y estudio preliminar

Alejandro Vergara Blanco

Nota introductoria

Unas anotaciones introductorias sobre la temática de los textos aquí compilados, de su actualidad, del aporte que significa la teorización de Franck Moderne al respecto y, en fin, de la conexión de su autor con Hispanoamérica y España, pueden servir de prefacio a esta edición española.

1

El tema de los principios generales del derecho ha sido objeto de análisis de filósofos del derecho, de teóricos del derecho y de juristas positivos. Igualmente ha sido incorporado en varios casos, ya de manera explícita o implícita, a la normativa legal o constitucional de varios países, entre otros del nuestro. En fin, la jurisprudencia, en especial aquella que resuelve casos de Derecho administrativo (esto es, del llamado contencioso administrativo), suele recurrir a los principios generales del derecho.

Es en la jurisprudencia administrativa, más que en otras materias y disciplinas, en donde los principios generales del derecho han tomado carta de ciudadanía y han sido tradicionalmente acogidos en sus decisiones. Todo lo cual ha significado una verdadera revolución del contenido y significado de las fuentes del derecho; en efecto, en nuestras democracias, que en este sentido se nutren de las bases de la Revolución Francesa, se ha instalado desde el siglo XIX el llamado principio de legalidad, a partir de lo cual parecía que la sola Ley cubriría todo el espacio asignado a las fuentes del derecho, lo que habría significado un monopolio de esa fuente del Derecho. Así, por ejemplo, en Chile el Código Civil, que comenzó a regir en 1857, exaltó de tal modo a la ley que puso en un lugar secundario a la costumbre y no se refirió siquiera a los principios sino al espíritu general de la legislación y a la equidad natural, como método interpretativo. Esa es por lo demás, la visión que exaltó la tradición filosófica del positivismo, cerrando así el paso a cualquier otra manifestación de valores sociales que no hayan sido capturados por las leyes. Todo lo cual desencadenó durante el siglo XX en arduas discusiones dogmáticas, teóricas y aún filosóficas.

Pero, en medio de esas discusiones, análisis y posiciones antagónicas en la tradición francesa de nuestra disciplina ya se manifestó a mediados del siglo XX la presencia y reconocimiento explícito de los principios generales del derecho, como fuentes autónomas, a través de la jurisprudencia de su Consejo de Estado francés (que, como sabemos, es el tribunal de lo contencioso administrativo más prestigiado de Occidente); paradojalmente, ello ocurrió en la patria del legalismo (el sintagma es de Carl Schmitt) y de allí han operado influencias a otros países. La historia es conocida: en el recurso *d'excés de pouvoir* ante el Consejo de Estado, basado en las denuncias de los ciudadanos en contra de decisiones administrativas, se comienza a desarrollar primero, desde el siglo XIX, una jurisprudencia relativa a la violación de la ley por los órganos administrativos; pero luego, y esta es la gran novedad e *inventio* de ese célebre Consejo, a mediados del siglo XX perfecciona a tal punto el recurso d'excés de pouvoir que lo extiende a la violación de valores jurídicos que están más allá de la ley, al incorporar las infracciones a los principios generales del derecho; incluso denominándolos de ese modo. Técnica ésta que se usó al inicio en unos pocos casos, con posterioridad plagó su jurisprudencia. Eso significó incorporar como fuente del derecho, al lado de la ley (y por sobre el reglamento, por lo tanto), a los principios. De ahí que en nuestra disciplina las evanescentes discusiones puramente filosóficas (cuya esterilidad es de ordinaria ocurrencia, al decir de García de Enterría) no tuvieron cabida, pues en la praxis hubo siempre suficiente material normativo y jurisprudencial como para poder ofrecer formulaciones técnicas sobre los principios generales del derecho.

2

Hay precedentes doctrinarios relevantes en nuestra disciplina en este tema de los principios generales del derecho, pues este es terreno favorito de juristas avezados y reconocidos, de cuyos esfuerzos todos los demás nos nutrimos. Es el caso del señero trabajo de Eduardo García de Enterría, *Reflexiones sobre la Ley y los principios generales del derecho*, publicado por vez primera en la *Revista de Administración Pública*, en 1963 y luego, unido a otros trabajos suyos, fue convertido en un célebre libro, en 1984. Gran parte de esta visión sobre los principios generales del derecho es incorporada en el famoso *Curso de Derecho administrativo* publicado por aquél junto a Tomás Ramón Fernández, a partir de 1974, recogiendo así un fenómeno que comenzó a calar, poco a poco, en la jurisprudencia de la sala del contencioso administrativo del Tribunal Supremo español.

Así, el tema técnico de los principios generales del derecho se ha insertado en la praxis de la disciplina desde mediados del siglo XX en Francia y luego en los demás países europeos, lo que ha sido posibilitado por Constituciones y leyes (a través de su invocación al Derecho, por ejemplo, evitando así el monopolio legalista) y desarrollado por la jurisprudencia. Todo lo cual ha sido recogido por la doctrina en un fecundo diálogo. Es habitual que, en países de la esfera de influencia francesa, como es el caso de Bélgica, existan colectáneas sobre su actualidad y aplicaciones prácticas; puedo citar el completísimo libro *Les principes généraux de droit administratif. Actualités et applications pratiques*, Larcier, 2017, con una cuarentena de autores; los ejemplos podrían multiplicarse. En el panorama doctrinario francés es sólito que los libros de Derecho administrativo recojan la labor jurisprudencial creativa en torno a los principios generales del derecho; es usual la enumeración en diversos manuales al uso, de los valores jurídicos recogidos por la vía de principios, en diversos temas de la disciplina, de manera paralela a los valores o regulaciones incorporadas por el legislador; incluso sus textos doctrinarios suelen distinguir las normas legales de las normas jurisprudenciales, para dejar en evidencia en este último caso que los principios generales del derecho son también normas.

No ha ocurrido hasta ahora el mismo fenómeno entre nosotros en hispanoamérica, al menos con la extensión del caso francés, pues por ejemplo, en Chile, los principios jurídicos suelen ser motivo de sospechas de rompimiento de la legalidad estricta o de incorporación, por medio de una supuesta vía fraudulenta, de fundamentos de justicia material no democráticos, provenientes de tal o cual tradición o escuela filosófica. Fue lo que me movió en 2005 a compilar y traducir una serie de trabajos sobre el tema de un prestigioso jurista francés, como Franck Moderne, para mostrar ese fenómeno de la ampliación de fuentes del derecho, más allá de la mera ley, a través de los principios generales del derecho.

El tema de los principios generales del derecho no parece perder actualidad en la literatura hispanoamericana y española, no obstante ese panorama que señalo.

3

En uno de los escritos que aquí compilamos, el profesor Franck Moderne expone cómo el tema de los principios generales del derecho es uno de los más controvertidos del derecho contemporáneo, siendo innumerables los estudios monográficos, obras y tesis consagradas al tema en las diferentes lenguas europeas.

Como digo más arriba, esta no es la realidad chilena, y fue lo que operó en realidad como uno de los principales estímulos para traducir esta obra. En efecto, si bien existen destacables trabajos dedicados al tema, la atención prestada a él en nuestro país es esporádica, o cubre perspectivas que, si bien valiosas (como la Filosofía del Derecho), suelen dejar de lado su aplicación práctica al orden jurídico vigente, a través de la dogmática jurídica especializada. Para qué decir de la realidad jurisprudencial, tan poco analizada entre nosotros, la que no ha ofrecido últimamente una especial riqueza en cuanto a creación de principios jurídicos.

Se pregunta el profesor Moderne por la legitimidad del recurso a los principios generales del derecho, cuestionamiento que lo lleva a analizar la legitimidad del derecho mismo en nuestras sociedades, incluso aquellas perspectivas que discuten los fundamentos del derecho moderno, perfilando un derecho "posmoderno" o incluso "neomoderno". A partir de Weber, cree encontrar el profesor Moderne el germen de los principios generales del derecho en la "racionalidad" atribuida al orden jurídico en el derecho moderno, atribuyéndole a estos principios generales del derecho una legitimidad funcional: su contribución a forjar la coherencia del orden jurídico normativo y su utilidad para llenar las lagunas del derecho. Es en esta función de los principios generales del derecho de realización de un sistema jurídico coherente, señala el profesor Moderne, con prudencia y razón, que corresponde a los actores calificados de cada país, y aun de cada disciplina, verificar los principios que mejor ejercen ese rol, pues ello varía de país en país y de disciplina en disciplina.

Esta tarea es hoy fundamental, y marca el cuidado con que ha de ser leído este libro: los principios específicos o su contenido, aquí retenidos, han ejercido un papel relevante en Francia, y aun en Europa, como lo pone brillantemente en evidencia el profesor Moderne. Es evidente que esta técnica jurisprudencial y doctrinaria no tiene un mayor desarrollo en Chile.

Con esta traducción no se espera influir en una transposición pura y simple de los principios abordados en este libro, ni de su contenido, a los problemas que deba enfrentar nuestra jurisprudencia, pues ello no resultará posible ni adecuado en muchos casos, y podría ser excepcional su aplicación directa. Ello deriva de diferencias insalvables de historia jurídica y social, idiosincrasia y sistema jurídico vigente. Aun más allá de estas posibles transposiciones, que en caso de ocurrir siempre serán excepcionales, es la aplicación del método mismo de los principios generales del derecho la mayor utilidad que podemos visualizar para un lector chileno o de un sistema distinto, pero no ajeno, al francés; es la precisa técnica del recurso a los principios generales del derecho, más que el contenido de cada principio específico, la que nos ha servido de estímulo mayor para emprender esta tarea de traducción de los trabajos de Franck Moderne.

Entonces, para nosotros esta traducción es sólo el comienzo de una tarea, que será de gran utilidad para todos los juristas chilenos, incluso hispanos e iberoamericanos: tomar mayor conciencia del papel preciso que pueden llegar a ocupar los principios generales del derecho en nuestro sistema jurídico; de su rol para la coordinación, sistematización y coherencia de una disciplina jurídica y aun de un orden jurídico; y en fin, de las exigencias a que podemos someter a nuestros jueces judiciales y constitucionales para su formulación creativa.

La historia de esta traducción es sencilla, y quizás similar a otras del género. En los últimos años pude constatar el interés creciente en el tema, a través de la lectura de sus trabajos aquí reunidos, que fueron apareciendo en diversas sedes. Al presentar en su momento ante el profesor Moderne mi intención de traducirlos y reunirlos en un solo volumen, me manifestó lo ajeno que a la tradición editorial francesa era dicho tipo de obra; pero terminó por aceptarlo, lo que agradezco profundamente. Debo agradecer, igualmente, al profesor Eduardo García de Enterría el bello prólogo que dedica a esta obra, y en especial su entusiasmo y el estímulo que me transmitió para llevar a cabo este trabajo.

Esta traducción, además, marca una época de amplia colaboración entre el Programa de Derecho Administrativo Económico de la Facultad de Derecho de la Pontificia Universidad Católica de Chile y el Instituto de Estudios Ibéricos e Iberoamericanos de la Facultad de Derecho de la Universidad de Pau, en Francia, y la amistad con sus integrantes.

El profesor Moderne, fundador del Instituto y director por largos años, y su sucesor y posterior director, profesor Pierre Bon, realizaron una fructífera y generosa colaboración con nuestra Universidad, la que generó trabajos de derecho comparado, traducciones (como la que ahora se presenta) y tesis doctorales en cotutela, conferencias y sesiones de trabajo, traduciéndose en un constante estímulo por mejorar nuestro trabajo universitario. Los profesores Moderne y Bon animaron y potenciaron no sólo el trabajo profesional en las aulas de clase de nuestra Universidad, en especial de doctorado, sino que fueron participantes en varias ocasiones en las tradicionales *Jornadas chilenas de derecho público,* como consta en sus Actas anuales, expandiendo así su actividad a varias otras universidades chilenas, siendo ellos ampliamente conocidos por todos los colegas profesores de derecho público del país. Esta experiencia se replicó también con otros países de Hispanoamérica y, especialmente, con España.

En la traducción que ofrezco de esta obra del profesor Moderne he intentado en todo lo posible ser fiel a los términos del original francés, del que sólo me he despegado en la medida necesaria para hacerlo más comprensible según la sintaxis del castellano, y he mantenido casi todas sus expresiones más libres y su fino humor. Espero la indulgencia del autor y de los lectores ante eventuales traiciones al verdadero sentido del texto.

4

Ya agotadas hace largo tiempo las dos ediciones chilenas de esta traducción, ofrezco esta nueva edición enteramente revisada como un modesto aporte a los lectores de lengua castellana y un nuevo testimonio de mi profunda admiración hacia estos dos juristas y maestros del Derecho administrativo, a los que en este libro se une mi nombre sólo como un instrumento para alumbrarlos aún más: a Franck Moderne, autor de estos notables textos y a Eduardo García de Enterría, quien impulsó la traducción de estos, y que ofrece el bello prólogo que los precede.

Por una parte, Franck Moderne (1935-2017), retirado de la actividad académica en sus últimos años después de una incesante labor, en 2004, entre otras manifestaciones, fue objeto de dos reconocimientos:

i) de sus colegas franceses, europeos e iberoamericanos a través de un precioso homenaje: *Movement du droit public. Du droit administratif au droit constitutionnel. Du droit français aux autres droits. Mélanges en l'honneur de Franck Moderne* (París, Dalloz, 2004), 1264 pp. ; y,

ii) de una treintena de sus colegas hispanoamericanos, en un homenaje cuya circulación, lamentablemente, fue ensombrecida por la pandemia, pero cuyo recuerdo perdura entre nosotros: *Itinerario latinoamericano del derecho público francés. Homenaje al profesor Franck Moderne.* Directores: Hubert Alcaraz y Alejandro Vergara Blanco. Valencia, Tirant lo blanch, 2019.

Sirva entonces esta nueva edición de sus notables y relevantes trabajos sobre los principios generales del derecho como un nuevo homenaje a su figura y obra. Desde 1990 visitó en múltiples ocasiones diversos países de Iberoamérica, en donde aún resuena su recuerdo, participando como uno más en tradicionales jornadas de Derecho administrativo y constitucional o en diversas actividades académicas, como cursos, coloquios o conferencias. El estilo, profundidad y originalidad de cada uno de sus trabajos es notable, y la compilación que ofrezco es una buena muestra de ello; de ahí que su obra es de una gran significación para el Derecho público francés e iberoamericano.

Por otra parte, Eduardo García de Enterría (1923-2013), jurista de una obra sin igual, amigo y compañero de Franck Moderne, siempre estuvo muy interesado en esta traducción y en su reedición. Sus escritos han venido alimentando el intelecto de ejércitos de estudiosos, y justifican por sí solos toda una biblioteca. Su influencia es enorme, no sólo en España, sino también en Iberoamérica. Fue y es, sin lugar a duda, el más grande jurista de derecho público y administrativo de lengua hispana de la segunda mitad del siglo XX, con cuyos escritos se formaron varias generaciones de juristas españoles, hispanoamericanos y, en especial chilenos, entre los que me cuento con orgullo y agradecimiento. Por la vía de sus múltiples libros, centenares de publicaciones y esa maravillosa generosidad de palabra y acogimiento sin límite con que prodigaba a quienes se le acercaran, ha dejado una huella tan honda que no hay casi nadie del mundo jurídico que no haya escuchado alguna cita o recuerdo suyo. Es muy significativo que una de sus piezas magistrales se encuentre en forma de prólogo en este libro, en donde nos prodiga, de un modo sintético, los desarrollos doctrinarios y de método jurídico precisos para ser la antesala de este libro, que ahora ofrezco como un nuevo homenaje a ambos maestros.

Casi a dos década de su primera edición en 2005, cabía aquilatar la actualidad de estos textos para jueces y juristas íberos e iberoamericanos. Parece oportuno insistir en la necesidad de prestar atención a la técnica de los principios generales del derecho, tema sobre el cual los autores administrativistas casi sin excepción han cerrado sus ojos, al menos en Chile. Es la jurisprudencia la que ha ido, poco a poco, en un inicio con cierta lentitud y circunspección, mostrando tímidamente una apertura a abandonar su ya arcaica actitud de híper legalismo; pero luego con naturalidad y franca asertividad, de lo cual han sido muestra relevante muchas decisiones de los últimos años, en que nuestros jueces ya se han acostumbrado a ir "más allá" de la ley, pero con la razonabilidad y compañía de esta técnica de los principios generales del derecho. Y ello, casi sin que una amplia porción de la doctrina se halla dado cuenta siquiera de la profundidad del fenómeno. Algunas noticias doy sobre este aserto en el Estudio preliminar que sigue a esta nota introductoria.

Esta antigua actitud recelosa de la jurisprudencia con los principios generales del derecho en los casos administrativos podía ser considerada coherente en medio del recurso de casación, el más legalista de los recursos, según el cual la infracción "del derecho" es equivalente a la infracción "de las leyes", recurso que no ofrece casi ningún abono a esta técnica; pero, los principios generales del derecho, de un modo casi silencioso, han ayudado a nuestra jurisprudencia a rehuir de dos extremos: del literalismo (que a veces es sólo aparente o una mera excusa retórica) o de un velado activismo filosófico o ideológico de las ideas del propio juez (que es una actitud antidemocrática). Pues, como en este libro queda en evidencia, en el derecho comparado que se muestra, el recurso a los principios generales del derecho fortalece el Estado de derecho y la democracia.

ALEJANDRO VERGARA BLANCO

Estudio preliminar: **Los principios generales del derecho como fuente del Derecho administrativo**

ALEJANDRO VERGARA BLANCO
Pontificia Universidad Católica de Chile

Son los principios, como contrapunto del derecho positivo, los que organizan e informan las múltiples reglas disponibles para el régimen de las instituciones del ordenamiento jurídico.

(Franck Moderne, extracto del discurso de aceptación a su investidura como Doctor *Honoris Causa* por la Universidad Complutense de Madrid, 10 de mayo de 2000, tras la *laudario* pronunciada por el Profesor Eduardo García de Enterría y Martínez-Carande)

Si se estudia la controversia que despierta en el derecho contemporáneo el tema de los principios generales del derecho, no puede ignorarse la obra escrita al respecto por Franck Moderne. Un listado de los trabajos de Franck Moderne sobre teoría del derecho, en especial aquellos relativos a principios, están listados en: *Movement du droit public. Du droit administratif au droit constitutionnel. Du droit français aux autres droits. Mélanges en l'honneur de Franck Moderne* (París, Dalloz, 2004), p. X; y casi todos ellos forman parte de esta compilación.

Al abordar la legitimidad del recurso a los principios generales del derecho con la mirada propia de un jurista, marca distancia de los aportes que a esta cuestión han entregado las ciencias fronterizas (como la filosofía del derecho), valiosos pero carentes de la perspectiva epistemológica necesaria para aproximarse a la función de los principios en la praxis jurídica. Franck Moderne no cede a la tentación de muchos juristas que al analizar este tema asumen alguna de las siguientes dos actitudes: o se quedan en un franco legalismo (buscando los principios en medio de las leyes, como si fuesen lo mismo) o se escapan a la filosofía (buscando los principios en sus propias convicciones).

Parece entonces oportuno insistir en la necesidad de prestar atención a la técnica de los principios generales del derecho, tema sobre el cual los autores administrativistas casi sin excepción han cerrado sus ojos en nuestro país. Es la jurisprudencia la que ha ido, poco a poco, con cierta lentitud y circunspección, mostrando tímidamente una apertura a abandonar su ya arcaica actitud de híper legalismo; de ello han sido muestras relevantes decisiones de los últimos años, en que nuestros jueces ya se han acostumbrado a ir "más allá" de la ley, pero con la razonabilidad y compañía de esta técnica de los principios generales del derecho. Y ello, casi sin que una amplia porción de la doctrina se halla dado cuenta.

Esta antigua actitud recelosa de la jurisprudencia con los principios generales del derecho en los casos administrativos podía ser considerada coherente en medio del recurso de casación, el más legalista de los recursos, según el cual la infracción "del derecho" es equivalente a la infracción "de las leyes", recurso que no ofrece casi ningún abono a esta técnica; pero, los principios jurídicos, de un modo casi silencioso, han ayudado a nuestra jurisprudencia a rehuir de dos extremos: del *literalismo* (que a veces es sólo aparente o una mera excusa retórica) o de un velado activismo filosófico o ideológico de las ideas del propio juez (que es una actitud antidemocrática). Pues, como queda en evidencia en la obra que Franck Moderne le dedicó al tema, el recurso a los principios fortalece el Estado de derecho y la democracia (Véase la nota que inserto *supra* a esta compilación).

Mi intento es ofrecer algunos argumentos para una teoría de los principios generales del derecho (argumentos que también ofrezco en: Vergara, 2018). Este escrito, que inserto aquí como estudio preliminar de esta compilación, es notorio que sigue la senda que sobre el tema abrió Franck Moderne.

INTRODUCCIÓN: LOS PRINCIPIOS COMO FUENTE DE DERECHO

a) Valores de justicia material, más allá de la ley

El Derecho no está formado únicamente por normas positivas, sino también por principios generales del derecho que tienen una relevada importancia por la falta de sistematicidad y gran variedad de normas, de distinta jerarquía y con contenido diverso, que intentan regular con plenitud cada realidad jurídica sectorial o especial; cada trozo singular de la vida en sociedad.

Detrás de estos principios generales del derecho están, por cierto, los valores materiales y morales de las sociedades contemporáneas; en los cuales se sustenta toda rama del Derecho. Pero en cada rama adquieren una identidad o fisonomía propia, pues tienen que ver con una tecnicidad particular de las instituciones de cada especialidad del Derecho. Cuando nos referimos a un principio específico, nos estamos refiriendo a unos concretos y específicos valores o sentimientos o convicciones populares, que, en su contraste con el dato objetivo que es la ley (que regula cada relación jurídica) y el dato subjetivo, los derechos subjetivos (lo que esperan y entienden los ciudadanos por una relación justa, cierta o segura), encuentran su verificación práctica.

b) Los principios como obra de la jurisprudencia y doctrina

Los principios jurídicos que inspiran el ordenamiento jurídico, son fruto y desarrollo de la vida jurídica; "no proceden por deducción de primeras verdades morales, sino que son principios técnicos, que articulan sobre todo el mecanismo básico del Derecho, que son las instituciones; y su desarrollo y perfección es un fruto de la vida jurídica, un hallazgo a través del manejo de problemas concretos, y es la obra por excelencia de la jurisprudencia y de la doctrina, actuando en recíproca interrelación" (García de Enterría, 2004: 91).

La conciencia cada vez mayor de la relevancia de los principios es notoria en las más maduras reflexiones actuales de la doctrina y la teoría del derecho (Vid. el espléndido trabajo de madurez de Cassagne 2009, passim; reeditado en 2015 y 2021).

c) La doble legitimidad democrática de los principios generales del derecho

Los principios encuentran su legitimidad en el hecho de que el legislador, al crear las leyes, no puede ponerse en todos los casos, de modo que las lagunas jurídicas son producto de dicha limitación del legislador, la cual ciertamente es razonable porque no es posible prevenir todo en el proceso legislativo. Los principios generales del derecho se encuentran doblemente legitimados: tanto *orgánicamente*, pues le corresponde a los jueces como órganos del Estado su constatación, como *funcionalmente*, pues se produce su operatividad ante las anomias de las reglas (esto es evidente en los escritos de Moderne que aquí compilamos). En el orden institucional podemos constatar esa doble legitimidad:

i) la *legitimidad orgánica* de los principios se configura así: la Constitución chilena (art.76 inc.2°) prohíbe a los jueces excusarse de resolver un asunto sometido a su conocimiento ni aún por falta de ley que resuelva la contienda (a raíz del principio de inexcusabilidad), con el objeto de cumplir su fin último: la paz social. Es la consecuencia del *non liquet*.

ii) *la legitimidad funcional* se configura así: En nuestro sistema se reconocen entonces (por este art. 76 inc.2° CPR) las lagunas legales y es en esa hipótesis de anomia que los principios jurídicos generales del derecho toman protagonismo. De este modo no podría sostenerse que la aplicación de los principios es *contra legem*, dado que los principios cumplen precisamente una función de reemplazo y relleno de lagunas en aquellos casos en que no hay ley; así, a contrario, a través de esta técnica no se produce ni la derogación ni el quebranto del derecho legal formalmente vigente.

Así ante la ausencia de derecho escrito la propia institucionalidad ha posibilitado el accionar del derecho no escrito.

1. CONOCIMIENTO Y ACEPTACIÓN DE LA FUNCIÓN DE LOS PRINCIPIOS EN NUESTRA CULTURA JURÍDICA

a) Conocimiento y reconocimiento de los principios

En nuestro país falta una conciencia social y erudita de los principios jurídicos como fuentes del Derecho. Los principios constituyen un producto cultural precioso que ofrecen los jueces y juristas; están más allá de las leyes, de cada propuesta filosófica (iusnaturalista, positivista, o de cualquier otra filosofía militante), y lejos de las convicciones internas del intérprete; están en la realidad inmanente del derecho vivido en sociedad, cuyo reconocimiento marca el pulso de cada sociedad. Su reconocimiento y la conciencia de su relevancia en nuestro sistema de justicia puede darle otro tono a nuestra democracia: más densa, más robusta, más justa.

En la jurisprudencia (de los jueces en su conjunto) y en la doctrina (de los juristas intelectuales eruditos, en sus tratados) se descubre (a través de la interpretación y de los principios) una de las dimensiones y fuentes más palpitante del Derecho en la sociedad: el espíritu del pueblo, el derecho vivido (que es distinto a la ley; es la llamada "costumbre"). Ambos se distancian, así, de la ley, por la vía de los principios que viven en medio del pueblo. Los roles de jueces y juristas en la democracia son similares (ayudan al sistema de derecho en la resolución de conflictos) y su imperativo es la tolerancia al sistema de fuentes, compuesto por la ley (interpretándola) y los usos sociales o costumbres (principios ponderándolos). En el caso de los principios, los jueces y juristas más bien los descubren y no los crean o inventan de sus propias convicciones; de ahí la necesidad de que ambos no se politicen, pues así no “manipulan” tales principios. Los aportes de estos actores del mundo jurídico sirven como conexión entre el sentimiento popular y el legislador, y constituyen una real manifestación de la conciencia social de su tiempo; de ese modo cumplen y completan el rol de fuente del Derecho que tiene sus respectivas tareas.

Y ese mejor conocimiento de los principios, al nivel doctrinario, debe ser por especialidades.

b) Los principios en los escritos de juristas

Es curioso el fenómeno en la doctrina nacional, pues pareciera que esto de los principios solo fuese tema de filósofos del derecho militantes de alguna tradición filosófica, pero los filósofos muy pocas veces (o casi nunca) “descienden” a la praxis de la aplicación o adjudicación del derecho. No obstante, la tradición positivista niega la existencia de los principios (Véase Squella, 2013: 23, quien señala que “no hay más derecho que el derecho positivo”); y la tradición iusnaturalista los conecta con la verdad revelada o racional, según los casos (Véase Corral Talciani, 2003: 9-17). Sin perjuicio de la validez filosófica de tales planteamientos (que aquí no se analiza ni se pone en duda), esa no es una respuesta que rinda frutos en la praxis de la aplicación de las fuentes democráticas del derecho.

Es curioso que en la Doctrina comparada existan al menos cinco tradiciones muy destacadas de los principios:

i) la más famosa, la iniciada por Dworkin del derecho anglosajón, con ejemplos jurisprudenciales de EE. UU., en especial;

ii) la tradición de la doctrina alemana, de Europa continental, a partir de los trabajos de Esser, Larenz y últimamente, en especial, de Alexy;

iii) en Italia, existe igualmente una tradición de autores preocupados de los principios; desde Betti, Del Vecchio, e incluso Bobbio, Guastini, es indiscutible el tema y los análisis sobre principios;

iv) en España, del trabajo de García de Enterría (uno de los primeros lectores de Dworkin en España, incluso antes de su traducción), y de la propuesta más completa de Atienza y Ruiz Manero (1996); y,

v) Francia es un caso muy especial, pues no se ha producido un franco reconocimiento doctrinario primero (como en los casos anteriores); existe una escasa teorización de la doctrina francesa al respecto, pero sí se ha generado anticipadamente (y con un uso explícito de la terminología (*"principes généraux du droit"*) un reconocimiento expreso y constante por la jurisprudencia, tanto de derecho administrativo (en el *Conseil d'État*) como de derecho constitucional (en el *Conseil Contitutionnel*).

Esa tradición comparada es riquísima, y toda esa jurisprudencia y todos esos textos doctrinarios están a la vista de los autores nacionales; pero esos textos pasan en buena parte desapercibidos, como si fuera un tema de filósofos o de las tradiciones extranjeras, pero sin utilidad en la escena de fuentes nacional; en especial, es notorio ese desapercibimiento por los especialistas de la lagunosa disciplina del Derecho Administrativo, el mayor caldo de cultivo de la técnica de los principios jurídicos a nivel de derecho comparado. Se desconoce, o se niega, o se olvida la teoría y técnica de los principios jurídicos. En efecto, pareciera que hay olvido o desinterés en Cordero (2015); y en Cordero y Aldunate (2013); especialmente este último texto, dedicado precisamente a las "fuentes" del derecho chileno, ni siquiera se los menciona. Hay otro caso, en que expresamente se ofrece un desarrollo de la técnica, como fuente no escrita: Bermúdez (2014).

Unas notables Jornadas, desarrolladas en Chile en 2013 (editadas por Carbonell, Coloma y Letelier), dedicadas a los principios, constituyen una verdadera excepción al curioso desinterés sobre el tema en nuestro país; pero, al revisar sus actas, podemos apercibirnos que pareciera que podría concluirse de ellas que en algunos casos fueron más bien dedicadas a negar tal técnica; pues casi todos los autores que concurrieron a ellas sostienen que los principios son equivalentes a reglas; esto es, reafirman la tradición analítica del positivismo filosófico que niega la existencia de principios.

A pesar de la mala fortuna de los principios en su teorización o racionalización en nuestro país, los jueces parecen utilizar de modo constante esta técnica de los principios en muchas de sus sentencias; y lo hacen con total naturalidad, de un modo silente, y con tal perspicacia, que ni cuenta se da nuestra doctrina que es en verdad esta técnica la que utilizan los jueces, y que en todos los casos en que observan lagunas o casos difíciles no están siendo nada legalistas (ello es obvio, pues no hay enunciado que citar en estricto rigor; aunque por aquí o por allá algún texto legal mencione a la pasada tales sentencias).

Ante esta práctica silente, pero legítima (democráticamente, como se dice), cabe entonces desenmascarar doctrinariamente este interesante y sustancioso hábito jurisprudencial, legítimo por lo demás, pero necesitado de un escrutinio fidedigno y perspicaz de su racionalidad. Ya no podemos seguir viviendo bajo el mito de que los jueces sólo y únicamente aplican las leyes (y que por lo tanto son única y supuestamente legalistas); eso no es exacto, pues son también principialistas; y eso no es ningún pecado democráticamente hablando, en la medida que la discrecionalidad que los jueces ejercen al utilizar esta técnica, se mantenga dentro de los márgenes de racionalidad de lo que debamos entender por principios: un margen de lo que, en la conciencia popular, puede reemplazar democráticamente a una inexistente ley.

Pues, al poner ante la luz la efectiva aplicación de esta técnica, nos permitiría aplicar una crítica correspondiente; y distinguir, por ejemplo:

1°) Por un lado, la aplicación de las reglas (leyes), cuando existen, las cuales se interpretan; de la aplicación, por la vía de su descubrimiento, de los principios, los cuales tienen otra técnica (ya no la interpretación): se ponderan (Véase los aportes de Dworkin y de Alexy en este sentido);

2°) ¿De dónde surgen los principios? No de las reglas (son distintos); no de la ideología personal del juez (eso es antidemocrático); ¿de la conciencia popular? ¿Son inmanentes al sistema?;

3°) Habría que hacer catálogos de reglas, por un lado; y de principios, por otro;

4°) Tipos de principios o de fenómenos o entidades similares o cercanos a los principios: los estándares; directiva; cúmulos de reglas; derechos fundamentales, por ejemplo, no son principios, pero se los confunde; en fin,

5°) ¿Son especiales, de cada disciplina? ¿Son generales? Es lo que se explica a continuación, al analizar el lugar de los principios en la estructura de fuentes y sus funciones.

2. *LOS PRINCIPIOS EN MEDIO DE LA ESTRUCTURA DE LAS FUENTES DEL DERECHO*

a) Dos son las fuentes democráticas del derecho: leyes y principios

Es curioso y sintomático observar, entonces, esa ambigüedad y contradicción en que habitualmente incurren muchos textos doctrinales respecto de lo que sean los principios. Si bien es esta una misteriosa y polisémica expresión.

Cabe mostrar la relevancia que ostentan los principios en nuestra conciencia jurídica, paralela y no excluyente respecto de las leyes: ambos conviven como fuentes del derecho; cabe observar la fuerza paralela que cada uno de estos dos fenómenos (leyes y principios) tienen en nuestro sistema jurídico. El caso de las leyes nadie lo discute, pues por sí mismas tienen coacción, como fuente democrática del derecho; pero el caso de los principios casi nadie lo reconoce. Los principios tienen una fuerza parecida a las leyes, la que proviene de una democracia subterránea: del espíritu del pueblo, del sentimiento jurídico popular. Los principios, jurídicamente, se incrustan en la doctrina de los autores y en la jurisprudencia de los tribunales; de ahí que se suele decir que por sí mismos son una verdadera fuente del Derecho; pero más bien son una fuente indirecta, dado que necesitan del barómetro de jueces y juristas para aflorar a la escena del Derecho.

Por una parte, se suele apoyar con mucho énfasis el estricto apego al texto de las leyes, se señala que los jueces, frente a la ley, quedan atados a su texto. De ahí que se busca sustentar que es esencial la lealtad que el juez debe a la ley, en especial a su texto. Esa es la posición y el pensamiento del juez Scalia, quien le da relevancia casi exclusivamente a la ley, a su literalidad, a su interpretación razonable como se dice, pero el juez Scalia y quienes así lo sustentan, solo concentran su atención en la pura ley. Esa base de pensamiento es la que permite criticar, usualmente, a los jueces chilenos y en especial a algunos ministros de la Corte Suprema, dada su tendencia a emitir fallos yendo "más allá de la ley".

Pero, y he aquí la clara pero interesante contradicción que se produce en quienes así piensan: usualmente, al mismo tiempo, se critica aquellas decisiones en que se quebrante ya no una ley, sino un principio, por ejemplo, el principio según el cual "a igual razón, igual disposición". Este último corresponde a un rancio brocardo o adagio jurídico no escrito, nunca incorporado textualmente en ley alguna; se trata de eso que llamamos principio jurídico, y que no está escrito; en una imagen, podemos decir de manera coloquial, que "andan flotando" en el imaginario jurídico de la sociedad y (es lo que marca su inmenso valor y densidad) que tiene el mismo valor que una ley escrita.

Encontrar esos principios constituye un gran desafío técnico para jueces y juristas. Ellos anidan en medio del espíritu del pueblo, de sus usos y costumbres (de las buenas y malas costumbres), en los pulsos de la sociedad y si ellos tienen la entidad y vigor como para reemplazar y sustituir a las leyes en caso de lagunas en casos concretos, han de tener esa misma carga valórica y de consenso que buscamos en la aprobación mayoritaria de las leyes. Por ejemplo, un juez no puede engañar a la sociedad incorporando en una sentencia sus meras apreciaciones personales; sería una conducta antidemocrática, el juez sería un peligro para la sociedad, pues tendría la pretensión de que su pura convicción se aplique a la sociedad toda. De ahí que cada vez que un juez se separa de la ley y se aventura en el terreno de los principios (que es el terreno del espíritu del pueblo) debe realizarlo con alguna mínima reverencia a ese pueblo del cual es su voz: indagando en esos brocardos, en esos adagios, como a los que se suele recurrir.

b) La técnica de los principios jurídicos: ¿Epigramas en los que se condensa el espíritu del pueblo?

Los principios jurídicos (esos que formulan los jueces cuando en su actuación observan y utilizan no sólo el desnudo texto de la ley, sino que la totalidad de las fuentes o dimensiones del Derecho) esconden, en su clásica fórmula epigramática, tan resumida y breve, un poso o sedimento del espíritu jurídico del pueblo, de la conciencia jurídica popular que ronda en los usos y costumbres, de la tradición jurídica actualizada en la mente y decisión del juez. Es, en fin, el modo que permite a los jueces cumplir la labor de "hacer justicia" (que es un valor), con o sin las leyes (normas) en aquellos casos en que no haya leyes, o sean poco claras, o sea inútil todo intento de búsqueda de un espíritu general de la legislación, pues siempre el juez habrá de emitir un fallo.

Apelar a los usos y costumbres del pueblo, o a la conciencia o al espíritu popular, es no sólo romántico y democrático, sino que, además, real, verídico y necesario, pues ningún juez fallaría alejándose de lo que él cree que es el sentimiento de justicia popular, de ese pueblo del cual él es parte. Los jueces (y los juristas también) suelen tener un barómetro de esos sentires jurídicos del pueblo. Ese es un buen juez, aquel que entiende que la ley no es su única herramienta o fuente, que al fallar no se basa en sus convicciones personales, y que se eleva a la búsqueda del sentir jurídico popular, esto es, hacia esos principios que están en medio de la convivencia social, y que muchas veces no se han positivizado.

Las fuerzas espontáneas del espíritu del pueblo son captadas a través de los principios jurídicos, verdaderos filtros que, bien calibrados, jueces (y juristas) manejan a la perfección. Ese es, en buena parte, el rol democrático de la Jurisprudencia y de la Doctrina; pues el más depurado producto cultural que jueces y juristas ofrecen a su comunidad son, precisamente, los principios jurídicos. Estos actores (jueces y juristas), naturalmente, desarrollan mecanismos para ir a su caza.

Entonces, pareciera que los jueces, cuando actúan razonablemente, no resuelven los juicios pensando en que su decisión esté politizando su función o incorporando valores personales o de cualquier corriente filosófica. Pareciera que la mente de los jueces, al fallar una causa, está puesta en el proceso, en la relación jurídica singular y en la disciplina que está detrás de ella (siendo relevante su experiencia en esa disciplina: civil, penal, laboral, etc.), en los hechos de la causa, en las instituciones principales; es de tales sitios que fluye el sentido de justicia (principio) que, según percepción y experiencia, emana del sentir popular y no con su sentir personal o íntimo. Esto último (esto es, que cada juez fallara de acuerdo a su personalísimo sentir) sería la degradación del valor social de la justicia; algo parecido a la justicia del Cadí, pero en este caso según el sentir de cada juez. Y, dado que los jueces son parte de nuestra democracia, la justicia más democrática es aquella que, ante la falta de ley, mira al espíritu del pueblo; y ese espíritu late en los principios jurídicos.

c) De los diversos significados de la expresión "principios"

Existen diversos significados para la expresión principios; incluso su denominación más usual es principios generales de Derecho (Vid. una taxonomía en Atienza y Ruiz Manero, 2007, 24-28; sobre lo general/especial de los principios, véase párrafo subsiguiente).

Es usual denominar como tales a los siguientes tres fenómenos:

i) el caso de las exigencias morales, racionales o de derecho natural y que no han sido reconocidas como derecho positivo;

ii) o de las proposiciones meramente descriptivas, de representaciones sintéticas de reglas, pero sin carácter normativo (Tales significados en Moderne, 1998); y,

iii) incluso, a veces, el propio legislador denomina "principios" a reglas que él mismo incorpora a una ley (Me refiero a ese mal hábito, en Vergara, 2018, §4, III, 2, c).

En fin, en Teoría del Derecho no cabe considerar principios a esos tres fenómenos descritos; en este breve análisis sólo considero como tales a aquellos que crea la Jurisprudencia y la Doctrina, como superadores de las reglas, en caso de lagunas y contradicciones insalvables, incorporando valores jurídicos distintos y separados de las reglas.

Los principios jurídicos que inspiran el ordenamiento jurídico son fruto y desarrollo de la vida jurídica; "no proceden por deducción de primeras verdades morales, sino que son principios técnicos, que articulan sobre todo el mecanismo básico del Derecho, que son las instituciones; y su desarrollo y perfección es un fruto de la vida jurídica, un hallazgo a través del manejo de problemas concretos, y es la obra por excelencia de la jurisprudencia y de la doctrina, actuando en recíproca interrelación".

d) De la técnica de la interpretación a los principios jurídicos inmanentes

La técnica o el arte de la interpretación no se ha de desconectar ni de lo objetivo ni de lo subjetivo, pues, en seguida, se reconecta con la tarea de producir respuestas llenas de valores, los que se concentran en los principios jurídicos. Pero, no los valores del intérprete, sino aquellos principios que una sociedad, en un momento determinado, acepta para todos. Sólo después de un análisis de los datos (de una armoniosa amalgama de normas, hechos jurídicos: *factum*, una interpretación racional, y resistematizando los criterios jurisprudenciales), los juristas y los jueces pueden ofrecer lo más propio de su tarea germinadora de fuentes del Derecho, a través de los principios jurídicos. Los principios jurídicos son *inmanentes*, pues se circunscriben a los límites de la experiencia posible en medio de las fuentes del Derecho (*inmanentes* en el sentido de Kant, 1787 [2005], 299, quien llama "inmanentes a los principios cuya aplicación se circunscribe totalmente a los límites de la experiencia posible"; y "trascendentes a los principios que sobrepasan esos límites").

Los principios jurídicos no los obtiene el jurista o el juez de la nada (esto es, de su mera y espontánea especulación); ni sólo de los textos, ni sólo de sus íntimas convicciones, ni sólo del sentir popular: son el fruto de un proceso que la Teoría del método observa.

e) El procedimiento especificado y técnico a través del cual jueces y juristas descubren los principios jurídicos

¿Cómo es que el juez puede llegar a determinar el espíritu del pueblo en una sentencia? No cualquier ciudadano tiene la profundidad de pensamiento, y técnicamente afinada la sensibilidad jurídica como el juez y el jurista para hacerlo. Para ello existe un instrumental técnico que ambos utilizan con total naturalidad. El proceso pareciera que comienza, en cada caso, reconociendo en una masa de hechos brutos una relación jurídica singular (o singularizable), a la que el juez desde un inicio identifica según la naturaleza de ese caso (civil, penal, laboral, etc.), luego a través de las instituciones jurídicas el juez se acerca a la eventual normatividad; y en caso de que esta última no exista (lagunas), incorporará principios jurídicos. Así, hay todo un camino que recorre el juez: los hechos, la relación jurídica, las instituciones jurídicas, la eventual norma y, en fin, los principios jurídicos. Cuando ha llegado al fin del camino, el juez ya trae todo un arrastre de información sobre las singularidades del caso y los valores ínsitos en el mismo. Ello, unido a su sensibilidad, a su experiencia y conocimientos técnicos, le permite transformarse en el filtro que conecta, como vasos comunicantes, al espíritu del pueblo con aquella epigramática fórmula que todos llamamos principios jurídicos.

3. FUNCIONES DE LOS PRINCIPIOS JURÍDICOS Y DIFICULTADES DE SU HALLAZGO Y USO

a) Tres tipos de principios: los de cada cual; los legalizados; los principios "generales" del derecho

Cabe advertir la existencia de tres categorías de principios jurídicos, esto es, los principios filosóficos (abstraídos por cada autor desde sus propias convicciones), los principios legalizados creados con base en las normas (como amasijos de leyes) y los principios jurídicos, descubiertos por el juez y la doctrina del espíritu del pueblo.

En tal contexto, el juez tiene tres opciones o posibilidades para resolver los casos sujetos a su conocimiento:

i) utilizar principios filosóficos de militancia o sentir individual del juez (los cuales, además, son muy abiertos), en concreto, operan en el corazón de cada hombre;

ii) emplear los principios legalizados, es la Política (como disciplina y actividad) la que opera a través de cada texto legal, fruto de la decisión parlamentaria, que establecen un principio un poco más especificado, se trata de principios que el legislador ha materializado en las leyes mediante un acto de interpretación; y

iii) aplicar los principios jurídicos, es el Derecho (como actividad de jueces y juristas y como disciplina) la que completa el fenómeno jurídico en nuestra sociedad, incorporándolos en sentencias y obras de Doctrina. Constituyen, además un método saludable de obtención de valores sociales. Son principios tecnificados y especificados, estos van más allá de la ley o de las leyes, de las convicciones, los que comúnmente se han llamado "principios generales del derecho".

b) El relleno de lagunas legales a través de principios generales del derecho

Los jueces, en los casos complejos, realizan una búsqueda de principios jurídicos en medio del espíritu del pueblo, en los usos y costumbres, en el pulso de la sociedad, y a través de ellos, para resolver un conflicto jurídico singular (no de un modo general), sustituyen la falta o ambigüedad de las leyes; pues tales principios están investidos de una carga valórica y de aceptación social y democrática similar a la que se obtiene de la aprobación mayoritaria de las leyes en los parlamentos. Frente a este escenario de alternativas, cabe preguntarse cuál de estas tres categorías emplea el juez al momento de resolver un caso determinado. Estimo que los principios jurídicos formulados por los jueces debiesen condensar el espíritu del pueblo —así denominado por Savigny—, lo cual se alcanza observando y utilizando no sólo el desnudo texto de la ley, sino que la totalidad de las fuentes o dimensiones del Derecho, el juez debe recoger la conciencia jurídica popular que ronda en los usos y costumbres, de la tradición jurídica actualizada en la mente y decisión del juez. Es, en fin, el modo que permite a los jueces cumplir la labor de "hacer justicia" (que es un valor), con o sin las leyes (normas) en aquellos casos en que no haya leyes, o sean poco claras, o sea inútil todo intento de búsqueda de un espíritu general de la legislación, pues siempre el juez habrá de emitir un fallo, dada la regla de la inexcusabilidad.

De este modo, si los jueces aplican los principios jurídicos en ausencia de ley, ellos han recogido el espíritu del pueblo, por lo tanto no cabe acusarlos de activistas, pues cumplen su labor natural, esto es, impartir justicia ante la ausencia de ley, pero con razonabilidad y con la discrecionalidad aceptada por el sistema democrático. Así, tampoco cabe acusarlos de activistas si los jueces en sus sentencias llaman principios a los creados sobre la base de normas, no, porque aquello es una mera aplicación de la ley. Ahora bien, en el caso que las sentencias apelen a principios filosóficos, sin conexión con la racionalidad o empleando los sentimientos propios del juez, la acusación será efectiva y en esos casos aquellos jueces estarían rompiendo la tarea democrática que les fue encomendada.

c) Los jueces: ¿dictando sentencias más allá de la ley?

Lo que cabe preguntarse es si los jueces incorporan sus convicciones ideológicas personales en los fallos, o si lo que hacen (cada vez que van "más allá de la ley") es simplemente fallar mediante el hallazgo de principios jurídicos; lo primero, es deleznable; lo segundo, es legítimo y digno de elogio, no obstante que cabe hacer escrutinio de su razonabilidad. De ahí que un juez no puede incorporar su pura e íntima convicción en un caso o conflicto jurídico que, por mandado institucional, está llamado a resolver democráticamente: esto es, siguiendo las fuentes democráticas del derecho: ley o principio. Y esto vale para todos los jueces; ya sean los jueces judiciales (de los Tribunales ordinarios y especiales), ya sean los jueces constitucionales (que integran el Tribunal Constitucional). Cada vez que un juez se separa de las normas (de la ley o de la Constitución) y se aventura en el terreno de los principios (que es el terreno del espíritu del pueblo) debe realizarlo con alguna mínima reverencia a ese pueblo del cual es su voz: indagando en esos brocardos, en esos adagios, en los valores, en la justicia material compartida por la sociedad de su tiempo, la que incorporará a su decisión por la vía de eso que llamamos principios.

Ahora bien, los jueces suelen usar la técnica de los principios con, al menos, tres propósitos: *i)* para rellenar lagunas (carencias, vacíos, ausencias de normas), lo cual es obvio; *ii)* para salvar inexactitudes, ambigüedades, contradicciones de las normas que existen; y, *iii)* para acuñar fundamentos señalando que el espíritu de la legislación es tal o cual, o para invocar la equidad natural, aplicando el art. 24 Código Civil chileno.

A través de estas tres vías, que han estado usando los jueces en materias de poca o mucha densidad normativa (un ejemplo de poca densidad normativa y alta creatividad jurisprudencial es el de la responsabilidad patrimonial de la Administración), se ha desarrollado una jurisprudencia hiperpretoriana y principialista.

Usualmente los jueces esquivan mencionar o aclarar que, en ausencia de ley, usan la técnica de los principios, y dicen por ejemplo aplicar supletoriamente el Código Civil, o citan alguna otra ley cuya lejanía con el caso es observable, pero la cita de tal código o ley suele ser innecesaria, pues en verdad el juez dicta su sentencia apelando a algún criterio de justicia contenido o que inspira alguna norma del mencionado texto. Por otro lado, hay una gran tendencia a citar normas; no suelen decir los jueces que no existen normas, quizás para evitar la nulidad de sus fallos.

d) Lo general o especial de los principios

A lo largo de la carrera de Derecho, se les enseña a los alumnos que los principios jurídicos son una fuente "general" a todo Derecho, esto es, que cruzan a todas las disciplinas jurídicas; ejemplo de ello sería el "principio" de la buena fe. Cabe revisar este supuesto carácter general de los principios, pues aunque se los haya considerado por décadas generales, en realidad no cruzan todo el Derecho (todas las disciplinas dogmáticas), como se suele creer y decir (como si fuesen universales), sino que los principios son propios de cada disciplina especial: son singulares, específicos, especiales; eso fluye prístino al observar con perspicacia las estructuras internas del fenómeno jurídico. Esta confusión entre generales/universales, por lo demás, ya lo observó Bobbio, 2011, 111, para quien lo "general" de los principios no es respecto de todo el ordenamiento; eso sería un principio universal, dice Bobbio, como aquellas características que postula la filosofía del Derecho Natural (principio de justicia, por ejemplo).

Este aspecto es sin duda polémico, pues la especialidad que veo en los principios choca con toda la tradición de autores, leyes y jurisprudencia que los ha venido considerando y llamando generales (aparentemente, sin demasiada conciencia de su real entidad). Esta precisión teórica es de gran relevancia para la práctica de juristas y jueces, pues las tradiciones filosóficas usualmente discuten respecto de los principios sobre la base de que éstos son generales (en el sentido de universales a todo el Derecho) y ello desajusta la tarea de la Doctrina y de la Jurisprudencia, pues ambas operan desde la especialidad.

Detrás de estos principios jurídicos están, por cierto, los valores materiales y morales de las sociedades contemporáneas; en los cuales se sustentan las distintas disciplinas del Derecho. Pero en cada rama adquieren una identidad o fisonomía propia, pues tienen que ver con una tecnicidad particular de las instituciones de cada especialidad del Derecho.

e) Los principios operan de manera diferente en cada disciplina jurídica

Pareciera que en algunos ámbitos (disciplinas con textura más abierta), se justifica y se produce naturalmente una aplicación más intensa de los principios jurídicos, por las características del ordenamiento legal, carente de una sistemática codificadora. En el caso de la disciplina del Derecho Administrativo se ha ido construyendo como una especialidad del Derecho, a través de la obra creadora de la jurisprudencia, cuyo ejemplo paradigmático es el del Consejo de Estado francés, la cual se fue construyendo a través, precisamente, del enunciado de principios jurídicos que se convirtieron en la piedra angular del ordenamiento del Derecho Administrativo contemporáneo: el principio de legalidad, de control judicial y el respeto de los derechos subjetivos de los particulares, en los cuales se sustenta actualmente dicha disciplina. Hay otros casos, como la disciplina del Derecho Penal, cuya textura es a densidad máxima, en que la presencia de los principios jurídicos más bien podría subvertir los objetivos de la misma, basados en la plena legalidad y tipicidad, como estructura, garantía y finalidad social. En suma, los principios operan de diferente modo en cada disciplina especializada del derecho. Este argumento de la especialidad de los principios lo desarrollo en Vergara, 2018, §6, IV.

f) Los principios como técnica propia y también tarea de la doctrina

Las tareas que suelen realizar aquellos intelectuales que llamamos juristas eruditos se enmarcan, entre otras labores esenciales, en la construcción de la doctrina jurídica, quienes dedican sus esfuerzos a: diseñar cada disciplina jurídica, a formular teorías e instituciones y a descubrir y explicar los principios jurídicos, instrumentos con los cuales se llenan los vacíos de las reglas. Esta última misión es llevada a cabo por los juristas especialistas en alguna disciplina, quienes, junto con ofrecer teorías o modelos teóricos de solución de problemas jurídicos difíciles, diseccionan los principios, tarea de significativa relevancia y que se encuentra a cada paso en todo libro de doctrina jurídica.

CONCLUSIONES: OBSERVACIÓN DE LA PRAXIS Y PRINCIPIOS JURÍDICOS

Es de suma relevancia para el desarrollo de la teoría de los principios generales del derecho la observación de la praxis jurisprudencial de los tribunales de justicia. Esta permite entregar una visión acerca de los tipos de principios jurídicos que nos proporciona la judicatura y el procedimiento empleado para el logro de dicho fin. Y este análisis cabe realizarlo en cada disciplina jurídica, pues ahí se nota la especificación de la adjudicación del derecho por los jueces, y su depurada especialización. Cabe además observar de un modo más delicado esta práctica judicial; pues:

1°) sólo en apariencia los jueces son puramente legalistas, si bien suelen citar leyes para fundar sus sentencias, pero el más leve escrutinio o análisis de sus considerandos permite apercibirse lo lejos que se encuentran tales sentencias del enunciado o texto legal que citan, y que declaran "seguir";

2°) en verdad pareciera que los jueces son *principialistas* en muchos casos; en especial cuando las leyes no dan solución directa, pero los jueces no lo dicen, no lo reconocen; o lo ignoran; y creen que interpretan una ley; pero en verdad lo que hacen es constatar, descubrir un principio.

Bibliografía citada

ALEXY, Robert (1997): *Teoría de la argumentación jurídica. La teoría del discurso racional como teoría de la fundamentación jurídica* (traducc. castellana de Manuel Atienza e Isabel Espejo; Madrid, Centro de Estudios Constitucionales) 346 pp.

— (2000): "On the Structure of Legal Principles", *Ratio Juris*, Vol. 13, N° 3, pp. 294-304.

ATIENZA, Manuel y RUIZ MANERO, Juan (1996 [2007]): *Las piezas del Derecho. Teoría de los enunciados jurídicos* (Ariel Derecho, España), 207 pp.

BERMÚDEZ SOTO, Jorge (2014): *Derecho Administrativo General* (Santiago, Editorial Thomson Reuters), 700 pp.

BOBBIO, Norberto (1966): "Principi generali di diritto", en Novísimo digesto italiano (Torino, UTET) vol. XIII, pp. 887-896 [ahora en: BOBBIO, Norberto (2011): *Saggi sulla scienza giuridica* (Torino, Giappichelli editore), 142 pp.

CASSAGNE, Juan Carlos (2009): *El principio de legalidad y el control judicial de la discrecionalidad administrativa* (Buenos Aires/ Madrid/ Barcelona, Marcial Pons), 239 pp.

— (2015): *Los grandes principios del derecho público constitucional y administrativo* (Buenos Aires, Thomson Reuters La Ley) 529 pp.

CORDERO, Eduardo y ALDUNATE, Eduardo (2013): *Estudios sobre el sistema de fuentes en el Derecho chileno* (Santiago, Legal Publishing) 367 pp.

CORDERO VEGA, Luis (2015): *Lecciones de Derecho Administrativo* (Santiago, Thomson Reuters-La ley), 822 pp.

CORRAL TALCIANI, Hernán (2003): "Prólogo" a ALCALDE, Enrique: *Los principios generales del derecho* (Santiago, Ediciones UC, 2003) pp. 9 a 17.

DWORKIN, Ronald (1967): "The Model of Rules", en: *University of Chicago Law Review* 35 1967-1968 pp. 14-46. Puede consultarse en: http://digitalcommons.law.yale.edu/fss_papers/3609 [luego incorporado a: *Taking Rights Seriously* (Londres, Gerald Duckworth & Co. Ltd., 1977) y traducido como: *Los derechos en serio* (Madrid, Ariel, 1984) 508 pp. [el texto en pp. 61-101]

— (1977): *Taking Rights Seriously* (Londres, Gerald Duckworth & Co. Ltd.), 293 pp. [Traducción: *Los derechos en serio*. Barcelona, Editorial Ariel, 1984].

— (1985): *A matter of principle* (Cambridge, Harvard University Press) pp. 448 [traducción: *Una cuestión de principios* (Buenos Aires, Siglo XXI editores, 2012), 493 pp.

— (1986): *Law's Empire* (Cambridge, Harvard University Press), pp. 470. [traducido como: *El imperio de la justicia* (Barcelona, Gedisa, 1988) 328 pp.] [véase nueva traducción: Barcelona, Gedisa, de 2022, con un título más adecuado en castellano: *El imperio del derecho*]

— (2011): *Justice for Hedgehogs* (Estados Unidos, Belknap Press, Harvard University Press), 528 pp. [Traducción: *Justicia para erizos*, México, Fondo de Cultura Económica, 2014].

García de Enterría, Eduardo y Fernández, Tomás Ramón (2004): *Curso de Derecho Administrativo*, I (Madrid, Thomson-Civitas), 845 pp.

Kant, Inmanuel (1781 [2005]): *Crítica de la razón pura* (traducción de Pedro Ribas, Madrid, Taurus), 692 pp.

Moderne, Franck (1998): "Actualité des principes généraux du droit", en: *Revue française de droit administratif*, pp. 495-518; y en: Avril, Pierre y Verpeaux, Michel (dir.): *Les régles et principes non écrits en droit public* (Université Panthéon-Assas [París II] - LGDJ Diffuseur, 2000) pp. 47-78. [corresponde al § 2 de esta compilación].

— (2005): *Principios generales de derecho público* (Santiago, Editorial Jurídica de Chile, traductor: Alejandro Vergara Blanco) 301 pp. [es la primera edición chilena de esta compilación]

— (2017): *Principios generales de derecho. Método y aceptación en Derecho Administrativo y Constitucional* (Santiago, Thomson Reuters, traductor: Alejandro Vergara Blanco) 296 pp. [es la segunda edición chilena de esta compilación]

Squella Narducci, Agustín (2013): *Principios jurídicos y positivismo jurídico*, en: Carbonell, Flavia - Coloma, Rodrigo - Letelier, Raúl (coordinadores) (2013), *Principios jurídicos. Análisis y crítica* (Santiago, AbeledoPerrot), pp. 17-28.

Vergara Blanco, Alejandro (2018): *Teoría del derecho. Reglas y principios, jurisprudencia y doctrina* (Santiago, Thomson Reuters).

Vergara Blanco, Alejandro (2019): Para una teoría de los principios jurídicos a partir de la obra de Franck Moderne. *Itinerario latinoamericano del derecho público francés. Homenaje al profesor Franck Moderne.* Directores: Hubert Alcaraz y Alejandro Vergara Blanco. Valencia, Tirant lo blanch, pp. 125-142 [corresponde al estudio preliminar de esta compilación]

Prólogo

Tantas veces el profesor Franck Moderne ha patrocinado la publicación en Francia y en sus editoriales y revistas de trabajos de iuspublicistas españoles e iberoamericanos, con toda frecuencia traducidos por él mismo, que produce sincera alegría ver que esta vez es él quien ve trabajos suyos traducidos al español y publicados en nuestras propias editoriales, esta vez en una chilena, por feliz iniciativa del profesor Alejandro Vergara Blanco.

Franck Moderne es un aquitano que comenzó su carrera universitaria en Pau, carrera que acaba de concluir con su reciente jubilación en la prestigiosa Universidad de París I, Panteón-Sorbona. En uno y otro sitio, el profesor Moderne, a la vez que contribuía de forma destacada y resuelta al desarrollo del brillantísimo *iusadministrativismo* francés, del que proceden los *administrativismos* del mundo entero, ha servido con fidelidad ejemplar a una tarea específica que él se impuso desde sus inicios universitarios: atender al estudio sistemático del Derecho Público de todos los países ibéricos e iberoamericanos de una y otra orilla del Atlántico (y del Pacífico, naturalmente) y también las relaciones personales con los respectivos cultivadores, que ha mantenido de forma admirable con su incansable actividad viajera. El Instituto por él fundado en la Universidad de Pau con este objeto *(Institut d'Études Juridiques Ibériques et Ibérico-Américaines)* tuvo la fortuna de encontrar continuadores cuando él se desplazó a París, especialmente en la persona del profesor Pierre Bon, su actual director, con lo que ha llegado a la perfecta institucionalización.

Y ahora es el momento en que los autores que nos hemos beneficiado de esa generosa y constante atención del profesor Moderne paremos un momento nuestra atención para estudiar la meritoria obra que Moderne mismo ha escrito como administrativista francés de muy primera línea. Las traducciones de obras jurídicas de un idioma a otro no son, normalmente, fáciles, porque los diversos países suelen tener sistemas jurídico-positivos no siempre trasladables y, con alguna frecuencia, ni siquiera comprensibles, por la serie de implicaciones previas que requeriría su explicación completa. Son muchos, y todos relevantes y de vanguardia, los libros y trabajos que el profesor Moderne ha escrito sobre el Derecho Administrativo francés, del que es uno de los autores más autorizados, respetados y escuchados. Su espléndida labor fundando primero y luego sosteniendo con admirable eficacia la muy importante *Revue française de droit administratif*, de la que sigue siendo Director junto a Pierre Delvolvé, lo acredita por sí sola, si hubiese necesidad de aportar un signo rápidamente reconocible. Esa revista, que entra ahora en su año veinte, ha pasado a ser, sin disputa, la más autorizada en toda Francia en el campo del Derecho Administrativo, campo en que ha perdido peso, notoriamente, la antigua ¡más que centenaria ya! y prestigiosa *Revue de Droit Public*, cada vez menos atenta a los temas específicos de Derecho Administrativo, campo en el cual el resto de las revistas son sobre todo informativas de jurisprudencia y de productos legislativos nuevos, y que no resultan por ello comparables con la *RFDA*, cuya riqueza de contenido, distribuida en varias rúbricas especializadas, es ya indispensable para adentrarse en profundidad en el *administrativismo* francés. Sólo el lanzamiento, el afianzamiento y aun perfeccionamiento constante de esta publicación, que es hoy, sin disputa, el primer órgano de expresión del Derecho Administrativo de su país, como indica su título feliz, bastaría para que Moderne haya pasado ya a la historia de ese producto tan característicamente francés que es el Derecho Administrativo, en el que todos los administrativistas de otras lenguas debemos aún seguir alimentándonos.

Pero con independencia de los múltiples trabajos monográficos que Franck Moderne como jurista positivo en ejercicio ha publicado, es posible escoger entre su extensa producción una serie, aparentemente dispersa, de trabajos de alcance más general que el que pueda resultar de la "docta micrología" que suele entretener a los juristas positivos, y que sólo los que no lo son pueden pretender desdeñar. Esa serie de trabajos puede iniciarse, como ha hecho la recopilación que se recoge en el presente libro, con sus muchas reflexiones sobre los principios generales del Derecho, una técnica que en el ámbito del Derecho Administrativo, precisamente, es genuinamente francesa y que, por ello, nuestro autor conoce, matiza y sabe valorar como muy pocos autores podrían hacerlo.

El Derecho Administrativo ha tenido que ser construido en todos los Estados occidentales sobre la base de uno de los grandes principios que alumbraron la Revolución Francesa, y hoy felizmente generalizado en todos los Estados democráticos, el principio de que toda competencia de poder público ejercitable sobre los ciudadanos debe haber sido atribuida precisamente por la ley, limitada por ella, controlable por el juez a través de ese canon general de la legalidad de los límites que de ella, y del sistema legal en su conjunto, resultan. Esa, y no otra, es la historia del Derecho Administrativo español, por citar el ejemplo que tengo más a mano, el cual, por ello mismo, no puede decirse que estuvo verdaderamente constituido hasta que no se instaló, en 1956 concretamente (fecha tan tardía, para nuestra desgracia), una genuina jurisdicción contencioso-administrativa capaz de imponer a la Administración el respeto pleno de esa legalidad, por la cual, y sólo por ella, la Administración actúa.

Pero no fue ése el modo en que en Francia, precisamente, se pusieron las primeras piedras de ese importante sector del ordenamiento jurídico. En Francia la construcción pionera de un Derecho Administrativo se hizo al margen de dogmatismos enfáticos, sobre una base apenas empírica, protagonizada por una institución singular, que cuenta, sin duda posible, entre las más relevantes, perspicaces y creadoras instituciones jurídicas de toda la historia universal del Derecho, el *Conseil d'État*. No voy a intentar contar ahora la historia, bien conocida, de esa magna creación histórica del Derecho Administrativo francés, que puede estimarse concluida en sus grandes líneas de base a comienzos del siglo XX, con el espectacular desarrollo de esa curiosa institución, imaginada y desarrollada de arriba abajo por el Consejo de Estado, el "recurso por exceso de poder", que aun hoy siguen creyendo la mayor parte de los administrativistas franceses que es un curioso "recurso objetivo", cuya función no sería la de proteger derecho alguno del ciudadano, sino la de asegurar un control mayestático sobre la Administración, que el Consejo de Estado vendría a ejercer como antiguo asistente que fue del Emperador Napoleón y gestor de su control general sobre el aparato administrativo, control objetivo que el particular simplemente excitaba o inducía a ejercer; se trataría así (y, evidentemente, así fue exactamente en sus primeros pasos, cumplidos ya con una sorprendente precocidad en vida del Emperador mismo) más de una denuncia que de un verdadero recurso de protección. El Consejo de Estado fue forjando una serie de reglas para efectuar ese control supuestamente "objetivo" que prácticamente no se apoyaba en textos legales explícitos, o a lo sumo en muy pocos de los preceptos de tales textos. La sabiduría del Consejo de Estado fue perfilando esas reglas, configurándolas cada vez con mayor precisión, con una virtual libertad y perfeccionándolas sucesivamente en una ejemplar evolución progresiva de su jurisprudencia. Los *iuspublicistas* franceses concluyeron por calificar los criterios de decisión de que hacía gala el Consejo de Estado al resolver recursos por exceso de poder como principios generales del Derecho, dada su sustantividad respecto de las normas jurídicas escritas y el hecho de que el propio Consejo los configuraba y los hacía evolucionar con una virtual libertad, por el carácter exclusivo de su jurisdicción. El Derecho Administrativo francés se formó, sobre todo a partir del siglo XX, sobre la base de la exposición y la sistematización de esos principios o criterios de decisión de formulación mucho más jurisprudencial que legal. Sólo ya en vísperas e inmediatamente después de la segunda guerra mundial se calificaron esos criterios en los primeros estudios teóricos como verdaderos "principios generales del Derecho", destacados, formulados y sistematizados por la rica y evolutiva jurisprudencia del Consejo de Estado.

Aunque el proceso de legalización de la organización y la actividad de la Administración se ha desarrollado notablemente a partir de la segunda mitad del siglo XIX, el Derecho Administrativo francés sigue siendo, aun hoy, un Derecho de formulación y evolución esencialmente jurisprudencial. El Consejo de Estado sigue siendo el origen de lo más sustancial de sus reglas, aunque éstas deban articularse con preceptos constitucionales y legales, lo cual caracteriza al Derecho Administrativo francés respecto a los demás europeos, en general, todos ellos formados alrededor de ordenaciones legales antes que jurisprudenciales. Los administrativistas franceses, y Franck Moderne es uno de sus especímenes más caracterizados, son por ello unos juristas muy singulares en el concierto europeo del *iuspublicismo*. Continúan haciendo un estudio puntual y analítico del *corpus* jurisprudencial que la actividad de control del Consejo de Estado (y hoy también de los tribunales inferiores) continúa desarrollando y, tras la formulación de los grandes criterios teóricos que intentaron los grandes juristas del primer tercio del siglo XX (León Duguit, Maurice Hauriou, Gaston Jèze, y pocos más), es la exposición de esos criterios jurisprudenciales, sistematizados y analizados *ad nauseam*, lo que constituye la mayor parte del *iusadministrativismo* francés.

A esto se ha unido la circunstancia de que el *Conseil Constitutionnel* aparecido con la Constitución de 1958 de la V República (novedad absoluta en el constitucionalismo francés) ha concluido por formular como sustantivos unos "principios generales de la República" que junto al texto escrito de la Constitución nutren el llamado "bloque de la constitucionalidad", principios cuya formulación y virtualidad se inspiran claramente en la experiencia histórica del Consejo de Estado, aunque tengan, naturalmente, otro contenido y otra función.

Por eso una teorización de la técnica específica de los principios generales del Derecho formulada por un administrativista francés se parece normalmente poco a las formulaciones teóricas que en el resto de los países europeos suelen hacer los filósofos del Derecho. Lo que éstos conocen como principios generales suelen ser formulaciones más o menos abstractas, absolutamente lejos tanto de los métodos del viejo Pretor romano como de los más actuales del Consejo de Estado francés, esto es, de los creadores con su jurisprudencia de tales reglas no legalizadas, o sólo imperfectamente legalizadas.

He aquí, pues, que en el país de la legalidad (como Alexis de Tocqueville llamó tempranamente a Francia) han acertado a introducirse unos parámetros jurídicos que no son exactamente leyes, aunque participen de un valor que aunque formalmente se considere inferior al de éstas, se sobreponen a todos los decretos, tanto del Consejo de Ministros como presidenciales.

Son estos "principios generales del derecho" propios del sistema jurídico francés, tan peculiares, los que Franck Moderne ha estudiado en la serie de trabajos que este volumen recopila acertadamente. Aunque la expresión "principios generales del Derecho" la usan los filósofos del Derecho en un sentido un tanto evanescente y a menudo impreciso, ninguna de estas notas podrían caracterizar a lo que la expresión significa en el Derecho Administrativo francés, como antes noté. Son, pues, estudios de verdadero Derecho positivo los que aquí se consideran en su mecanismo perfectamente preciso de funcionamiento.

Estas reflexiones se presentan, pues, como especialmente oportunas para los iuspublicistas positivos, que somos tantos, y a menudo adolecemos de perplejidad para abordar valoraciones de casos prácticos perfectamente singularizados. El Derecho Administrativo, especialmente, es la rama jurídica donde confluyen normas escritas nutridas y especialmente numerosas y con frecuencia casuísticas y asistemáticas. El exceso de normas escritas en nuestro campo, su casuismo y su mutabilidad desenfrenada, hace a menudo imposible intentar buscar en ellas pautas seguras para resolver los conflictos que suscita todo caso práctico. He aquí por qué en el Derecho más superlegalizado entre todos, el legalismo positivista estricto se hace paradójicamente imposible. Esta experiencia común, sobre la que muchos hemos llamado la atención más de una vez, hace especialmente oportuno en nuestro campo la técnica, bien depurada, de los principios generales del Derecho. La disposición que este libro facilita de tener ahora en lengua española las autorizadas reflexiones del profesor Franck Moderne sobre esta técnica concreta debe ser saludada, por ello, con la mayor atención y con sincera gratitud.

EDUARDO GARCÍA DE ENTERRÍA
Profesor emérito de Derecho Administrativo
de la Universidad Complutense de Madrid

Principios generales del derecho: Legitimidad, método y controversias en derecho administrativo y constitucional

Franck Moderne

§ 1. Legitimidad de los principios generales y teoría del derecho

§ 2. Actualidad de los principios generales del derecho

§ 3. La existencia de principios generales del derecho constitucional como "fuentes complementarias" de la Constitución

§ 4. Sobre un método de interpretación: el recurso a los principios en que se inspiran los textos del derecho privado

§ 5. El principio de subsidiariedad funcional. Relaciones entre iniciativa económica estatal e iniciativa económica privada

§ 6. El Principio de seguridad jurídica

§ 7. El Principio de protección de la confianza legítima

Introducción

Las pocas líneas que siguen no tienen por objeto ni por ambición resumir, para los lectores de lengua española, mis reflexiones o mis posiciones adoptadas, a lo largo de mi carrera de profesor e investigador, sobre los principios generales del derecho, en sus relaciones con la teoría del derecho o con el derecho positivo —reflexiones y posiciones adoptadas, que son expuestas en los distintos estudios reunidos aquí por el profesor Alejandro Vergara Blanco.

No se trata en todo caso de situar de manera precisa los principios generales del derecho en la jerarquía normativa tal como está construida (y más o menos estabilizada) en los Estados que provienen de la gran familia romano germánica —o tal como se presenta ante nuestros ojos en los países de *common law*.

Pero debo en primer lugar agradecer calurosamente al profesor Vergara Blanco haber llevado a cabo la pesada tarea del traductor y poner así a disposición del público hispanohablante escritos que, sin su recolección, habrían seguido dispersos y que fueron redactados en un contexto específico, el del derecho administrativo propiamente dicho —de la obra jurisprudencial bisecular del Consejo de Estado, que es nuestro juez administrativo supremo. Es cierto que el concepto y la técnica misma de los principios generales del derecho desbordan las fronteras, en la medida en que ellos corresponden esencialmente a un método y a un razonamiento del juez que se pueden dar por universales.

Es verdadero también, como lo ha destacado el famoso iuspublicista español Eduardo García de Enterría, que los principios generales del derecho expresan “los valores materiales básicos de un ordenamiento jurídico; aquellos sobre los cuales se constituyen como tales todas las convicciones ético-jurídicas fundamentales de una comunidad” (en: *Reflexiones sobre la ley y los principios generales del derecho,* Madrid, Civitas, 1984).

Dicho esto, procede separar los principios metajurídicos —que provienen de la moral, de la ética, de la filosofía, de la economía, de la política, de la sociología o de la teología— y los principios propiamente jurídicos, que ejercen una función determinada y capital en el mundo del derecho.

Los principios generales sólo pueden llegar a considerarse como principios de derecho si —y en la medida en que— ellos mismos producen efectos de derecho, o se insertan en el orden jurídico de un Estado o de un conjunto de Estados. Tal es la condición *sine qua non* de su juridicidad. Y su instrumentalización usual por disciplinas exteriores al derecho no debiera afectar su análisis o la interpretación, los cuales deben efectuarse con ayuda de los métodos del derecho entendido como disciplina científica.

Esta inserción —o reinserción— de los principios generales en el ordenamiento jurídico autoriza a apreciar y a medir el impacto en la ciencia jurídica y en la teoría del derecho. Este impacto, en definitiva, todavía ha sido significativo en el derecho llamado "moderno" (el que pareciera se ha fundado sobre la razón humana desde el tiempo de las Luces y de la verdadera revolución intelectual que ha marcado profundamente el siglo XVIII).

Sin duda el reino de la ley surgido de la Revolución francesa de 1789 y revelador a este título de una concepción ideologizada de la ley como expresión de la voluntad general del pueblo soberano, en el contexto político de la democracia representativa, ha elevado al texto legislativo escrito a la cima del ordenamiento jurídico —y reduce correlativamente, al menos en apariencia, el rol del juez en la elaboración del derecho. Pero los principios generales del derecho muy pronto comenzaron a servir para colmar las lagunas inevitables de la ley y para conferir una coherencia mínima a textos heteróclitos y a menudo ambiguos o dudosos.

Ahora bien, estos principios son la obra del juez (judicial o administrativo) y dan prueba al más alto grado de la función normativa de toda jurisdicción. Será necesario terminar con aquella ficción según la cual el juez se limitaría a interpretar y aplicar a ciegas la ley. Es claro que el juez necesariamente está llamado a "decir el derecho" *(jurisdictio)* y a imponer a los interesados el estricto respeto de sus decisiones *(imperium)* dado que ellas son emitidas a nombre del propio pueblo. Él hace con ello una obra normativa, cualquiera que sea el alcance exacto de las normas jurisprudenciales.

Añadamos que en el mundo contemporáneo, que es el nuestro, sometido a las convulsiones que implican tanto la globalización de las relaciones económicas como la avalancha incontrolada de leyes internas (y de otros textos normativos internos) o la internacionalización progresiva de las normas jurídicas, el rol de los principios generales del derecho se encuentra consolidado por la necesidad imperativa de preservar una seguridad jurídica de base indispensable a todos los usuarios del derecho —y de encontrar, detrás de las soluciones parciales de litigios a los datos a veces difícilmente localizables, el refuerzo de los elementos que constituyen la trama y la referencia poco a poco estabilizada del razonamiento jurídico.

Por lo demás, en nuestras sociedades devenidas hasta tal punto a la desigualdad de las sociedades de información y de las sociedades de riesgos (no sólo de los riesgos económicos, sino también de los riesgos vinculados a la evolución de las ciencias y tecnologías), los principios generales del derecho correctamente manejados tienen la vocación de controlar los cambios o al menos de justificar los compromisos que el derecho debe resolver. Estos principios no cesarán por tanto de ser jurídicos, pero lo serán de otro derecho, en gestación, del que ellos serán los vectores privilegiados.

Así, pues, más allá de una función histórica constantemente reivindicada y asumida, los principios generales del derecho permitirán mantener el necesario vínculo entre el pasado y el presente, entre lo conocido y lo menos conocido, entre la ética y los comportamientos sociales admitidos. Destacar su permanencia y su actualidad es también recordar el rol eminente del juez en la elaboración de la norma de derecho.

Es necesario, pues, prestarles atención.

FRANCK MODERNE

Abreviaturas

AJDA:	*Actualité juridique. Droit administratif*
AJFP:	*Actualité juridique. Fonction publique*
art.:	artículo
Ass.:	Assemblée du contentieux du Conseil d'Etat (Asamblea del contencioso del Consejo de Estado)
BJCP:	*Bulletin juridique des contrats publics*
c.:	contra
c. civ.:	Código Civil
CJEG:	*Cahiers juridiques de l'électricité et du gaz*
concl.:	conclusiones (del *Commissaire du gouvernement*)
CE:	Conseil d'Etat (Consejo de Estado)
c. trav.:	Código del Trabajo
D.:	*Dalloz* (Recueil)
decis.:	decisión
Dr. ouvr.:	*Droit ouvrier*
Dr. soc.:	*Droit social*
ed.:	edición
y s.:	y siguientes
fasc.:	fascículo
Gaz. Pal.:	*Gazette du Palais*
Grands arrêts:	*Grands arrêts de la jurisprudence administrative*, 13ª ed., Dalloz, 2001
HLM:	Habitation (s) à loyer modéré (Habitación de renta moderada)
JCP:	*Jurisclasseur périodique. La semaine juridique*
Obs.:	observaciones
p.:	página (s)
Rec.:	*Recueil des décisions du Conseil d'Etat*
Req.:	*requête* (demanda, requerimiento)
Rev. adm.:	*Revue administrative*
Rev. trim. dr. eur.:	*Revue trimestrielle de droit européen*
RDP:	*Revue du droit public et de la science politique*
RFDA:	*Revue française de droit administratif*

S.:	Sirey
SARL:	Société à responsabilité limitée (Sociedad de responsabilidad limitada)
SC:	*Sommaires commentés* (*Recueil Dalloz*)
Sect.:	Section du contentieux (du Conseil d'Etat) [Sección del contencioso (del Consejo de Estado)]
t.:	tomo
V. / v.:	ver

Parte I
Legitimidad y actualidad de los principios generales del derecho

§ 1. Legitimidad de los principios generales y teoría del derecho

El tema de los "principios generales del derecho" es sin duda uno de los más tradicionalmente controvertidos del derecho contemporáneo; al menos en los países que reivindican la cualidad de Estado de derecho. Innumerables son las obras, tesis o estudios monográficos que le han sido consagrados en las diferentes lenguas europeas; y el manantial no parece agotarse[1].

Recordar en tal contexto la "legitimidad" del recurso a los principios generales del derecho pareciera desde cierto punto de vista una pregunta recurrente, incluso un poco provocativa.

¿No son los principios generales del derecho sino, según una acertada fórmula de Otfried Höffe[2], un "contrapunto" en la teoría del derecho moderno? ¿No asumen ellos de manera constante una función de armonización en el seno del orden jurídico, donde las figuras yuxtapuestas no diseñan naturalmente composiciones melódicas espontáneas?

"Principios generales del derecho", "*principes généraux du droit*", "*rechtsprinzipien*", "*principi generali del diritto*", "*general principles of law*", "*principios gerais do direito*", los parentescos semánticos eviden-

---

1 No es posible ofrecer una bibliografía, siquiera sumaria y reducida, de aquellas obras y publicaciones jurídicas referidas, principal o parcialmente, a este problema. En cuanto a los estudios en lengua francesa, es muy útil la bibliografía ofrecida por Genevois, B., con ocasión de una de las más célebres ilustraciones del fenómeno: la creación de principios generales del derecho administrativo por el Consejo de Estado francés (V. "Principes généraux du droit", en: *Répertoire Dalloz de Contentieux administratif*, edición de 1998) (V., también, Chapus, R., *Droit administratif général*, 12ª ed., t. I, Montchrestien, 1998, p. 108, Nº 156; Moderne, F., "Actualité des principes généraux du droit", en: *RFDA,* 1998, 495 y s. [§ 2 de este libro]).

2 *Kategorische Rechts Prinzipien. Ein Contrapunkt der Moderne*, Suhrkamp Verlag, Francfort-sur-le-Main, 1990 (V. una traducción en francés, prologada por Ricoeur, P., *Principes du droit*, Cerf 1993).

tes traducen referencias comunes a las mismas fuentes del pensamiento jurídico occidental, tal como se ha desarrollado desde el siglo XIII y sobre todo desde el Siglo de las Luces. Pero ellas ocultan discrepancias significativas que se manifiestan desde que el intérprete inicia el esfuerzo por profundizar su sentido y significado.

Si tomamos la expresión "principios generales del derecho" al pie de la letra, todos los términos pueden ser ponderados y, eventualmente, relativizados.

– ¿"Principios"? La etimología (del latín "*principium*") nos enseña que el término se refiere a un origen, una causa primera, una matriz de donde se desprenden reglas y comportamientos[3]. Pero el lenguaje jurídico manifiesta profusamente que los principios son analizados aquí más bien como consecuencias, resultados que se extraen, ya sea de textos de derecho positivo, sea de decisiones de justicia, sea de la costumbre, sea de la doctrina que les da su configuración y les asigna un rango en el orden jurídico. Los historiadores han mostrado, en síntesis, que en derecho romano los principios no eran siempre elementos *a priori* de un sistema jurídico, sino una especie de recapitulación sintética del derecho existente[4].

La ambigüedad de las construcciones léxicas del genitivo ya no sólo destaca "principios del derecho": puede también enunciar tanto una relación causal (los principios que están en el origen del derecho, de donde se desprende el derecho), como una relación de pertenencia (los principios que se pueden encontrar en el derecho, que forman parte del derecho en tanto que enunciados jurídicos). No podemos evitar reconocer que la acepción más corriente privilegia el segundo enfoque; en la medida en que ella permite insertar

---

3 Dos ilustraciones entre tantas otras de la filosofía francesa: "Yo he intentado formular en general los principios o primeras causas de todo aquello que es o que puede existir en el mundo" (DESCARTES, *Discours de la méthode,* VI, 3); "Diversas clases del sentido derecho: los unos surgen como consecuencias de pocos principios y es una rectitud de sentido" (PASCAL, *Penseés,* art. 1°, 1).

4 En este sentido, véase por ejemplo: MANS, J., *Los principios generales del derecho*, Bosch, Barcelona, 1979, p. XXXIII.

los principios en el cuerpo mismo del derecho y evitar así situarlos al exterior del derecho, como principios metajurídicos o ajurídicos (morales, políticos, sociológicos, etc.).

Seguiremos entonces este uso[5].

– ¿"Generales"? Los principios de derecho son calificados así sin que esté claramente precisado a partir de qué grado de generalidad un principio merece la denominación de "principio general". Norberto Bobbio recuerda con razón que hay muchas formas de concebir la "generalidad" de un principio: a nivel de una institución, de una materia, de una rama del derecho, del orden jurídico entero[6]. Según el mismo autor, sería oportuno separar los principios generales del derecho de significado categorial y los principios generales del derecho de significado universal (que remiten en definitiva al derecho natural).

En todo caso, la generalidad de un principio no aparece, *prima facie*, como fácilmente medible; aun más si ella condiciona en los hechos el campo de operación del principio. No es raro, por lo demás, que el término "general" sea omitido en la presentación de los "principios"[7] del derecho, sin que el análisis sea por esto alterado.

La pluralidad de los principios generales del derecho en los órdenes jurídicos nacionales es un testimonio, a la vez, de la vitalidad del concepto y de la dificultad de una taxonomía apropiada. Más que un cuerpo de principios generales, cuya arquitectura central se

---

5 Es posible que haya habido, por lo demás, una inversión histórica del sentido y que la "norma" (*regula*), que hoy en día estamos de acuerdo en oponer a "principio", haya tenido, en derecho romano, el significado de "principio", pues el derecho propiamente dicho era identificado por el término "jus" (*"Non ex regula ius sumatur, sed ex iure, quod est, regula fiat"*: *Digesto*, 50, 17, 1).

6 Bobbio, N., *Principi generali di diritto*, en: *Contributi ad un dizionario giuridico*, Giappichelli, Turín, 1994.

7 Por ejemplo: Höffe, O., *Kategorische Rechtsprinzipien*, Suhrkamp Verlag, Francfort-sur-le-Main, 1990; Alexy, R., "Zum Begriff des Rechtsprinzips", en: *Rechtstheorie*, Beiheft 1, 1979; Peczenik, A., "Principles of law. The Search for legal theory", en: *Rechtstheorie*, 2, 1971; Raz, J., "Principles and the Limits of Law", en: *The Yale Journal*, N° 81, 1972.

encontraría, con todas sus variantes, en cada uno de los sistemas, es una nebulosa, donde brillan más intensamente algunos astros; lo que recuerda que la panoplia contemporánea de estos principios es una "familia numerosa y más bien heterogénea", retomando otra fórmula de Bobbio[8].

– ¿"Jurídicos"? ¿En qué aspecto los principios lo son? La denominación puede apenas concebirse para los principios que se constituyen y se desarrollan en el interior mismo del sistema de derecho del que ellos son una de las componentes. Ella debe ser rechazada para aquellos principios que se sitúan fuera del ordenamiento jurídico y que por esta razón evocan, desde el derecho romano, ya sea la moral (principio de *bona fides, fides, alterum non laedere*, etc.) o ya sea la lógica común (*non bis in idem, ubi major minor cessat*, etc.). Dado que los principios extrajurídicos pueden influir respecto de un sistema de derecho, e integrarse en tanto que "principios generales del derecho", no debe olvidarse que su origen debe ser buscado fuera del derecho mismo, y que por este hecho ellos se prestan a polémica en cuanto a la necesidad o a la efectividad de su "*juridización*", es decir, de su inserción en el derecho positivo.

Para intentar introducir un poco de orden en esto, que podemos llamar ciertamente una cierta confusión conceptual, es útil recordar ciertas clasificaciones doctrinales, que si bien no tienen el mérito de clarificar totalmente el debate, al menos pueden abrir algunas pistas de reconocimiento.

Es así como el *Dictionnaire encyclopédique de théorie et de sociologie du droit*[9] separa cinco tipos de principios generales del derecho, convencionalmente indicados como sigue:

i) los "principios positivos del derecho" (normas explícitamente formuladas en los textos de derecho positivo o al menos construidas a partir de los elementos contenidos en estas disposiciones);

---

8 Bobbio, N., *op. cit.*, p. 263.

9 Wrobleski, J., voz: *Principes du droit* (PUF, 1993), pp. 474 y s.

ii) los "principios implícitos del derecho" (reglas tratadas como premisas o consecuencias de las disposiciones del derecho positivo, sin estar ahí expresamente enunciadas);

iii) los "principios extrasistémicos del derecho" (reglas consideradas como principios, pero que no pueden ser ordenadas en las dos primeras categorías, pues son exteriores al derecho positivo);

iv) los "principios-nombres del derecho" (denominaciones sin carácter normativo que caracterizan los rasgos esenciales de una institución jurídica), y

v) los "principios-construcciones del derecho" (instrumentos conceptuales presupuestos en la elaboración dogmática del derecho o en la aplicación y la interpretación jurídica).

A nuestro entender, sólo las tres primeras series de principios serían reglas que producen por esta razón efectos de derecho; pero las dos últimas no podrían aspirar a un rango normativo, sea que ellas constituyan simples denominaciones, sea que se reduzcan a presupuestos útiles para la dogmática o para la práctica jurídica. Esta clasificación constituye, en resumen, una tipología "puramente descriptiva"[10], un esfuerzo por tomar en cuenta el carácter polisémico de la expresión.

También podemos recordar la presentación propuesta por un autor español, A. E. Pérez Luño[11], quien distingue, de manera quizás más convincente[12]:

i) los principios generales del derecho como "metanormas" (*principia cognoscendi*), cuya función está ligada al conocimiento del

---

10 Wrobleski, *ibid.*, p. 474.

11 "Los principios generales del derecho: ¿un mito jurídico?", en *Revista de Estudios Políticos*, Madrid, 1997, N° 98, pp. 9 y s. Del mismo autor, *El desbordamiento de las fuentes del derecho*, Real Academia Sevillana de Legislación y Jurisprudencia, Sevilla, 1993, pp. 39 y s.; *Derechos humanos, Estado de derecho y Constitución*, Tecnos, Madrid, 1995, pp. 289 y s.

12 Ya nos hemos referido a nuestro estudio: "Actualité des principes généraux du droit", en: *RFDA*, 1998, pp. 495 y s. [reproducido como § 2, en esta edición].

derecho positivo, el que ellos aclaran e informan proporcionando a los usuarios e intérpretes del derecho los elementos lógicos o técnico-formales susceptibles de contribuir a la comprensión y, por eso mismo, a la aplicación y a la evolución del derecho positivo;

ii) los principios generales del derecho como normas (*principia essendi*), que forman parte de las reglas del derecho y deben ser ontológicamente conciliados con los otros enunciados normativos (cuya formulación puede ser expresa o tácita), y

iii) los principios generales del derecho como conceptos con dimensión axiológica (*prima principia*), postulados éticos portadores de los valores básicos que inspiran el orden jurídico en su conjunto (la justicia, el bien común o interés general, la seguridad jurídica, las buenas costumbres, la paz, etc.).

No es siempre fácil, constata el autor, clasificar los "principios" existentes en una u otra de estas categorías, y no puede descartarse que puedan ser utilizados con la misma denominación, pero de manera funcionalmente diferenciada.

Tenemos entonces razones para limitarnos, en el marco de este breve estudio, a aquellos de los principios normativos, o prescriptivos, que ordenan los comportamientos sociales en un sistema jurídico determinado[13]. Es por este concepto, nos parece, que la "legitimidad" del recurso a los principios generales del derecho puede ser examinada; pues, no se puede poner en duda, sobre la base de criterios estrictamente jurídicos, la legitimidad de los principios simplemente paranormativos o la legitimidad de los principios axiológicamente determinados: los primeros se apoyan en consideraciones lógico-formales destinadas a facilitar la comprensión del derecho positivo; y los segundos implican la referencia a valores en sí mismos tributarios de opciones éticas necesariamente diversas y contingentes.

---

13 Ver, sobre la definición de derecho, en lengua francesa, TROPER, M., "Pour une définition stipulative du droit", en: *Droits*, 1989, N° 10, pp. 101 y s.; DE BÉCHILLON, D., *Qu'est-ce qu'une règle de droit?*, éd. O. Jacob, 1997.

Pero aún no hemos evocado la célebre distinción establecida por Ronald Dworkin, cuya obra ha contribuido poderosamente a reanimar la polémica sobre los principios generales del derecho[14]. Es necesario recordar que, para este autor, la diferenciación esencial se perfila entre las "normas" y los "principios"; estos últimos coexisten con las "políticas" ("*policies*") en el seno de la categoría de los "*standards*", de manera tal que llega a ser trivial precisar "principios en sentido estricto" o "principios en sentido amplio", según se desee excluir o incluir las "políticas" en el razonamiento.

Un "principio" no es una regla jurídica; es un "estándar que hay que aplicar, no porque él asegure el acceso a la protección de una situación económica, política o social juzgada como deseable, sino porque es una exigencia dictada por la justicia, la equidad o cualquier otra dimensión moral"[15]. Un "principio" no supone "fijar condiciones en las cuales su aplicación sea necesaria"; no implica "consecuencias jurídicas, que se desprendan automáticamente cuando estas condiciones se cumplen"[16]. Las "reglas", a la inversa, en tanto que disposiciones específicas, determinan situaciones o comportamientos concretos a los cuales se asignan consecuencias jurídicas precisas. Ellas tienen un carácter eminentemente taxativo y deben recibir aplicación en su integridad a condición de que las exigencias requeridas para su validez sean respetadas[17]. Si los "principios" configuran abiertamente sus condiciones de aplicación, las "reglas" no dejan ninguna libertad de elección a su destinatario. Pero unos y otros se conjugan de modo normativo: los principios, como las reglas, expresan normas auténticas; tanto aquellos como estos de-

---

[14] Ver, sobre todo, *Taking Rights seriously*, Duckworth, Londres, 2ª ed., 1978 (traducción francesa: *Prendre les droits au sérieux*, PUF, 1995); *A matter of principle*, Harvard UP, 1985; *Law's Empire*, Fontana, Londres, 1986; traducción francesa: *L'empire du droit*, PUF, 1993; *Freedom's Law, the moral reading of the American Constitution*, Oxford UP, 1996.

[15] Dworkin, R., *Prendre les droits au sérieux*, *op. cit.*, p. 79.

[16] *Ibid.*, *eod. loc.*

[17] La fórmula más frecuentemente utilizada recurre a la aplicación de una regla jurídica bajo el modo de "*todo o nada*" *("all or nothing")*.

finen los contornos de las acciones a realizar y tienen por función regular conductas a través de prescripciones jurídicas. En resumen, los "principios" dworkinianos (en estricto sentido) no se diferencian de las reglas ni por el campo jurídico que ellos cubren, ni por la fuerza jurídica de sus proposiciones concretas, sino por la relativa "apertura" de sus condiciones de aplicación. Solamente los principios pueden soportar una ponderación por otros principios de valor igual o superior; las reglas se combinan, por su parte, a partir de la jerarquía de las instituciones de donde ellas proceden o a partir de las funciones ejercidas por estas instituciones, pero no de su "peso" intrínseco.

No entraremos en la polémica (siempre viva) que ha producido las tesis del profesor de la New York University, sino que nos limitaremos a subrayar la primacía que él otorga a los "principios" en el análisis de las reglas jurídicas. Los "principios" (y, por lo tanto, los "principios generales del derecho")[18] están situados en el corazón de la teoría llamada de la "integridad", en la cual Dworkin visualiza el mejor principio explicativo del "imperio del derecho"[19]. Esta primacía se justifica en la construcción elaborada por el autor en razón de la connotación moral de los "principios" en su calidad de fundamento del orden jurídico y de modo de expresión privilegiado

---

[18] Incluso DWORKIN casi no utiliza esta última expresión (ella no es desconocida en la lengua inglesa: véase: SCHLESINGER, R. B., "The nature of General Principles of Law", en: *Rapports généraux au VI Congrès international du droit comparé*, Bruxelles, 1963); ella no nos parece impropia, bajo reserva de recordar la concepción de principios "generales" en tanto que normas integradas en el orden jurídico. Nosotros descartaremos entonces la acepción de "principio", en el sentido amplio que engloba, como se sabe, a diferencia de los principios en sentido estricto, para las "políticas" [directrices] (*policies*), las cuales son presentadas como "tipos de estándares que proponen objetivos que han de ser alcanzados, es decir, generalmente, una mejora en algún aspecto de la vida económica, política o social de la comunidad" (*Prendre les droits au sérieux, op. cit.*, pp. 78 y s.), en que la articulación con los principios deja un margen de maniobra notable al legislador (las "políticas" pueden así servir para definir las condiciones de aplicación de los "principios").

[19] Sobre esta teoría, ver: *L'empire du droit*, *op. cit.*, PUF, 1994, pp. 195 y s.

de los derechos fundamentales de los ciudadanos. Son los "principios", más que las "reglas", los que son susceptibles de asegurar la coherencia y la plenitud del sistema normativo, y de conformar por lo mismo el régimen del derecho en los Estados democráticos contemporáneos.

Según algunos de sus críticos, los procedimientos operados por Dworkin habrían ganado mucho en caso de haber sido mejor explicitados. Las distinciones entre los "principios" y los "valores", o entre los "principios" y los "derechos esenciales" de los ciudadanos, o entre los "principios" y las "políticas" carecerían a veces de consistencia, incluso de fuerza, en el mismo pensamiento del autor[20]. Lo cierto es que muchas presentaciones doctrinales hoy día se articulan en torno a estos temas así propuestos.

Nos acercaremos a algunos puntos de vista de las concepciones sostenidas por Dworkin, en especial a aquellas que exponen dos autores españoles, Atienza, M. y Ruiz Manero, J., en una obra publicada en 1996[21]. Los "enunciados jurídicos", es decir, las "proposiciones jurídicas significativas" son analizadas y clasificadas según tres criterios: el criterio estructural, el criterio funcional y el criterio de conexión con los intereses de los individuos o las relaciones sociales de poder.

Los principios figuran con las "reglas" entre las "normas de mandato"; su función dominante, como la de las "reglas", es "directiva". Pero ellos difieren de las reglas desde un punto de vista estructural, en cuanto al grado de determinación de los casos especiales a los

20 Ver, sobre estos problemas: REGAN, D. H., "Glosses on Dworkin: Rights, Principles and Politics", en: *Michigan Law Review*, 1978-1979, N° 76; PRIETO SANCHÍS, L., *Sobre principios y normas*, Centro de estudios constitucionales, Madrid, 1992; A. PÉREZ LUÑO, C., "Los principios generales del derecho: ¿un mito jurídico?", en: *Revista de Estudios Políticos*, 1997, N° 98, pp. 9 y s.; ABELLAN, A. M., "En torno a la comparación y diferencia entre valores, principios y normas constitucionales", en: *Revista Vasca de Administración Pública*, 1997, N° 48, pp. 253 y s.; PECES-BARBA, G., *Los valores superiores*, Tecnos, Madrid.

21 *Las piezas del derecho. Teoría de los enunciados jurídicos*, Ariel, Barcelona, 1996.

cuales se aplican[22]: si el caso especial está descrito de manera detallada y "cerrada", se trata de una regla; si el caso especial permanece abierto, indeterminado, estamos en presencia de un principio[23]. De un punto de vista funcional, principios y reglas proveen a sus destinatarios de razones categóricas para la acción; pero los principios *stricto sensu* (así como las directivas) no determinan perentoriamente los comportamientos a adoptar. En el plano de las conexiones con los intereses individuales o sociales, los principios están sustentados por valores que son considerados como imponiéndose a todo otro interés; al contrario que las reglas, sea que establezcan deberes precisos (positivos o negativos) sea que fijen objetivos concretos a lograr.

Resulta de las observaciones que preceden que los principios generales del derecho, más allá de los ropajes doctrinales, ocupan un lugar de privilegio en el orden jurídico normativo. Es lo que obliga a plantear la pregunta de la legitimidad del recurso a esta técnica, la que parece corresponder a una evolución teórica común de los derechos europeos.

La legitimidad del recurso a los principios generales del derecho nos reenvía a la legitimidad del derecho mismo en nuestras sociedades[24]. De este vasto problema, sólo retendremos los elementos más útiles para nuestro propósito. Para nosotros se tratará de verificar

---

22 Ver el comentario de la obra por: Bernal Pulido, C., en: *Droit et Société*, N° 36-37, pp. 473 y s.

23 Es conveniente matizar la presentación: al lado de los "principios" figuran las "directivas" (ellas se distinguen de los principios en cuanto los comportamientos que ellas prescriben son ellos mismos indeterminados); en cuanto a las "reglas", ellas se subdividen en "normas de acción" y "normas de fin" (las primeras prescriben el cumplimiento de una acción y las segundas apuntan la orientación de un cierto estado de cosas).

24 Aarnio, A., "Zur Legitimität des Rechts. Ein begrifflicher Überblick", en: *Rechtstheorie*, 1989, vol. 20, pp. 146 y s.; Tuuori, K., "Legitimität des modernen Rechts", *ibid.*, 1989, vol. 20, pp. 221 y s.; Teubner, G., "Substantive and Reflexive Elements in Modern Law", en: *Law and Society Review*, vol. 17, pp. 239 y s.; Eriksson, L. D., "Conflicting tendencies in Modern Law", en: *Rechtstheorie*, 1989, vol. 20, p. 153, etc.

si la técnica de los "principios generales del derecho", en tanto que fuente normativa en aquellos de nuestros sistemas jurídicos que se sujetan a la teoría del derecho moderno, descansa sobre justificaciones argumentadas similares o diferentes; aun cuando el derecho "moderno" es intensamente discutido en sus fundamentos socioculturales e históricos, y un derecho denominado "posmoderno", o incluso, según algunos, "neomoderno", se perfila sobre otras bases.

I. LEGITIMIDAD DE LOS PRINCIPIOS GENERALES Y TEORÍA DEL DERECHO MODERNO

La expresión "derecho moderno" es hoy utilizada corrientemente para definir el estado del derecho en las sociedades contemporáneas a partir del siglo XVIII; ella está ligada de una cierta manera a la toma de conciencia de una "crisis de la modernidad" que se ha desarrollado sobre variados campos, de la que la literatura filosófica, sociológica, política o jurídica da cuenta casi permanentemente[25].

La legitimidad del "derecho moderno" está fundada en gran medida sobre la idea de racionalidad formal y/o material puesta de manifiesto por Max Weber en escritos célebres[26] e históricamente relacionados con la influencia de las "luces".

---

25 Véase, por ejemplo, TOURAINE, A., *Critique de la modernité*, Fayard, col. Livre de poche, 1992; *La modernité en questions* (bajo la dirección de GAILLARD, F., PAULAIN, J. y SCHUSTERMAN, R.), Cerf, col. Passages, 1998; ARNAUD, A. J., *Pour une pensée juridique européenne*, PUF, 1991; ARNAUD, A. J., *Entre modernité et mondialisation*, LGDJ, París, 1998, pp. 148 y s.; BOURETZ, P., *La force du droit. Panorama des débats contemporains*, ed. Esprit, 1991; DE SOUSA-SANTOS, B., "The postmodern transition: law and politics", en: *The Fate of Law* (SARAT, A. y KEARNS, T. R., dir.), Université of Michigan Press, 1991; *Towards a new Common Sense: Law, Science and Politics in the paradigmatic Transition*, ed. Routledge, Londres, 1995; COLLIOT-THÉLÈNE, C., *Le désenchantement de l'État. De Hegel à Max Weber*, París, ed. de Minuit, 1992; UNGER, R. M., *Law in Modern Society, Toward a Criticism of Social Theory*, Free Press, Collier Macmillan Publishers, New York, 1997.

26 Especialmente *Wirtschaft und Gesellschaft*, 5ª ed., J. C. B. Mohr, Tünbingen, 1980 (traducción francesa: *Sociologie du droit*, PUF, 1986). Ver la bibliografía

La dominación legal es percibida como legítima ya que corresponde a un proceso histórico de racionalización del derecho, en un Estado liberal y democrático que pronto fue promovido al rango de "Estado de derecho". El derecho moderno es "racional a la vez en sus normas —rigor deductivo— y en su procedimiento —que es objeto de una técnica creciente—"[27]; es lo que ha permitido preparar el abono necesario para la expansión del capitalismo y de la burocracia de Estado. La identificación de la racionalidad con la legalidad formal en el marco estatal conduce a fortalecer la creencia según la cual el orden jurídico estatal se beneficia "con la sumisión a reglas objetivas e impersonales, formalmente válidas, que sólo controlan la obediencia con respecto a un ámbito de aplicación racionalmente delimitado"[28]. El derecho formalmente racional se caracteriza por su "neutralidad axiológica", por el rechazo a toda imperatividad de orden estatal, utilitaria o política[29] exterior a la esfera jurídica, en beneficio de la interpretación lógica de reglas abstractas. Las concepciones jusnaturalistas no estarían en condiciones por sí mismas de legitimar las soluciones jurídicas. De acuerdo a la perspectiva kantiana, la ciencia del derecho se concibe en función de la antinomia del ser (*sein*) y del deber-ser (*sollen*); como lo escribirá más tarde Hans Kelsen, "ningún razonamiento lógico permite pasar de aquello que es a aquello que debe ser, de la realidad natural al valor moral o jurídico"[30]. Si el derecho natural ya no puede servir para fundamentar la creencia en la legitimidad del derecho, eso no es el resultado de mutaciones ideológicas brutales, sino más bien de una

---

ofrecida por Coutu, M., en: *Max Weber et les rationalités du droit*, LGDJ, col. Droit et Société, 1995, pp. 249 y s.

27 Raynaud, Ph., *Max Weber et les dilemmes de la raison moderne*, PUF, col. Quadrige, 1996, p. 167.

28 Coutu, M., "Rationalité juridique et légitimité du droit chez Max Weber", en: *Actualité de Max Weber pour la sociologie du droit*, 1995, LGDJ, col. Droit et Société (bajo la dirección de Lascoumes, P.), p. 199.

29 Coutu, M., *Max Weber et les rationalités du droit*, LGDJ, col. Droit et Société, 1995, p. 167.

30 Kelsen, H., *Théorie pure du droit*, 1ª ed., Neuchâtel, ed. de la Baconnière, 1988, p. 95.

interacción compleja de hechos y de valores, caracterizada principalmente por la diferenciación y la autonomización progresiva de las diferentes esferas de la actividad social (política, económica, jurídica, etc.) que han provocado la disgregación y la relativización de los axiomas metajurídicos[31]. La "dominación legal" se traduce en la obediencia natural de los ciudadanos a las normas, especie de reflejo adquirido, de legitimidad interiorizada, ya que ella no se vincula a la persona que detenta el poder, sino sólo a la existencia de normas obligatorias válidamente instituidas. Es el orden jurídico el que determina objetivamente las competencias de las autoridades públicas, quien asigna a los agentes especializados sus atribuciones, prohibiendo por eso mismo toda apropiación personal del poder y conduciendo al tipo ideal de "burocracia".

Por lo demás, y correlativamente, la dominación legal, tal como la concibe Weber, M., refleja el advenimiento y la preeminencia irresistible del derecho estatal. El Estado moderno "reivindica con éxito (...) el monopolio de la coerción física legítima"[32], y ella misma ha llegado a ser indisociable del proceso de "centralización" y de "estatización" del derecho[33]. El postulado de la identidad del derecho y del Estado ha sido incentivado, lo sabemos, hasta sus últimas consecuencias, por Kelsen, principalmente en la *Teoría pura del derecho*[34]. El Estado moderno, en tanto que aparato de coerción legítima, "representa simplemente una construcción auxiliar del pensamiento jurídico"[35], destaca el maestro de Viena; él es orden normativo y su poder no es otro que la efectividad del orden jurídico que él instituye. Por eso mismo fueron rechazadas las teorías que a inicios de este siglo se esforzaban en distinguir el poder del

---

31 WEBER, M., *Wirtschaft und Gesellshaft*, *op. cit.*, p. 501.

32 *Ibid.*, p. 29.

33 COUTU, M., *Max Weber et les rationalités du droit*, *op. cit.*, p. 187; *Actualité de Max Weber pour la sociologie du droit*, *op. cit.*, pp. 207 y s.

34 2ª ed., Dalloz, París, 1962, p. 385 (trad. Ch. EISENMANN); Ver también: KELSEN, H., *Der sociologische und der jurisestische Staatsbegriff. Kritische Untersuchung des Verhältnisres von Staat und Recht*, Aalen, Scientia Verlag, 1981, pp. 82 y s.

35 *Théorie pure du droit*, *op. cit.*, *eod. loc.*

Estado y la fuerza del derecho[36]. No puede existir, insiste Kelsen, dualismo entre el derecho y el Estado, dado que este último no tiene ninguna realidad tangible y que su poder (el poder público) está jurídicamente regulado[37]. Que el Estado represente en definitiva la plena legalización de la dominación y que él se reduzca sólo a su dimensión jurídica es una de las extrapolaciones teóricas posibles del proceso weberiano (siendo el otro enfoque llamado "decisionista", fundado sobre la dialéctica de las decisiones, cuyo representante más destacado fue Carl Schmitt)[38].

En todo caso, encontramos en germen en el pensamiento de Weber los argumentos que iban a conferir a los principios generales del derecho su legitimidad plena en el contexto del derecho moderno; a saber: la racionalidad (o al menos las exigencias de un proceso de racionalización) del orden jurídico y el marco político estatal que asegura la efectividad del derecho gracias a la monopolización de la coerción física de la que el Estado está dotado.

¿Cómo se manifiesta la inserción de los principios generales del derecho en el orden jurídico del Estado moderno? ¿Qué elementos han reafirmado la creencia en la validez del recurso a esta técnica jurídica?

---

36 Véanse las observaciones de BOBBIO, N., "Max Weber und Hans Kelsen", en: *Max Weber als Rechtssoziologie* (bajo la dirección de REHBINDER, M. y TIECK, K. P.), Berlín, Duncker et Humblot, 1987, pp. 126 y s.; JELLINEK, G., en particular, sostenía, en: *La théorie générale de l'État*, que aquél debía ser analizado ya sea en tanto que formación social, ya sea en tanto que institución jurídica. Es notorio que Max WEBER acoge esta concepción (*Wirtschaft und Gesellschaft, op. cit.*, p. 6), dado que él enuncia que el Estado "designa muy bien el concepto jurídico como el fenómeno concreto de la actividad social por el cual valen las normas de derecho".

37 "(…) los individuos que ejercen el poder a título de gobierno del Estado son habilitados por un orden jurídico para ejercer el poder para la creación y aplicación de normas jurídicas" (KELSEN, H., *Théorie pure du droit*, 2ª ed., p. 393).

38 Ver, por ejemplo, "Légalité et légitimité", en: *Du Politique: légalité et légitimité et autres essais*, Puiseaux, Pardès, 1990, pp. 39 y s.

Desde este punto de vista parece posible adelantar algunas hipótesis. El recurso a los principios generales del derecho se beneficia de una doble legitimidad: una legitimidad funcional, que se inscribe en la perspectiva de la racionalización del derecho, preludio de su racionalidad efectiva una vez terminado el proceso; y una legitimidad orgánica, que se vincula a la autoridad que elabora este tipo de normas, es decir, el juez. Es importante destacar, de entrada, que el proceso seguido no conlleva de parte nuestra ningún intento de ontologización conceptual de la categoría de los principios generales del derecho en tanto que normas jurídicas autónomas. De modo alguno es aceptado que estos principios se encontrarían de alguna manera en estado de latencia en un orden jurídico antes de ser identificados y proclamados oficialmente por una autoridad calificada. Para nosotros no se trata, en cuanto a la autoridad competente para enunciarlos, formalmente, de reservar esta función al juez (y esto incluso sin abordar la temática contemporánea de la legitimidad democrática del poder judicial): otros soportes formales de los principios generales serían catalogados fácilmente. Nuestro propósito sólo consiste en analizar las condiciones susceptibles de justificar el recurso a tales principios por parte del juez y su inserción en un razonamiento jurídico válido, en unión con alguna concepción del derecho, así como sus posibilidades de supervivencia cuando esta concepción vacile.

A. La legitimidad funcional de los principios generales del derecho

En los procesos de racionalización de los derechos estatales contemporáneos, los principios generales desempeñan un rol eminente, inclusive determinante: ellos contribuyen a forjar la coherencia del orden jurídico normativo y sirven para llenar las lagunas del derecho.

1. Principios generales del derecho y exigencia de coherencia del orden jurídico

Que los principios generales del derecho favorecen la coherencia (y por eso mismo la inteligibilidad) del conjunto del sistema jurídico, y que ellos contribuyen también a fortalecer la creencia en la legalidad (*lato sensu*) como fundamento de la legitimidad del derecho, ha sido muchas veces señalado por los teóricos[39]: "Es racional, decía Weber, lo que corresponde al imperativo de la coherencia"[40]. Se trata de una racionalidad teórica, resultado de un esfuerzo permanente de conceptualización y de clasificación, de abstracción y de sistematización, independientemente de los efectos empíricos constatados eventualmente[41]. El orden jurídico estatal es de partida un "sistema" cuyas piezas están cuidadosamente articuladas y distribuidas, principalmente por intermedio del principio de jerarquía normativa[42]. Este sistema descansa ampliamente sobre generalizaciones conceptuales cuya expresión principal es la ley[43].

---

[39] Partiendo por el mismo Weber, M., "Zwischenbetrachtung: Theorie der Stufen und Richtungen religiöser Weltablehnung", en: *Gesammelte Aufsätze zur Religionssoziologie*, Tübingen, J. C. B. Mohr, 1988, p. 537; Habermas, J., "Aspects of the Rationality of Action", en: *La rationalité aujourd'hui*, ed. Université d'Ottawa, 1979, pp. 185 y s., especialmente p. 188; Swindler, A., "The concept of Rationality in the Work of Max Weber", en: *Sociological Enquiry*, 1973, vol. 43, pp. 35 y s.; Brimo, A., "La notion de rationalisation du droit dans la sociologie juridique de Max Weber", en: *Recueil d'études en hommage à Charles Eisenmann*, Cujas, París, 1975.

[40] Weber, M., *op. cit.*, p. 537.

[41] Coutu, M., *Max Weber et les rationalités du droit*, *op. cit.*, pp. 27 y s.

[42] Nos remitimos en este tema a la tesis de de Béchillon, D., *Hiérarchie des normes et hiérarchie des fonctions normatives de l'État*, Économica, 1996; ver también Ost, F., *Le système juridique entre ordre et désordre*, PUF, 1988, pp. 102 y s.

[43] La primacía de la ley sobre las decisiones puntuales es de una naturaleza, según Weber, que favorece la expansión del capitalismo, en la medida en que ella permite una previsión racional y un cálculo correcto de las posibilidades y de los riesgos (Raynaud, Ph., *Max Weber et les dilemmes de la raison moderne*, *op. cit.*, p. 167).

Diversos instrumentos, que constituyen otros tantos índices de la racionalización del derecho (sea que se trate de una racionalidad "formal" o de una racionalidad "material")[44], conducen así a una mayor cohesión del orden jurídico: la aplicación de principios o de normas con significado general figura aquí en buen lugar junto a la interpretación lógica o del razonamiento deductivo bajo su forma silogística.

Los rasgos esenciales de la racionalidad jurídica formal hacen aparecer así lo que Kelsen llamaba "la unidad lógica" del orden jurídico[45], por poner en relación a todas las prescripciones jurídica, elaboradas por el análisis y eliminación de las contradicciones internas que así serán eventualmente detectadas. El rechazo de los procedimientos analógicos[46], el rebasamiento del método puramente analítico[47], la elaboración de una especialidad metodológica apta para separar la ciencia del derecho de las ciencias no jurídicas ("la interpretación lógica del sentido"[48] se convertiría desde ahora, según Weber, en el proceso más riguroso)[49], el rechazo de las con-

---

44 La racionalidad "material", en la terminología de Weber, reenvía menos a la sustancia o contenido del derecho, que a los motivos extrínsecos de orden político, ético o utilitarista que presiden a la creación del derecho (o a su identificación). (Ver Coutu, M., *Max Weber et les rationalités du droit*, *op. cit.*, pp. 50 y s.).

45 Weber, M., *Wirtschaft und Gesellschaft*, *op. cit.*, p. 396.

46 *Ibid.*, p. 249.

47 La descomposición de un conjunto de hechos complejos en componentes elementales jurídicamente cualificados de manera unívoca no es suficiente, según Weber (*ibid.*, p. 454) para asegurar la coherencia interna del orden jurídico. El trabajo jurídico debe comprender una "construcción sintética", esto es, una sistematización (ver: Farinas Dulce, M. J., "Crisis de la racionalidad formal del derecho moderno", en: *Oñati Proceedings*, vol. 2, pp. 153 y s.; Santi Romano, *Osservazioni sulla completezza dell' ordinamento statale*, Módena, 1925; Santi Romano, *L'ordinamento giuridico*, Florencia, 1945, etc.).

48 Weber, M., *Wirtschaft und Gesellschaft*, *op. cit.*, p. 397.

49 Larenz, K., *Methodenlehre der Rechtswissenschaft*, Berlín, Springer Verlag, 1969, p. 30.

sideraciones ideológicas y de los juicios de valor[50] y la búsqueda de los fundamentos del derecho moderno en el principio de legalidad y de la regularidad procesal[51], constituyen tanto condiciones de una formulación a la vez lógica y sistemática en el derecho.

Sin duda, el proceso de racionalización formal del derecho moderno conoce algunas limitaciones, ya sea en razón de las insuficiencias metodológicas difícilmente evitables en tal proceso o en razón de la intrusión de elementos externos dependientes de la racionalización "material"[52]. Pero la necesidad de coherencia queda como un elemento muy importante de la racionalidad jurídica, en el marco de los órdenes jurídicos estatales contemporáneos.

Ahora bien, los principios generales del derecho participan plenamente de la realización de un sistema jurídico coherente. Ellos cumplen desde este punto de vista una función explicativa (si tenemos una duda sobre el sentido de una norma en un contexto dado, el recurso a un principio general puede dar sentido a esta norma o al menos permitir comprender por qué la norma merece ser seguida) y una función de justificación (si un principio normativo se reconoce como teniendo valor en sí mismo o como un medio adecuado para alcanzar un fin juzgado deseable, las normas que se desprenden o que se asimilan se beneficiarán más fácilmente de esta presunción de legitimidad).

La legitimidad funcional del recurso a los principios generales del derecho en los órdenes jurídicos contemporáneos, en nombre de la necesidad de coherencia inherente a la misma racionalidad del derecho moderno, ha sido defendida principalmente por N. MacCormick en su *Legal Reasoning and Legal Theory*[53]. Es conve-

---

50 Que Kelsen ha puesto especialmente de relieve en su: *Théorie pure du droit* (1ª ed., Neuchatel, ed. La Baconnière, 1988, p. 64).

51 Tema igualmente recogido y desarrollado por Kelsen, H., especialmente, en su: *Théorie pure du droit* (ver *supra*).

52 Coutu, M., *MaxWeber et les rationalités du droit*, *op. cit.*, pp. 69 y s.

53 Oxford UP, 1978; *Raisonnemet juridique et théorie du droit* (traducción francesa: De Gagey, J.), PUF, París, col. Les voies du droit, 1996, especialmente pp. 181

niente, escribe el autor, "otorgar una atención más constante al papel desempeñado por los argumentos extraídos de los principios generales del derecho en el razonamiento jurídico (...). El papel desempeñado por estos argumentos depende de la exigencia, planteada al inicio, de coherencia en materia jurídica: coherencia en el sentido en que las numerosas normas de un sistema jurídico elaborado deben tener sentido cuando las consideramos en su conjunto".

Esta función de vinculación entre las normas y de consolidación de su sentido en el seno del orden jurídico dependerá en gran medida de la fuerza del principio general de que se trate. Algunos de estos principios cubren un campo particularmente amplio (el principio de igualdad, por ejemplo, cuyas aplicaciones potenciales se han multiplicado a todas las ramas del derecho). Otros revisten significaciones más técnicas y por esto su virtualidad se encuentra notablemente reducida. Corresponde a los actores calificados del derecho, considerando el estado del conjunto del sistema jurídico, retener aquellos principios que parecen mejores para ejercer su rol de coordinación, de sistematización y de puesta en coherencia lógica del derecho o de una rama del derecho[54]. Desde este punto de vista, las situaciones parecen muy variables de un país a otro; y, en un mismo país, de una disciplina a otra.

---

y s.; su pensamiento es, en cierta medida, tributario de las concepciones de HART sobre el análisis positivista del concepto de derecho (HART, H. L. A., *Le concept de droit*, Publications des Facultés universitaires Saint-Louis, Bruxelles, 1994; *The concept of Law*, Oxford University Press, 1961).

54 Es sintomático que en derecho francés el rol de los principios generales no es concebido de la misma manera, según se trate del derecho administrativo (donde su función es esencial) o del derecho privado (donde su función es discutida; ver: DE BÉCHILLON, M., *La notion de principe général en droit privé*, PUAM, 1998, p. 40).

2. Principios generales del derecho y objetivo de integración del orden jurídico

La completitud o integración de un orden jurídico es otro elemento de la racionalidad formal del derecho al que los principios generales del derecho tienen la posibilidad de dar una mano. Podemos definirla someramente como la ausencia de lagunas en un sistema jurídico de modo que el análisis de los componentes del sistema permita determinar, a partir del conjunto de sus piezas, el estatuto jurídico de un hecho cualquiera[55].

Es incluso un tema weberiano la ausencia de fallas en el derecho sistematizado; el orden jurídico ha llegado a ser una "categoría fundamental de toda conducta social"[56], lo que H. Kelsen retoma con la fórmula extraída de la *Teoría pura del Derecho*[57]: "todo objeto al que el derecho se aplique adquiere una existencia jurídica". Esta afirmación es considerada como un presupuesto, un postulado necesario para un tratamiento racional del derecho[58].

La utilización funcional de los principios generales del derecho para llenar las lagunas virtuales de un orden jurídico determinado fue destacada por Ph. Gérard en una obra publicada en 1981 titulada: *Droit, égalité et ideologie. Contribution à l'étude critique des principes généraux du droit*[59]. El reconocimiento mismo de una laguna en un sistema jurídico, ¿no implica, como ya lo pensaba J. Esser[60], un

---

55 Ost, F. y Van de Kerchove, M., *Le système juridique entre ordre et désordre*, PUF, París, 1988, p. 87.

56 Weber, M., *Wirtschaft und Gesellschaft*, *op. cit.*, p. 397.

57 1ª ed., Neuchatel, p. 143.

58 Weber, M., *op. cit.*, p. 397: "... el derecho objetivo en vigor figura en un sistema sin fallas de prescripciones jurídicas, o las contiene de modo latente, o al menos deber ser tratado como tal para poder ser aplicado". Sobre la fragilidad de tal afirmación, ver: Coutu, M., *Max Weber et les rationalités du droit*, *op. cit.*, p. 67, nota 21.

59 Publications des Facultés universitaires Saint-Louis, Bruxelles, pp. 177 y s.

60 Esser, J., *Vorverständnis und Methodenwahl in der Rechtsfindung. Rationalitätsgarantien der richterlichen Entscheidungspraxis*, Francfort-sur-le-Main, 1970, p. 179.

juicio de valor sobre el carácter incompleto del derecho positivo existente?

Los derechos nacionales que, a imitación del derecho civil francés o del derecho civil belga, obligan al juez incluso a resolver en caso de silencio de la ley, lo autorizan por eso mismo a completar los vacíos de la ley escrita y a recurrir por este hecho a los principios generales del derecho. Fuera de la lógica deductiva clásica, el razonamiento por analogía aparece así como uno de los métodos de elaboración de los principios generales del derecho mejor adaptados a esta función, en la medida en que se justifique la aplicación, por asociación de hipótesis concretas, de una solución concerniente a un caso similar. Incluso si no se presupone necesariamente una clara percepción del conjunto del sistema y de su integración deseable[61], se puede conducir a la formulación de principios generales de carácter normativo[62]. En todo caso, los sistemas jurídicos así concebidos se apoyan sobre el postulado de su integración potencial y de su inteligibilidad global: el juez (quien siempre debe motivar sus decisiones y abstenerse de cometer una denegación de justicia), se considera que deberá resolver todos los casos litigiosos que le son planteados sólo con los recursos del orden jurídico existente. Nos encontramos así con el tema de la racionalidad del derecho moderno, y de la coherencia lógica de los sistemas jurídicos, que se invocaban. El "complemento de derecho" aportado por la utilización de los principios generales, según los términos de un razonamiento por analogía, presume la racionalidad del "*jurislador*" y más particularmente del legislador de las democracias occidentales.

---

61 ESSER, J., *Grundsatz und Norm in der richterlichen Forbildung des Privatrechts*, 3ª ed., Tübingen, 1974, p. 231.

62 ZIPPELIUS, Rh., *Einführung in die juristische Methodenlehre*, t. II, Munich, 1974, pp. 70 y s.; NAWIASKY, H., *Allgemeine Rechtslehre als System der rechtlichen Grundbegriffe*, Zurich, 2ª ed., 1948, pp. 147 y s., etc.

Otro método posible es aquel de la "inducción amplificante"[63]. Permite igualmente desprender nuevos principios generales del derecho para llenar las lagunas de la legislación vigente, generalizando con hipótesis no previstas en las disposiciones particulares que reglamentan diversos casos concretos determinados.

El principio general de los derechos de la defensa, en su versión tradicional, o el principio más contemporáneo del derecho a recursos jurisdiccionales, podrían ilustrar esta forma de razonamiento por inducción, a partir de disposiciones del derecho positivo[64]. Más allá de la simple compatibilidad de estos principios con el derecho positivo existente, tal como es destacada por Esser, J[65]. o Vranken, J. B[66]., es una adecuación más considerable la que esperamos de ellos: una aptitud para cerrar las brechas visibles de la estructura del derecho vigente y a cimentar el conjunto del sistema.

Sin embargo, la legitimidad "funcional" de los principios generales del derecho moderno no bastaría para conferirles carta de ciudadanía en un orden jurídico estatista, si ella no se apoyara en su legitimidad "orgánica"; es decir, la habilitación conferida oficialmente a sus autores para aprobarlos bajo esta forma.

---

63 GÉRARD, Ph., *op cit.*, pp. 266 y s.; KALINOWSKI, G., *Introduction à la logique juridique. Éléments de sémiotique juridique, logique des normes et logique juridique*, París, 1965, pp. 149 y s.; ALCHOURRON, C. E. y BULYGIN, B., *Normative Systems*, New York, 1971, p. 81; L. SILANCE, "Un moyen de combler les lacunes en droit: l'induction amplifiante", en: *Le problème des lacunes en droit*, Bruxelles, 1968, pp. 489 y s.; WEINBERGER, O., *Rechtslogik. Versuch einer Arwendung moderner Logik im Recht*, New York, 1970, pp. 278 y s.

64 GÉRARD, Ph., *op. cit.*, pp. 195 y s.

65 ESSER, J., *Vorverständnis und Methodenwahl in der Rechtsfindung Rationalitätsgarantien der richterlichen Entscheidungspraxis*, Francfort-sur-le-Main, 1970, pp. 19 y s.; ver, también, pp. 27 y s.

66 VRANKEN, J. B. M., *Kritiek en methode in de rechtswinding. Een onderzock naar de betekenis van de hermeneutick van H. G. Gadamer voor de analyse van het rechterlijk berlissingsgebeuren*, Deventer, 1978, pp. 140 y s.

B. La legitimidad orgánica de los principios generales del derecho

Los principios generales del derecho, en los órdenes jurídicos que los ubican bajo el título de normas jurídicas, es decir, de enunciados prescriptivos, se sitúan en el campo del "deber ser" (para limitarse a una definición corriente, aunque ella es muy controvertida[67]), nos devuelven ineludiblemente a la autoridad que los aprobó y que tiene calidad para hacer esto.

Así como lo expresa acertadamente Pierre Bourdieu[68], el reconocimiento por los destinatarios de un discurso de la autoridad de la que emana sólo es otorgado bajo la condición de que este discurso sea emitido por la "persona con legitimidad para pronunciarse (...) delante de legítimos receptores (...) mediante las formas (de sintaxis, fonéticas, etc.) legítimas". A la inversa, el discurso será descalificado, cualquiera sea su contenido y el talento de su autor, si no responde a los cánones de un discurso "legítimo", si el locutor no es percibido como detentador del poder y con calidad para producir una norma (jurídica, aquí) susceptible de imponerse al grupo; en otros términos, si el estatuto del locutor no le permite presentarse como "portavoz" de aquellos a los cuales se dirige. La jerarquía de las normas mismas, que infiltra los sistemas jurídicos del derecho moderno, generalmente está calcada de la jerarquía de las autoridades debidamente habilitadas para enunciarlas con fuerza de derecho.

---

67 Se pueden asimilar, al menos provisoriamente, los vocablos "norma" y "regla", en cuanto a sus efectos en el mundo del derecho (sobre este punto, véase: De Béchillon, D., *Qu'est-ce qu'une règle de droit?*, ed. O. Jacob, París, 1997, pp. 166 y s.; ver también: Pfersmann, O., en: *Droit constitutionnel*, Dalloz, 1998, N° 76 y s., pp. 78 y s.).

68 En: *Ce que parler veut dire. L'économie des échanges linguistiques*, Fayard, 1980, pp. 107 y s.; Ver también (p. 105) el escorzo evocador utilizado para situar el discurso jurídico legítimo: "... el poder de las palabras no es otra cosa que el poder delegado del portavoz".

Ahora bien, los principios generales son ante todo la obra del juez (cualquiera sea la configuración de las estructuras jurisdiccionales de un Estado determinado) y nos encontramos a propósito de esto con el cuestionamiento clásico en cuanto al poder normativo del juez.

No entraremos en la disputa recurrente sobre la existencia y la validez del poder del juez en tanto "creador" de normas[69]. A menudo se recuerda que la intervención constructiva de las cortes y tribunales se manifiesta no sólo en la interpretación del derecho escrito (y ante todo del derecho legislado), sino también y sobre todo en la elaboración y la puesta en práctica de los principios generales del derecho[70]. Ciertamente, queda abierta la discusión sobre la delimitación exacta y los modos de ejercicio del poder normativo jurisprudencial, o sobre el margen de acción de que dispone el juez, o que él se atribuye, en relación con los textos que está encargado de interpretar y de aplicar; pero parece difícil discutirle tal poder, ya que está investido con un poder mayor en las sociedades estatizadas: el de "decir", de "normar" con autoridad los litigios, sin poder oponer a los justiciables el silencio de la ley o su inadecuación a los enunciados del problema a tratar. Si estos principios son el reflejo o el soporte de valores (aquí juzgados dignos de ser transcritos en normas jurisprudenciales), tal es igualmente la situación del derecho escrito ordinario, la racionalidad del derecho podría ser, como lo había señalado Weber, una racionalidad "de valor" y no solamente una racionalidad "de finalidad" (*i.e.*, la simple búsqueda de una evidente eficacia de los medios en relación con los fines perseguidos)[71].

---

69 A título de ejemplo, dentro de una literatura considerable, ver: Belaid, S., *Essai sur le pouvoir créateur et normatif du juge*, París, 1974.

70 "Verdadera creación pretoriana, fundada sobre la ideología dominante y la apreciación de relaciones sociales", según algunos (Gérard, Ph., *Droit, égalité et idéologie. Contribution à l'étude critique des principes généraux du droit*, *op. cit.*, p. 13).

71 Raynaud, Ph., *MaxWeber et les dilemmes de la raison moderne,* col. Quadrige, PUF, 1996, pp. 127 y s.

No conviene separar en esta materia la actividad llamada "jurisdiccional" y la actividad llamada "jurisprudencial" del juez, que serían, al menos en algunas presentaciones del derecho en lengua francesa[72], dos expresiones de la función de justicia[73]; consistente la primera en producir decisiones de justicia y la segunda en elaborar en tanto que se necesite una norma de referencia que servirá, llegado el caso, a la solución de litigios sometidos a la jurisdicción. Que la actividad propiamente jurisdiccional presenta un carácter normativo fue algo planteado por autores como León Duguit[74] y sobre todo por Hans Kelsen[75], quienes destacan: uno, que el acto jurisdiccional en tanto acto jurídico "verdadero" produce efectos de derecho; y, el otro, que nada se opone en teoría del derecho a la existencia de "normas individuales", cuyo contenido sea determinado por normas generales y que estén dotadas de una autoridad particular, impuesta incluso por el oficio mismo del juez, a saber, la autoridad de cosa juzgada.

En cuanto a la actividad "jurisprudencial" creadora de normas generales[76] o de referencia, ella está en el origen, especialmente, de los "principios generales del derecho". El poder normativo del juez encuentra ahí, en resumen, su ilustración más tópica[77], aun-

---

72 Sobre este punto, ver: De Béchillon, D., *Hiérarchie des normes et hiérarchie des fonctions normatives de l'État*, *op. cit.*, pp. 107 y s. y las referencias citadas. Ver especialmente el debate entre: Linotte, D. ("Déclin du pouvoir jurisprudentiel et ascension du pouvoir juridictionnel en droit administratif", en: *AJDA*, 1980, pp. 632 y s.) y Rials, S., "Sur une distinction contestable et un trop réel déclin", en: *AJDA,* 1981, pp. 115 y s.

73 *Ibid., eod. loc.*

74 *Traité de droit constitutionnel*, 2ª ed., París, 1921-1925, t. II, p. 461.

75 *Théorie pure du droit*, 2ª ed., Dalloz, 1962, pp. 318 y s.

76 Esto no significa que la decisión de justicia no pueda tener un alcance general.

77 El caso típico de los principios generales del derecho administrativo ha sido objeto, desde este ángulo, de estudios particularmente cuidadosos (v., p. ej., Jeanneau, B., *Les principes généraux du droit dans la jurisprudence adminsitrative*, Sirey, 1954; del mismo autor, "La théorie des principes généraux du droit à l'épreuve du temps", en: *EDCE*, 1981-1982, pp. 33 y s.; Genevois, B., V. "Principes généraux du droit", en: *Répertoire Dalloz*, *Contentieux administratif*, 1998-2, notas 31 y s.: "A nuestros ojos, la teoría de los principios generales

que los partidarios de la corriente formalista clásica le niegan enérgicamente la existencia como fuente del derecho auténtico[78]. La habilitación constitucional para juzgar, a decir el derecho, conlleva la habilitación para forjar normas jurisprudenciales por una especie de extensión natural del poder soberano atribuido al juez, el cual puede así insertarse en la jerarquía de las autoridades dotadas de un poder normativo. Tomar partido sobre el grado de autoridad de la norma así creada, asignarle límites determinados en el orden jurídico, analizar las relaciones a menudo difíciles entre las normas que emanan de diversas fuentes del derecho, no afecta fundamentalmente lo que Maurice Hauriou llamaba, no hace mucho, "el incoercible poder (...) de creación del derecho"[79], que pertenece al juez por ser juez. Que el legislador, en los Estados democráticos, pueda oponerse a normas jurisprudenciales que él estime inoportunas o abusivas, ello no tiene la naturaleza de neutralización ni, menos aún, de condena de la legitimidad originaria de tales normas. El recurso eventual, por el mismo juez, a una actitud que los anglosajones denominan "*self-restraint*"[80] denota simplemente, por su parte, una voluntad de autolimitación con el fin de no indisponer al poder político de turno.

---

del derecho es una ilustración, entre otras, del poder normativo de la jurisprudencia"; ver también: *Les réactions de la doctrine à la création du droit par les juges*, Travaux de l'Association Henri-Capitant, Économica, 1982, pp. 555 y s., ponencia francesa por Roche, J.).

78 Este tipo de polémica agita la doctrina francesa (privatista o publicista) desde hace numerosas décadas; no es nuestra intención seguirla aquí; pero se podría desear, del lado del juez, una mejor explicitación de los motivos que lo conducen a acoger o a rechazar tal o cual principio general, incluso sólo para "responsabilizarlo", como es conveniente dentro de un Estado "de derecho".

79 "Le pouvoir, l'ordre, la liberté et les erreurs des systèmes objectivistes", en: *Revue de métaphysique et de morale,* 1928, p. 203.

80 Que el Consejo constitucional francés, entre otros ejemplos, se impone en el manejo de los principios generales del derecho constitucional (véase nuestro estudio citado: "Actualité des principes généraux du droit", en: *RFDA*, 1998, pp. 495 y s. [§ 2 de este libro]).

Por lo demás, no se crea que el juez de los Estados del *Common Law* se diferencia en este terreno del juez de los países de tradición romano-germánica. Una rápida incursión en el derecho comparado testimonia que, en un Estado como Gran Bretaña, "la enunciación de los grandes principios del derecho se efectúa también en gran medida en las jurisdicciones"[81]. La ley (*Statute Law*), a veces ¿no se considera como integradora o correctora de los principios del *Common Law* obtenidos inicial y principalmente por el juez?[82]. Entre las normas jurisprudenciales figuran, además, las normas técnicas y las normas fundamentales que gobiernan las relaciones entre el ciudadano y el poder (principio de los derechos de la defensa, de la separación de poderes, de la independencia de la justicia, de la justicia natural o *natural justice*, etc.). Dominando todo, el célebre principio "*Rule of Law*"[83] a veces es interpretado como formando el basamento constitucional esencial del sistema jurídico británico, una especie de *Common Law Constitution*[84]. Sucede incluso que los principios del *Common Law* son invocados contra las leyes del Parlamento, así como lo recuerda Lord Coke[85], que por lo demás asimila el *Common Law* a la razón, imponiéndose al legislador como a cualquier persona sensata. Si una interpretación muy radical es discutida a veces,

---

81 Dookhy, P. y Dookhy, R., "Le développement du contentieux de la loi en Angleterre", en: *RFDA*, 1999, pp. 159 y s.

82 Attiyah, P. S., "Common Law and Statute Law", en: *The Modern Law Review*, 1995, pp. 315 y s.; Dixon, O., "The Common Law as the ultimate constitutionnal foundation", en: *Australian Law Journal*, 1957, pp. 240 y s.; Bell, J., "Le règne du droit et le règne du juge", en: *L'État de droit, Mélanges en l'honneur de G. Braibant*, Dalloz, 1996, pp. 15 y s.

83 Raz, J., "The rule of Law and its virtue", en: *The Law Quarterly Review*, 1977, pp. 195 y s.; Allan, T. R. S., *Law, Liberty and Justice, the legal foundation of British Constitutionalism*, Oxford, Clarendon Press, 1993.

84 Allan, T. R. S., *op. cit.*, p. 4: *"In the absence of a higher constitutional Law proclaimed by a written Constitution and venerated as a unique legal authority, the rule of Law serves in Britain as a form of Constitution. It is in this fundamental sence that Britain has a Common Law Constitution"*.

85 *English Report, King's Bench*, vol. 77, pp. 646 y s.: "(...) *it appears that in our books than in many cases, the Common Law will control Acts of Parliament and sometimes adjuged them to be utterly void*".

solo queda que el juez británico "no aplique la ley sino después de haberla interpretado o después de haberla expresado conforme a los grandes principios del *Common Law*[86], o incluso considere la ley no escrita, a menos que esté precedida de una declaración del legislador donde exprese claramente su voluntad de descartar en este caso" un principio del *Common Law* susceptible de contradecirlo.

El análisis de los métodos utilizados por el juez para crear los principios que servirán de referencia a sus propias apreciaciones, sustentado en casos concretos, muestra que el proceso de elaboración de las normas jurisprudenciales reviste formas diferentes[87]: puede haber simple inducción, a partir de disposiciones particulares de los textos vigentes; puede haber referencia al espíritu de una institución o de un texto con el fin de encontrar la intención presunta del legislador; puede haber un recurso a la naturaleza de las cosas o a la esencia de una institución, fuera de toda relación a un texto; o, en fin, puede haber una interpretación de las aspiraciones latentes o difusas de la comunidad nacional[88]. La parte de iniciativa y de imaginación del juez será más o menos grande según el caso, en función del contexto global de su intervención, de las expectativas de los ciudadanos, de las eventuales reacciones de otros operadores jurídicos, del estado del derecho internacional o, más simplemente, de las estrategias jurisprudenciales. A menudo hemos observado que en un país como Francia, donde el recurso a los principios generales del derecho es un elemento tradicional del control del Ejecutivo por el juez administrativo, ya no se realiza más el descubrimiento de grandes principios capaces de reforzar

---

86 V., p. ej., Kemp Kareleton, A., *Law in the making*, Oxford, Clarendon Press, 1964, p. 456: "(...) *there is the dominant principle never absent in the mind of judges, that the Common Law is wider and more fundamental than Statute and that wherever possible legislative enactments should be construed in harmony with established Common Law principles than in antagonism with them*".

87 Ver, por ejemplo, los desarrollos realizados por Jeanneau, B. (*op. cit.*, pp. 123 y s.) a las modalidades de elaboración de los principios generales del derecho administrativo.

88 Cf. sobre este punto las observaciones de Gérard, Ph., *op. cit.*, pp. 14 y s.

amplios sectores del razonamiento jurídico, sino más bien la búsqueda de principios más especializados, aptos a imponerse en tal o cual segmento del campo jurídico[89].

Tal como ellos se han desarrollado en los Estados de derecho contemporáneo, los principios generales del derecho han adquirido una legitimidad que les asegura un lugar singular y privilegiado en los ordenamientos jurídicos. Ellos expresan algunos de los postulados mejor arraigados que acompañan el ideal de un derecho moderno racional: exigencias de coherencia y de integración de los sistemas de derecho; inserción en una jerarquía normativa que es garantía del buen funcionamiento del conjunto, en el nivel estatal; vinculación entre los elementos de los sistemas de un mismo nivel, incluso con niveles diferenciados; respaldo a valores implícita o explícitamente admitidos; en fin, consagración de un juez habilitado para decir el derecho. Constatamos que, en un contexto tal, aquel de las democracias liberales contemporáneas, los principios generales contribuyen a su manera a consolidar la legitimidad del derecho mismo.

¿Está puesta en duda su propia legitimidad con el advenimiento de concepciones denominadas posmodernas o neomodernas del derecho?

II. LEGITIMIDAD DE LOS PRINCIPIOS GENERALES Y CONCEPCIONES POSMODERNA O NEOMODERNA DEL DERECHO

Las condiciones en las que fueron instituidos los órdenes jurídicos estatales, en el contexto histórico-político del advenimiento del derecho moderno, estarían en proceso de conocer una muta-

89 Ver nuestro estudio ya citado, en: *RFDA*, 1998, pp. 495 y ss. [§ 2 de esta edición castellana]; estos principios conciernen especialmente al derecho de los extranjeros y al derecho social, pero su expansión potencial a otros sectores no puede ser descartada.

ción significativa; tal cambio, ¿conducirá a un verdadero cambio de paradigma, afectando directamente la legitimidad (entre otros aspectos) de los principios generales del derecho? El problema supera ampliamente el ámbito del derecho en tanto modo de regulación de las relaciones sociales. Interesa al conjunto de la sociedad, y los cambios anunciados, a partir de teorías desarrolladas científicamente por T. Kuhn[90], bajo el nombre de "posmodernidad"[91], podrían

---

90 Kuhn, Th., *The Structure of Scientific Revolutions*, University of Chicago Press, 1962.

91 El término "posmodernidad" ha sido vulgarizado en lengua francesa principalmente por Lyotard, J. F., *La condition post-moderne*, ed. de Minuit, 1979; *Le post-moderne expliqué aux enfants*, Galilée, 1986; ver también: Touraine, A., *Critique de la modernité*, Fayard, 1992; *La modernité en questions*, Cerf, 1998 (bajo la dirección de Gaillard, F., Poulain, J. y Schusterman, R.); Arnaud, A. J., *Entre modernité et mondialisation*, LGDJ, 1998, pp. 145 y s.; Arnaud, A. J., "Repenser un droit pour l'époque post-moderne", en: *Le Courrier du CNRS*, N° 75, 1990, pp. 81 y s.; Arnaud, A. J., "De jeu fini au jeu ouvert. Réflexions additionnelles sur le droit post-moderne", en: *Droit et société*, 1991, N° 17-18, pp. 38 y s.; Vattimo, G., *La fine della modernità. Nihilismo e ermeneutica nella cultura post-moderna*, Garanzi, 1985; De Sousa Santos, Boaventura, "Droit: une carte de lecture déformée. Pour une conception post-moderne du droit", en: *Droit et Société*, 1988, N° 10, pp. 363 y s.; "La transition post-moderne: droit et politique", en: *Revue interdisciplinaire d'études juridiques*, 1990, N° 24, pp. 77 y s.; "Révolution, post-modernisme", en: *Droit et Société*, 1989, N° 13; Smart, B., *Postmodernity*, Londres, Routledge, 1992 (col. Key ideas).
En cuanto al término "neomodernidad", comienza a aparecer como elemento de una alternativa a la posmodernidad. Ver Morand, Ch. A., *Le droit néo-moderne des politiques publiques*, LGDJ, 1999; según el autor —pp. 210 y s.— ciertos rasgos atribuidos a la posmodernidad preexistían en realidad a la modernidad (por ejemplo, la reflexividad, la recursividad) y, sobre todo, los postulados prestados a la posmodernidad tales como la "desubjetivización" no han sido sino parcialmente verificados. Dicho esto, los dos neologismos descansan sobre características ampliamente comunes (complejidad creciente de las decisiones, individualización relativa de las normas, reconocimiento de la sistematización programada del derecho, crecimiento notable de la reflexividad, de la poliarquía, de la recursividad, de lo "borroso" ["*flou*"] del derecho, etc.) (*ibid.*, p. 209). Es probable que otras propuestas semánticas serán elaboradas dentro de poco por los teóricos del derecho, que raramente son cortos de imaginación en este terreno (...). En líneas generales, pareciera que el neomodernismo no se sitúa en ruptura completa con la teoría "moderna" del derecho.

trastornar los marcos conceptuales de la cultura contemporánea en sus dimensiones estética, artística, jurídica, etc.

Es posible que, en un fondo indiferenciado de críticas comunes y de investigaciones convergentes hacia nuevos enfoques del saber humano, no se deslicen sino algunos efectos de moda, incluso alguna tentación de logomaquia (esto es, en que se atienda a las palabras y no al fondo del asunto); a veces incluso una sospecha de impostura intelectual. También es posible que los pretendidos avances en el descubrimiento de nuevos paradigmas no se midan sino con la vara de los retrasos acumulados en sus análisis por los nuevos pioneros. No nos corresponde intervenir en tal debate[92]. Nos limitaremos al enunciado de los supuestos del problema que son susceptibles de interesar a nuestro propósito, consagrado a la legitimidad de los principios generales del derecho. La ambigüedad de las críticas dirigidas a la teoría positivista normativa del derecho, que constituye la expresión más acabada del derecho moderno en el marco de las sociedades estatizadas, no puede más que debilitar su alcance *in globo* e incitar al jurista a la prudencia. Bajo esta reserva (que no es sólo formal), pareciera que la técnica de los principios generales del derecho ha suscitado críticas cruzadas que podrían conducir a una cierta revisión de las configuraciones jurídicas que se preparan.

Dicho esto, sin duda sería prematuro exponer una "teoría" posmoderna o neomoderna bajo forma de construcción intelectual acabada. Se trata más bien, en este terreno, de "concepciones" más o menos estructuradas y convergentes, pero su elaboración simultánea traduce al menos los interrogantes contemporáneos de los juristas sobre el devenir de su disciplina y el lugar particular que ocupan, en estos interrogantes, los principios generales del derecho.

---

92 Pues la polémica va a buen paso, y ella se colma de imágenes dirigidas a representar las nuevas configuraciones que permitan una mejor comprensión posmoderna de la sociedad: el laberinto; el rizoma; la arborescencia, etc. (v. De Sousa Santos, B., *On modes of production of social power and law*, Madison, Wisconsin, Institute for Legal Studies, Working Papers, 1986).

A. Sobre algunas críticas dirigidas al concepto de "principios generales del derecho"

Los principios generales del derecho, elaborados por el juez en el ejercicio de su poder oficial de decir el derecho en nombre del Estado que él representa[93], han chocado con reticencias doctrinales más o menos fuertes a pesar de su reconocida contribución en la construcción de un sistema racional de derecho estatizado[94].

Algunas de estas críticas no nos retendrán por mucho tiempo. Ellas cuestionan el poder mismo del juez para crear normas. El asunto de la legitimidad del juez y de su poder normativo ha sido tratado a propósito de diversas consideraciones y resurge ocasionalmente en los países de derecho escrito; pero debemos recordar que la existencia de un poder normativo jurisprudencial no puede ser separada de la función de juzgar, y que este poder surge bajo el título de la competencia originaria de todo juez[95], debidamente habilitado por el Estado para ejercer su oficio[96].

Otros argumentos se fundamentan en el carácter "mítico" de los principios generales del derecho, según la presentación teórica que les reserva el derecho moderno[97]. Mitos que revestirían los ropajes

---

93 ¿Es necesario recordar que la justicia se ha convertido en monopolio del Estado, con la supresión de las justicias privadas o comunitarias que han caracterizado otras épocas de la historia de las sociedades del mundo occidental?

94 Ver, especialmente, Gérard, Ph., *Droit, égalité et idéologie. Contribution à l'étude critique des principes généraux du droit*, Publications des Facultés universitaires Saint-Louis, Bruxelles, 1981.

95 Ver, por ejemplo: Hébraud, P., "Le juge et la jurisprudence", en: *Mélanges offerts a P. Couzinet*, Université des sciences sociales de Toulouse, 1974, pp. 329 y s.; Virally, M., *La pensée juridique*, LGDJ, 1960.

96 Se puede admitir, de manera más general, que la noción de soberanía estatal implica la monopolización por el Estado del derecho positivo, y que a este título él controla todas las fuentes jurídicas del derecho dentro del Estado (ver Beaud, O., *La puissance de l'État*, PUF, 1994, p. 197; Chevallier, J., *L'État*, Dalloz, col. Connaissance du droit, 1999, pp. 33 y s.).

97 Pérez Luño, A. E., "Los principios generales del derecho: ¿un mito jurídico?", en: *Revista de Estudios Políticos,* 1997, pp. 9 y s.

más clásicos, aquellos que Santi Romano describía en sus *Frammenti di un dizionario giuridico*[98] como propios de un "concepto universal, fantástico, no razonado, que nace de la necesidad de comprender lo incomprensible y de expresarlo con imágenes sin poder hacerlo con palabras"[99]. Los mitos corresponden, según el mismo autor, al *jus involuntarium,* por oposición al *jus voluntarium* (salido de la ley y expresando la voluntad oficial del Estado por intermedio de sus representantes). Ellos constituyen una fuente autónoma del derecho y ellos proceden de la existencia misma de las instituciones de una sociedad[100]; en definitiva ellos son sólo una de las modalidades posibles de la reintegración, en el orden jurídico, "del eterno derecho natural"[101].

Concebidos para llenar las lagunas del derecho positivo, pero poco compatibles con la regla según la cual el juez sería sólo la "boca de la ley" (para retomar la célebre expresión de Montesquieu), los principios generales del derecho tienen por función la de hacer creer que el orden jurídico posee en sí mismo todos los recursos necesarios para resolver los litigios. Por otra parte, los principios generales del derecho no podrían ocultar sus referencias obligadas a las otras fuentes del derecho (a la doctrina, a la costumbre, a la práctica jurisprudencial, según las escuelas y las épocas); por esta razón, ellos se distinguen difícilmente del razonamiento analógico, el que debería bastar, según algunos, para asumir las mismas funciones[102]; o ellos duplican inútilmente la ley. El filósofo italiano

---

98 Giuffrè, Milán, 1993, p. 128.

99 Aunque este autor no ha incluido expresamente los principios generales del derecho entre los mitos jurídicos contemporáneos (él menciona la representación política, la soberanía popular, la personificación del Estado, etc.) (*op. cit., eod. loc.*).

100 Romano, Santi, *Principi di diritto costituzionale generale*, Giuffrè, Milán, 2ª ed., 1946, pp. 90 y s.; *Frammenti di un dizionario giuridico*, *op. cit.*, pp. 66 y s.

101 Bobbio, N., *Principi generali di diritto*, citado en: *Contributi ad un dizionario giuridico*, Giappichelli, Turín, 1994, p. 273.

102 Baratta, A., "Note in tema di analogia giuridica", en: *Studi in onore di Emilio Betti*, Giuffrè, Milán, 1962, vol. I, pp. 569 y s.

Giorgio del Vecchio proponía considerarlos como principios de derecho natural mal disimulados[103], lo que corresponde por otra parte a ciertas formulaciones del derecho positivo, como aquella del Código Civil austriaco (donde vemos —art. 7— los "*natürliche Rechtsgrundsätze*"), así como toda una corriente doctrinal[104] que propone asimilarlos pura y simplemente a los derechos del hombre[105].

Siendo negada la autonomía de los principios generales, en cuanto fuente normativa del derecho, les quedaría una función relativamente subalterna de garantía de la corrección formal del orden jurídico (cuya coherencia interna ellos contribuyen a fortalecer) y de soporte privilegiado de valores éticos y políticos (principio de legalidad, de seguridad jurídica, de libertad, bajo todas sus formas, de legítima confianza, etc.). Su utilidad práctica, en consecuencia, podría ser reconocida; pero sólo sería para guiar la búsqueda y la identificación de fuentes auténticas del derecho positivo[106]; pero ello no les conferiría por esto una legitimidad teórica.

Una segunda corriente crítica, cercana a la primera en ciertos aspectos, intenta desmitificar los principios generales del derecho en sus funciones presentadas como inherentes a los postulados lógicos de coherencia y de plenitud del orden jurídico. Se trata entonces de mostrar con ejemplos concretos que el razonamiento del juez es en realidad guiado por postulados no lógicos; que la elaboración de los principios es tributaria de una idealización engañosa y falsamente uniforme de los sistemas de derecho, que las apreciaciones expresan en definitiva un conjunto de valores de referencia promo-

---

103 Del Vecchio, G., *Sui principi generali del diritto*, Zanichelli, Bolonia, 1921.

104 Ilustrado especialmente por Heller, H., "Der Begriff des Gesetzes in der Reichsverfassung", en: *Veröffentlichungen der Vereinigung der deutschen Staatrechtslehrer*, 1928, p. 119.

105 Por ejemplo, Frosini, V., *La lettera e lo spirito della legge*, Giuffrè, 4ª ed., Milán, 1994.

106 Se encuentra en ella una característica de los mitos, tal como Sorel, G. lo había analizado (ver Romano, Santi, *op. cit.*, pp. 133 y s.: "il mito, che non è realtà, ed è anzi l'opposto della realtà, può segnore il principio di un cammino che conduce alla realtà non solo scoprendola, ma addirittura creandola").

vidos y difundidos de manera más o menos artificiosa, con el fin de asegurar una homogeneidad axiológica, o al menos aparente, en los sistemas jurídicos que se consideran de modelo liberal en el mundo occidental[107]. Las nobles etiquetas con que están adornados (principios de igualdad, de libertad, etc.) ayudarían a formar el "soporte ideológico de la acción jurídica"[108]. Pero un análisis socio-histórico de mayor profundidad permitiría establecer fácilmente, según los mismos críticos, que estos principios sirven para reconstruir ficticiamente una cierta imagen de relaciones sociales, para ocultar por eso mismo la realidad de estas relaciones. Más que su racionalidad formal, que no está puesta en duda, es su racionalidad material la que revelaría su profunda ambigüedad. Las representaciones en las cuales ellos se apoyan asegurarían, en el plano del derecho, la legitimación simbólica de un cierto orden socio-económico históricamente fechado, y que de ningún modo corresponde a lo que pretende ser.

La convergencia de estas críticas en el curso de los últimos decenios ha contribuido a debilitar la fuerza de los principios generales del derecho, aunque los otros pilares del derecho llamado "moderno" hayan experimentado ataques repetidos, en la perspectiva de un paso eventual al derecho posmoderno o neomoderno[109].

---

107 En este sentido: Canaris, C. W., *Systemdenken und Systembegriff in der Jurisprudenz; entwickelt am Beispiel des deutschen Privatrechts*, Berlín, 1969, pp. 41 y s.

108 Buch, H., "La nature des principes généraux du droit", en: *Rapports belges au VI Congrès international de droit comparé*, Bruxelles, 1962, pp. 55 y s.; Buch, H., "À propos des principes généraux dans l'élaboration jurisprudentielle des actes administratifs", en: *Miscellanea W. J. Ganshof van der Meersch*, Bruylant, Bruxelles, 1972, t. III, pp. 417 y s.; Gérard, Ph., *Droit, égalité et idéologie; contribution à l'étude critique des principes généraux du droit*, *op. cit.*, pp. 14 y s. y pp. 383 y s.

109 Nos referiremos aquí a la obra de Sebreli, J. J., *El asedio a la modernidad,* Barcelona, Ariel, 1992.

B. *Sobre el rol asignado a los principios generales en las concepciones posmoderna o neomoderna del derecho*

Evocar un derecho posmoderno o neomoderno es sólo una imagen aproximativa. Si bien este tema ya ha dado lugar a análisis más o menos profundos[110], estamos aún lejos de una sustitución de un paradigma jurídico por otro; y no está establecido con exactitud que la estructura normativa de nuestros órdenes jurídicos haya sido trastornada en profundidad y que otro *epistémé* del derecho, correctamente construido, haya tomado el relevo. En resumen, la posmodernidad no trae nada muy preciso ni *a priori* muy coherente, sino que es una serie de interrogantes críticos enunciados (a veces con cierta vivacidad) que, en el plano del derecho, intenta rechazar hasta en sus cimientos el enfoque normativo de tipo kelseniano.

La legitimidad de la razón y de la racionalización como motor de la organización social (y del derecho que administra parcialmente las relaciones sociales) ha sido sin duda uno de los primeros blancos designados por los paladines del posmodernismo[111]. Si el derecho se encuentra ubicado en el centro de la disputa, es porque él mismo se ordenó bajo la bandera de la razón, con la voluntad de ordenar, de estructurar, de generalizar, de sistematizar las normas del derecho

---

110 Arnaud, A. J., *Entre modernité et mondialisation,* LGDJ, 1998, especialmente pp. 148 y s.; Maisani, P. y Wiener, F., "Réflexions autour de la conception post-moderne du droit", en: *Droit et Société,* 1994, Nº 27, pp. 443 y s.; Chevallier, J., "Vers un droit post-moderne, les transformations de la régulation juridique", en: *RDP,* 1998, pp. 679 y s.; del mismo autor, "Vers un droit post-moderne", en: *Les transformations de la régulation juridique,* LGDJ, 1998, col. Droit et Société, pp. 21 y s.

111 Touraine, A., *Critique de la modernité*, Fayard, 1992, p. 10; p. 231 (la crisis de la modernidad llega, a su juicio, cuando la sociedad se aparta de todo principio de racionalización); p. 239 (esta disociación completa de la racionalización instrumental (...) y de las comunidades encerradas en su diferencia, define la situación posmoderna); ver, también, Cometti, J.-P., "Quelle rationalité? Quelle modernité?", en: *La modernité en questions*, Cerf, 1998, pp. 47 y s.

positivo, bajo la égida de los Estados soberanos[112]; el derecho en primer lugar es "orden" (al servicio del individuo, en el Estado de derecho) y la norma jurídica abstracta, aplicable las más de las veces *generaliter*, desterrando oficialmente, a nombre de valores universales, las distinciones sociales y las diferenciaciones de hecho, aparece naturalmente como el producto más elaborado de la razón humana triunfante. El rigor del principio jerárquico en los sistemas normativos estatales, apoyado por las normas supremas a lo largo de este siglo, sólo podría reforzar la solidez de la dicotomía derecho-razón. Sabemos que la teoría de los principios generales del derecho tenía su lugar en este proceso que parecía prometido a perennidad.

¿Cuál será su lugar en el nuevo análisis del ordenamiento jurídico?

Es particularmente difícil fingir un signo unívoco en las evoluciones en curso en el dominio del derecho. De partida, porque la regla jurídica no puede aislarse de las otras manifestaciones de la vida social, ellas mismas alcanzadas por el síndrome de la "posmodernidad" o de la "neomodernidad". Luego, parece que los signos eventualmente identificados son aparentemente contradictorios.

En un primer enfoque, la "mundialización" y la "globalización" de la economía erosionan el principio mayor de soberanía del Estado y, por eso mismo, su papel (normalmente determinante) en la producción del derecho. No obstante que la soberanía estatal no sería irremediablemente abolida, su debilitamiento en beneficio de instituciones pluriestatales o supraestatales no puede sino alterar la imagen de un Estado que asegure, gracias al monopolio de la coacción que históricamente se atribuyó, la efectividad de un derecho cuyo proceso de fabricación[113] controla y mantiene la coherencia con la ayuda del principio de jerarquía normativa (reforzado, prin-

---

[112] Van de Kerchove, M. y Ost, F., *Le système juridique entre ordre et désordre*, París, PUF, 1988.

[113] Véanse las observaciones de Arnaud, A. J., "De la régulation par le droit à l'heure de la globalisation. Quelques observations critiques", en: *Droit et Société,* N° 35, 1997, pp. 11 y s.; "Introduction", en: *Les transformations de la régula-*

cipalmente, por la "constitucionalización" creciente del conjunto de las reglas jurídicas). Por sobre el Estado se multiplican las instituciones o los acuerdos interestatales así como organizaciones privadas o semipúblicas, con dudosos poderes, pero con ambiciones manifiestas, cuya vocación es regular, según criterios que les son propios, los comportamientos de sus miembros e influir, al menos indirectamente, en la elaboración de la regla del derecho a escala nacional[114]. En el seno mismo del Estado, las técnicas llamadas de "regulación" tienden a sustituir, con otros instrumentos operatorios, a la regla de derecho tradicional[115]; y, de manera más general, las "políticas públicas" se inscriben entre las formas jurídicas renovadas y diversificadas, correspondiendo a las diferentes versiones del intervencionismo estatal y a sus avatares[116].

En un segundo enfoque es, al contrario, la idea de la fragmentación, del estallido, de la pluralidad de las fuentes del derecho, lo

---

tion juridique, LGDJ, 1998, p. 75; *Entre modernité et mondialisation,* LGDJ, 1998, pp. 49 y s.

114 Arnaud, A. J. menciona al respecto las tendencias que se desarrollan en el contexto de las interdependencias de una economía globalizada: un derecho estatal "relevado" (por acuerdos regionales interestatales, en que las insistentes recomendaciones terminan por pesar sobre la producción del derecho por los Estados); un derecho estatal "suplido", especialmente en lo relativo a los problemas mundiales del medioambiente, del clima, de la seguridad, de la economía y de las finanzas internacionales; e, incluso, un derecho estatal "suplantado" por los mercados financieros espontáneos, de las multinacionales que ignoran toda frontera, etc. (*De la régulation du droit à l'heure de la globalisation. Quelques observations critiques, op. cit.,* pp. 14 y s. Ver también sobre el conjunto de estos temas, Thomson, J. E., "State Sovereignty in International Relations: bridging the gap between Theory and Empirical Research", en: *International Studies Quarterly*, 1995, N° 39, pp. 214 y s.; *Legal Polycentricity: consequences of Pluralism in Law* (bajo la dirección de Petersen, H. y Zahle, H.), Dartmouth, Aldershot, 1995).

115 Ver, por ejemplo, *Les transformations de la régulation juridique*, LGDJ, 1998 (bajo la dirección de Clam, J. y Martin, G.).

116 Morand, Ch. A., *Le droit néo-moderne des politiques publiques,* LGDJ, 1999.

que se considera como característica del posmodernismo jurídico[117]. La sociedad civil descartará cada vez más abiertamente el monocentrismo piramidal normativo legado por el positivismo estatal para volverse hacia vías alternativas de regulación (término preferido al de "normativización", muy marcado por la filosofía "moderna")[118] surgidas de centros normativos dispersos. El pluralismo de las racionalidades del derecho posmoderno sucederá así a la racionalidad única del derecho moderno; las lógicas hoy en día serían las de la flexibilidad, de lo "vago"[119], en una sociedad donde reinan lo complejo, las estructuras en "rizo", las circularidades, etc. A esta desmultiplicación de las fuentes correspondería una desmultiplicación de los modos de regulación del derecho, admitiendo lo informal tanto como lo formal. Según algunos, el derecho se volvería, "capilar", "intersticial"[120],

---

117 Willke, H. propone por ejemplo una clasificación de las formas del Estado y del derecho posmodernos, en función del grado de complejidad de la sociedad: a una sociedad compleja le corresponde un Estado "intervencionista" y un derecho "finalizado"; a una sociedad hipercompleja, un Estado "de conducción" y un derecho "reflexivo" ("Droit réflexif: pour une approche du droit qui favorise la négociation", en: *La négociation*, bajo la dirección de Ruegg, J., Mettan, N. y Vodoz, L., Presses polytechniques et universitaires de Lausanne, 1992, pp. 270 y s.). Morand, Ch. A. separa, entre las formas del Estado posmoderno, el Estado-providencia (derecho de la actividad de prestaciones), el Estado propulsivo (derecho de programas relacionales) y el Estado incitador (derecho basado en la persuación y la influencia) (*op. cit.*, p. 16), pero el autor admite que no se trata sino del ideal-tipo en el sentido weberiano y que esta clasificación tiene sobre todo por ambición hacer resaltar las tendencias dominantes, sin pretender ofrecer los modelos exclusivos (*op. cit.*, pp. 17 y s.).

118 Ver, por ejemplo, *Les transformations de la régulation juridique* (bajo la dirección de Clam, J. y Martin, G.), LGDJ, 1998.

119 Delmas-Marty, M., *Le flou du droit*, París, PUF, 1986.

120 Ost, F., "Jupiter, Hercule, Hermès, trois modèles du juge", en: *La force du droit. Panorama des débats contemporains*, París, ed. Esprit, 1991, pp. 241 y s.; De Sousa Santos, Boaventura, "Droit: une carte de la lecture déformée. Pour une conception post-moderne du droit", en: *Droit et Société*, 1991, N° 17-18, pp. 38 y s.: "derecho sin aura, intersticial y casi informal, que refleja las relaciones sociales en lugar de modelarlas".

incluso "soluble"[121] o "líquido"[122]; se infiltraría en todos los poros del tejido social; las relaciones jurídicas se constituirían en redes sobrepuestas, según lógicas combinatorias complejas e inestables, a las cuales se sumarían procesos mal controlados de reflexibilidad, de autopilotaje, de influencias cruzadas, plurales y flexibles; la dimensión "normativa" no tendría sino un ámbito establecido e incierto en provecho de una dimensión más simbólica; la generalidad de la norma cedería a los particularismos; un nuevo "sentido común" sucedería a las afirmaciones rígidas y brutales de la normatividad jurídica tradicional y haría prevalecer la relatividad, la gradualidad, la diferenciación, la desubjetivación, el pragmatismo, la inestabilidad, incluso la reversibilidad, recalcando así la ruptura epistemológica con el paradigma del derecho moderno[123]. No obstante que la ejecución de las nuevas regulaciones tomaría formas cada vez más alejadas de la restricción usual ejercida bajo la égida de un aparato de Estado; la certificación, la directiva, la negociación, o incluso la contractualización revestirían una importancia creciente, engendrando a la larga un derecho "blando" (*soft law*), utilizando la persuasión, la "gobernabilidad", la "guía", la conducción, de preferencia a la sanción *stricto sensu*. Todo esto en el contexto de una nueva apreciación del factor tiempo, con procesos de experimentación-evaluación-adaptación no teniendo mucho que ver con la lógica dogmática de tipo kelseniano[124]. Las "políticas públicas" serían el

---

121 Ver, por ejemplo, *Le droit soluble. Contributions québécoises à l'étude de l'internormativité* (bajo la dirección de Belley, J., prefacio de Carbonnier, J.), LGDJ, col. Droit et Société, 1996.

122 Ost, F., *op. cit., eod. loc.*

123 V. las observaciones de Maisani, P. y Weiner, F., "Réflexions sur la conception post-moderne du droit", en: *Droit et Société*, 1994, N° 27, pp. 443 y s., especialmente pp. 448 y s.; Chevallier, J., "Vers un droit post-moderne", en: *Les transformations de la régulation juridique*, LGDJ, 1999, pp. 21 y s.

124 Podemos referirnos, para ilustrar la manera de pensar "posmodernista", a la presentación antitética que propone Arnaud, A. J., en: *Entre modernité et mondialisation. Cinq leçons d'histoire de la philosophie du droit et de l'État*, LGDJ, 1998, pp. 152 y s.: "el derecho posmoderno podría ser, de una cierta manera, lo contrario del producto de la abstracción y de la axiomatización del derecho,

sitio privilegiado de estas nuevas fórmulas, desde ahora orientadas al cumplimiento de objetivos de más o menos largo plazo en un contexto global de apertura, de compromiso y de negociación[125].

En tal contexto, ¿cuál podría ser la legitimidad de los principios generales del derecho? ¿Están llamados a desempeñar un rol funcional en la articulación del derecho posmoderno o neomoderno? El asunto no exige una respuesta unívoca, pero suscita algunas observaciones principalmente sobre el contenido de estos principios y sobre sus modos de elaboración en un sistema de relaciones sociales cuyos enunciados sufren profundas mutaciones.

1. ¿Principios generales o principios directores?

En las nuevas concepciones del derecho que se dibujan con un trazo más o menos seguro, los principios generales que hemos descrito *supra,* asumiendo funciones normativas (*principia essendi*)[126], en tanto elementos estructurantes de un sistema jerarquizado de normas cuya coherencia y racionalidad contribuyen a asegurar, ¿están en condiciones de asumir esta misión?

A priori, la necesidad de principios generales en el derecho post o neomoderno no parece chocar con objeciones decisivas. Si los elementos de los sistemas jurídicos se multiplican y se entrecruzan, si nuevas "internormatividades" se combinan, los principios llamados "generales" deberían conservar un lugar no desdeñable, en lo que

---

del subjetivismo, de la simplicidad y de la seguridad de las relaciones jurídicas, de la separación de la sociedad civil y del Estado, del universalismo y de la unidad de la razón jurídica. Se caracteriza por una voluntad de pragmatismo y de relativismo, la aceptación del descentramiento del sujeto, de una pluralidad de racionalidades, del riesgo que ello implica, un retorno de la sociedad civil y la aprehensión de las relaciones jurídicas dentro del marco complejo de lógicas fragmentadas".

125 Morand, Ch. A., *Le droit neo-moderne des politiques publiques,* LGDJ, 1999.

126 Tomo prestada la expresión de: Pérez Luño, A. E., "Los principios generales del derecho: ¿un mito jurídico?", en: *Revista de Estudios Políticos*, Madrid, 1997, N° 98, pp. 9 y s.

sea necesario para mantener los lazos entre las redes débilmente estructuradas y asegurar su cohesión y su articulación mínimas, garantía de la eficacia práctica del derecho en su conjunto[127].

Desde este punto de vista, observaremos que los sostenedores del derecho posmoderno o neomoderno no condenan efectivamente los principios generales en cuanto tales, sino que prefieren denominarlos a menudo "principios directores", para destacar sus nuevas funciones. En las configuraciones anunciadas, los principios directores podrían encontrar una justificación desde diferentes puntos de vista.

En primer lugar, los fenómenos de "globalización" o de "mundialización" obligarían a repensar el derecho[128] y a visualizar una regulación "globalizada" de categoría superior a aquella de los Estados contemporáneos.

No podemos dejar de decir que la Europa comunitaria es citada a menudo en los análisis como la matriz potencial de un *jus commune* en curso de elaboración[129]. En este nivel, los "principios generales"

---

127 La estructuración en redes sería particularmente pertinente en el campo de las políticas públicas (ver: Ost, F., "Jupiter, Hercule, Hermès: trois modèles du juge", *op. cit.*, pp. 257 y s.; Delmas-Marty, M., *Pour un droit commun,* Le Seuil, París, 1994, pp. 117 y s.; Morand, Ch. A., *Le droit néo-moderne des politiques publiques, op. cit.*, pp. 205 y s.: "se ve de entrada cuándo el modelo de redes es pertinente para describir el derecho de las políticas públicas formado de principios directores y frecuentemente contradictorios. Ninguna otra metáfora, ya sea la cadena, la pirámide o el árbol, puede traducir las relaciones que se establecen entre los grupos de las normas estructuradas en torno de los principios directores. Esta presentación permite dar cuenta mejor de las interacciones, de las recomposiciones infinitamente cambiantes a las cuales la aplicación de los principios directores da lugar".

128 Arnaud, A. J., *Entre modernité et mondialisation, op. cit.*, pp. 17 y s.

129 Por ejemplo: Delmas-Marty, M., *op. cit.;* Arnaud, A. J., "De la régulation par le droit à l'heure de la globalisation. Quelques observations critiques", en: *Droit et Société,* 1997, N° 35, pp. 11 y s.; Arnaud, A. J., *Pour une pensée juridique européenne,* PUF, Les voies du droit, 1992; Häberle, P., "Derecho constitucional común europeo", en: *Derechos humanos y constitucionalismo ante el tercer milenio,* Marcial Pons, Madrid, 1996, pp. 187 y s.

revelarían un fondo común de los Estados europeos, un sustrato de valores compartidos, propios de las culturas jurídicas nacionales (Häberle, P.), el núcleo duro de un derecho constitucional europeo alimentado por diferentes corrientes de pensamiento y por la historia misma de las sociedades del viejo continente. Uno podría, a fin de cuentas, apoyarse sobre la jurisprudencia de la Corte de Justicia de las Comunidades Europeas o sobre aquella de la Corte Europea de Derechos del Hombre, para identificar desde ya algunos de los principales lineamientos de este derecho común o los principios de dignidad de la persona humana, del Estado de derecho, de la democracia pluralista, de la separación de poderes, de la justicia social, de la subsidiariedad, de la protección de los derechos fundamentales de la persona y de los grupos, etc., figurando en buen lugar[130]. No podemos olvidar que, según esta concepción, los principios generales del derecho, portadores de valores éticos, son mirados como los vectores más simbólicos y al mismo tiempo los más probados y los más eficaces del advenimiento de los estándares homogéneos, capaces de alimentar un derecho susceptible de ser verdaderamente aceptado por todos los componentes de Europa, para que ellos sean reconocidos sin discusión[131]. Europa, escribe Häberle, P., devendrá comprensible "a partir de los principios generales del derecho que ella tiene la posibilidad de presentar y que, al mismo tiempo, constituyen un legado y una herencia constitucional y programática. La constitucionalización de Europa se efectúa sobre el terreno de su propia cultura jurídica que asocia unidad y variedad"[132].

Los principios generales no ejercen solamente, desde esta óptica, una función de racionalización lógica de los derechos positivos nacionales; ellos no sirven únicamente para llenar las lagunas de tal

---

130 Sobre los principios generales del derecho comunitario, ver por ejemplo, Papadopoulou, R. E., *Principes généraux du droit et droit communautaire,* Sakkoulas, Athènes y Bruylant, Bruxelles, 1996.

131 Häberle, P., *op. cit.,* p. 201; Delmas-Marty, M. (en: *Le flou du droit*, *op. cit.,* p. 12) pone igualmente de relieve la referencia a los principios comunes y transversales.

132 *Op. cit.,* pp. 201 y s.

o cual sistema jurídico; ellos aportan sus potencialidades de expansión en la trama histórica, política y social de una cultura jurídica en la que los valores han sido progresivamente interiorizados por los diferentes órdenes nacionales. Una tal concepción no parece muy alejada en definitiva de aquella que desarrolló Dworkin, R. (v. *supra*). Pero ella se sitúa en un contexto socio-histórico determinado, aquel de la Europa de fin del siglo XX. Ella puede ser también asimilada a las concepciones de derecho internacional privado contemporáneo, que, tomando apoyo sobre la historia de la disciplina, asignan "de nuevo una plaza (...) para los principios generales (...), al lado de los tratados celebrados entre los Estados"[133].

No es inútil recordar que el Tratado de Ámsterdam ha tomado efectivamente en cuenta los "principios" generales en su art. F, parágrafo 1: "La Unión está fundada sobre los principios de la libertad, de la democracia, del respeto de los derechos del hombre y de las libertades fundamentales, como también en el Estado de derecho, principios supra-constitucionales"[134], susceptibles de irrigar a la vez la Unión Europea y los Estados miembros, sobre bases que no sean exclusivamente económicas, sino más bien políticas.

Tal concepción de los principios generales del derecho europeo implica desarrollos de una naturaleza distinta que aquélla de los principios generales clásicos propios de cada Estado, en la teoría llamada "moderna" del derecho. Ella impone de este modo, al lado de una concepción convergente de los valores presentes, técnicas de control adaptadas y un reexamen de la jerarquía de las normas en el seno del espacio jurídico así creado. Es aún demasiado pronto para intentar evaluar el impacto de estas innovaciones sobre los derechos nacionales[135].

---

133 HALPÉRIN, J. L., *Entre nationalisme juridique et communauté de droit,* PUF, Les voies du droit, 1999, p. 198.

134 GAUDIN, H., "Amsterdam: l'échec de la hiérarchie des normes?", en: *RTD eur.* 1999, pp. 1 y s., especialmente pp. 6 y s.

135 Cabe señalar que el principio de la primacía del derecho comunitario y la competencia de la Corte de Justicia de las Comunidades Europeas, están en el corazón del debate (*ibid.*, pp. 11 y s.).

En segundo lugar, los principios "directores" se encontrarían en el agenciamiento de las políticas públicas de los Estados[136] y especialmente de las políticas de ordenamiento del territorio, de protección del medio ambiente, de prevención contra los riesgos, etc. Ellos serían preferidos a las "reglas", demasiado rígidas, y permitirían la coexistencia de valores y de intereses divergentes, organizando sus relaciones, favoreciendo las internormatividades cruzadas entre los sistemas (igualmente normativos) o entre las redes, y permitiendo las adaptaciones necesarias en función de los balances de intereses a tomar en cuenta.

El problema parece ser entonces más bien, a los ojos de los partidarios de la concepción posmoderna o neomoderna del derecho, reformular estos principios con el fin, en caso necesario, de facilitar su inserción en las estructuraciones en redes y de mejorar sus modos operatorios, en ruptura con el modelo lineal y jerárquico del derecho "moderno". Se plantea entonces la cuestión de la autoridad competente para promoverlos.

2. ¿Cuál es la autoridad habilitada para formular los principios generales (o directores)?

Sobre este segundo punto, la problemática de los principios generales (o directores) no utiliza exactamente los mismos datos según si uno se sitúa en la óptica del derecho moderno o del derecho posmoderno o neomoderno.

Hemos subrayado con anterioridad el rol particular del juez (en el seno de los sistemas de derecho estatal jerarquizado) en la creación de los principios generales del derecho y en su utilización operacional. ¿Sería lo mismo en un cuadro conceptual marcado por el pluralismo y la fragmentación de los referentes normativos, la flexibilidad de la norma jurídica y su aptitud supuesta para adaptarse a un ambiente cambiante?

---

136 Morand, Ch. A., *Le droit néo-moderne des politiques publiques*, *op. cit.*, pp. 189 y s.

No podríamos, por cierto, descartar la intervención del juez, que se mantiene investido de su misión primaria: decir el derecho. En un orden jurídico excedente del marco estatal, la presencia de un juez (tal como el juez comunitario, el juez europeo de los derechos del hombre, etc.)[137] no revela por sí misma una concepción original de la función de justicia. El juez permanece normalmente apto para elaborar los principios generales, a la escala del sistema donde él opera, en el marco de su poder jurisdiccional y/o jurisprudencial, sobre lo cual nos limitaremos a recordar el carácter normativo (bajo reserva, está claro, que su competencia sea reconocida)[138].

Pero las relaciones entre derechos nacionales, de una parte, y derecho comunitario o derecho europeo de los derechos del hombre, de otra parte, obligan a introducir algunas dudas en los roles respectivos de los diferentes protagonistas y, a este solo título, las incidencias de los nuevos mecanismos deberán ser analizadas con atención.

En lo que concierne a los "principios directores" de las políticas públicas contemporáneas, se ha observado a veces que ellos le hacen la parte bella al juez encargado de vigilar su puesta en marcha[139], y que dispone para hacerlo de instrumentos de medidas adecuados (técnica del balance costo-beneficios, "peso" de los intereses o de

---

137 Sobre las modificaciones susceptibles de ser introducidas por el Tratado de Amsterdam, ver: Sudre, F., "La Communauté européenne et les droits fondamentaux après le traité d'Amsterdam: vers un nouveau système européen de protection des droits de l'homme", en: *JCP*, 1998, I. 100, p. 9.

138 Las controversias, en cuanto a la competencia de la Corte de Justicia de las Comunidades Europeas, surgen de los principios enunciados por el artículo F, § 1, del Tratado de Amsterdam, no parecen ser obstáculo, ellas solas, para su utilización operacional bajo formas de "principios generales" del derecho comunitario jurisprudencial, los que las jurisdicciones nacionales serían enseguida encargadas de desarrollar (sobre las evoluciones probables del sistema, ver: Labayle, H., "Droits fondamentaux et droit européen", en: *Les droits fondamentaux*, *AJDA*, 1998, N° especial, pp. 75 y s.).

139 Morand, Ch. A., *Le droit néo-moderne des politiques publiques, op. cit.*, pp. 122 y s.

los valores en presencia[140], etc.). Pero, si es exacto que la variedad de las combinaciones posibles le confieren una responsabilidad particular en este dominio, amplificando el margen de maniobra de que él dispone, ¿no habría lugar para intentar diferenciar, en cuanto a su naturaleza y a su alcance, los poderes que él había adquirido hace poco, y aquellos que él ejerce en la época contemporánea?

Al respecto, el juez ya no es más el titular de un monopolio para normar los litigios jurídicos. Las nuevas formas de regulación de los conflictos "proliferan en todos los lugares"[141], según procesos inciertos. Conciliación, arbitraje, transacción, mediación, regulación por autoridades administrativas independientes, evitan sin duda (al menos parcialmente) el clásico recurso al juez, pero no están exentos de efectos paradójicos, si no perversos. Si su flexibilidad es apreciada, su eficacia es las más de las veces puesta en duda; la seguridad jurídica no se tomaría necesariamente en cuenta, y la cuestión de la legitimidad de los nuevos procedimientos, especialmente respecto de ciertos principios fundamentales de derecho procesal, comienza a ser evocada desde diferentes sitios[142].

Pareciera que si el juez permanece investido, en la aproximación posmoderna o neomoderna del derecho, de un poder normativo, él no tendrá la posibilidad de ejercerlo de la misma manera. Algunos de estos principios, que constituían inicialmente principios generales del derecho jurisprudencial, han sido transcritos en los textos de valor superior: en las leyes (esto es así respecto de numerosos principios directores de políticas públicas nacionales), en los textos

---

140 *Ibid.*, p. 123; ver, también: Morand, Ch. A., "Vers une méthodologie de la pesée des valeurs constitutionnelles", en: *De la Constitution. Études en l'honneur de Jean-François Aubert*, Helbing y Lechtenhahn, Bâle, 1996, pp. 57 y s.

141 Delmas-Marty, M., "Le mou, le doux et le flou sont-ils des garde-fous?", en: *Les transformations de la régulation juridique*, *op. cit.*, p. 209; Ost, F. y Van de Kerchove, M., *Jalons pour une théorie critique du droit*, Facultés universitaires de Saint-Louis, Bruxelles, 1987.

142 Ver los desarrollos consagrados a estos temas en: *Les transformations de la régulation juridique*, *op. cit.*, pp. 207 y s.; ver también: *La crise du juge* (bajo la dirección de Lenoble, J.), Bruylant, LGDJ, 1996.

constitucionales (por ejemplo, respecto de los principios relativos a la protección de los derechos del hombre), o en los tratados internacionales (por ejemplo, distintos a los derechos fundamentales, los "principios comunes", anunciados en las intenciones de los Estados de la Unión Europea para el Tratado de Amsterdam).

El rol del juez se desplaza entonces hacia el desarrollo de tales principios, pero él está menos directamente asociado a su elaboración. En cuanto a las otras instancias de regulación de conflictos, su autoridad en tanto poder creador de normas auténticas es a veces sospechosa.

En efecto, en un derecho que evoluciona al ritmo de las sociedades contemporáneas, las categorías no están totalmente configuradas. Los partidarios de una concepción posmoderna del derecho se interrogan sobre la interpretación que sea más plausible: ¿el derecho posmoderno es el verdaderamente concebido como una "antimodernidad"? ¿No sería él, más bien, una radicalización de la modernidad, una "hiper-modernidad"?[143]. Las mismas cuestiones son planteadas por los partidarios del "neomodernismo" jurídico[144], dado que ellos discuten la autenticidad de la ruptura epistemológica reivindicada por los "posmodernos". Las fronteras, sobre estos terrenos movedizos, son más que anunciadas y los argumentos normalmente reversibles. Otros intentan combinar los análisis[145]. Otros aun estiman que la estructura de las normas jurídicas ha resistido a la prueba de la posmodernidad mucho mejor que lo que pretendían los cantos de estos últimos: las mutaciones del derecho

---

143 Chevallier, J., *Vers un droit post-moderne?, op. cit.*, pp. 30 y s.

144 Morand, Ch. A., *op. cit.*, pp. 209 y s.

145 Por ejemplo, Maisani, P. y Weiner, F., "Réflexions autour de la conception post-moderne du droit", en: *Droit et Société*, 1994, N° 27, pp. 443 y s.: "Antes que nada, parece que el desmenuzamiento del derecho, su deslocalización y su pluralización se acompañan de un movimiento de radicalización de la norma jurídica que persevera elevada del paradigma moderno" (p. 460). Ver también, para una aproximación más general de la posmodernidad como prolongación o perfeccionamiento de la modernidad, Giddens, A., *The Consequences of Modernity*, Oxford, Polity Press, 1990.

observadas desde este punto de vista se mantendrían analizables al interior de las categorías conceptuales del derecho moderno y especialmente aquellas de la teoría positivista kelseniana. En particular, el Estado continuaría dirigiendo perfectamente la juridicidad de las normas y, aunque sea ficticiamente, seguiría habilitando a las autoridades que él selecciona para decir el derecho a su nombre y a sancionarlo como tal[146]; no hay (o aún no hay) competidores serios en este terreno.

¿Está amenazada la legitimidad de los principios generales del derecho? Es difícil afirmarlo si observamos las controversias que oponen a los teóricos del derecho contemporáneo. Pareciera que sus funciones básicas no habrían sido esencialmente modificadas. Al contrario, es cada vez más frecuente que ellos sean invocados a una escala distinta que la escala estatal, aquella de los conjuntos organizados de Estados, donde ellos pierden sin duda su sustantividad normativa, salvo en caso de ser eventualmente retomados y fortificados por la jurisprudencia autorizada de las Cortes; o bien que ellos sean utilizados en el contexto de las políticas públicas nacionales; o, devenidos principios "directores", su vigor en tanto normas se encuentra debilitado a fin de tener en cuenta los intereses diversos en presencia o de la concurrencia abierta de modos no jurisdiccionales de regulación de los litigios[147]. Esto no es suficiente para denegarles toda validez. Pero será necesario vigilar entonces,

---

146 De Béchillon, D., "La structure des normes juridiques à l'épreuve de la post-modernité", en: *Les figures de la norme et de l'institution: entre État et société civile*, L'Harmattan, París, 1999.

147 La observación es usualmente hecha a propósito del principio de precaución, que aparece cada vez más seguido en los análisis, en conexión con los temores que hacen nacer los modos de nutrición animal o humano, en los sectores de lo agroalimentario o de las experiencias de manipulaciones genéticas. (Ver Boy, L., "La référence au principe de précaution et l'émergence de nouveaux modes de régulation", en: *Petites affiches*, 1997, N° 4, pp. 6 y s.; Godard, O., *Le principe de précaution dans la conduite des affaires humaines*, ed. Maison des sciences de l'homme, París, 1997; Lanoy, L., "Réflexions sur la place et la portée des principes généraux du droit de l'environnement", en: *Bull. droit de l'environnement*, 1996, N° 2, pp. 6 y s.).

cada vez más, los argumentos que se deslizan subrepticiamente en la estrategia de los actores y los conflictos que se esbozan entre las fuentes del derecho, a las cuales se agregan eventualmente los mismos principios. Es por eso, uno se imagina, que su legitimidad puede cambiar sensiblemente, y ser afectada en el derecho del mañana.

§ 2. Actualidad de los principios generales del derecho

El enunciado mismo del título revela una interrogante latente: ¿ya no serían de actualidad los principios generales del derecho? ¿Podrían ellos perder actualidad? ¿Ha llegado el momento, al menos en Francia, en que las fuentes formales del derecho, ya sean nacionales o externas, volverían inútil, al menos por un tiempo, el recurso a esta categoría de principios? ¿O es necesario admitir que éstos no han dejado de desempeñar su rol? ¿Incluso que, eventualmente, lo han desarrollado en el mundo del derecho y, especialmente, en el del derecho público?

Es un término temible aquel de "principios" y la añadidura del adjetivo "generales", que amplía el significado pero no facilita el análisis. En las observaciones que siguen deberemos proceder con prudencia; sobre este difícil campo de reflexión existen campamentos sólidamente instalados y los vigías acechan al imprudente, que se aventure demasiado cerca de los bastiones fortificados de las teorías y de las escuelas, sin emplear las contraseñas correctas.

No entraremos en la disputa, que dura hace varias decenas de años y opone, entre los teóricos del derecho, a Dworkin[148] y sus di-

---

148 Cuyas obras más conocidas son: *Taking Rights Seriously* (Londres, Duckworth, 1977; trad. franc.: *Prendre les droits au sérieux*, PUF, 1995); *A Matter of Principle* (Harvard UP 1985); *Law's Empire* (Harvard UP 1986); trad. franc.: *L'empire du droit*, PUF, 1993); *Freedom's Law, the Moral Reading of the American Constitution* (Oxford UP, 1996). Recordemos que, para este autor, el "principio" es una proposición jurídica no necesariamente escrita, que no se une a un conjunto de hechos específicos, que da orientaciones generales, directivas a las cuales el derecho positivo se debe conformar, y que traduce una exigencia de equidad, de justicia o de moral; la "regla", al contrario, enuncia una solución precisa, respecto de hechos determinados, y ella se aplica bajo el modo de "todo o nada". Si los principios permiten las antinomias y preconizan la conciliación, ello no es igual en el caso de las reglas, dado que no ofrecen ninguna posibilidad de transigir. A esta concepción "sustancialista" de los principios y de las reglas

versos detractores en torno a la dicotomía "reglas-principios"[149], de su valor jurídico respectivo, de sus influencias recíprocas o de sus antinomias eventuales[150]. Pero no por ello negamos su implicancia en esta disputa (como, por otra parte, en la de los "principios fundamentales reconocidos por las leyes de la República")[151]: es evidente que encontramos, en lo concerniente a los principios generales del derecho, los grandes interrogantes sobre la normatividad de estos principios, la separación del derecho y de la moral, los poderes que ellos confieren al juez, etc. Sin duda, estos interrogantes son en sí

---

se opone una concepción "relativista", que ve en los principios una noción polisémica (GUASTINI, ATIENZA, etc.), agrupando proposiciones diferentes en cuanto a su fuerte, a su lectura lexical o a su objeto. Revela un orden "flexible y transitorio" (HABERMAS, J., *Factizität und Geltung*, Suhrkamp. Francfort, 1992, p. 268). De golpe, la diferenciación de la norma deviene vaga.

149 HART, H. L. A., *The Concept of Law*, Oxford UP 1961; trad. franc.: *Le concept de droit*, Éd. Université Libre, Bruselas, 1976; 2ª ed. aum., 1994; MACCORMICK, N., *An institutional Theory of Law*, Dordrecht, Reidel, 1986; *Raisonnement juridique et théorie du droit*, PUF, 1996 (trad. de *Legal Reasoning and legal Theory*, Oxford UP 1978); ALEXY, R., *Theorie der Grundrechte*, Surhkamp, Francfort, Verlag 1986; *Theorie der juristischen Argumentation*, Suhrkamp, Francfort, 1983.

150 Podemos citar, en lengua castellana, a: PRIETO SANCHÍS, L., *Sobre principios y normas; problemas del razonamiento jurídico*, Madrid, Centro de estudios constitucionales, 1992; "Sobre principios y normas. Problemas de razonamiento jurídico", en: *Cuadernos y Debate*, Nº 49, CEC, Madrid, pp. 140 y s.; a PECES-BARBA MARTÍNEZ, G., *Los valores superiores*, Tecnos, Madrid, 1984; a BELADIEZ ROJO, M., *Los principios jurídicos*, Tecnos, Madrid, 1994; a GARCÍA DE ENTERRÍA, E., *Reflexiones sobre la ley y los principios generales del derecho*, Madrid, Civitas, 1984; a ARCE y FLÓREZ-VALDÉS, J., *Los principios generales del derecho y su formulación constitucional*, Civitas, Madrid, 1990; a GORDILLO CAÑAS, A., *Ley, principios generales y Constitución*, Centro de estudios Ramón Areces, Madrid, 1990; y a ATIENZA, M. y RUIZ MANERO, J., "Sobre principios y reglas", en: *Doxa*, 1991, Nº 10, pp. 101 y s.

151 BOBBIO, V. N., "Principi generali del diritto", en: *Novissimo Digesto Italiano*, vol. XIII, Turín, 1966; GUASTINI, R., "Sui principi di diritto", en: *Diritto e società*, Cedam, Padua, 1986, Nº 4, pp. 101 y s.; PÉREZ LUÑO, A. E., "Los principios generales del derecho: un mito jurídico", en: *Revista de estudios políticos*, Madrid, 1997, Nº 98, p. 95.

más urgentes aún, no obstante el nivel elevado en que se sitúan los "principios generales del derecho"[152].

Algunas aclaraciones complementarias (que no tienen otro objetivo que precisar el marco de razonamiento) no son inútiles.

Sabemos que los dos elementos de la expresión ("principios" y "generales") son objeto de críticas teóricas o históricas convergentes: es sabido, recuerdan los romanistas, que el "principio" no es aquí, necesariamente, un comienzo (como la etimología lo hace creer) sino un resultado, una consecuencia[153]. En cuanto a la "generalidad" del principio, ella es bien relativa, como lo señalaba no hace mucho Bobbio, N[154]., en la medida que la norma considerada pueda ser observada como "general" en relación a una norma más específica y donde una norma puede ser específica sólo en relación con otra norma más general *("potendo la stessa norma essere considerata principio generale rispetto a norme più specifiche, e norma specifica rispetto a una norma più generale") (ibid.).*

De aquí hasta sostener que todo principio general del derecho es de carácter mítico, el límite es sobrepasado rápidamente por ciertos teóricos del derecho, para quienes los criterios taxonómicos son muy variados para ser verdaderamente operacionales en semejante materia, así:

i) unas veces los principios generales del derecho son enunciados como metanormas, como *principia cognoscendi*, para la interpretación y la puesta en práctica de otras normas jurídicas;

ii) otras, ellos son promovidos al rango de fuentes normativas, con un significado ontológico, aquel de los *principia essendi*, y

---

152 Champeil-Desplat, V., *Les principes fondamentaux reconnus par les lois de la République*, Tesis, Nanterre, 1997, pp. 10 y s.

153 Mans, J. M., *Los principios generales del derecho*, Bosch, Barcelona, 1979.

154 Bobbio, N., "Principi generali di diritto", en: *Contributi ad un dizionario giuridico*, Giuffrè, Milán, 1994.

iii) otras, ellos son comprendidos con una dimensión axiológica, como *prima principia*, axiomas o postulados éticos susceptibles de inspirar todo el orden jurídico.

El análisis de los principios generales del derecho como mitos no es nuevo: lo encontramos en Santi Romano (en su *Frammenti di un dizionario giuridico*)[155], o en diversos autores españoles[156], aunque todos entienden subrayar su valor operativo para la seguridad jurídica y para la coherencia global del orden jurídico.

Si nosotros compartimos esta última concepción, nuestro análisis se simplificaría inmensamente, pero perdería lo esencial de su objeto, por dilución excesiva. Por tanto, nos situaremos en una concepción más clásica, aquella de los principios positivos del derecho, dotados de una fuerza jurídica suficiente para que ellos puedan ser considerados como normativos, es decir, producir efectos de derecho, inscribirse en una jerarquía de normas[157] (independientemente del rango normativo donde ellos sean susceptibles de situarse). Descartaremos entonces otros significados, que se apegan igualmente al término de "principio", pero lo mantienen al exterior del sistema jurídico:

i) sea que se trate de los principios basados en las exigencias morales, racionales o de derecho natural y que no han encontrado transcripción en derecho positivo; o

---

155 V. "Mitologia giuridica", Giuffrè, Milán, 1983.

156 Pérez Luño, A. E., *op. cit.*, esp. pp. 22 y s.; Pérez Luño, A. E., *Derechos humanos, Estado de derecho y Constitución*, Tecnos, Madrid, 1984; v., también, Abellán, A. M., "En torno a la comparación y diferencia entre valores, principios y normas constitucionales", en: *Revista Vasca de Administración Pública*, N° 48, 1997, pp. 253 y s.; Grau, E., *La doble desestructuración y la interpretación del derecho*, trad. castellana, Bosch, Barcelona, 1998, p. 96.

157 Véase el análisis de Boulanger, J., "Principes généraux du droit et droit positif", en: *Le droit privé français au milieu du XX siècle, Études offertes à G. Ripert*, LGDJ, 1950, t. 1, pp. 51 y s.; ver igualmente la voz "Principe", en: Cornu, G., *Vocabulaire juridique*, París, PUF, 1987, p. 613.

ii) sea que se trate de los principios destinados a servir de proposiciones de carácter exclusivamente descriptivo, de representaciones sintéticas de las reglas que gobiernan una materia, incluso el conjunto del derecho positivo, pero sin ningún carácter normativo propio.

Quizás habría que agregar que los principios-normas que sostendremos aquí pueden ser dictados por diversas vías, entre las cuales se privilegiará la vía pretoriana; y que no nos limitaremos a los principios del orden jurídico estatal, aun cuando el monopolio estatal de producción de las reglas de derecho se encuentra a veces rechazado[158] en provecho de la pluralidad de los órdenes jurídicos.

Una última precisión: no referiremos a los "principios no escritos en derecho público". Se habría podido escoger otra formulación, que a veces se reconoce en los sistemas jurídicos vecinos, especialmente el derecho italiano, aquella de los "principios implícitos"; aunque este adjetivo, tomado de J. Wroblewski[159] y de R. Guastini[160], pueda prestarse a confusión en la medida en que él designa enunciados no expresamente formulados en un texto jurídico, pero elaborados por intérpretes autorizados (actores jurídicos) y cuyo valor jurídico intrínseco no está ligado al de su soporte instrumental textual (ley, tratado, etc.). Estos principios "implícitos" se encuentran en estado latente en el sistema jurídico de donde ellos pueden emerger en favor de las circunstancias o de la inventiva de los jueces.

---

158 Ver sobre todos estos puntos: BOULANGER, J., *op. cit., eod. loc.*; ROUBIER, P., *Théorie générale du droit*, 2ª ed., p. 101; JEAMMAUD, A., "Les principes dans le droit français du travail", en: *Dr. soc.* 1982, pp. 618 y s.; OPPETIT, B., nota de Cass. 1° civ., 13 oct. 1981, París, 12 jun 1980 y Cass. 2° civ., 9 dic. 1981, en: *Journ. dr. intern.* 1982, pp. 931 y s.

159 "Principes du droit", en: *Dictionnaire encyclopédique de théorie et de sociologie du droit*, París, LGDJ, 1988, p. 317.

160 "I principi di diritto", en *Il diritto dei nuovo mondi*, Cedam, Padua, 1994, p. 198; "Sui principi di diritto", en: *Diritto e società*, 1986, N° 4, p. 611; v. "Principi di diritto", en: *Digesto*, 4ª ed., Turín, 1995.

Tomadas estas precauciones (no obstante, ellas parecen insuficientes a la vista del tema), intentaremos mostrar que la reserva tradicional del juez constitucional en la materia contrasta con una actitud más voluntarista de otros jueces y principalmente del juez administrativo.

I. EN LO CONCERNIENTE AL JUEZ CONSTITUCIONAL: UNA PERMANENTE MODERACIÓN

Más que cualquier otro, nuestro derecho constitucional está investido por principios de todos los géneros y de todos los niveles, y uno de los ejercicios favoritos de nuestra doctrina es disertar sobre el alcance respectivo de estos principios y su rango dentro de la jerarquía de las normas[161]. Entre los "principios fundamentales reconocidos por las leyes de la República", los principios de "valor constitucional"[162], los "principios fundamentales" del artí-

---

161 Sobre el tema general de la jararquía de normas, ver: De Béchillon, D., *Hiérarchie des normes et hiérarchie des fonctions normatives de l'État*, Économica, 1996; sobre las relaciones entre control de constitucionalidad y normas de referencia, Genevois, B., "Normes de référence du contrôle de constituionnalité et respect de la hiérarchie en leur sein", en: *L'État de droit, Mélanges en l'honneur de Guy Braibant*, Dalloz, 1996, pp. 323 y s.; sobre la comparación de las diversas categorías: Costa, J. P., "Principes fondamentaux, principes généraux, principes à valeur constitutionnel", en *Conseil constitutionnel et Conseil d'État*, Montchrestien, 1988, pp. 133 y s.

162 A las cuales hacen eco en la jurisprudencia administrativa contemporánea los "principios constitucionales" (por ej. CE, Sect., 29 de julio de 1994, *Ribault et Clouet, Rec.* CE, p. 399; *AJDA,* 1994, p. 738, concl. Sanson, F.; CE, Sect., 3 de noviembre de 1997, *Commune de Fougerolles,* esta *Revue* 1988.12, concl. Touvet, L.; *AJDA,* 1997.1010, nota Richer, L.). Pero estos principios no constituyen por tanto principios generales del derecho, y ellos revelan más que nada un método interpretativo aplicado por el juez administrativo a los textos constitucionales (en este sentido: Genevois, B., V. "Principes généraux du droit", en: *Répertoire de contentieux administratif*, Dalloz, t. III, edición de 1998-2, N° 49, p. 354).

culo 34 de la Constitución dependientes del dominio legislativo, y los "principios particularmente necesarios de nuestro tiempo", los efectos espejos o de eclipse se multiplican y se entrecruzan y el intérprete a veces tiene dificultad para volver a encontrar la pureza arquitectónica de las construcciones cartesianas.

En este *maelström* [caos] conceptual, la figura jurídica de los "principios generales del derecho" no aparece en el primer plano; se nota de lejos. Incluso podemos considerarla como casi ausente, al menos en el papel relevante que habría podido cumplir si nuestra jurisdicción constitucional hubiera conducido una política activa en este ámbito. Cuando la fórmula aparece en la motivación de sus decisiones, es esencialmente a título de la ratificación de los principios ya admitidos en esta calidad por las jurisdicciones ordinarias y no para alimentar una nueva fuente de constitucionalidad a la cual las leyes, principalmente, estarían sometidas.

Tal constatación pudo ser hecha hace ya algunos años por observadores calificados de la jurisprudencia constitucional, en particular por el decano Georges Vedel, en sus escritos clásicos que bastará con recordar[163]. Nosotros mismos, abordamos el tema en el marco de un coloquio sostenido en Oslo en 1992 sobre el tema *Constitutional justice under old Constitutions,* cuyas actas fueron publicadas en lengua inglesa[164]. Pero no vemos razón fundamental para modificar hoy el análisis.

---

163 Vedel, G., "Le précédent judiciaire en droit public français", en: *Journées de la Société de législation comparée*, vol. IV, 1984, p. 283; "La place de la Déclaration de 1789 dans le bloc de constitutionnalité", en: *La Déclaration des droits de l'homme et du citoyen et la jurisprudence*, PUF 1989, pp. 35 y s., espec. pp. 50 y s.; "Réflexions sur quelques apports de la jurisprudence du Conseil d'État à la jurisprudence du Conseil constitutionnel", en: *Mélanges René Chapus*, Montchrestien 1992, pp. 647 y s., en especial pp. 662 y s.

164 *Constitutional Justice under Old Constitutions* (ed. Smith, E.), Kluver Law International, La Haya, 1995; una versión francesa ha sido publicada en *Petites Affiches*, 7 de octubre de 1992, pp. 7 y s.: "Y a-t-il des sources complémentaires de la Constitution dans la jurisprudence constitutionnelle française?" [§ 3 de este libro].

Este análisis se descompone en tres proposiciones:

i) el Consejo Constitucional puede atraer principios generales del derecho administrativo a la esfera constitucional;

ii) el Consejo Constitucional puede confirmar la existencia y el rango de principios generales del derecho administrativo sin por tanto erigirlos en principios constitucionales, y

iii) el Consejo Constitucional se esfuerza por no crear nuevos principios generales del derecho constitucional aplicables incluso sin texto.

Retomemos estas tres proposiciones, que se completan y contribuyen a formar un orden jurídico relativamente coherente.

A. La atracción de principios generales del derecho administrativo a la esfera del derecho constitucional

¿Ha evolucionado la política jurisprudencial del Consejo Constitucional en este terreno? Ella consiste, lo sabemos, en redefinir bajo forma de "principios constitucionales" o de "principios con valor constitucional" un cierto número de principios generales del derecho que hayan sido ya descubiertos y utilizados por el Consejo de Estado para las necesidades del control de la Administración.

Esta absorción, si fuera sistemática y continua, conduciría inevitablemente al debilitamiento, al final, de la categoría de los principios generales del derecho como categoría autónoma o, al menos, como elemento de referencia del derecho administrativo[165].

---

[165] Estos problemas han sido objeto de amplios y eruditos estudios en diversos manuales y publicaciones. Nos limitaremos a mencionar aquí los desarrollos que CHAPUS, R. consagra a esta problemática en su *Droit administratif général*, t. 1 (Montchrestien, 1997, N° 139 y s., pp. 94 y s.), así como los estudios de FAVOREU, L., "Principes généreux du droit et principes fondamentaux reconnus par les lois de la République", en: *RFDA*, 1996, pp. 882 y s.; "Dualité ou unité d'ordre juridique: Conseil constitutionnel et Conseil d'État participent-ils de deux ordres juridiques différents?", en: *Conseil constitutionnel et Conseil d'État, op. cit.*, pp. 145 y s. (V. también *Grandes décisions du Conseil constitutionnel*, Da-

Sin duda podemos sostener, con Chapus, R[166]., que, jurídicamente, la coexistencia entre los principios generales del derecho administrativo y los principios de valor constitucional puede continuar pacíficamente, en el marco de un "desdoblamiento del orden jurídico"[167] que no sería indigesto por esto; pero podemos pensar igualmente que la presión de los principios constitucionalizados, cuyo valor está asegurado con respecto de la misma ley, en el largo plazo reduciría los intentos de resistencia de la jurisprudencia administrativa, en tanto que ésta persista en invocarlos como principios generales del derecho en contra de la Administración que ella controla.

En resumen, los partidarios del mantenimiento de los principios generales del derecho como categoría autónoma del derecho administrativo, a pesar de la constitucionalización de su contenido, reconocen que el Consejo de Estado, por su propia iniciativa, o bien abandona la referencia a un principio general del derecho en beneficio de la referencia directa a la Constitución (*lato sensu*)[168], o bien asocia los dos elementos referenciales[169], o incluso no busca consti-

---

lloz, 9ª ed., 1997, Nº 18, p. 235; *Ibid.*, Nº 33, p. 539, obs. Favoreu, L. y Philip, L.); *adde* Menna, D., "La théorie des principes généraux du droit à l'épreuve de la jurisprudence constitutionnelle", en: *Le droit administratif en mutation*, PUF, 1993, pp. 200 y s.

166 *Op. cit.*, Nº 144 s., pp. 97 y s.

167 *Ibid.*, Nº 148, p. 99; v. también P. Delvolvé, *Addendum*, en: *RFDA*, 1996, pp. 907 y s. ("Pareciera que un principio con valor constitucional no puede ser, a la vez, un principio general del derecho").

168 Tal es el caso en lo que concierne al principio de igualdad, bajo diferentes formas (principio del igual acceso a la educación, igualdad de sexos, igual acceso de los ciudadanos a los empleos públicos, etc.) (véanse las sentencias citadas por Chapus, R., *ibid.*, Nº 146, p. 98).

169 Por ej.: CE, Ass., 8 déc. 1978, *Groupe d'information et de soutien des travailleurs immigrés*, *Gr. Arr. Jurisp. Adm.*, 11ª ed., Dalloz, 1996, Nº 106, pp. 681 y s., obs. de: Long, Weil, Braibant, Delvolvé y Genevois y las referencias citadas, p. 681.

tuir en principio general del derecho autónomo a un principio que fue identificado en primer lugar por el juez constitucional[170].

Si este proceso unificador no puede ser impuesto al Consejo de Estado, tiene al menos el mérito de asegurar progresivamente una cierta coherencia en el seno del orden jurídico y evidentemente no debilita en nada el alcance de los principios de que se trata. El usuario del derecho como su intérprete no pueden más que sacar provecho del realismo de las políticas jurisprudenciales. Nada prohíbe pensar por lo demás que el Consejo Constitucional tome en cuenta la interpretación, por el juez administrativo, de tal o cual principio general cuando se disponga a preocuparse de un principio de valor constitucional.

Lo cierto es que los principios constitucionales extraen su autoridad de un texto contenido en el "bloque de la constitucionalidad" (Preámbulos, Declaración de derechos del hombre y del ciudadano) o en ciertas leyes republicanas (principios reconocidos por las leyes de la República), cuando el principio general del derecho administrativo es aplicable "incluso en ausencia de texto" (según la fórmula inaugurada por la sentencia de la Asamblea de 26 de octubre de 1945, *Aramu et autres*)[171].

Por lo demás, los principios constitucionalizados tienen vocación para aplicarse al control de la constitucionalidad de las leyes, lo que no es evidentemente el caso de los principios generales del

---

170 Es el caso del principio llamado de la independencia de los profesores de la enseñanza superior (CE, 29 de mayo de 1992, *Assoc. amicale des professeurs du Muséum d'histoire naturelle, Rec.* CE, p. 216; CE, 2 de marzo de 1988, *Fédération nationale des syndicats autonomes de l'enseignement supérieur et de la recherche, Rec.* CE, p. 94; CE, 9 de julio de 1997, *Picard et Mime Turquet* (2 esp.), *AJDA,* 1997.718; v. también aviso Cons. D'État Nº 347.490 de 6 marzo 1990, en: *Les grands avis du Conseil d'État*, Dalloz, 1997, Nº 34, p. 325, obs. SCHRAMECK, O.).

171 *Rec.* CE, p. 213; *EDGE* 1947, Nº 1, p. 48, concl. ODENT, R.; S. 1946, 3.1, concl. ODENT, R.; *D.* 1946, p. 158, nota MORANGE, G.

derecho, cuyo valor "infralegislativo" fue demostrado no hace mucho con autoridad[172].

Entonces podemos preguntarnos si nuestro orden jurídico se acomodaría indefinidamente con una distorsión entre un principio escrito de valor constitucional y un principio general del derecho administrativo de valor infralegislativo, pero de igual contenido. Esta coexistencia no es impensable e históricamente ella ha caracterizado la evolución de estos últimos decenios, teniendo en cuenta el lento surgimiento de los principios constitucionales y la voluntad de resistencia más o menos sostenida de la jurisdicción administrativa. Teóricamente, no vemos lo que podría oponerse a que cada juez permanezca en sus posiciones, siendo "dueño" de su jurisprudencia. Es posible incluso que el juez constitucional haya ratificado incidentalmente este tipo de figura a propósito del principio de los derechos de la defensa, "por el cual todo comenzó"[173], en lo concerniente al derecho administrativo, en este dominio. Citamos naturalmente la decisión N° 90-287 DC de 16 de enero de 1991[174], según la cual "es necesariamente reconocido el respeto por la autoridad administrativa de los principios generales del derecho y principalmente el derecho de la defensa"[175]. ¿No es esto reconocer al juez administrativo toda libertad para conservar en la categoría probada de los principios generales del derecho administrativo un principio que no obstante ha recibido con posterioridad una notoria consagración en calidad de principio de valor constitucional?[176]

---

172 En alusión a los estudios que Chapus, R. ha consagrado a esta cuestión, y especialmente: "De la valeur juridique des principes généraux du droit et des autres règles jurisprudentielles du droit administratif", en: *D.* 1966, chron., p. 99.

173 Chapus, R., *Droit administratif général*, *op. cit.,* N° 128, p. 84.

174 *Rec.* CE, p. 24; *RFD const.* 1991, N° 6, p. 293, obs. Favoreu, L. (considerando N° 28); *RDSS* 1991.246, nota Prétot, X.

175 Genevois, B., *op. cit.,* supl. 1998-2, N° 590, p. 105; Menna, D., "La théorie des principes généraux du droit à l'épreuve de la jurisprudence constitutionnelle", *op. cit.,* p. 209.

176 V. sobre la evolución de la jurisprudencia: Favoreu, L. et Philip, L., *Grandes décisions*, *op. cit.,* pp. 711 y s., sobre el Cons. const., dec. N° 86-224 DC de 23

Esta situación, que dispone siempre de un apoyo doctrinal[177], mantiene de todos modos una estéril confusión.

Inversamente, no puede ser excluida la hipótesis (que no es completamente de escuela) en que los dos jueces no confieran exactamente el mismo contenido a un principio determinado, de apelación común; más precisamente, cuando el Consejo de Estado desee, para las necesidades del control de la Administración, conferir a este principio un alcance más amplio que lo que el juez constitucional habría imaginado en el contexto del control de constitucionalidad de las leyes. Si esto fuera así, el recurso a la noción de principio general del derecho parece ser el único medio de someter plenamente a la Administración a la regla jurisprudencial; el soporte del principio constitucional se revela insuficiente en tal caso. Algunos aspectos del principio regularmente confuso que comporta el derecho de toda persona a llevar una vida familiar "normal"[178] podrían prestarse a importantes discrepancias de apreciación. Pero es verdad que la combinación de las reglas nacionales y europeas complica aquí la tarea del jurista multiplicando los elementos de referencia; y que nada prohíbe al juez constitucional adaptar su razonamiento al del juez administrativo para estabilizar el derecho positivo en torno a una interpretación armonizada[179], si lo estima oportuno.

---

de enero de 1987 (Consejo de la Competencia); sobre una discusión anterior, ver Le Mire, P., "La jurisprudence du Conseil constitutionnel et les principes généraux du droit", en: *Service public et libertés. Mélanges offerts à R. Charlier*, Éd. de l'Université, París, 1981, pp. 188 y s.

177 Chapus, R., *op. cit.*, N° 148, p. 99; Genevois, B., *op. cit., eod. loc.*

178 CE, Ass., 8 déc. 1978, *Groupe d'information et de soutien des travailleurs immigrés, Rec.* CE, p. 493; *Grands arrêts,* N° 166, pp. 681 y s.; v. sobre la combinación de fuentes europeas y nacionales, Labayle, H., "Le droit de l'étranger á mener une vie familiale normale, lecture nationale et exigences européennes", en: *RFDA,* 1993.528 y s.; v. también del mismo autor, "L'éloignement des étrangers devant la Cour européenne des droits de l'homme, en: *RFDA,* 1997, pp. 977 y s.

179 Se podrían citar algunos ejemplos de esta actividad a propósito, precisamente, de la situación de los extranjeros (ver nuestra obra, *Le droit constitutionnel d'asile dans les États de l'Union européenne*, Economica, 1997, espec. pp. 54 y s.).

¿Se ha acelerado estos últimos años la absorción de principios generales del derecho por nuevos principios constitucionales? No parece ser así. Primero, porque no es evidente descubrir fácilmente nuevos principios de valor constitucional en un campo que comienza a ser elaborado y reelaborado. Luego, porque el juez constitucional experimenta aparentemente las más vivas reticencias a multiplicar las iniciativas en este dominio. Lo veremos.

¿Debemos entonces temer una cierta esterilización de los principios generales del derecho administrativo cuando son promovidos al rango de principios constitucionales y reinterpretados por el juez administrativo bajo el prisma de las exigencias constitucionales? Este es otro debate. Es posible que el paso al "bloque de constitucionalidad" que tiene sus exigencias específicas vinculadas al control de la ley, y la incorporación de uno o varios textos que en adelante le servirán de punto de anclaje obligado, conduzcan a los jueces intérpretes a paralizar el sentido de los principios constitucionales y a frenar la expansión potencial. Desde este punto de vista, el juez administrativo, que desea abstraerse de los textos cuando maneja los principios generales del derecho, dispone ciertamente de una mayor libertad de acción. Por lo demás, este último juez estará sometido en cierta forma a las interpretaciones hechas por el juez constitucional y es susceptible de perder, por este hecho, al menos en parte, su poder para adaptar los principios generales a las diversas situaciones administrativas que debe conocer. Sólo la práctica concreta de estos principios, por cada juez, permitirá verificar el balance de ganancias y pérdidas, para el derecho administrativo, de estas mutaciones y de las readaptaciones así operadas[180]. A la gran

180 Algunos estiman que "la recalificación de principio general del derecho en principio fundamental reconocido por las leyes de la República es (...) un retorno a las fuentes, cuya principal ventaja es reconstituir la unidad de los valores y principios constitucionales de la República" (ZOLLER, E., *Droit constitutionnel,* PUF, 1998, p. 233). Pero este es un punto de vista de constitucionalista (en todo caso, fundado): no se refiere al problema al nivel del control de la Administración y de su necesaria adaptabilidad a las circunstancias. Sobre el problema nos remitimos al estudio del Decano VEDEL, "Réflexions su quelques

autoridad de una anulación pronunciada sobre la base de un principio constitucionalizado (autoridad más "moral" que jurídica, por lo demás, ya que los efectos de derecho serían estrictamente los mismos) podría corresponder una menor flexibilidad en la utilización de un tal principio. Pero esto no es más que conjetura.

B. La consagración por el juez constitucional de los principios generales del derecho administrativo

Es éste otro proceso y no se sitúa en el mismo nivel que el precedente. El Consejo Constitucional no intenta atraer a él los principios generales del derecho tal como los ha formulado el juez administrativo y conferirles una nueva calificación. Él se conforma, tomando la terminología y (aparentemente) la metodología del Consejo de Estado, con sostener la existencia y la validez de tal o cual de estos principios, sin elevarlos al nivel constitucional.

Conviene medir los efectos directos o indirectos de este reconocimiento, que no es forzosamente solicitado.

1. Relación entre las dos jurisdicciones

A decir verdad, dos tipos de situaciones pueden encontrarse: según si existe solamente confirmación de un principio general del derecho administrativo; o "descubrimiento" de un principio de esta categoría que el juez administrativo no conocía o no había querido identificar.

i) La primera situación es la más cómoda para el juez administrativo. No solamente recibe un homenaje público y fundado del juez constitucional por la perspicacia y la pertinencia de su gestión, sino que se encuentra empujado a mantenerla o a ampliarla. Incluso, si

---

apports de la jurisprudence du Conseil d'État à la jurisprudence du Conseil constitutionnel", en: *Mélanges René Chapus,* 1992, pp. 647 y s., espec. pp. 662 y s.); el autor califica esta técnica de "reconocimiento sin recepción" (*ibid.,* p. 662).

jurídicamente no tiene necesidad, simplemente puede sacar provecho de esta situación.

Tal reconocimiento hoy se realiza a veces de manera genérica, sin referencia a un principio general del derecho determinado. Este reconocimiento acompaña el reenvío al juez ordinario de asuntos que el Consejo Constitucional no desea zanjar él mismo, para no invadir abusivamente las competencias jurisdiccionales de los otros jueces. Es así como la decisión N° 91-167 de 19 de diciembre de 1991[181] constata que le corresponde al poder reglamentario "dictar las medidas de aplicación necesarias para la puesta en práctica de los principios recogidos por la ley en el respeto de ésta y de los principios generales del derecho". Los comentaristas autorizados[182] han tomado nota, subrayando de paso que este "guiño" a la jurisprudencia administrativa fue "una forma de sostener que esta categoría de normas dictadas por el juez administrativo guarda aún su utilidad, ya que se trata del control de los actos administrativos".

Quizás se podría objetar que la técnica llamada de las "reservas de interpretación", a través de la cual el juez constitucional no duda en armonizar sus decisiones, reduce proporcionalmente el poder del juez ordinario (como del juez administrativo) para recurrir a sus propios instrumentos de control y especialmente a los principios generales del derecho[183]. Pero ello sería olvidar que el Consejo Constitucional desea proceder a la interpretación de un texto que le es remitido "sólo en la medida en que esta interpretación sea necesaria para la apreciación de su constitucionalidad"[184], y que él

---

181 *Rec.* CE, p. 134; *Rev. Adm.* 1992, N° 265, p. 33, obs. Étien, R.; *RFD const.* 1992, N° 9, p. 105, obs. Favoreu, L.

182 Favoreu, L., *op. cit.,* p. 106; Genevois, B., *op. cit.,* supl. 1998-2, N° 590, p. 388.

183 V. sobre el conjunto del problema, en una óptica esclarecida con el derecho italiano, Di Manno, Th., *Le juge constitutionnel et la technique des décisions interprétatives en France et en Italie*, Economica, 1997; y Moderne, F., "La déclaration de conformité sous réserve", en: *Le Conseil constitutionnel et les partis politiques*, Economica, 1988, pp. 93 y s.

184 Dec. N° 91-298 DC de 24 jul. 1991, § 33, *Rec. Cons. const.*, p. 82; v. Di Manno, Th., *op. cit.,* p. 468.

evita en consecuencia proceder a interpretaciones que obligarían a las otras jurisdicciones: "yo desafío a quienquiera, subrayaba el decano Vedel en su 'Informe de síntesis' del coloquio organizado en la Corte de Casación sobre el tema *La Cour de cassation et la Constitution de la République*[185], a encontrar una sola decisión del Consejo Constitucional en la cual el Consejo Constitucional interprete las disposiciones de una ley, aún oscura, en casos que ello no tiene relación con la constitucionalidad". Y el eminente autor agrega, a propósito precisamente de los principios generales del derecho: el Consejo Constitucional "nunca ha negado al Consejo de Estado (...) que el Consejo de Estado posee verdaderamente, en el ejercicio de su función administrativa, un verdadero poder normativo"[186].

El reconocimiento formal, por el juez constitucional, del poder normativo del Consejo de Estado, bajo la forma emblemática de los principios generales del derecho, no responde solamente al deseo de evitar una "guerra de jueces" donde el orden jurídico no quedaría indemne, sino también a la voluntad de dejar a cada juez desempeñar plenamente su papel, en el marco del respeto de la constitucionalidad.

No es raro que más allá de la referencia a los principios generales del derecho, el Consejo Constitucional se refiera a tal o cual de estos principios sea para delimitar la repartición de las competencias entre la ley y el reglamento, sea en el marco del control de constitucionalidad de las leyes. Tal es el caso del principio de no-retroactividad en materia no penal[187], por ejemplo, en materia fiscal[188], o del principio de *non cumul* de las penas en materia de crímenes y de delitos[189]. Tal fue, durante un tiempo, el estatuto del principio de

---

185 PUAM, 1995, p. 286.

186 *Op. cit.*, p. 287.

187 Dec. N° 57 L de 24 oct. 1969, *Rec. Cons. const.*, p. 32.

188 Dec. N° 84-184 DC de 29 dic. 1984, *Rec. Cons. const.*, p. 94; *RD publ.* 1985.651, obs. PHILIP, L.; dec. N° 85-186 DC de 29 dic. 1984, *Rec. Cons. const.*, p. 107.

189 Dec. N° 82-143 DC de 30 jul. 1982, *Rec. Cons. const.*, p. 57; *Grandes décisions*, N° 33, p. 524, obs. FAVOREU, L. et PHILIP, L. (V. "Les références", *ibid.*, p. 524).

los derechos de la defensa antes que llegara a ser principio auténticamente constitucional[190].

ii) Existe otra situación, más dificultosa para el juez administrativo: la creación por el Consejo Constitucional de un principio general del derecho aplicable a la esfera del derecho administrativo (y que excluye de la esfera del derecho constitucional), pero que el juez administrativo impugna. Se trata, como se habrá comprendido, del descubrimiento por el juez constitucional de un principio general del derecho según el cual el silencio observado durante un plazo determinado por la administración competente, respecto de una solicitud, se considera como rechazo de la misma[191]. Esta calificación, muy comentada y ritualmente recordada, no fue un descuido de escritura, ya que fue repetida recientemente en la decisión N° 94-352 DC de 18 de enero de 1995[192], lo que reactualiza el debate.

Pero el debate era inevitable en la medida en que el Consejo de Estado tomaba, como Corte del contencioso, y algunos meses después, la decisión de 26 de junio de 1969, una decisión implícitamente pero netamente contraria[193], la que reiterará algunos años más tarde[194].

---

[190] Dec. N° 72-75 L de 21 dic. 1972, *Rec. Cons. const.*, p. 36; v. Prétot, X., "Bloc de constituonnalité", en: *JCA* Fasc. 1418, N° 51

[191] Dec. N° 69-55 L de 26 jun 1969 ("*Protection des sites*"), *Rec. Cons. const.*, p. 27; *Grandes décisions*, N° 18, p. 235, obs. Favoreu, L. y Philip, L. (*ibid.*, p. 235).

[192] *Rec. Cons. const.*, p. 170; *RFD const.* 1995.362, obs. Favoreu, L.; *Petites Affiches*, 21 de abril de 1995.18, nota Tuong, Nguyen van; *Rev. Adm.* 1995.142, estudio de Pellet, R.; *JCP* 1995. II.22525, nota Lafay, F.; *Petites Affiches*, 7 de junio de 1995.7, obs. Mathieu, B.

[193] CE, Ass., 27 de febrero de 1970, *Commune de Bozas, Rec.* CE, p. 139; *AJDA,* 1970.225, chron. Denoix de Saint Marc, R. y Labetoulle, D.; *JCP* 1970. II.16340, nota MC; v. Voisset, M., "La reconnaissance de l'existence de principes généraux du droit part le Conseil constitutionnel", en: *JCP* 1970. I.2290 *bis*.

[194] CE, 23 de abril de 1975, *Vilain, Rec.* CE, p. 248.

La confrontación entre las dos jurisdicciones adorna desde entonces el florilegio (bastante poco surtido) de desavenencias persistentes entre el *Palais-Royal* y el *Palais Montpensier* [El *Palais-Royal* mismo es ocupado hoy por el *Conseil d'Etat*; y el sector oeste, llamado *Palais Montpensier,* es ocupado por el *Conseil Constitutionnel*]. Lo que se ventila ciertamente no es desdeñable (la proclamación del principio general, según el cual el silencio significa rechazo, tiene como consecuencia que los reglamentos que establecen la solución contraria son potencialmente ilegales); por lo tanto, no hay que agrandar la disputa[195].

2. Efectos jurídicos

¿Cuáles son los efectos jurídicos de la consagración así otorgada por el juez constitucional a los principios generales del derecho administrativo?

En definitiva, los efectos son relativos si se excluye el inconveniente de una lectura devenida más difícil de nuestro orden jurídico y el disgusto que entraña siempre una divergencia entre los jueces supremos para los usuarios del derecho.

Si las apreciaciones del Consejo Constitucional van en el mismo sentido que las del Consejo de Estado y confirman con fuerza la validez del proceso ya emprendido por éste, el juez administrativo se verá animado a avanzar, pues sus poderes propios no se verán afectados (y sus motivaciones profundas quedarán desconocidas para el público en general). Sin duda, las cosas son un poco más complicadas en la otra hipótesis: aquella en que el Consejo de Estado se niega a identificar un principio general del derecho debidamente calificado como tal por el juez constitucional y tiene la audacia de poner en práctica el principio inverso.

---

195 V. nuestro estudio: "Complémentarité et compatibilité des décisions du Conseil constitutionnel et des arrêts du Conseil d'État", en: *Conseil constitutionnel et Conseil d'État, op. cit.*, pp. 313 y s., esp. pp. 367 y s.

¿Podría él impugnar (o continuar impugnando) la calidad de tales principios a pesar del aval del Consejo Constitucional? Sabemos que por regla general sólo el legislador está habilitado para descartar un principio general del derecho administrativo, quedando el poder reglamentario imposibilitado de hacerlo, tal como lo ha destacado el Consejo Constitucional en diversas oportunidades[196].

Además, la decisión de 18 de enero de 1995, relativa a la videovigilancia, quiso controlar las derogaciones legislativas sometiéndolas a una condición suplementaria: la de no privar de garantías un principio constitucional (lo que implica establecer a este nivel una suerte de mecanismo de aviso ["*cliquet*"] análogo a aquel que prohíbe a la ley revisar las garantías que aseguran las libertades públicas). Poniendo así la barra en lo más alto, el juez constitucional "persiste y firma" e intenta hacer más difícil la mantención de la jurisprudencia administrativa contraria.

Dicho lo anterior, sólo queda agregar que el principio analizado, incluso con el apoyo renovado del Consejo Constitucional, no está promovido al rango de principio constitucional (por ejemplo, al mismo rango que los principios fundamentales reconocidos por las leyes de la República) y que él está destinado a gobernar sólo el subsistema del control de la Administración donde reina el juez administrativo. En tanto que esta revalorización no esté asumida por el Consejo Constitucional, la presión ejercida sobre el Consejo de Estado será relativa, y su eficacia dependerá en gran medida de la buena voluntad del destinatario del mensaje.

En cuanto a la presión suplementaria que constituiría la adjunción de un mecanismo de aviso ("*efecto-cliquet*") (*supra*), no es nece-

---

196 P. ej. en la decisión precitada de 26 junio 1969 ("en este caso, no puede haber sido derogado sino por una decisión legislativa") o la decisión N° 82-143 DC de 30 julio 1982 (prec., consid. N° 13: "si esta regla no tiene un valor legislativo, (...) puede siempre ser derogada por una ley"); o aun la decisión N° 94-352 DC de 18 de enero de 1995: "el legislador (...) puede derogar un principio general según el cual el silencio de la Administración durante un lapso de tiempo determinado significa rechazo de una solicitud" (consid. N° 12).

sario sobrevalorar su impacto. La paradoja, en la materia, proviene de que el principio general del derecho que no se desea ver adoptar por el juez administrativo es en sí mismo más "liberal" que el principio contrario elaborado por el juez constitucional. En efecto, se puede convenir en que es más protector para los derechos de los administrados decir "el silencio significa aceptación" que lo contrario...

Eso sería posible, pues el juez administrativo desea mantener el dominio sobre su territorio.

Constataremos de paso que esta situación recuerda, *mutatis mutandis*, aquella que se produce a continuación de la proclamación sólo por el Consejo de Estado de un principio fundamental reconocido por las leyes de la República. Se puede hacer alusión obviamente al fallo de la Asamblea de 3 de julio de 1996, *Koné*[197]. Pero, esta vez, es el juez administrativo quien tiene que actuar en el campo constitucional para las necesidades de su propio control[198].

Apostemos sin embargo que su posición será difícil de sostener si el juez constitucional decide no seguirla y fundarse en un razonamiento antitético.

---

197 *Rec.* CE, p. 255; en: *RFDA*, p. 870, concl. Delarue, J. M., estudios de Favoreu, L., Gaïa, P. y Labayle, H.; *Addendum* Delvolvé, P.; *D*. 1997, chron. Mathieu, B. y Verpeaux, M., pp. 219 y s.: "La reconnaissance et l'utilisation des principes fondamentaux" reconnus par les lois de la République par le juge; la contribution de l'arrêt *Koné* du Conseil d'État à l'analyse de la hiérarchie des normes en matière de droits fondamentaux; *JCP* 1996. II.22720, nota Prétot X.; *D*. 1996, p. 509, nota Julien-Laferrière, F.; *RD publ*. 1996.1751, nota Braud, C.; *Petites Affiches*, 27 déc. 1996, p. 12, nota Guiheux, G.; *Ibid*. 20 déc. 1997, p. 19, nota Pellissier, G.; *RGDI publ*. 1997, Nº 1, p. 237, nota Alland, D.; *Rev. Belge dr. Const*. 1997.121 nota Larsonnier, V.

198 Sabemos que el surgimiento de un principio general del derecho "ordinario" —y no de un principio fundamental reconocido por las leyes de la República— había sido recomendado en dicho caso por el Delegado del Gobierno Delarue, J. M. (concl. precitada, en: *RFDA,* 1996, pp. 878 y s.).

C. El rechazo a crear principios generales del derecho constitucional

La pregunta es aquí de otro tenor y de otro significado. El juez constitucional, ¿se considera habilitado, en el contexto del control de constitucionalidad del cual está encargado, para elaborar, a la manera del Consejo de Estado, principios generales del derecho que se inscribirían naturalmente en la categoría de normas de referencia donde ellos se reunirían con otros principios ya incluidos en el "bloque de constitucionalidad" (los principios de valor constitucional, los principios fundamentales reconocidos por las leyes de la República, etc.)?

Para responder, disponemos ya de un punto de vista firme y constantemente expresado: el del decano G. Vedel[199]. Nos limitaremos a recordarlo, dado que es muy conocido de los juristas de derecho público: "la respuesta es resueltamente negativa", enunciaba el sabio autor en términos lapidarios en un estudio dedicado a R. Chapus en 1992[200]; "no existen principios generales del derecho en el sentido del derecho administrativo que el Consejo Constitucional pueda invocar como fuente del derecho", repetía en el coloquio organizado en París el 9 y 10 de diciembre de 1994 por la Corte de casación y el Grupo de estudios e investigación sobre la justicia constitucional[201]. Hoy no hay ninguna razón para imaginar que esta apreciación haya sido modificada ni ningún indicio de tal naturaleza como para inferir que deba serlo.

---

199 "Le précédent judiciaire en droit public français", en: *Journées de la Société de législation comparée*, vol. IV, 1984, pp. 283 y s.; "La place de la Déclaration de 1789 dans le bloc de constitutionnalité", en: *La Déclaration des droits de l'homme et du citoyen et la jurisprudence*, PUF 1989, pp. 35 y s.; "Réflexions sur quelques apports de la jurisprudence du Conseil d'État à la jurisprudence du Conseil constitutionnel", en: *Mélanges René Chapus*, Montchrestien, 1992, pp. 647 y s., esp., pp. 663 y s.; "Rapport de synthèse", en: *La Cour de cassation et la Constitution de la République*, PUAM 1995, pp. 283 y s.

200 *Op. cit.*, p. 66.

201 *La Cour de cassation et la Constitution de la République, op. cit.*, p. 287.

Es verdad que al comentarista más atento de la jurisprudencia constitucional le daría trabajo descubrir en las decisiones de nuestro juez constitucional una fraseología similar a la que el Consejo de Estado no duda en hacer uso para marcar su poder de creación de normas. Es verdad también que si algunas facilidades de redacción o economías de motivación habían podido dejar la sensación que en un momento dado el juez constitucional se encaminaba por esa vía calzando las botas de su vecino del *Palais-Royal*[202], el restablecimiento del límite habría sido rápidamente operado y los efectos de óptica, en consecuencia, disipados.

Las razones de ser de un tal rechazo se contienen en pocas palabras que pedimos una vez más al Decano Vedel: "La garantía más segura de estabilidad, incluso de perennidad, de la jurisprudencia constitucional se encuentra en el hecho de que el Consejo Constitucional, ampliamente puesto en guardia contra los peligros del gobierno de los jueces, no se considera dueño de las fuentes del derecho constitucional"[203]. Es entonces una actitud, que los anglosajones denominarían *self-restraint,* la que conduciría al Consejo constitucional a atenerse "sólo a la Constitución, y nada más que a la Constitución", para delimitar el campo de las reglas aplicables al control de constitucionalidad de que está investido[204].

De esto resulta que las normas de referencia son normas escritas cuya autoridad surge de los textos y no de la jurisprudencia, y que los "principios" que menciona el Constituyente ("principios fundamentales reconocidos por la leyes de la República", "principios particularmente necesarios en nuestro tiempo" y otros "principios de

202 V. nuestro estudio, "Y a-t-il des sources complémentaires de la Constitution dans la jurisprudence constitutionnelle française?", *Petites Affiches*, 7 de octubre de 1992.7 y s., not. pp. 9 y s. [§ 3 de este libro]; Genevois, B., *La jurisprudence du Conseil constitutionnel. Principes directeurs*, Éd. STH, 1988, N° 170, p. 100; N° 339, p. 203.

203 "Le précédent judiciaire en droit français", *op. cit.,* p. 287.

204 *Ibid., eod. loc.*

valor constitucional") no son utilizados sino después de verificar su consagración en un texto o en un conjunto de textos[205].

De esta voluntad resuelta a "apretar la tuerca" [estrechar el círculo], las vacilaciones a extraer nuevos principios fundamentales reconocidos por las leyes de la República serían otro testimonio. ¿No parece paradójico crear principios generales del derecho constitucional sin apoyo textual cuando se niega a identificar nuevos principios fundamentales reconocidos por las leyes de la República a pesar de las peticiones insistentes hechas en este sentido por los autores de los recursos?

La concepción de la Constitución *lato sensu* como un todo coherente, un sistema cerrado y autosuficiente, descansa en la idea de que la Carta Suprema "no podría contener verdaderas lagunas"[206]; que la Constitución se limita a atribuir competencias a los poderes públicos y a fijar los límites y que el papel del juez constitucional es asegurar primero "la unidad y la validez de un orden jurídico"[207].

Al respecto, encontramos algunas teorías del derecho relativas a las normas de "clausura" que contendría cualquier sistema jurídico[208], aunque un tal análisis no responde claramente a la pre-

---

205 Se puede señalar a este respecto que las primeras interpretaciones de la jurisprudencia del Consejo constitucional fueron a veces de una gran severidad, a partir precisamente de la libertad que él mismo se otorgó para la identificación de los principios fundamentales reconocidos por las leyes de la República. (En este sentido, v. LOSCHAK, D., "Le Conseil constitutionnel, protecteur des libertés?", en: *Pouvoirs*, N° 13, 1980.43 y s. (estos principios habían sido, según el autor, "imposibles de encontrar (…), de una geometría variable (…) de un contenido elástico y de efectos aleatorios").

206 VEDEL, G., "La place de la Déclaration de 1789 dans le bloc de constitutionnalité", *op. cit.*, p. 51 (v. también, del mismo autor: "Il n'existe pas de *no man's land* constitutionnel", en: *Le précédent judiciaire en droit public français*, *op. cit.*, p. 283).

207 "Réflexions sur quelques apports de la jurisprudence du Conseil d'État à la jurisprudence du Conseil constitutionnel", *op. cit.*, p. 669.

208 Comenzando por el sistema kelseniano (KELSEN, H., *Théorie générale du droit et de l'État*, París, LGDJ, 1997, pp. 198 y s.: "debe presumirse que el derecho no presenta lagunas").

gunta previa de la elección de las "reglas" o de los "principios" que contribuyen a completar las supuestas lagunas que no serían, en derecho, "sino una ilusión"[209]. Como lo recordaba no hace mucho Pierre Bourdieu, el "juego con la regla" a veces forma parte de la "regla del juego"[210].

Esta voluntad de volver a los textos[211]; esta búsqueda de la fuente escrita, que puede tornarse, según algunos, en "la obsesión textual"[212] (de tal naturaleza como para desviar a otra obsesión: el temor del "gobierno de los jueces"), ¿no es a veces un poco artificial? Así, se ha estimado que algunos de los textos invocados eran más o menos abiertamente solicitados:

– A propósito del principio de continuidad de los servicios públicos, declarado inicialmente con valor constitucional sin relación textual precisa, luego unido al artículo 5° de la Constitución, que confiere al presidente de la República la misión de velar por la "continuidad del Estado", incluso a las leyes de la República, "en las que la continuidad del servicio público constituye efectivamente un principio fundamental"[213]; o

– A propósito del principio de los derechos de la defensa, que no devino oficialmente como principio fundamental reconocido por las leyes de la República sino que con la decisión N° 76-70 DC de 2 de diciembre de 1976[214] (en materia penal); y, luego (principalmente), la decisión N° 86-224 DC de 24 de enero de 1987[215] (a pro-

---

209 Vedel, G., "La place de la Déclaration dans le bloc de constitutionnalité", *op. cit.*, pp. 51 y s.

210 Bourdieu, P., "De la règle aux stratégies", en: *Choses dites*, Éd. de Minuit, 1987, pp. 75 y s.

211 Vedel, G., "La loi des 16-24 août 1790: Texte? Prétexte? Contexte?", en: *RFDA*, 1990, pp. 698 y s.

212 Turpin, D., "Le juge est-il représentatif? Réponse: oui", en: *Commentaire*, 1992, N° 58, pp. 389 y s.

213 Vedel, G., *op. cit.*, *Mélanges René Chapus*, p. 667.

214 *Rec.* CE, p. 39.

215 *Rec.* CE, p. 8; *Grandes décisions*, N° 41, p. 698, obs. de Favoreu, L. y Philip, L. (*Ibid.*, p. 698).

pósito de materias no penales), después de prescindir de referencia textual durante algunos años[216].

Dicho esto, el bloqueo efectuado es de los más eficaces: en cuanto que los principios no son calificados de "fundamentales" aunque ellos preexistan en los textos, su "descubrimiento" no revela ningún poder normativo auténtico del juez constitucional; y, si el sistema jurídico mismo no presenta lagunas, no hay razones para imaginar "principios generales del derecho constitucional" aplicables incluso en ausencia de textos para llenarlas. Nos encontramos aquí en presencia de una "ideología estatista de la interpretación"[217], de un modelo próximo a la "coherencia narrativa", estimado por Dworkin, quien encuentra en el mismo, ciertamente, su propia lógica, pero no entrega forzosamente las claves de la motivación del juez que la adopta. Si el *self-restraint* del juez constitucional lo precave en cierta forma contra él mismo y le vale incidentemente la confianza de los otros actores jurídicos, le resta obtener su legitimidad teórica.

También algunos continúan evocando, como accesorio, la existencia de principios constitucionales en tanto principios objetivos,

---

216 Se podría decir lo mismo del fundamento textual, extremadamente atendido, del principio constitucional de la "protección de la dignidad de la persona humana" (dec. N° 94-343-344 DC de 27 jul. 1994, *Rec.* CE, p. 100; *Grandes décisions, op. cit.*, N° 47, p. 861, obs. FAVOREU, L. y PHILIP, L.; *ibid.*, p. 861), principio extraído de una disposición del prólogo del Preámbulo de 1946, más que del Preámbulo mismo, y que ha sido confirmado por la decisión N° 94-359 DC de 19 de enero de 1995 (*Rec.* CE, p. 176; *IJDA* 1995, p. 455, nota JORION, B.; *D.* 1995. *SC.*299, obs. Favoreu, L.; *RFD const.* 1995, p. 582, obs. Gaïa, P.) después por la decisión N° 96-377 de 16 julio 1996 (*Rec.* CE, p. 87; *AJDA,* 1997, p. 86, nota TEITGEN-COLLY, C. y JULIEN-LAFERRIÈRE, F.; D. 1997, p. 69, nota MERCUZOT, B.; *Petites Affiches,* 29 de noviembre de 1996.5, obs. MATHIEU, B.; en: *RFDA,* 1997, p. 538, nota SPITZ, P. E.; *JCP* 1996. II.22709, nota VAN TUONG, Nguyen; *RFD* const. 1996, N° 28, p. 806, obs. RENOUX, Th. S.; *RD publ.* 1996, p. 1245, estudio LUCHAIRE, F.; *Gaz. Pal.* 26-27 febr. 1997.2, nota RICHARD, D.; *AJDA,* 1996, p. 693, obs. SCHRAMECK, O.).

217 CHAMPEIL-DESPLAT, V., *Les principes fondamentaux reconnus par les lois de la République. Principes constitutionnels et justification dans les discours juridiques*, Thèse, París X-Nanterre, 1997, roneo, p. 378; WROBLEWSKI, J., "L'interprétation en droit: théorie et idéologie", en: *Archives de philosophie du droit*, 1972, p. 51.

separados de los otros elementos del bloque de constitucionalidad y deducidos por el Consejo Constitucional "del espíritu general de disposiciones diversas o de una reflexión sobre la necesidad de la cosa pública, según el mismo razonamiento por el cual el Consejo de Estado crea los principios generales del derecho"[218]. Un tal razonamiento, como se ve, no es muy compatible con el precedente.

El análisis de la jurisprudencia constitucional contemporánea no permite zanjar todos los puntos teóricos de esta controversia. Pero él deja claro, nos parece, la reticencia persistente del Consejo Constitucional a internarse en el camino sembrado de obstáculos de los principios generales del derecho constitucional.

No nos apegaremos a ciertas fórmulas ambiguas, tal como aquella según la cual "la transparencia de las actividades públicas o ejercidas por cuenta de personas públicas no constituye en sí misma un principio general de valor constitucional"[219]. La expresión "principio general" no prefigura sino un principio no escrito, que por lo demás aparece claramente impugnado en su contenido.

La acogida muy fría que el Consejo Constitucional reserva al principio de "seguridad jurídica" y a su transformación, el principio de "confianza legítima", constituye otro testimonio de esta hostilidad. Sin embargo, estos principios (y sobre todo el principio de seguridad jurídica) habrían podido aspirar a la calidad de principios generales del derecho constitucional en razón de sus potencialidades y de las respuestas que ellos habrían sido capaces de aportar a algunas de las preocupaciones de la sociedad contemporánea.

---

218 Rousseau, D., *Droit du contentieux constitutionnel*, 4ª ed., Montchrestien, 1995, p. 99. Cabe hacer notar igualmente, entre algunos autores de derecho privado, su disgusto de que la técnica de los principios generales de derecho constitucional no sea más desarrollada en este dominio (en este sentido: Molfessis, N., *Le Conseil constitutionnel et le droit privé*, LGDJ, 1997, pp. 471 y s., espec. p. 474).

219 Dec. Nº 93-335 DC de 21 de enero de 1994, *Rec. Cons. const.*, p. 40; en: *RFDA,* 1995, p. 7, estudio de Hocreitère, P.; *RFD const.* 1994, Nº 18, p. 363, obs. Mélin-Soucramanien, F.; *Rev. Adm.* 1994, p. 75, estudio de Morand-Deviller, J.

El principio de seguridad jurídica (que algunos, es verdad, adosan a un texto escrito, el artículo 16 de la Declaración de Derechos del Hombre y del Ciudadano)[220] no ha sido expresamente retenido (aunque fuere invocado) en las decisiones N° 95-369 DC de 28 de diciembre de 1995[221] y N° 97-391 DC de 7 de noviembre de 1997[222]. En cuanto al principio de "confianza legítima" (que puede ser considerado como un corolario del principio de seguridad), ha sido manifiestamente descartado en dos ocasiones (por la decisión N° 96-385 DC de 30 de diciembre de 1996[223] y por la decisión N° 97-391 DC de 7 de noviembre de 1997, precitada), con una cierta sequedad: "Ninguna norma constitucional garantiza (...) un principio denominado de confianza legítima". Una motivación como esa elimina las esperanzas que algunos habían puesto en esta regla de origen alemán pero retomada por los jueces europeos.

Entonces, ¿es necesario separar el principio de seguridad jurídica propiamente dicho y el principio de confianza legítima para

---

220 "Toda sociedad, en la cual la garantía de los derechos no está asegurada, ni la separación de poderes determinada, no tiene Constitución"; en este sentido, MATHIEU, B., obs. de la dec. N° 96-373 DC de 9 abr. 1996, *Petites Affiches,* 1996, N° 107, p. 7; v. también ROUSSEAU, D., *RD publ.* 1998.45.

221 *Rec. Cons. const.*, p. 257; *RFD const.* 1996, N° 25, p. 119, obs. PHILIP, L.; *D.* 1997. *SC.*140, obs. MÉLIN-SOUCRAMANIEN, F.; *IJDA* 1996, p. 369, estudio de SCHRAMECK, O.; *D.* 1996, p. 193, obs, LAY, J. P.; *Petites Affiches,* 1996, N° 10, p. 4, nota COLLOT, J.; *RD publ.* 1997, p. 18, obs. ROUSSEAU, D. (a propósito de la ley de finanzas para 1996); este principio fue invocado para combatir la retroactividad de las disposiciones legislativas de naturaleza fiscal.

222 *JO*, 11 nov., p. 16390; *RFD const.* 1998, N° 33, p. 157, obs. PHILIP, L.; *RD publ.* 1998, p. 45, chron. ROUSSEAU, D. V., de menos importancia, la decisión N° 96-373 DC de 9 abril 1996 (*Rec. Cons. Const.*, p. 43; *RD publ.* 1996, p. 953, estudio LUCHAIRE, F.; *AJDA,* 1996, p. 369, estudio SCHRAMECK, O.; *RFD const.* 1996, N° 27, p. 584, obs. TRÉMEAU, J., ROUX, A. y RENOUX, Th. S.; *Petites Affiches,* 1996, N° 146, p. 5, nota TURPIN, D. Ver también: MOLFESSIS, N., en: *Justices* 1997, N° 5, pp. 247 y s., esp. pp. 250 y s.).

223 *Rec. Cons. const.*, p. 145; *RFD const.* 1997, N° 29, p. 119, obs. PHILIP, L.; *Petites Affiches*, 7 de marzo de 1997, p. 5, nota MATHIEU, B.; *ibid.*, 15 de junio de 1997, p. 5, nota ZARKA, J. C.; *RD publ.* 1997, p. 289, estudio LUCHAIRE, F.; *RD publ.* 1998, p. 45, obs. ROUSSEAU, D.

intentar salvar al menos al primero[224], dado que aquél presenta un carácter más objetivo y ha sido probado en otros sistemas jurídicos? Incluso si el tono de las formulaciones jurisprudenciales es menos severo en lo que concierne a la "seguridad jurídica", es aventurado fundarse en este elemento para augurar una promoción del principio al rango constitucional, por cuanto podría obstaculizar el poder de apreciación del legislador[225].

Por otra parte, nada hace prever que se trataría entonces de un principio general del derecho constitucional. Es imposible olvidar desde este punto de vista que el Consejo constitucional no da un lugar particular a la "tradición republicana" a menos que ella se inscriba en uno o varios textos susceptibles de fundar un principio fundamental reconocido por las leyes de la República[226].

Todo lo anterior no permite entrever un futuro brillante para los principios generales del derecho constitucional en tanto que fuente autónoma del control de constitucionalidad.

¿El cuadro es el mismo en lo concerniente al juez administrativo? Cabe dudarlo.

---

224 En este estudio, MATHIEU, B., *Petites Affiches*, 7 de marzo de 1997.5 y s., esp. p. 7; "Valeur et portée des validation législatives: un nouvel équilibre entre les considérations liees à l'intérêt général et celles relatives á la garantie des droits", en: *RFDA,* 1998, pp. 148 y s., esp. pp. 153 y s.

225 PHILIP, L., *RFD const*. 1998.159; ROUSSEAU, D., *RD publ*. 1998, p. 46.

226 Dec. N° 88-244 DC de 20 jul. 1988, *Rec. Cons. const*., p. 119; *D*. 1989, p. 269, nota LUCHAIRE, F.; *Dr. Soc*. 1988, p. 755, nota PRÉTOT, X.; *AJDA,* 1988, p. 753, nota WASCHMANN, P.; *JCP* 1989. II.21202, nota PAILLET, M.; *RD publ*. 1989, p. 399, obs. FAVOREU, L.; v. VIMBERT, C., *La tradition républicaine en droit public français*, LGDJ, 1992; Aviso Cons. de Estado N° 60-497 de 6 febr. 1953, en: *Les grands avis du Conseil d'État*, Dalloz, 1997, N° 1, p. 63, obs. STIRN, B.

II. EN LO CONCERNIENTE AL JUEZ ADMINISTRATIVO: UNA POLÍTICA VOLUNTARISTA

Luego de la evolución precedentemente descrita, que ha conducido a algunos de los más significativos principios generales del derecho hacia la órbita del derecho constitucional, donde ellos se han revestido inmediatamente de una mayor solemnidad, habría sido posible imaginarse que la *vis expansiva* de los principios generales del derecho administrativo se hubiese atenuado. El anuncio ya había sido hecho hace una veintena de años, cuando el Consejo Constitucional no había aún trazado firmemente la dirección que deseaba seguir[227].

De la controversia que siguió y que trató en lo esencial sobre el poder normativo del juez y el estatuto "jurisprudencial" del derecho administrativo, no es necesario rendir cuenta en este breve texto[228]. Las posiciones son suficientemente conocidas, y remarcadas, para que sea útil ofrecer su análisis. Del intercambio de argumentos sólo retendremos lo que es susceptible de concernir al tema que nos

---

227 Sobre tal debate, LINOTTE, D., "Déclin du pouvoir jurisprudentiel et ascension du pouvoir juridictionnel en droit administratif", en: *AJDA*, 1980, pp. 632 y s.; RIALS, S., "Sur une distinction contestable et un trop réel déclin. À propos d'un récent article sur le pouvoir normatif du juge", en: *AJDA*, 1981, pp. 115 y s.; LINOTTE, D. y RIALS, S., "Conclusion d'une controverse", en: *AJDA*, 1981, pp. 202 y s. A decir verdad, este debate es recurrente en los múltiples estudios y obras consagradas a los poderes del juez: el tema de los principios generales del derecho mantiene siempre un buen lugar (HARDY, V. J., "Le statut doctrinal de la jurisprudence en droit administratif français", en: *RD publ.* 1990, pp. 453 y s.; POIRMEUR, Y. y FAYET, E., "La doctrine administrative et le juge administratif", en: *Le droit administratif en mutation, op. cit.*, pp. 97 y s.; CHAPUS, R., *Droit administratif général*, 11ª ed., 1997, t. 1, Nº 113 y s., pp. 77 y s. y las numerosas referencias citadas; JEANNEAU, B., "La théorie des principes généraux à l'épreuve du temps", en: *EDGE* 1981-1982.36).

228 Véase VEDEL, G., "Le droit administratif peut-il être indéfiniment jurisprudentiel?", en: *EDGE* 1979-1980, Nº 31, pp. 31 y s.

preocupa ahora: los principios generales del derecho administrativo ¿están de actualidad? ¿En qué consiste exactamente su actualidad?

Para intentar responder a tal interrogante, el intérprete debe aceptar algunos supuestos.

El primero es que existe un concepto de principios generales del derecho administrativo de tal naturaleza que reciben una indiscutida adhesión, aparte de toda polémica inútil. Aunque no se puede garantizar sistemáticamente la buena fe de unos y de otros en una rivalidad que, más allá de sus aportes intelectuales, pone de manifiesto estatutos institucionales, y aquí solo podríamos suponerlo.

Entonces admitiremos que los principios generales del derecho (cuyo catálogo necesariamente incompleto no buscaremos establecer) son la obra del juez administrativo, y que ellos constituyen desde este punto de vista la manifestación más significativa de su poder creador (sobre la legitimidad del cual no nos interrogaremos). El paralelo entre el derecho privado ampliamente codificado y el derecho administrativo de carácter jurisprudencial a menudo se realiza. Es exacto, a pesar de los matices que debemos combinar: a saber, que el derecho escrito ha efectuado una intrusión espectacular en nuestras disciplinas[229], y que el derecho privado comienza a interesarse en los principios generales del derecho[230].

Admitiremos igualmente el alcance jurídico de estos principios, adquirido en la esfera del derecho administrativo, donde ellos se han desarrollado: ellos son de valor infralegislativo, pero se imponen a los reglamentos, lo que Chapus, había demostrado en su

---

229 La codificación (y especialmente la del derecho administrativo) suscita un creciente interés doctrinal. La literatura jurídica contemporánea se ha apoderado de este tema (después de haberlo ignorado durante un tiempo) con un cierto deleite (ver, últimamente, las contribuciones de la revista *Droits* 1996, N° 24, 1997, N° 26 y 1998, N° 27).

230 De Béchillon, M., *La notion de principe général en droit privé* (Thèse Pau, 1997), PUAM, 1998.

tiempo[231] y que recientemente fue confirmado por el Consejo de Estado, como Corte del contencioso, con ocasión del célebre fallo de 3 de julio de 1996, *Koné*[232] (para llegar a confrontar una convención internacional a un principio superior, fue necesario que el juez administrativo llegara a crear "un principio fundamental reconocido por las leyes de la República", de orden constitucional, pues un principio general del derecho no era suficiente)[233]. "En adelante es claro, observa Favoreu[234], que los principios generales del derecho no resisten ni a las leyes ni a los tratados, a diferencia de los principios fundamentales reconocidos por las leyes de la República". Ya el Consejo Constitucional había enunciado que los principios generales del derecho administrativo estarían sometidos a las leyes, y que sólo ellas podían descartarlos o derogarlos[235].

Recordados estos puntos, el tema de la actualidad de los principios generales del derecho administrativo puede ser presentado en tres propuestas complementarias:

i) una aceptación realista de la mutación constitucional de algunos de estos principios;

ii) una notoria extensión de los principios específicos en ciertas materias; y

iii) una cierta reticencia a integrar los principios provenientes del exterior.

---

231 "De la valeur juridique des principes généraux du droit et des autres règles jurisprudentielles du droit administratif", en: *D.* 1966, chron, pp. 99 y s.; *Droit administratif général, op. cit.,* N° 140, pp. 95 y s.

232 V. las referencias citadas *supra.*

233 Ver *RFDA,* 1996, pp. 870 y s., pp. 878 y s.

234 "Principes généraux du droit et principes fondamentaux reconnus par les lois de la République", en: *RFDA,* 1996, pp. 882 y s., esp. p. 883.

235 V. *supra,* dec. N° 69-55 L de 26 jun. 1969 *(Protection des sites),* prec.; dec. N° 94-352 DC de 18 de enero de 1995 *(Vidéosurveillance),* prec.

A. La aceptación realista de la constitucionalización de algunos principios generales del derecho

La transformación precedentemente evocada de algunos principios generales del derecho, que constituían a menudo figuras importantes en su categoría, aparentemente está en vías de ser aceptada por la alta jurisdicción administrativa. Que lo haga con entusiasmo sería sin duda mucho decir, pero una justa apreciación de los antecedentes del problema, ¿le dejan otras opciones?

La política jurisprudencial se diseñó progresivamente sobre este terreno, a través de cambios de formulación de los fallos, cuyo objetivo manifiesto o latente era realizar una "confluencia" con las calificaciones aprobadas por el juez constitucional[236]. Ella hacía pareja con la política del Consejo Constitucional, quien (como se ha destacado *supra*) verifica por su parte si estos principios "ya enunciados por normas constitucionales, (...) tienen un rango constitucional y pueden justificar entonces una censura de las leyes que los ignoren"[237].

A priori sólo podemos alegrarnos por esta convergencia que contribuye a evitar fricciones peligrosas en este nivel normativo.

Las mutaciones por cambios referenciales utilizados por el juez administrativo fueron catalogadas en relación con algunos de los principios más antiguos y mejor asentados del derecho administrativo, así como:

– El principio de igualdad en alguna de sus aplicaciones: igualdad de los sexos, desde ahora relacionado directamente con el

---

[236] Chapus, R., *op. cit.,* N° 146, pp. 97 y s. El autor data en los años 1987-1988 el inicio de la nueva política jurisprudencial destinada a realizar una "confluencia" entre el derecho administrativo y el derecho constitucional, reunión cuyo carácter voluntarista es uno de sus lineamientos dominantes.

[237] Vedel, G., "Aspects généraux et théoriques", en: *L'unité du droit, Mélanges en Hommage à Roland Drago*, Économica, 1996, pp. 1 y s., esp. p. 7.

Preámbulo de la Constitución de 1946[238]; igual acceso a los empleos públicos, proclamado en el artículo 6 de la Declaración de los Derechos del Hombre y del Ciudadano[239]; igual acceso a la instrucción, que figura en el Preámbulo de 1946[240]; o

– El principio de la libertad religiosa (reconocido en el artículo 10 de la Declaración de 1789[241]), etc.

Y cuando el Consejo de Estado desiste de esta actitud, incluso cuando se refiere a otras fuentes textuales, suele ocurrir que la doctrina se revoluciona[242].

---

238 CE, 26 de junio de 1989, *Fédération des syndicats généraux de l'Éducation nationale et de la Recherche, Rec.* CE, p. 152; *RFDA,* 1990, p. 39, concl. Laroque, M.; *Rev. Adm.* 1989, p. 424, nota Terneyre, Ph.; CE, 7 de diciembre de 1990, *Mme. Buret, Rec.* CE, p. 556; *AJDA,* 1991, p. 705; *Dr. Adm.* 1991, N° 57.

239 CE, 2 de marzo de 1988, *Blet et Sabiani, Dr. adm.* 1988, N° 250; CE, Ass., 21 déc. 1990, *Amicale des anciens élèves de l'École normale supérieure de Saint-Cloud, Rec.* CE p. 378; *Rev. adm.* 1991, p. 34, nota Ruiz Fabri, H.

240 CE, Ass., 14 avr. 1995, *Koen et Consistoire central israélite de France, Rec.* CE, p. 168 y p. 171, concl. Aguila, Y.; *RFDA,* 1995, p. 585, concl. Aguila, Y.; *AJDA,* 1995, p. 501, chron. Stahl, J. H. y Chauvaux, D. *D.* 1995, p. 481, nota Koubi, G.; *JCP* 1995.II.22437, nota Van Tuong, Nguyen.

241 CE, Ass., 14 avr. 1995, *Koen et Consistoire central israélite de France*, prec.

242 Podemos citar, por ejemplo, la sentencia de Corte de 30 junio 1995, *Gouvernement du territoire de la Polynésie française (Rec.* CE, p. 235; *RFDA,* 1995, p. 1240, estudios de Favoreu L., "Les normes de références applicables au contrôle des délibérations des assemblées territoriales des territoires d'outre-mer", y de Philip, L., "La portée du principe d'égalité devant l'impôt dans les territoires d'outre-mer", *ibid.*, p. 1243); se puede recordar acá la miniquerella de referencias a propósito de diversas decisiones de la justicia en relación a la libertad de desplazamiento, el derecho de salir del territorio y el otorgamiento de un pasaporte (T. Confl. 9 de junio de 1986, *Eucat, Rec.* CE, p. 301; *RFDA,* 1987, p. 33, concl. Latournerie, M. A.; *AJDA,* 1986, p. 428, chron. Azibert, M. y De Boisdeffre, M.; *JCP* 1987.II.20746, nota Pacteau, B.; *JDI* 1987, p. 75, nota Julien-Laferrière, F.; *RD publ.* 1987, p. 1082, concl. Latournerie, M. A. y nota Robert, J.; CE, Ass., 8 de abril de 1987, *Ministre de l'Intérieur et de la Décentralisation c/Peltier, Rec.* CE, p. 128, concl. Massot, J.; *RFDA,* 1987, p. 608, nota Pacteau, B.; *AJDA,* 1987, p. 327, chron. Azibert, Debène, M. y Boisdeffre, M.; *Rev. adm.* 1987, p. 237, nota Terneyre, Ph.; *JCP* 1987.II.20905, nota M.; *Dr. adm.* 1987, N° 300; Cass. 1° civ., 28 de noviembre de 1984, *Bull. Civ.* I, N° 321; *Rev. adm.* 1985, p. 145, nota Pacteau, B.; *RFDA,* 1985, p. 760, conl. Sadon, P.;

No es raro, por lo demás, que la Alta Jurisdicción administrativa invoque directamente principios de valor constitucional cuyo contenido no había sido erigido previamente por ella misma en principios generales del derecho: tal es el caso, entre otros, del principio de independencia de los profesores de la enseñanza superior, descubierto por el juez constitucional bajo la forma de principio fundamental reconocido por las leyes de la República en una decisión N° 83-165 DC de 20 de enero de 1985[243], y puesto en práctica en esta calidad por el Consejo de Estado[244]. O, también, que se abstenga de formular un nuevo principio general del derecho si puede encontrar un texto de soporte significativo de naturaleza constitucional[245].

D. 1985, p. 313, nota Gavalda, Ch.; *RCDIP* 1985, p. 506, nota Peiser, G.; *JCP* 1986.II.20600, nota Lombard, M., etc.); o, incluso, la ausencia de referencia al principio constitucional de dignidad de la persona humana en la sentencia de Corte de 27 octubre 1995, *Commune de Morsang-sur-Orge, Rec*. CE, 1995, p. 372, concl. Frydman, P.; *RFDA,* 1995, p. 1204, concl. Frydman, P.; *AJDA,* 1995, p. 878, chron. Stahl, J. H. y Chauvaux, T.; *D*. 1996, p. 177, nota Lebreton, G.; *JCP* 1996.II.22630, nota Hamon, F.; *Petites Affiches*, 24 janv. 1996, nota Rouault, M. C.; *Gr. Arr. jurisp. adm*., 11° éd., 1997, N° 119, p. 790, obs. Long, Weil, Braibant, Delvolvé y Genevois; *Gaz. Pal*. 1997.1.1266, estudio de Plateaux, A., "*à propos de l'affaire dite des "lancers de mains"*; ver también Cayla, O., "Le coup d'État de droit?", en: *Le Débat*, 1998, N° 100, p. 108).

243 *Rec. Cons. const*., p. 30; *Grandes décisions*, N° 35, p. 564, obs. Favoreu, L. y Philip, L. (*op. cit.,* p. 564).

244 CE, 29 de mayo de 1992, *Assoc. amicale des professeurs titulaires du Museum national d'histoire naturelle, Rec*. CE, p. 216; *Dr. adm*. 1992, N° 333; CE, 24 de julio de 1994, *Le Calvez, Rec.* CE, tables, p. 977; CE, 9 de julio de 1997, *Picard et Mme. Turquet* (2 esp.), *AJDA,* 1997, p. 718; CE, 29 de diciembre de 1997, *Tranquard*, req. N° 188.347.

245 Tal es el principio de la gratuidad de la enseñanza pública (CE, 27 de abril de 1987, *Assoc. laïque des parents d'élèves de établissements de l'Office universitaire et culturel français pour l'Algérie, RFDA,* 1989, p. 153, nota Favoreu, L.), del derecho de salir del territorio nacional (CE, Ass., 8 de abril de 1987, *Ministre de l'Intérieur et de la Décentralisation c/Peltier, Rec.* CE, p. 128, concl. Massot, J.; *RFDA,* 1987, p. 608, nota Pacteau, B.; *AJDA,* 1987, p. 327, chron. Azibert, M. y De Boisdeffre, M.; *Rev. adm*. 1987, p. 237, nota Terneyre, Ph.; *JCP* 1987. II.20905, nota Debène, M.; *Dr. adm.* 1987, N° 300), del principio del igual acceso a la formación profesional y a la cultura (CE, 16 de octubre de 1987, *Genessiaux, RFDA,* 1989, p. 154, nota Favoreu, L.), etc.

Ya hemos dicho que el proceso voluntarista del juez administrativo evitaba dividir artificial e inútilmente el orden jurídico. La autoridad de una decisión del Consejo de Estado no puede carecer de apoyo textual constitucional, ya que, en definitiva, el control de la constitucionalidad de los actos administrativos forma parte integrante de su misión jurisdiccional[246]. Sabemos igualmente que la unidad del derecho, que no es un objetivo insignificante, debe cuidarse[247].

Vale más entonces armonizar el vocabulario con el nuevo enunciado introducido por la jurisprudencia constitucional. Más que evocar los "principios generales del derecho con valor constitucional"[248] y oponerlos a los "principios generales del derecho con valor legislativo" (o más bien infralegislativo)[249], bastaría con referirse a los principios constitucionales (o de valor constitucional) ya que el juez constitucional se priva de crear principios "generales" del derecho constitucional —y reservar la expresión "principio general del derecho" sólo para la esfera administrativa. En este sentido, convendría efectivamente avanzar en el adveni-

---

246 Favoreu, L. y Renoux, Th. S., *Le contrôle de constitutionnalité des actes administratifs*, Dalloz, 1993.

247 Sobre los elementos del problema, V. Favoreu, L., "Dualité ou unité d'ordre juridique: Conseil constitutionnel et Conseil d'État participent-ils de deux ordres juridiques différentes?", en: *Conseil constitutionnel et Conseil d'État*, Économica, 1988, pp. 145 y s.; Chapus, R., *Droit administratif général*, t. 1, *op. cit.*, N° 144 y s., pp. 97 y s.; Vedel, G. y Delvolvé, P., *Droit administratif*, PUF, t. 1, 1992, pp. 480 y s.; Goyard, C., "Unité du droit et justice constitutionnelle", en: *L'unité du droit. Mélanges en hommage à Roland Drago*, Économica, 1996, pp. 43 y s.

248 V., por ej., Stirn, B., *Les sources constitutionnelles du droit administratif*, LGDJ, 1995, pp. 19 y s.

249 Las dos expresiones son usualmente utilizadas con el mismo significado (incluida la jurisprudencia administrativa), pero la segunda expresión nos parece lógicamente preferible (si una ley puede derogar un principio general, lo inverso no es verdadero, es lo que confiere a los principios generales un valor necesariamente infralegislativo; atribuirle valor legislativo podría significar que un nuevo principio general del derecho sería apto para oponerse a las leyes contrarias anteriores).

miento contemporáneo de una "constitucionalidad" que reemplace a la antigua "legalidad" (*lato sensu*), en el contexto del Estado de derecho, debilitando en cierta medida la importancia y el interés de la teoría de los principios generales del derecho[250], lo que no sería sino la reducción de su parte constitucionalizada.

No es menos cierto que el juez administrativo hoy día deliberadamente ha trasladado su esfuerzo creador sobre los principios generales del derecho en sentido propio a algunas materias.

B. La notoria extensión a algunas materias de los principios generales del derecho en sentido propio

La observación es realizada frecuentemente. Los "grandes" principios generales, en sentido propio, del Estado liberal y republicano habían sido ya consagrados por el juez administrativo; pero, dado que hoy algunos de ellos están situados bajo el control de juez constitucional (con otro estatuto), y otros son creados directamente por él, la técnica de los principios generales del derecho administrativo se ha debido adaptar a la nueva situación. Ella, principalmente, ha tomado de las exigencias de la sociedad contemporánea y del rol asignado a la administración de un Estado de derecho democrático y social, los elementos que le han permitido desarrollar diversos principios, de más débil alcance, sin duda, que los principios de antaño, pero que no por eso dejan de merecer la denominación de principios "generales".

Estos principios generales (en su ámbito indicado) tienen exactamente la misma naturaleza y el mismo valor jurídico que los principios tradicionales. Su alcance, en cambio, es variable[251].

---

250 Favoreu, L., "Légalité et constitutionnalité", en: *Cah. du Cons. const.*, 1997, N° 3, pp. 73 y s., esp. p. 77.

251 Pero no es posible, bajo este solo aspecto, establecer distinciones legibles; el grado de generalidad es tributario del campo concretamente abierto para cada principio, sin que su cualidad misma de principio "general" sea necesariamente afectada.

No sería posible redactar un catálogo exhaustivo; el que, por lo demás, debería considerar aportes exteriores[252].

A veces se proponen listados, a los cuales nos remitiremos[253].

Para ilustrar la orientación iniciada en la materia, citemos un extracto de las conclusiones del Comisionado [*Commissaire*] del gobierno Maugüé, Ch. sobre un fallo de 9 de octubre de 1996, *Union nationale CGT des affaires sociales et autres*[254]: "Sin duda no es usual que ustedes desprendan un principio general del derecho, pues ya pasó la época en la cual fueron desprendidos los grandes principios que deben guiar la acción administrativa. Sin embargo, no por eso la creatividad del juez administrativo se ha apagado en este dominio, y los principios desprendidos desde hace quince años han sido numerosos. La diferencia esencial es que los principios que ustedes consagraron en lo sucesivo son más especializados".

Dos ámbitos han sido principalmente privilegiados por el Consejo de Estado y por el juez administrativo del fondo[255]: el derecho de los extranjeros y el derecho de las relaciones sociales, vinculados

---

252 Se piensa en el reconocimiento por la Primera Cámara Civil de la Corte de Casación del "principio general del derecho según el cual los bienes de las personas públicas son inembargables" (Cass. 1° civ., 21 dic. 1987, *Bureau de recherches géologiques et minières, RFDA,* 1988, p. 771, concl. CHARBONNIER, L., nota PACTEAU, B.; *CJEG*, 1988, p. 107, nota RICHER, L.; *JCP* 1989.II.21183, nota NICOD, B.; *RTDC* 1989, p. 145, obs. PERROT, R.; v. también aviso *Cons. d'Ét.* N° 350.083 de 30 de enero de 1992, en: *Les grands avis du Conseil d'État, op. cit.,* N° 36, p. 339, obs. SCHRAMECK, O.). Este principio tiene por vocación, en todo caso, ser aplicado en el campo del derecho administrativo o financiero. Nada impide al Tribunal de Conflictos aceptar, ante un caso determinado, un principio general del derecho común al derecho público y al derecho privado, o propio de alguna de esas dos ramas del derecho.

253 GENEVOIS, B., V. "Principes généraux du droit", en: *Répertoire de contentieux administratif*, Dalloz; CHAPUS, R., *Droit administratif général, op. cit.,* N° 120 y s., pp. 79 y s., esp. N° 131 y s., pp. 86 y s.

254 *RD publ.* 1997, pp. 894 y s., esp. p. 896.

255 Es necesario no olvidar la influencia de las cortes administrativas de apelación y de los tribunales administrativos; ellos cumplen a veces un rol pionero en la creación de un nuevo principio general del derecho.

con algunos de los fenómenos más memorables de la evolución de las sociedades contemporáneas. Ellos nos servirán de ejemplo para nuestro propósito. Esto no significa evidentemente que la producción jurisprudencial de principios generales del derecho nuevos o la profundización de principios generales del derecho clásicos se encuentre limitada a estas dos materias contenciosas, pero ellos han sido más profundamente promovidos que los otros.

1. En materia de derecho de los extranjeros

En esta materia la aparición de "principios generales del derecho" ha sido juzgada como un hecho "notable" por observadores atentos[256].

Se trata principalmente de principios aplicables a los demandantes de asilo o a los refugiados[257] y que constituyen el esbozo de un verdadero estatuto (para los primeros)[258] o un complemento a las disposiciones de las convenciones internacionales (para los segundos).

El principio según el cual un demandante de asilo debe estar autorizado para permanecer en el territorio hasta que haya sido definitivamente decidida su solicitud, ha sido planteado por los fallos de Corte de 13 de diciembre de 1991, *Nkodia et Dakoury*[259]. Ha sido considerado como necesariamente inspirado por las disposiciones

---

256 Chapus, R., *Droit administratif général*, *op. cit.*, N° 134, p. 89.

257 Recordemos que estas situaciones, usualmente confundidas, no deberían ser sino parte de la expresión "solicitud de asilo", por usual y banal que ella sea, no está jurídicamente vinculada a la aplicación de la Convención de Ginebra (sobre estos aspectos, ver nuestra obra, *Le droit constitutionnel d'asile dans les États de l'Union européenne*, Economica, 1997).

258 Señalaremos sólo la ley N° 98-349 de 11 mayo 1998 (*JO*, 12 mayo, p. 7087), sobre el derecho de asilo.

259 *Rec.* CE, p. 439 y p. 440; *RFDA,* 1992 p. 90, concl. Abraham, R.; *AJDA,* 1992, p. 114, chron. Maugüé, Ch. y Schwartz, R.; *D.* 1992, p. 447, nota Julien-Laferrière, F. (V. también CE, Sect., 7 de octubre de 1994, *Mlle Ponnadurai*, *Rec.* CE, p. 437; *AJDA,* 1995, p. 49, concl. Abraham, R.).

internacionales e internas relativas a los refugiados (aunque se pueda dudar seriamente de eso tratándose de la Convención de Ginebra de 1951, en la medida en que esta convención no trata sobre el derecho de asilo, expresamente descartado del debate por los Estados firmantes).

Está igualmente inspirado (y por muchas razones) en la Convención de Ginebra de 28 de julio de 1951, completada por el Protocolo de Nueva York de 1987, el principio que prohíbe que una persona a la cual se le ha reconocido oficialmente su calidad de refugiado sea remitida a las autoridades del país de donde proviene (pero sin duda la aplicación directa de la Convención internacional habría bastado en este caso)[260].

La extensión de la calidad de refugiado a los miembros de la familia inmediata, bajo el título de un principio general del derecho extraído de la unidad de la familia, ha sido reconocida por otro fallo de Corte, de 2 de diciembre de 1994, *Mme. Agyepong*[261].

Encontramos otros principios generales aplicables al derecho de la extradición y también muy significativos. Ellos plantean, por ejemplo, la exigencia que el Estado reclamante respete "los derechos y libertades fundamentales de la persona humana"[262] o que la

260 CE, Ass., 1° de abril de 1988, *Bereciartua-Écharri*, *Rec.* CE, p. 135; *RFDA,* 1988, p. 499, nota Genevois, B.; *AJDA,* 1988, p. 322, chron. Azibert, M. y De Boisdeffre, M.; *D.* 1988, p. 413, nota Labayle, H.; *JCP* 1988.II.21071, concl. Vigouroux, Ch.

261 *Rec.* CE, p. 523, concl. Denis-Linton, M.; *RFDA,* 1995, p. 86, concl. Denis-Linton, M.; *AJDA,* 1994, p. 878, chron. Touvet, L. y Stahl, J. H.; v. Bonnot, F., "Les principes généraux du droit applicables aux réfugiés et le principe de l'unité de famille", en: *RD publ.* 1996, pp. 1379 y s.

262 CE, Ass., 25 de septiembre de 1984, *Lujambio Galdeano*, *Rec.* CE, p. 308; *RFDA,* 1985, p. 183, nota Labayle, H.; *AJDA,* 1984, p. 669, chron. Schoettl, J. E. y Hubac, S.; *JCP* 1984.II.20346, concl. Genevois, B., nota Jeandidier, W.; *Rev. sc. crim.* 1984, p. 804, obs. Lombois, C.

extradición sea negada si los hechos son amnistiados en el Estado requirente[263].

Es aun a propósito de la extradición (y más particularmente para fundamentar el rechazo de la solicitud cuando en realidad está inspirada en motivos de tipo político) que la Alta Jurisdicción administrativa escogió pasar al nivel superior de los principios fundamentales reconocidos por las leyes de la República (aunque la creación de un nuevo principio general del derecho habría sido considerada por el delegado del gobierno) en el célebre asunto *Koné*, juzgado en Corte, en julio de 1996[264] (v. *supra*).

Y podemos recordar que “el derecho de llevar una vida familiar normal” había sido reconocido desde el fallo de Corte, de 8 de diciembre de 1978, *Groupe d'information et de soutien des travaillers immigrés (GISTI) et autres*, bajo la forma de principio general del derecho[265].

2. En materia de derecho social

En esta materia la colección de nuevos principios generales del derecho no es menos rica.

El Consejo de Estado, no hace mucho, para mejorar la protección de los funcionarios públicos no titulares y de los funcionarios

---

263 CE, 29 de septiembre de 1989, *Saia, Rec.* CE, p. 176; *RFDA,* 1990, p. 564, concl. Abraham, R.; *AJDA,* 1989, p. 773, chron. Honorat, E. y Baptiste, E.

264 CE, Ass., 3 de julio de 1996, *Koné, Rec.* CE, p. 255; *RFDA,* 1996, pp. 870 y s., concl. Delarue, J. M., estudios de Favoreu, L., Gaïa, P. y Labayle, H., *addendum* Delvolvé, P.; *D.* 1997, pp. 219 y s., chron. Mathieu, B. y Verpeaux, M.; *JCP* 1996.II.22720, nota Prétot, X.; *D.* 1996, p. 609, nota Julien-Laferrière, F.; *RD publ.* 1996, p. 1751, nota Braud, C.; *Petites Affiches*, 20 de diciembre de 1996, p. 19, nota Pellissier, G.; *ibid.*, 27 dic. 1996, p. 12, nota Guiheux, G.; *RGDI publ.* 1997, N° 1, p. 237, nota Alland, D.; *Rev. belge dr. const.* 1997, p. 121, nota Larsonnier, V.

265 *Rec.* CE, p. 493; *Grands arrêts*, N° 106, p. 681, obs. de Long, Weil, Braibant, Delvolvé y Genevois (*Ibid.*, p. 681); v. Massot, J., “L'immigré et sa famille: le regroupement familial”, en: *RTDSS* 1987, pp. 238 y s.

de empresas públicas, estableció en este campo el principio general de la prohibición de despedir a una mujer trabajadora encinta[266] o el de una remuneración mínima[267]. La tendencia se ha acelerado a partir del principio que prohíbe las sanciones pecuniarias y multas por hechos de huelga[268], el principio de previa audiencia a cualquier sanción[269], el principio de no discriminación entre huelguistas en relación a temas de remuneración y beneficios sociales[270], el principio de independencia de los inspectores del trabajo[271], o aun, en el derecho de la Seguridad Social, el principio general de compensación de las cargas familiares[272].

---

266 CE, Ass., 8 de junio de 1973, *Dame Peynet, Rec.* CE, p. 106, concl. Grévisse, S.; *AJDA,* 1973, p. 587, chron. Franc, M. y Boyon, M.; *JCP* 1975.II.17957, nota Saint-Jours, Y. (V. Genevois, B., V. "Principes généraux du droit", en: *Répertoire de contentieux administratif*, Dalloz, Nº 342, p. 377).

267 CE, Sect., 23 de abril de 1982, *Ville de Toulouse c/Mme Aragnou, Rec.* CE, p. 151, concl. Labetoulle, D.; *AJDA,* 1982, p. 440, chron. Tiberghien, F. y Lasserre, B.; *D.* 1983, p. 8, nota Auby, J. B.

268 CE, Ass., 1º de julio de 1988, *Billard et Volle c/SNCF, Rec.* CE, p. 268; *AJDA,* 1988, p. 592, chron. Azibert, M. y De Boisdeffre, M.; *Dr. soc.* 1988, p. 775, concl. Van Ruymbeke, O.; *Dr. soc.* 1989, p. 512, nota Lachaume, J. F.; *Rev. adm.* 1989, p. 136, nota Pertek, J.; *D.* 1990.*SC*.141, obs. Chelle, D. y Prétot, X.

269 CE, 28 de julio de 1993, *Fédération nationale des Tabacs et Allumettes FO et Fédération nationale CGT des Tabacs et Allumettes, Rec.* CE, tables, p. 573; *AJDA,* 1993, p. 682, chron. Maugüé, Ch. y Touvet, L.; *CJEG*, 1993, p. 509, concl. Le Chatelier, G.

270 CE, 12 de noviembre de 1990, *Malher, Rec.* CE, p. 321; *AJDA,* 1991, p. 332, nota Hecquart-Théron, M.; *D.* 1992.*SC*.159, obs. Chelle, D. y Prétot, X.; *Dr. ouvr.* 1991, p. 340, obs. Saramito, F.

271 CE, 9 de octubre de 1996, *Union nationale CGT des affaires sociales, RD publ.* 1997, p. 894, concl. Maugüé, Ch.; *RGDI* publ. 1997, Nº 3, p. 794, obs. Alland, D.

272 CE, Sect., 6 de junio de 1986, *Fédération des fonctionnaires, agents et ouvriers de la fonction publique et autre, Rec.* CE, p. 158; *AJDA,* 1986, p. 454, chron. Azibert, M. y De Boisdeffre, M.; *Dr. soc.* 1986, p. 725, concl. Massot, J.; *D.* 1986. IR.354, obs. Llorens, F.; *D.* 1987.*SC*.165, obs. Prétot, X.; *Gr. Arr. Sécurité sociale*, Dalloz, 2ª ed., 1998, Nº 2, pp. 5 y s., obs. Prétot, X.

Esta selección, repitámoslo, no agota el tema, pero revela la vitalidad de los principios generales del derecho administrativo, en el marco actual donde ellos son inducidos a tomar forma.

Es improbable que esta política jurisprudencial conozca otros desarrollos en dominios que conciernen a la vida cotidiana de los administrados: las actividades deportivas y de tiempo libre (con el principio general de libre acceso a las actividades deportivas)[273], el medio ambiente[274], la salud[275], la bioética o la biotecnología[276].

Esto no significa por tanto que la acogida de nuevos principios generales del derecho administrativo llegue a ser excesivamente abierta. Sin embargo, sigue siendo larga la lista de los principios que, aunque invocados por los requirentes, no han sido acogidos[277] y la fórmula utilizada para descartarlos es ritual ("No se deriva de una disposición legislativa o reglamentaria ni de un principio general del derecho…"). El Consejo de Estado, evidentemente, desea conservar el dominio de la situación y así evitar desbordamientos que podrían comprometer el control de la legalidad o afectar, en extremo, la seguridad jurídica.

De ello se deduce, por otra parte, una evidente reticencia a admitir los principios generales venidos del exterior.

---

273 CE, 31 de marzo de 1989, *Mme.Verdy-Sumeire et Athletic-Club de Boulogne-Billancourt*, req. N° 77.176.

274 JÉGOUZO, Y., "Les principes généraux du droit de l'environnement", en: *RFDA,* 1996, p. 209; CE, 4 de enero de 1995, *Ministre de l'Intérieur c/ Rossi*; *CJEG,* 1995, p. 232, nota SACHS, O. (a propósito del principio de precaución).

275 CE, 20 de abril de 1988, *Conseil national de l'ordre des médecins, Rec.* CE, p. 146; CE, 18 de febr. de 1998, *Section lecale du Pacifique Sud de l'ordre des médecins*, req. N° 171.851.

276 V. CE, Ass., 2 de julio de 1993, *Milhaud, Rec.* CE, p. 194, concl. KESSLER, D.; *RFDA,* 1993, p. 1002, concl. KESSLER, D.; *AJDA,* 1993, p. 530, chron. MAUGÜÉ, Ch. y TOUVET, L.; *D.* 1994, p. 74, nota PEYRICAL, J. M.; *JCP* 1993.II.22133, nota GONOD, P.; *Petites Affiches*, 2 de diciembre de 1994, p. 19, nota SCHAEGIS, C.

277 GENEVOIS, B., Voz: "Principes généraux du droit", *op. cit.,* N° 492 y s.; CHAPUS, R., *Droit administratif général, op. cit.,* N° 136 y s., pp. 92 y s.

C. *La reticencia a dar lugar a los principios generales del derecho de origen externo*

Todos los principios generales susceptibles de ser utilizados por el juez administrativo no provienen sólo del derecho interno. Las inspiraciones exteriores son inevitables, principalmente aquellas del derecho internacional y del derecho comunitario, teniendo en cuenta la estructura monista de nuestro orden jurídico y nuestra pertenencia a la Unión Europea o al sistema europeo de protección de los derecho del hombre[278].

No se podría decir por esto que el juez administrativo nacional se preste fácilmente a este juego de influencia, aunque algunas soluciones puedan a veces sorprender. Y, por cierto, es necesario diferenciar esta situación de aquella que se limita a aplicar directa y correctamente los términos de una convención internacional o del derecho que de ahí se deriva.

---

[278] La influencia de la Convención Europea de Derechos del Hombre, no siendo despreciable, no proporciona necesariamente la vía privilegiada de los principios generales del derecho. Pero se la podría descubrir sin ningún esfuerzo a partir de la evolución de algunos principios de procedimiento (con relación al art. 6º de la Convención), como una extensión del "principio general del derecho" según el cual las audiencias judiciales deben ser públicas (CE, Ass., 4 de octubre de 1994, *Dame David, Rec.* CE, p. 464, concl. GENTOT, M.; *AJDA,* 1974, p. 525, chron. FRANC, M. y BOYON, M.; *D.* 1975, p. 379, nota AUBY, J. M.; *JCP* 1974.II.17967, nota DRAGO, R.); a las audiencias ante las instancias jurisdiccionales ordinarias (CE, Ass., 14 de febrero de 1996, *Maubleu, Rec.* CE, p. 35, concl. SANSON, M.; *RFDA,* 1996, p. 1186, concl. SANSON, M.; *AJDA,* 1996, p. 358, chron. STAHL, J. H. y CHAUVAUX, D.; *JCP* 1996.II.22669; nota LASCOMBE, M. y VION, D.; sobre una crítica de la sumisión juzgada "consternante" del Consejo de Estado a la influencia de la Corte Europea de los Derechos del Hombre, V. CHAPUS, R., *Droit du contentieux administratif,* 7ª ed., Montchrestien, 1998, Nº 1157, p. 849: es significativo que el autor habría preferido el advenimiento de un principio general.
Se ha recordado, *supra,* que la concepción actual del derecho de los extranjeros a tener una vida familiar normal está relacionada con el derecho al respeto de la vida familiar, enunciado por el art. 8 de la Convención Europea de los Derechos del Hombre.

1. La influencia incierta de los principios generales del derecho internacional

El problema de la incidencia eventual de principios generales del derecho internacional en el orden interno, para la solución de litigios administrativos, sólo puede ser planteado con particular prudencia. De partida, porque este tema es, incluso para los mismos internacionalistas, de una gran ambigüedad. La dimensión internacional modifica notablemente los enunciados del problema; la combinación de las fuentes del derecho internacional (tratados, costumbres, principios generales) obedece a reglas específicas. Podemos imaginar ya sea principios generales inherentes al derecho internacional o ya sea principios generales comunes al derecho interno y al derecho internacional[279]. La definición de principio general del derecho internacional entonces no podrá necesariamente ser calcada de la definición nacional de los principios generales del derecho[280].

Desde este punto de vista no podemos evitar el paralelo con la costumbre internacional: el artículo 38 del estatuto de la Corte Internacional de Justicia separa, de entre las fuentes de derecho aplicables por el juez internacional, "la costumbre internacional como prueba de una práctica aceptada como conforme a derecho" y "los principios generales del derecho reconocidos por las naciones civilizadas". Nadie ignora que la costumbre internacional es considerada como una fuente principal, a diferencia de los principios generales, que son considerados de segundo rango.

---

279 Tal era la presentación que adoptaba Rousseau, Ch. (*Droit international public*, Sirey, 1971, t. 1, p. 379) y que rechazan hoy ciertos internacionalistas (Carreau, D., *Droit international*, 3ª ed., Pedone, 1991, pp. 275 y s.)

280 Dandelot, M., *RFDA,* 1987, pp. 479 y s., esp. pp. 486 y s., ha evocado las condiciones de aplicabilidad de un principio general proveniente del derecho internacional (ver también Dubouis, L., "Le juge administratif français et les règles du droit international", en: *AFDI* 1971, pp. 9 y s.).

Por otra parte, el 14° inciso del Preámbulo de la Constitución de 1946[281] enuncia que "la República francesa, fiel a sus tradiciones, se ajusta a las reglas del derecho público internacional", pero no precisa que estas reglas incluyan los principios generales del derecho internacional junto a las reglas de derecho positivo (tratado y costumbre, expresiones tradicionales de voluntades y consentimientos de los Estados).

Si nos referimos a la jurisprudencia de la Corte internacional de justicia[282], diversos principios generales del derecho contemporáneo se relacionan principalmente con el derecho internacional humanitario; ellos son preexistentes a toda codificación; son independientes de los instrumentos convencionales que los contienen y de las ratificaciones de estos instrumentos por los Estados; ellos disponen de una densidad normativa específica y reflejan una concepción objetivizada del voluntarismo estatal; su reconocimiento es general y universal en la medida en que "estas reglas fundamentales (...) constituyen principios intransgredibles del derecho consuetudinario internacional"[283]. En resumen, la Corte Internacional de Justicia utiliza, para designarlos, variadas expresiones ("principios generales de base del derecho humanitario", "principios del dere-

281 V. nuestro estudio, "Y a-t-il des sources complémentaires de la Constitution dans la jurisprudence constitutionnelle française?", *Petites Affiches*, 7 de octubre de 1992, pp. 7 y s., esp. pp. 11 y s. [§ 3 de este libro]. Para un análisis sustancial de las reglas del derecho internacional y de su interpretación por la Corte Internacional de Justicia, V. Ros, N., *La Cour internationale de justice et les règles du droit international. Contribution à l'étude de la fonction effective de la juridiction internationale permanente*, Thèse Droit, París I, 1998; Delajoux, C., *Le Conseil d'État et les sources supranationales du droit*, Thèse, París II, 1994, roneo.

282 V. especialmente dictamen de 8 julio 1996 *(licéité de la menace ou de l'emploi d'armes nucléaires), Rec.*, CIJ 1996, § 79; cf. Perrin, de Brichambaut, M., "Les avis consultatifs rendus par la CIJ le 8 juillet 1996 sur la licéité de l'utilisation des armes nucléaires dans un conflit armé (OMS) et sur la licéité de la menace et de l'emploi d'armes nucléaires", en: *Ann. franç. dr. intern.*, 1996, t. XLII, p. 315; v. Coussirat-Coustère, "Armes nucléaires et droit international; à propos des avis consultatifs du 8 juillet 1976 de la Cour internationale de Justice", en: *Ann. franç. dr. intern.*, 1996, t. XLII, p. 337.

283 *Ibid.*, § 79.

cho de gentes", "principios cardinales contenidos en los textos que forman la estructura del derecho humanitario", "principios de la humanidad", "principios humanitarios más conocidos universalmente", etc.)[284].

Fuera del derecho internacional humanitario, algunos principios generales parecen ser la transposición de principios internos (principio de los derechos de la defensa, regla *Pacta sunt servanda*[285], principio de reparación de los daños causados, principio de la autoridad de cosa juzgada), pero también pueden ser inherentes al derecho internacional (arreglo pacífico de discrepancias, buena fe en la ejecución de los compromisos internacionales, libertad de las comunicaciones marítimas, derechos preferenciales de los ribereños)[286], etc.

Otros principios generales conciernen específicamente al derecho internacional del medio ambiente[287]. Pero si los principios de la primera generación son más o menos identificados y reflejan efectivamente una *opinio juris* de la que se nutre el proceso consuetudinario internacional[288], algunos principios más recientes (vinculados

---

284 V., p. ej., El dictamen de 27 junio 1986 en el asunto de las *"activités militaires et paramilitaires au Nicaragua et contre celui-ci"*, *Rec.* CIJ, pp. 112 y s., pp. 219 y s.; avis de 8 julio 1996 sobre la *"licéité de la menace et de l'emploi d'armes nucléaires"*, prec., § 78, § 82, § 86; v. Ros, N., *op. cit.*, pp. 284 y s.

285 Sobre lo cual, V. decisión Nº 92-308 DC de 9 de abril de 1992 (Maastricht I), *Rec.* P. 55; *Grandes décisions*, Nº 45, p. 771, obs. Favoreu, L. y Philip, L. (*op. cit.*, pp. 771 y s.).

286 CIJ 18 dic. 1951, *Affaire des pêcheries, Royaume-Uni c/ Norvège*, *Rec.* CIJ, p. 116.

287 Dupuy, P. M., "Où en est le droit international du développement à la fin du siècle?", en: *RGDI publ.* 1997, Nº 4, pp. 873 y s.; Kamto, M., "Les nouveaux principes du droit international de l'environnement", en: *Rev. jur. envir.* 1993, pp. 11 y s.

288 Se trata, por ejemplo, del principio de la utilización no dañina del territorio, del principio de prevención, del principio de cooperación en la lucha contra la polución transfronteriza, del principio de información-consultivo previo al lanzamiento de actividades susceptibles de incidencias dañinas sobre el medio ambiente, del principio de utilización equitativa o de gestión concertada de los recursos naturales (Dupuy, P. M., *op. cit.*, pp. 881 y s.).

principalmente al tema del "desarrollo sustentable") están aún en estado embrionario[289].

Los principios generales del derecho internacional están entonces, a diferencia de los principios generales del derecho interno, ligados al derecho costumbrista internacional, y su autonomía a veces es discutida por la doctrina[290]. Su legitimidad es por esto evaluada con prudencia por la Corte Internacional de Justicia.

Es explicable que en derecho interno el juez constitucional y el juez administrativo hayan experimentado alguna vacilación antes de dar lugar a un concepto tan incierto. La confusión entre los principios generales del derecho internacional y la costumbre internacional es frecuente[291]. El Consejo de Estado hacía alusión a eso sin que se supiera exactamente cuál concepción adoptaba[292]. Un fallo de Sección, de 23 de octubre de 1987, *Sté Nachfolger Navigation Company*[293], traduce la voluntad de la Alta Jurisdicción administrativa de tomar en cuenta tales principios[294], pero su verdadero significado a veces ha sido discutido y la amalgama entre derecho

---

289 Como el principio de precaución (punto 15 de la Declaración de Río, 1992), el principio de integración del desarrollo y del medio ambiente, el principio de responsabilidades comunes pero diferenciales, y algunos otros (*ibid*., pp. 890 y s.).

290 Vitanyi, B., "Les propositions doctrinales concernant le sens de la notion de principes généraux de droit reconnus par les nations civilisées", en: *RGDI publ.* 1982, pp. 48 y s.

291 Teboul, G., "Le droit international non écrit devant le juge administratif", en: *RGDI publ.* 1991, pp. 354 s.; Debbasch, O., "Les juridictions françaises et les principes généraux du droit international", en: *L'Europe et le droit. Mélanges en hommage à Jean Boulouis*, Dalloz, 1991, pp. 139 y s.

292 CE, Sect., 12 de junio de 1936, *Kremer*, *Rec.* CE, p. 638; S.1936.3.90, concl. Lagrange, M.

293 *Rec.* CE, p. 319; *RFDA,* 1987, p. 963, concl. Massot, J.; *ibid*., 1998, p. 345, nota Ruzié, D.; *AJDA,* 1987, p. 725, chron. Azibert, M. y De Boisdeffre, M.; *RD publ.* 1988, p. 836, nota Auby, J. M.

294 A propósito de la destrucción en alta mar de una nave abandonada, cargada de explosivos.

consuetudinario internacional y principios generales del derecho internacional no parece haber sido completamente evitada[295].

¿Pone el fallo *Aquarone*, punto final a la controversia?[296]. No lo parece. El Consejo de Estado estima que "ni el artículo 55 de la Constitución ni ninguna disposición de valor constitucional implica que el juez administrativo haga prevalecer la costumbre internacional sobre la ley en caso de conflicto entre estas dos normas". Se trata entonces de la costumbre internacional, cuya aplicabilidad en derecho interno ha sido admitida implícitamente, en razón del inciso 14° del Preámbulo constitucional, pero donde el Consejo de Estado no se reconoce el poder de declarar que ella deba predominar sobre la ley nacional. Conviene suponer que el razonamiento sería, *a fortiori*, el mismo a propósito de un principio general del derecho internacional, cuyo valor jurídico es inferior al de la costumbre internacional y cuyos efectos directos por otra parte serán reconocidos menos fácilmente[297]. En otros términos, a falta de una disposición constitucional análoga a la del artículo 55 para los tratados, la ley nacional la ocultará (hará "efecto de pantalla"), incluso si ella es contraria a una costumbre internacional o a un principio general del derecho internacional.

---

295 V., también, con una formulación más ambigua ("ninguna estipulación de derecho internacional"), CE, Sect., 18 de abril de 1986, *Sté Les Mines de potasse d'Alsace, Rec.* CE, p. 115; *RFDA,* 1987, p. 479, concl. DANDELOT, M.; *ibid.*, p. 494, nota RUZIÉ, D.; *RGDI publ.* 1986, p. 597, nota CHAMBAULT, J. F.; *RJE* 1986, p. 307, nota KISS, A.

296 CE, Ass., 6 de junio de 1997, *Aquarone, RFDA,* 1997, p. 1068, concl. BACHELIER, G.; *AJDA,* 1997, p. 570, chron. CHAUVAUX, D. y GIRARDOT, Th. X.; *Petites Affiches*, 6 de febrero de 1988, nota MARTIN, P. M.; *RGDI publ.* 1997, p. 1053, nota ALLAND, D.; v. la sentencia de la *Cour administrative d'appel* de Lyon de 5 abr. 1993, *Aquarone, Rec.* CE, p. 439; *AJDA,* 1993, p. 720, nota TEBOUL, G.

297 Pero ésta no presume sino la costumbre internacional o el principio general del derecho internacional deberá ceder ante la ley nacional; corresponde al juez competente (en este caso, al juez constitucional) declararlo, y extraer las eventuales consecuencias. Notamos que el Consejo constitucional se ha referido al inciso 14 del Preámbulo en su decisión N° 98-339 DC de 5 de mayo 1998, a propósito del ingreso de extranjeros y del derecho de asilo (J.O. 12 mayo, p. 7092), y ha extraído ciertas consecuencias jurídicas.

2. La influencia mesurada de los principios generales del derecho comunitario

El lugar del derecho comunitario en relación con los derechos nacionales es tributario de la situación singular de este derecho en tanto sistema integrado dotado de una jurisdicción propia. La problemática de los principios generales reviste en consecuencia dos aspectos principales: ¿Se imponen los principios generales del derecho comunitario en esta calidad sobre el territorio de los Estados miembros, como toda manifestación del derecho derivado? ¿Son susceptibles estos principios de inspirar a los derechos nacionales, quienes los retomarían así por su cuenta para su propio uso, y en particular el derecho administrativo francés?

a) En la medida en que el orden jurídico comunitario esté dotado de un fondo de principios generales, la inserción de estos principios en los derechos de los Estados miembros de la Unión Europea no podía evitar chocar con las resistencias de las jurisdicciones encargadas de aplicarlos.

Entonces la Corte de Justicia de las Comunidades Europeas desea lograr que los principios generales del derecho comunitario, que ella elabora y cuya puesta en práctica controla, se impongan a las autoridades nacionales aunque estas autoridades intervengan en el campo del derecho comunitario[298]. Estos principios están, por otra parte, recogidos oficialmente por el tratado sobre la Unión Europea (arts. F. 2 y K. 2) de 7 de febrero de 1992, lo que les confiere una especial fuerza.

Recordaremos que estos principios generales han sido analizados muchas veces[299] y que su diversidad vuelve aleatoria las clasificaciones rigurosas.

---

298 *CJCE*, 13 de julio de 1989, N° 5/88, *H.Wachauf c/ Bundesamt für Ernährung und Forstwirtschaft*, *Rec. CJCE* 1989, p. 2609.

299 P. ej., Boulouis, J. y Darmon, M. (*Contentieux communautaire*, Dalloz, 1997, N° 440 y s., pp. 215 y s.) incluyen entre los "principios generales del derecho" formalmente incorporados al derecho comunitario o deducidos de él, los

¿Se considera el juez administrativo francés satisfecho de tener que aplicar, para las necesidades del derecho comunitario, los principios generales del derecho elaborados por las jurisdicciones comunitarias? Es interesante señalar que un observador perspicaz del derecho comunitario y del derecho francés, Bruno Genevois, escribía muy recientemente[300] que "el Consejo de Estado parecía interrogarse sobre el curso a dar" a la invitación de la Corte de hacer aplicación de los principios generales relativos al derecho comunitario en el orden interno. Un fallo de 30 de noviembre de 1994, *SCI Résidence Dauphine*[301] constata así que el requirente no tenía derecho a invocar, para descartar la aplicación de una ley que deroga una exención fiscal de la cual él se beneficiaba, los "principios del derecho comunitario", ya que el impuesto correspondiente estaba "regido únicamente por el derecho interno" y no dependía en consecuencia de una regulación comunitaria. El mismo razonamiento sustenta la solución recogida en un fallo más reciente, de 9 de julio de 1997, *Office public d' HLM de Saint-Priest*[302]: un medio basado

principios que participan de la seguridad jurídica (no retroactividad de los actos administrativos, respeto de los derechos adquiridos, regla *patere legem quem fecisti,* respeto de la confianza legítima, regla de la buena fe) y los principios que corresponden a las exigencias del Estado de derecho (principio de legalidad, derecho al juez, derechos de la defensa, etc.). Ver, también, SIMON, D., "Y a-t-il des principes généraux du droit communautaire?", en: *Droits*, 1991, N° 14, pp. 73 y s.; VERGÈS, J., "Droits fondamentaux de la personne et principes généraux du droit communautaire", en: *L'Europe et le droit, op. cit.,* pp. 513 y s.; GALMOT, Y., "L'apport des principes généraux du droit communautaire à la garantie des droits dans l'ordre juridique français", en: *Cah. dr. eur.* 1997, pp. 67 y s.; SPITZER, P., "Les principes géneraux du droit communautaire dégagés par la Cour de justice des Communautés européennes", en: *Gaz. Pal.* 1986, p. 2 Doctr., pp. 732 y s.; de los numerosos estudios relativos a distintos principios, una presentación detallada es la que hace GENEVOIS, B., V. "Principes généraux du droit", en: *Répertoire de contentieux administratif*, Dalloz, N° 609 y s., pp. 388 y s., edición de 1998-2); v. igualmente PAPADOPOULOU, R. E., *Principes généraux du droit et droit communautaire*, Sakkoulas, Athènes y Bruylant, Bruselas, 1996.

300 *Op. cit.,* edición de 1998-2, N° 609, p. 389.

301 *Rec. CE*, p. 516; *Europe*, marzo 1995, N° 95.

302 Req. N° 183.880 (V. también CE, 30 de diciembre de 1998, *Mme. Brockly*, req. N° 145.174.

en el desconocimiento de un principio comunitario, la ausencia de medidas transitorias en un decreto relativo al financiamiento de los alojamientos de alquiler sociales, no podría prosperar dado que las reglas en causa no dependen del derecho comunitario.

La tendencia del juez administrativo a acoger con circunspección los principios generales del derecho comunitario, con los cuales no está completamente familiarizado, puede concebirse. En sus conclusiones sobre el fallo de Corte, de 17 de febrero de 1995, *Meyet et autres*[303], el delegado del gobierno Toutée, H. estimó que los principios de seguridad jurídica y de confianza legítima suscitarían indudablemente algunas dificultades por la puesta en práctica de la jurisprudencia *Nicolo*. Pero la lógica del sistema comunitario obliga a tomarlas en cuenta de una manera u otra[304], en cuanto se trata de la aplicación del derecho comunitario. El fallo de Corte, *Meyet et autres*, antes citado[305], aunque se limita a constatar que el artículo F-2 del tratado "no contiene ninguna regla con la cual" las leyes francesas sobre la elección de representantes de Francia al Parlamento europeo "serían incompatibles", no se opone a esta perspectiva.

b) Que los principios generales del derecho comunitario sean recibidos en el orden jurídico francés y aplicados por el juez admi-

---

303 *AJDA,* 1995, pp. 223 y s., esp. p. 225.

304 Se puede agregar que todos los principios generales extraídos por el derecho comunitario, y en virtud de los cuales la Corte de Justicia de las Comunidades Europeas toman sus decisiones, no interesan en el mismo grado a los derechos nacionales. La "seguridad jurídica", por ejemplo, funda la exigencia de una "aplicación uniforme en todos los estados miembros de las nociones y calificaciones jurídicas extraídas por la Corte" (*CJCE*, 14 de julio de 1977, *aff.* 9/10/77, *Bavaria*. *Rec. CJCE*, p. 1517); pero ella no puede ser eficazmente vigilada por la misma Corte; el principio llamado "de confianza mutua entre los Estados miembros" (*CJCE*, 11 de mayo de 1989, *Mme.Wurmser*, *aff.* N° 25/88, *Rec. CJCE*, p. 1124) o el principio según el cual la Comunidad Europea es una "comunidad de derecho" (*CJCE*, 13 de julio de 1990, *aff.* N° 2/88, *Swartweld, Rec. CJCE*, p. 3365) concerniente incontestablemente al orden jurídico comunitario en su globalidad y fundante directamente del derecho comunitario mismo.

305 *Rec.* CE, p. 79; *AJDA,* 1995, p. 233, concl. Toutée, H.

nistrativo en calidad de principios "internos" (fuera de toda obligación de satisfacer las exigencias de los tratados comunitarios) supone que una etapa suplementaria ha sido traspasada. Los principios generales comunitarios se agregarían así a los principios nacionales, o eventualmente los remplazarían, o contribuirían a cambiarlos.

La postura entonces es de una gran dimensión. La actitud previsible del juez administrativo francés es de acogimiento de los principios generales del derecho comunitario, siempre que no trastornen el orden jurídico establecido y se inserten sin demasiada dificultad en el *corpus* jurídico existente. Y aun debemos reservar la hipótesis en que el injerto sea sólo parcial y temporal, a continuación, por ejemplo, de un cambio de interpretación de tal o cual principio por las autoridades comunitarias competentes.

La discusión se ha apoyado sobre algunos principios cuya aclimatación puede ser considerada en derecho interno, en razón de su potencial aporte a la "garantía de los derechos en el orden jurídico francés"[306].

El principio de "seguridad jurídica"[307], cuya separación del principio de "confianza legítima" es bien difícil[308], es de aquéllos. Ya

---

306 Galmot, Y., "L'apport des principes généraux du droit communautaire à la garantie des droits dans l'ordre juridique français", en: *Cah. dr. eur.* 1997, N° 1-2, pp. 67 y s.

307 V., en particular, Pacteau, B., "La sécurité juridique un principe qui nous manque?", en: *AJDA,* 20 de junio de 1995; N° especial, pp. 151 y s.; Boulouis, J., "Quelques observations à propos de la sécurité juridique", en: *Liber amicorum Pierre Pescatore*, 1987, pp. 53 y s.; Labetoulle, D., "Principe de légalité et principe de sécurité", en: *L'État de droit. Mélanges en l'honneur de Guy Braibant*, Dalloz, 1996, p. 404; Mertens de Wilmars, J. y Steenbergen, J., "La notion de sécurité juridique dans la jurisprudence de la Cour de justice des Communautés européennes", en: *Mélanges R. Legros*, Éd. Université Libre de Bruxelles, 1985, pp. 449 y s.; Naomé, C., "La notion de sécurité juridique dans la jurisprudence de la Cour de justice et du Tribunal de première instance des Communautés européennes", en: *Rivista di diritto europeo*, N° 2, 1993, pp. 223 y s.

308 Puissochet, J. P., "Vous avez dit confiance légitime?", en: *L'État de droit. Mélanges en l'honneur de G. Braibant,* Dalloz, 1996, pp. 581 y s.; Ubertazzi, G. M., "La tutela dei diritti quesiti del legitimo affidamento nel diritto comunitario", en:

hemos hecho alusión a su impacto (muy débil) en la jurisprudencia constitucional[309].

¿Se mostraría el juez administrativo más sensible? Fuera del derecho comunitario (inspirado él mismo por el derecho alemán donde el principio de confianza legítima *Vertrauensschutz*, de rango constitucional en tanto elemento del Estado de derecho, implica por esta razón la estabilidad del orden jurídico y la previsibilidad de la acción estatal)[310], un tal principio podría reclamarse igualmente de una consagración por la Corte Europea de los Derechos del Hombre[311].

No nos cabe duda que ningún sistema jurídico puede pretender permanecer insensible al principio de seguridad jurídica y extraño a las obligaciones primordiales que él impone a los productores de las normas de derecho, sea que se trate de los mismos Estados o de instancias extraestatales. Por esta razón, la seguridad jurídica

---

Diritto comunitario e degli scambi internazionali, 1978, pp. 422 y s.; Mengozzi, P., "Évolution de la méthode suivie par la jurisprudence communautaire en matière de protection de la confiance légitime", en: *Rev. Marché unique européen*, N° 4/1997, pp. 13 y s.; Hubeau, F., "Le principe de la protection de la confiance légitime en droit communautaire", en: *Cah. dr. eur.* 1983, pp. 143 y s.

309 V. *supra*; cf. las obs. de Mathieu, B., *Petites Affiches*, 7 de marzo de 1997, pp. 5 y s., esp. p. 7; recordemos que el principio de confianza legítima ha sido expresamente descartado de la lista de principios de valor constitucional y que el principio de seguridad jurídica no ha sido oficialmente mencionado ni, me parece, implícitamente utilizado.

310 La Corte de Justicia de las Comunidades Europeas hace alusión a las "consideraciones imperiosas de seguridad jurídica relativas al conjunto de los intereses en juego" (*CJCE*, 8 de abril de 1976, *Defrenne c/ Sabena, Rec. CJCE*, p. 454; *RTD eur.* 1976, pp. 521, nota Philip, Ch.) o al "principio general de seguridad jurídica inherente al orden jurídico comunitario" (*CJCE*, 27 de marzo de 1980, *Amnistrazione delle finanze dello Stato c/ Denkavit Italiana, Rec. CJCE*, p. 1205).

311 La sentencia de 13 de junio de 1979, *Marckx c/ Belgique*, Série A, N° 31; *Jurisprudence de la CEDH*, 5ª ed., Sirey, 1996, pp. 295 y s., obs. Berger, V. (*ibid.*, p. 299) y visto un principio "necesariamente inherente a los derechos de la Convención como al derecho comunitario" (V. también CEDH, 29 de noviembre de 1991, *Vermeire c/ Belgique*, Série A, N° 214-C; *Jurisprudence de la CEDH, op. cit.*, pp. 299 y s., *ibid.*, p. 301).

implica necesariamente una cierta estabilidad de la norma; la garantía de que ella no será aplicada imprudentemente, y una previsibilidad razonable de la acción de los gobernantes o de otros actores jurídicos[312]. En derecho administrativo, ella tiene múltiples aplicaciones potenciales (reglamento de los actos administrativos unilaterales, especialmente de su publicidad, de su derogación, de su retiro, etc., regulación de los recursos contenciosos, poderes del juez, respeto de las exacciones públicas, derecho de los contratos, etc.). Podemos decir en cierta forma (pero sin excesos) que el sistema administrativo, como cualquier otro sistema jurídico, sólo puede funcionar correctamente si la regla escrita o jurisprudencial goza de una garantía de estabilidad mínima, que no significa por esto inamovilidad y rechazo a todo cambio. Vemos que este principio es en realidad el resultado de un compromiso entre exigencias contradictorias. Vemos igualmente que sus aplicaciones concretas son prácticamente imprevisibles y que una apelación desordenada al principio de seguridad jurídica sería un elemento de perturbación temida del derecho positivo.

Que el derecho administrativo francés hace mucho tiempo haya dado lugar a este principio (sin mencionarlo *expressis verbis*) es natural y evidente a la vez (al punto que algunos se interrogan sobre la utilidad actual de una consagración oficial)[313]. En tanto, algunas presentaciones doctrinales no han esperado a las sirenas comunitarias para ordenar bajo la etiqueta "principios generales del derecho y seguridad" un "grupo importante" de estos principios comprendiendo principalmente el derecho a los recursos, los derechos de la

---

312 Véase: "Rapport public du Conseil d'État pour l'année 1991, De la sécurité juridique", en: *EDGE* N° 43, 1992, pp. 15 y s.; o los "Entretiens de Nanterre de mars 1990" (*JCP, Cah. dr. entre*. 1990, N° 48); v. también Kdhir, M., "Vers la fin de la sécurité juridique en droit français", en: *Rev. adm*. 1993, p. 538; *Petites Affiches*, 16 de agosto de 1993, pp. 9 y s.

313 Pacteau, B., "La sécurité juridique: un principe qui nous manque?", en: *AJDA*, 20 de junio de 1995, N° espec., pp. 151 y s.

defensa, el principio de no retroactividad de los actos administrativos y algunos otros[314].

Que este principio conozca hoy un cierto rebrote de favor no se puede negar (por otra parte, el derecho administrativo no es el único en interesarse por esta evolución)[315]. Además de un juicio del tribunal administrativo de Strasbourg, de 8 de diciembre de 1994, *Entreprise Freymuth c/Ministre de l'environnement*[316], el tema está muy presente en tres fallos recientes del Consejo de Estado, ofrecido por las formaciones contenciosas más solemnes de la Alta Asamblea (Sect, 10 de octubre de 1997, *Lugan*; Sect., 10 de octubre de 1997, *Sté Strasbourg F M*; Ass., 24 de octubre de 1997, *Mme. de Laubier*)[317], en que todos tienden al reforzamiento de la protección de los derechos adquiridos y a una mayor estabilidad de las situaciones jurídicas.

¿Es necesario ver en esto la influencia determinante de la jurisprudencia comunitaria? Sin duda, no está completamente ausente, pero podemos imaginar que un razonamiento de puro derecho interno habría conducido al mismo resultado. Por otra parte, en el asunto *Mme. de Laubier*, el delegado del gobierno, tomando en cuenta la última jurisprudencia de la Corte de Justicia de las Comunidades Europeas[318], que priva a las instituciones comunitarias de la posibilidad de retirar ciertos actos ilegales[319], creía que ella era excesiva y no propuso a la Corte del contencioso inspirarse en ello...

---

314 Chapus, R., *Droit administratif général*, *op. cit.*, N° 127 y s., pp. 84 y s.

315 V., por ej., Douet, F., *Contribution à l'étude de la sécurité juridique en droit fiscal interne français*, LGDJ, 1997 (col. Bibliothèque de droit privé, t. 280).

316 *AJDA,* 1995.555, concl. Pommier, J.; v. Heers, M., "La sécurité juridique en droit français: vers une consécration du principe de confiance légitime?", en: *RFDA,* 1995, pp. 963 y s.

317 V. las concl. de Pécresse, V. sur les arrêts *Lugan et Sté Strasbourg FM,* en: *RFDA,* 1998, pp. 21 y s.; v. también *AJDA,* 1997, p. 936, chr. Girardot, Th.X. y Raynaud, F.; *Petites Affiches*, 20 de febrero de 1998, p. 6, nota Pellissier, G.

318 V. las concl. Pécresse, V., *RFDA,* 1998, N° 3.

319 *CJCE*, 27 de abril de 1997, *De Compte c/ Parlement européen*, C. 90/95, p. I, 1999; v. Mengozzi, P., "Évolution de la méthode suivie par la jurisprudence

Podríamos hacer observaciones análogas a propósito del principio de proporcionalidad, que si bien es de origen alemán (recibió valor constitucional y tiene por objeto tradicional obligar a las autoridades públicas, en un sistema fuertemente marcado por la teoría de los derechos subjetivos, a mantener un cierto equilibrio entre la ofensa cierta a los derechos individuales y el interés general a nombre del cual esta ofensa es realizada), él ha sido también retenido por la jurisprudencia comunitaria bajo la forma de principio general del derecho comunitario[320], así como por la Corte Europea de los Derechos del Hombre[321]. En Francia, esto fue motivo de análisis concienzudos[322]. Pero los autores concuerdan en reconocer que, sin citarlos, el Consejo de Estado aplicaba regularmente un procedimiento de control vigilante de las medidas de policía local, por

---

communautaire en matière de protection de la confiance légitime", en: *Rev. marché unique européen*, N° 4, 1997, pp. 13 y s.

320 *CJCE*, 28 de octubre de 1975, *Rutili, Rec. CJCE*, p. 1219; *CJCE*, 20 de febrero de 1979, *Rewe-Zentral AG c/ Bundesmonopolverwaltung für Branntwein*, *Rec. CJCE*, p. 649; *CJCE*, 17 de diciembre de 1979, *Internationale Handelgesellschaft c/ Einfuhr und Voratsstelle für Getreide und Futtermittel, Rec. CJCE*, p. 1125; *CJCE*, 19 déc. 1979, *Hauer c/ Land Rheinland-Pfalz, Rec. CJCE*, p. 3727, etc.

321 CEDH, 26 de abril de 1979, *Sunday Times c/ Royaume-Uni,* Série A, N° 30; CEDH, 13 de agosto de 1981, *Young, James et Webster c/ Royaume-Uni,* Série A, N° 44; CEDH, 22 de octubre de 1981, *Dudgeon c/ Royaume-Uni,* Série A, N° 45, etc.

322 Philippe, X., *Le contrôle de proportionnalité dans les jurisprudences constitutionnelle et administrative*, Économica, 1990; Mekhantar, J., *Le principe de la proportionnalité*, Thèse, París II, 1990; Braibant, G., "Le principe de proportionnalité", en: *Le juge et le droit public. Mélanges offerts à Marcel Waline*, LGDJ, 1974, p. 297; Fromont, M., "Le principe de proportionnalité", en: *AJDA*, 20 de junio de 1995, N° espec., pp. 156 y s.; Costa, J. P., Le principe de proportionnalité dans la jurisprudence du Conseil d'État, *AJDA,* 1988, pp. 434 y s.; Guibal, M., "De la proportionnalité", en: *AJDA,* 1978, pp. 477 y s. V. también Xynopoulos, G., "Réflexions sur le contrôle de proportionnalité en Europe continentale et en Grèce", en: *État, loi, Administration. Mélanges Ep. Spiliotopoulos,* Sakkoulas y Bruylant, 1998, pp. 461 y s., esp. pp. 484 y s.

ejemplo[323], luego en diversos otros asuntos[324] y siempre en relación con los derechos de los administrados.

Es difícil, en estas condiciones, evocar una recepción del principio de proporcionalidad en derecho administrativo francés como principio traído (tardíamente) del derecho comunitario. En cuanto a la relación del principio de proporcionalidad con ciertas modalidades del control jurisdiccional, tal como la jurisprudencia llamada del balance costo-beneficio, puede ser (con justa razón) discutido[325].

Lo cierto es que algunas jurisdicciones administrativas no dudan a veces en hacer prevalecer el principio comunitario de proporcionalidad sobre la ley nacional[326], pero esta jurisprudencia debiera ser confirmada.

¿Actualidad de los principios generales en derecho público? Forman parte de nuestra cultura jurídica e incluso, si se quiere, de la cultura jurídica europea[327]. Hubiese sido sorprendente que ellos hubiesen abandonado la escena. ¿Han cambiado sus funciones? No parece. Pues ellos tienden a conceptualizar las reglas fundamentales de un sistema normativizado; a enriquecer este sistema aportándole coherencia e inteligibilidad; a encontrar las fuentes históricas e intelectuales; a darle eventualmente una dimensión axiológica.

Los principios generales del derecho público plantean al jurista contemporáneo los mismos problemas que ayer: el de su definición, de sus caracteres, de su rango jerárquico, de su pertinencia para la hermenéutica y la práctica del derecho. Las tipologías de Esser, J.,

---

323 Véase la sentencia de 19 de febrero de 1909, *Abbé Olivier, Rec.* CE, p. 181; *Grands arrêts,* N° 22, p. 116, obs. de LONG, WEIL, BRAIBANT, DELVOLVÉ y GENEVOIS.

324 FROMONT, M., *op. cit.,* pp. 161 y s.

325 *Ibid.*, pp. 163 y s.

326 TA Caen, 8 abr. 1997, *SA Périmédical,* en: *RFDA,* 1997, p. 388, nota FAVRET, J. M.

327 HÄBERLE, P., *Europaïsche Rechtskultur,* Nomos, Baden-Baden, 1994.

de Bobbio, N., de Guastini, R., de Prieto Sanchís, L[328]., etc., no parecen ni obsoletas ni condenadas a morir, incluso aunque sean desigualmente convincentes.

Lo que ha podido cambiar, como contrapartida, son las estrategias de los actores jurídicos. El *self-restraint* acogido por el juez constitucional frente a la perspectiva de nuevos principios, aplicables incluso sin texto, contrasta con cierto activismo del juez administrativo. Pero éste ha perdido, prácticamente, el manejo de los grandes principios del Estado de derecho republicano. El grado de integración de los derechos europeos (derecho comunitario y derecho de la Convención Europea de los Derechos del Hombre) en los sistemas jurídicos nacionales, aún débil hoy, permitirá sin duda en el futuro acentuar su presión en los campos en que tratados y jurisprudencia de las cortes europeas, si bien ayudan, no pueden abarcar. Será necesario, en todo caso, rehacer el balance.

---

328 Esser, J., *Grundsatz und Norm in der richterlichen Fortbildung ders Privatsrechts*, Mohr, Tübingen, 1974 (3ª ed.); Bobbio, N., "Principi generali di diritto", en: *Contributi ad un dizionario giuridico*, Giappichelli, Turín, 1994; Guastini, R., *Dalle fonti alle norme*, Giappichelli, Turín, 1990; Prieto Sanchís, L., *Sobre principios y normas*, Centro de Estudios Constitucionales, Madrid, 1992.

Parte II
Métodos en materia de principios generales de derecho

§ 3. La existencia de principios generales del derecho constitucional como "fuentes complementarias" de la Constitución

Antes de emprender el análisis de la situación del derecho francés frente al tema de las fuentes complementarias de los antiguos textos constitucionales (derecho internacional, principios generales del derecho, etc.) es conveniente precisar que el caso de Francia es sin lugar a dudas atípico en el contexto global de la justicia constitucional en las antiguas constituciones.

En efecto, si hoy día Francia está regida por una Constitución que no podríamos considerar, salvo si se abusara del lenguaje, como una "antigua" Constitución, la del 4 de octubre de 1958[329], la interpretación clásica del juez constitucional (el Consejo constitucional) asimila a la Constitución propiamente tal, bajo la apelación común de "bloque de la constitucionalidad"[330]: a la Declaración de los Derechos del Hombre y del Ciudadano de 1789; a los "principios generales reconocidos por las leyes de la República" (cuya aparición puede remontarse a la Primera República, y por lo tanto, de igual

---

329 Podríamos recordar que esta Constitución es de una edad respetable dentro de nuestra historia constitucional, marcada por la sucesión rápida de regímenes políticos y de textos constitucionales que los fundan.

330 La expresión ha sido propuesta por Favoreu, L. ("Le principe de constitutionnalité: essai de définition d'après la jurisprudence du Conseil constitutionnel", en: *Mélanges Ch. Eisenmann*, Cujas, 1975, pp. 33 y s.) y profundizada por el mismo autor (v., por ej., Favoreu, L. y Rubio Llorente, F., *El Bloque de Constitucionalidad*, Cuadernos Civitas, Madrid, 1991, pp. 17 y s.; Favoreu, L. y Renoux, Th.S. "Contrôle de la constitutionnalité des actes administratifs", en: *Contentieux administratif*, Dalloz, N° 47 y s.; Favoreu, L., "Les normes de réference", en: *Le Conseil constitutionnel et les partis politiques*, Economica 1988, pp. 69 y s.); Favoreu, L., V. "Bloc de constitutionnalité", en: *Dictionnaire constitutionnel*, PUF 1992, pp. 87 y s.

manera a la época revolucionaria); y, en fin, a los preámbulos de las Constituciones de 1946 y de 1958, (aquel de 1946 enuncia un determinado número de principios "políticos, económicos y sociales" "particularmente necesarios en nuestro tiempo").

De esto resulta que nuestra carta fundamental hoy día está formada por un conjunto compuesto de textos más o menos antiguos, todos susceptibles de servir de normas de referencia para el control de la constitucionalidad de las leyes, o eventualmente, de los tratados internacionales; y que, desde hace más de dos siglos, se han acumulado por estratos sucesivos en función de una historia política tormentosa.

A priori, deduciremos que las técnicas interpretativas utilizadas en los países cuyos textos constitucionales se encuentran entre los más antiguos pueden también llegar a aplicarse en la jurisprudencia constitucional francesa, con todas las limitaciones objetivas que aporta a la libertad de apreciación del juez constitucional la coexistencia de textos de diferente data. Es a este juez a quien le corresponde en definitiva proceder a las conciliaciones o a las combinaciones que se imponen[331]; sin establecer, sin embargo, una jerarquía entre los estratos más antiguos y los más recientes, especialmente tratándose de la protección de los derechos fundamentales[332].

---

331 Sobre la conciliación de principios y normas de valor constitucional, en caso de entrar en competencia, v. TURPIN, D., "Le traitement des antinonies des droits de l'Homme par le Conseil constitutionnel", en: *Droits,* 1985, Nº 2, pp. 85 y s.; DRAGO, G., "La conciliation entre principes constitutionnels" en: *D.* 1992, chron., p. 265; TERNEYRE, Ph., "Existe-t-il en droit constitutionnel positif ane hiérarchie des droits fondamentaux?, en: *Colloque de Pau, Journées juridiques francoportugaises,* 9-10 de noviembre de 1990, pp. 9 y s.

332 No discutiremos aquí la tesis de la jerarquía eventual de las normas de referencia. Esta tesis, que fue sostenida por algunos hasta hace poco, ya casi nadie la sostiene hoy en día. Ver, especialmente, VEDEL, G., "La place de la Déclaration de 1789 dans le bloc de constitutionnalité", en: *La Déclaration des droits de l'Homme et du Citoyen et la jurisprudence*, PUF 1989, pp. 35 y s.; ROUSSEAU, D., *Droit du contentieux constitutionnel,* 2ª ed., Montchrestien 1992, pp. 105 y s.; FAVOREU, L. y PHILIP, L., obs. a la dec. Nº 81-132 DC y Nº 82-139 DC de 16 enero y 11 de febrero de 1982 (leyes de nacionalización), en: *Les grandes déci-*

Pero, de inmediato, aparece una duda: la Declaración de los Derechos del Hombre y del Ciudadano de 1789, los principios fundamentales reconocidos por las leyes de la República, el preámbulo de la Constitución de 1958 y el conjunto de los principios políticos, económicos y sociales particularmente necesarios para nuestra época y que figuran en el preámbulo de la Constitución de 1946, en estricto sentido, ¿deben considerarse como "complementarios" de la Constitución de 1958? O, ¿constituyen elementos propios de esta Constitución, a los cuales ella hace expresa referencia? En efecto, es en el preámbulo de la Constitución de 1958 en donde encontramos mención al apego del pueblo francés "a los derechos del hombre y al principio de soberanía nacional, tal y como han sido definidos por la Declaración de 1789, confirmada y complementada por el preámbulo de la Constitución de 1946"; y es en el preámbulo de esta última Constitución en el que se evocan los "principios fundamentales reconocidos por las leyes de la República", así como los principios "particularmente necesarios en nuestro tiempo"[333].

Este apego formal a la Constitución de 1958 de un conjunto de "principios" y de "normas" tomadas de textos anteriores (la Declaración de 1789, el preámbulo de la Constitución de 1946, las "leyes de la República") es, sin lugar a dudas, suficiente para que no se les considere como fuentes "complementarias" de la Constitución propiamente dicha, sino más bien como fuentes principales de la

---

sions du Conseil constituionnel, 6ª ed., 1991, pp. 470 y s., especialmente, pp. 491 y s. La tesis de la jerarquía "material" de las normas había sido propuesta por algunos autores (por ej., Gazier, F., Gentot, M. y Genevois, B., "La marque des idées et des principes de 1789 dans la jurisprudence du Conseil d'Etat et du Conseil constitutionnel", en: *EDCE*, 1989, Nº 40, pp. 150 y s., esp., pp. 181 y s.) y retornada en el *Rapport de la Délégation française à la VIII Conférence des cours constitutionnelles européennes*: "Normes de valeur constitutionnelle et degré de protection des droits fondamentaux", en: *RFDA,* 1990, pp. 313 y s., esp., p. 324.

333 La lista de estos principios constituye, a fin de cuentas, lo esencial del Preámbulo de la Constitución de 1946.

constitucionalidad, al mismo nivel que el cuerpo articulado de la Carta Fundamental. El juez constitucional así lo ha querido y les ha conferido, en consecuencia, pleno valor constitucional[334].

Por lo tanto, es necesariamente fuera de la Constitución así comprendida en donde se deben identificar las eventuales fuentes "complementarias", susceptibles de ser utilizadas por la jurisprudencia constitucional.

Esta investigación puede organizarse en dos direcciones diferentes: por un lado, del derecho interno y, por otro lado, del derecho internacional.

---

334 De la idea, defendida especialmente por Favoreu, L. y Renoux, Th.S. (V. "Contrôle de la constitutionnalité des actes administratifs", *op. cit.,* N° 70 y s.) que "en suma, desde ahora, existe una Constitución en 135 artículos (...) y en 4 partes". Para aclarar el debate, no se puede sino retomar las fuertes expresiones del Decano Vedel, G. (artículo precitado, en: *La Déclaration des droits de l'Homme et du Citoyen et la jurisprudence,* p. 56): "Todas las disposiciones de la Declaración de derechos de 1789 tienen valor constitucional positivo. Su validez y su valor jurídico son los mismos para todos; ellos son iguales a los del Preámbulo de 1946 y a los principios fundamentales reconocidos por las leyes de la República; ellos son iguales a los de todas las disposiciones del resto de la Constitución. Los eventuales conflictos entre las disposiciones de la Declaración, entre estas disposiciones y las del Preámbulo de 1946 y los principios fundamentales reconocidos por las leyes de la República, como aquellos entre las disposiciones de la Declaración y las del resto de la Constitución no pueden ser resueltos mediante la aplicación de una pretendida jerarquía entre las normas que conforman el bloque de constitucionalidad, en el sentido estricto de la palabra".
La idea según la cual los diferentes componentes del "bloque de constitucionalidad" deben ser situados sobre el mismo plan y producir los mismos efectos, es confirmada en consideración a que estos textos han sido oficialmente adoptados o reafirmados por el pueblo francés en la misma fecha del referéndum constituyente de 28 de septiembre de 1958 (ver dec. N° 81-132 DC de 16 de enero de 1982, *Rec.* P. 18; *Grandes décisions*, *op. cit.* N° 33 p. 470, obs. Favoreu, L. y Philip, L.).

I. LA PROBLEMÁTICA DE LAS FUENTES COMPLEMENTARIAS DE DERECHO INTERNO: ¿EXISTEN PRINCIPIOS GENERALES DE DERECHO CONSTITUCIONAL?

Las fuentes de la constitucionalidad que, fuera de los textos escritos, podrían ser retenidas por el juez constitucional francés, en el marco del derecho interno, se resumen, principalmente, en la categoría de los principios generales del derecho constitucional.

En efecto, debemos dejar de lado las fuentes consuetudinarias, dado que no pareciera que ellas hayan sido integradas como tales en el bloque de constitucionalidad[335]. Es cierto que numerosas costumbres podrían ser identificadas en los "principios fundamentales reconocidos por las leyes de la República", cuyo valor constitucional no produce dudas, pero es precisamente a través de su consagración escrita que ellas son tomadas en cuenta en la jurisprudencia del Consejo constitucional[336].

La cuestión de la existencia de principios generales del derecho constitucional ha sido debatida en doctrina; antes de examinarla más atentamente, no es inútil situar tales principios en nuestra terminología constitucional, dada la variedad de usos de este vocabulario.

---

[335] Las observaciones de FAVOREU, L. y PHILIP, L. *Grandes décisions*, *op. cit.*, N° 3, p. 44; en todo caso, el Consejo constitucional ha llegado a referirse a la "costumbre parlamentaria" (decis. N° 59-5 DC de 15 de enero de 1960. *Rec.*, p. 15).

[336] Se debe mencionar al respecto, la decisión N° 88-244 DC de 20 julio 1988 (*Rec.*, p. 119; ley de amnistía), en la cual el Consejo constitucional recalca que "la tradición republicana no podría ser útilmente invocada para sostener que un texto legislativo que la contendría sería contrario a la Constitución, dado que esta tradición habría dado nacimiento a un principio fundamental reconocido por las leyes de la República"; ver también BOUVIER, J., "Le Conseil Constitutionnel et la coutume; sur les principes fondamentaux par les lois de la République", en: *Droits*, N° 3, 1988, pp. 87 y s., esp. pp. 88 y s.

A. Precisiones terminológicas

El término "principio" se encuentra, desgraciadamente, en el corazón de varias expresiones del derecho constitucional jurisprudencial. Conviene entonces eliminar las acepciones que no corresponden al objeto preciso de los "principios generales del derecho constitucional".

1. "Principios fundamentales"

En primer lugar, encontramos, en el artículo 34 de la Constitución, una alusión a los "principios fundamentales" en ciertas materias reservadas a la competencia del legislador; entonces, ellos se oponen a las "normas" concernientes a otras materias igualmente de competencia legislativa[337].

Pero es fácil constatar que aquí se trata sólo de delimitar el campo respectivo de la ley y del reglamento, en un marco infraconstitucional. El legislador recibió competencia tanto para fijar las normas, como para determinar los principios fundamentales en las materias que le son atribuidas.

La distinción entre las normas y los principios fundamentales (que por otro lado ha sido prácticamente borrada en la práctica jurisprudencial) sirve exclusivamente para delimitar, para cada materia, la frontera entre la ley y el reglamento. Es así como el legislador es declarado competente para determinar los principios fundamentales en materias tales como la organización general de la defensa nacional, la libre administración de las colectividades locales, sus competencias y sus recursos, el régimen de la propiedad, los derechos reales, las obligaciones civiles y comerciales, el derecho de trabajo, el derecho sindical y la seguridad social.

---

337 *Grandes décisions,* N° 5, p. 56, obs. Favoreu, L. y Philip, L.; v. también Genevois, B., *La jurisprudence du Conseil constitutionnel. Principes directeurs,* ed. S.T.H. 1988, N° 152 y s., pp. 88 y s.; Rousseau, D., *Droit du contentieux constitutionnel,* 2ª ed., 1992, Montchrestien, pp. 220 y s., etc.

Como vemos, los "principios fundamentales" de una materia legislativa no podrían situarse en el mismo plano que los "principios generales del derecho constitucional" en tanto creación jurisprudencial de normas de constitucionalidad. No se trata, entonces, para nada, de "fuentes complementarias" de la Constitución[338].

2. "Principios fundamentales reconocidos por las leyes de la República"

Como ya se ha señalado, el preámbulo de la Constitución de 1946, retomado en el preámbulo de la Constitución de 1958, da lugar a los "principios fundamentales reconocidos por las leyes de la República".

Estos principios, sobre los cuales existe ya una literatura abundante[339], tienen, por el contrario, un valor constitucional y forman una categoría jurídica autónoma en el bloque de constitucionalidad. El Consejo Constitucional los ha identificado con ocasión del control de constitucionalidad de las leyes que le son deferidas. Se trata entonces de normas constitucionales de referencia.

---

338 En todo caso, cabe observar que existe riesgo de confusión, en la jurisprudencia administrativa, entre los "principios fundamentales", en el sentido del artículo 34 de la Constitución y los principios generales del derecho, incluidos los principios de valor constitucional (v. GENEVOIS, B., Voz "principes généraux du droit", en: *Contentieux administratif*, Dalloz N° 71 y s.); pero esto no afecta el análisis de la jurisprudencia constitucional.

339 FAVOREU, L. y Th. RENOUX, S., *op. cit.*, N° 60 y s.; GENEVOIS, B., *La jurisprudence du Conseil constitutionnel. Principes directeurs, op. cit.*, N° 332 y s., pp. 198 y s.; RIVERO, J., "Les principes fondamentaux reconnus par les lois de la République, une nouvelle catégorie constitutionnnelle?", en: *D.* 1972, chron., p. 265; COSTA, J. P., "Principes fondamentaux, principes généraux, principes à valeur constitutionnelle", en: *Conseil constitutionnel et Conseil d'Etat,* L.G.D.J.-Montchrestien, 1988, pp. 133 y s.; FLAUSS, J. F., "Les principes généraux reconnus par les lois de la République", en: *Rev. adm. Est. France,* N° 12, pp. 5 y s.; ROUSSEAU, D., *Droit du contentieux constitutionnel, op. cit.*, pp. 95 y s.

Pero, aparte del hecho de que estos principios son en definitiva poco numerosos[340], y que las condiciones de su identificación por el juez constitucional son rigurosas, es necesario conservar en el espíritu que ellos son debidamente mencionados en tanto categoría en un preámbulo constitucional y que a este título ellos se integran sin dificultad en el concepto de Constitución ampliada. Incluso su calidad de fuente de la constitucionalidad no puede ser como la de una fuente principal de frente al control de constitucionalidad[341].

3. "Principios políticos, económicos y sociales particularmente necesarios en nuestro tiempo"

Aun más, se hace alusión en el preámbulo de la Constitución de 1946 a los "principios políticos, económicos y sociales particularmente necesarios en nuestro tiempo".

Cabe señalar que la impresión es equívoca. Estos principios igualmente forman parte de la Constitución, al igual que los principios fundamentales reconocidos por las leyes de la República. Pero

---

340 En su estudio ya citado, FAVOREU, L. y RENOUX, Th.S. los califican de "elementos marginales" del bloque de constitucionalidad (N° 60 y s.), y, a inicios del año 1992, los mismos autores no rescataban sino cinco que podían pretender la calidad de normas constitucionales (la libertad de asociación, los derechos de la defensa, la independencia de la jurisdicción administrativa y la determinación de su competencia exclusiva en materia de anulación de actos del poder público y la competencia del juez judicial como guardián de la propiedad inmobiliaria) (*Ibid.,* N° 64).

341 El Decano Vedel ("Réflexions sur quelques apports de la jurisprudence du Conseil d'Etat à la jurisprudence du Conseil constitutionnel", en: *Mélanges R. Chapus,* Montchrestien, 1992, pp. 647 y s., not. p. 666 y s.) denuncia precisamente la confusión que consistiría en ver en los principios fundamentales reconocidos por las leyes de la República una fuente de constitucionalidad extraña al derecho escrito y "una manifestación del poder normativo del juez", aunque el uso que realiza este último es más parsimonioso (FAVOREU, L. et RENOUX, Th.S., *op. cit.,* N° 64, no señalan sino ocho casos de declaración de inconstitucionalidad por aplicación de un principio fundamental reconocido por las leyes de la República; v. también, BON, P., "Le statut constitutionnel du droit de propiété", en: *RFDA,* 1989, pp. 1009 y s.).

ellos presentan como particularidad, en relación a estos últimos, que no es necesario que sean encontrados por el juez constitucional, ya que ellos están enumerados en el preámbulo mismo. Ellos figuran sin duda entre las fuentes "principales" de la constitucionalidad[342].

4. "Principios y normas de valor constitucional"

En fin, no es inútil disipar otra fuente de confusión que se encuentra en el vocabulario genérico utilizado por el *Consejo constitucional* en la motivación de sus decisiones.

En efecto, no es extraño que la alta institución se refiera al conjunto de los "principios y normas de valor constitucional". Tal expresión puede servir, por ejemplo, para alejar una argumentación invocada por los requirentes o invocada de oficio por el juez constitucional.

Esto no significa, sin embargo, que el Consejo Constitucional se reconozca el poder de crear, más allá de las "normas" constitucionales, un cuerpo de "principios" que él impondría, en caso contrario, al legislador. Más bien se puede ver ahí una especie de abreviación en la formulación, con el fin de permitir asociar las diversas normas de valor constitucional: las normas de la Constitución de 1958 o los principios a los cuales reenvían los preámbulos constitucionales (principios fundamentales reconocidos por las leyes de la República o principios políticos, económicos y sociales particularmente necesarios en nuestro tiempo). Sabemos que estos principios figuran de todas formas en textos escritos y que no son inventados por el juez constitucional[343].

342 Favoreu, L. y Renoux, Th.S., *op. cit.*, Nº 58 y s.; Genevois, B., *op. cit.*, Nº 335 y s., pp. 200 y s.; Nº 429 y s., pp. 263 y s.; Rousseau, D., *op. cit.*, pp. 97 y s.

343 Se los puede, después de todo, encontrar en la misma Constitución (por ej., art. 2: la República "asegura a todos los ciudadanos la igualdad ante la ley".

Habiéndose tomado estas precauciones semánticas, queda por determinar si el Consejo Constitucional hace alusión o no a auténticos principios generales del derecho constitucional, a los cuales conferiría la misma calidad de fuentes "complementarias" de la Constitución y que formarían una categoría autónoma en el seno del bloque de constitucionalidad.

B. La vana búsqueda de principios generales de derecho constitucional

Este tema ha sido objeto de controversias, pero la interpretación que parece prevalecer hoy en día es más bien la de un rechazo del juez constitucional francés a introducirse en una vía que habría contribuido a asegurar la celebridad del Consejo de Estado en tanto juez de la administración.

Cabe ser escrupulosos en recordar que uno de los mayores aportes de la jurisprudencia administrativa ha sido la elaboración de un *corpus* de principios generales del derecho administrativo, aplicables a la Administración, fuera de todo texto, incluso cuando su inspiración habría podido ser encontrada, sin mayor dificultad, en algunos de los grandes textos de nuestra historia política (la Declaración de los Derechos del Hombre y del Ciudadano de 1789, o los preámbulos constitucionales); o al menos en algún texto legislativo más o menos explícito[344].

Podríamos imaginar que el Consejo Constitucional, animado por este precedente, se dedicaba a su turno al "descubrimiento" de principios generales del derecho constitucional, cuando no encontraba, ni en la Constitución ni en las normas de referencia a las cuales habitualmente él ha recurrido, armas suficientes para com-

---

344 Existe sobre este punto una abundante producción jurídica; v., por todos, GENEVOIS, B., "Principes généraux du droit" en: *Contentieux administratif*, Dalloz; v., también, GAZIER, F., GENTOT, M. y GENEVOIS, B., "La marque des idées et des principes de 1789 dans la jurisprudence du Conseil d'Etat et du Conseil constitutionnel", en: *EDCE* 1989, N° 40, pp. 150 y s.

batir los abusos del legislador, especialmente en ciertas materias sensibles, como la protección de los derechos fundamentales.

1. El "descubrimiento" de principios generales del derecho constitucional

Es de esta manera como se interpretaron algunas de sus decisiones. Diversos autores no han dudado en evocar la existencia de "principios generales con valor constitucional", cuya conexión no era realizada con ninguna de las categorías normativas clásicas del control de constitucionalidad.

Por todo esto, Genevois, B[345]. estimaba en 1988 que "existen principios generales con un valor constitucional, como el principio del respeto de los derechos de la defensa o el principio de continuidad del servicio público"; el mismo autor[346] subrayó, por otro lado, que "el Consejo Constitucional ha admitido el valor constitucional de los principios generales del derecho según la jurisprudencia del Consejo de Estado, sin intentar de manera explícita ligarlos a un texto"[347].

Entre los principios más usualmente citados figura el principio de continuidad del servicio público, consagrado por la decisión N° 79-105 DC de 25 de julio de 1979[348]; y ratificado de manera especial por las decisiones N° 86-217 DC de 18 de septiembre de 1986[349] y N° 87-230 DC de 28 de julio de 1987[350]. Pero existen otros, como el principio de protección de la salud y de la seguridad

---

345 *La jurisprudence du Conseil constitutionnel. Principes directeurs, op. cit.*, N° 170, p. 100.

346 *Ibid.*, N° 340, p. 203.

347 Es verdad que la formulación de la tesis es aquí más prudente ("esta innovación ha tenido hasta aquí una acogida limitada y asimismo discutida", *ibid.*, N° 339, p. 203.

348 *Rec.*, p. 33; *Grandes décisions, op. cit.*, N° 29, p. 391, obs. Favoreu, L. y Philip, L.

349 *Rec.*, p. 141.

350 *Rec.*, p. 50.

de las personas y de los bienes[351]; la libertad de ir y venir[352], e incluso el principio de la separación de poderes[353].

A grandes rasgos, este análisis fue retomado en el Informe presentado por la delegación francesa en la Octava Conferencia de Cursos Constitucionales Europeos (Ankara, 7 al 10 de mayo de 1990)[354], aunque el único principio general de valor constitucional mencionado a este título sea el de continuidad del servicio público.

Algunas obras contemporáneas no han renunciado a este tipo de razonamiento e insisten incluso sobre su presunta originalidad: se debe admitir que, escribe Rosseau, D[355]., "a riesgo de arrepentirse, que estos principios (...) no encuentran su lugar en un texto escrito, pero son desprendidos, deducidos, por el Consejo Constitucional, del espíritu general de diversas disposiciones (...), según el mismo razonamiento por el cual el Consejo de Estado crea los principios generales del derecho". No se podría señalar mejor el parentesco entre el método seguido por la alta jurisdicción administrativa y aquel que ha seguido el Consejo Constitucional.

2. La negativa de la jurisprudencia constitucional

La idea de que el juez constitucional esté capacitado, al igual que su homólogo del orden jurisdiccional-administrativo, para crear principios generales del derecho (con valor constitucional) y para imponerlos al legislador a título de control de constitucionalidad, no ha recibido una adhesión pacífica por parte de la doctrina. In-

---

351 Decis. N° 80-117 DC de 22 julio 1980, *Rec.*, p. 42; Genevois, B., *op. cit.*, N° 340, p. 203.

352 Decis. N° 79-104 DC de 23 mayo 1979, *Rec.*, p. 27; Genevois, B., *op. cit.*, N° 340, p. 203.

353 Decis. N° 79-107 DC de 12 julio 1979, *Rec.*, p. 31; Genevois, B., *op. cit.*, N° 340, p. 203.

354 *RFDA*, 1990, pp. 317 y s., esp. 320 y s.

355 *Droit du contentieux constitutionnel, op. cit.*, p. 99 (el autor menciona, además, el principio de continuidad del servicio público y la libertad personal del asalariado (decis. N° 89-257 DC de 25 julio 1989, *Rec.*, p. 59).

cluso, ha sido rechazada, apenas emitida, por antiguos miembros del Consejo Constitucional[356]; por otro lado, algunos autores que habían adoptado tal presentación de la jurisprudencia constitucional, reconocían que ésta, en parte, descansaba, en la ausencia de referencias formales, en la motivación de las decisiones utilizadas, a todo texto constitucional preciso, cuando estas referencias habrían podido ser, fácilmente, identificadas[357].

Incluso, el principio de continuidad del servicio público podía encontrar un fundamento textual en el artículo 5° de la Constitución, según el cual el Presidente de la República "asegura el funcionamiento regular de los poderes públicos así como la continuidad del Estado"[358].

Por añadidura, tal como el principio de los derechos de la defensa, algunos de estos principios fueron ulteriormente clasificados en la categoría de los "principios fundamentales reconocidos por las leyes de la República", la cual sabemos que es una de las fuentes formales de la constitucionalidad[359].

Uno de los observadores más autorizados de la jurisprudencia constitucional, el Decano G. Vedel, no escondía su reticencia ante la eventual creación de principios generales del derecho constitucional, análogos *mutatis mutandis* a los principios generales del derecho administrativo. En una destacada ponencia a las Cuartas

---

356 GOQUEL, F., *La jurisprudence du Conseil constitutionnel*, Cours I.E.P., 1984, p. 199.

357 Por ejemplo, la Declaración de Derechos del Hombre y del Ciudadano de 1789, para las diversas formas de libertad o para el principio de separación de poderes; o, el preámbulo de la Constitución de 1946 para el principio de protección de la salud, etc. (V. GENEVOIS, B., *op. cit.*, N° 340, pp. 204 y s.).

358 En este sentido, v. VEDEL, G., "Réflexions sur quelques aports de la jurisprudence du Conseil d'Etat à la jurisprudence du Conseil constitutionnel", en: *Mélanges R. Chapus*, Montchrestien, 1992, pp. 647 y s., esp., p. 667; FAVOREU, L. y PHILIP, L., obs. a la decis., N° 79-105 DC de 25 julio 1979, en: *Grandes décisions*, N° 29, pp. 391 y s., esp., p. 402.

359 V., por ej., FAVOREU, L. y Th. RENOUX, S., voz "Contrôle de la constitutionnalité des actes administratifs", *op. cit.*, N° 83; VEDEL, G., cit., p. 667; v., también, decis. N° 76-79 DC de 2 dic. 1976, *Rec.*, p. 39.

Jornadas Jurídicas Franco-alemanas[360], el eminente autor, antiguo miembro de la Alta Institución, observaba que: "(...) la garantía más segura de la estabilidad, si no de la perennidad, de la jurisprudencia constitucional, se encuentra en el hecho que el Consejo Constitucional, ampliamente alertado contra el gobierno de los jueces, no se considere dueño de las fuentes del derecho constitucional. Casi no podemos citar motivación, de cada una de sus resoluciones, que no se refiera con precisión a un texto de valor constitucional"[361]. Y, continuando: "no existe en Derecho una *no man's land* [tierra de nadie] constitucional (...) Toda la Constitución y nada más que la Constitución: tal parece ser el campo de las normas aplicables por el juez constitucional francés"[362].

El mismo autor ha precisado su análisis en estudios más recientes[363]. En derecho, la Constitución no sería capaz de soportar verdaderas lagunas, apelando, como en derecho administrativo, a una creación pretoriana de principios generales del derecho, sustituyendo así a los textos más insuficientes. Le corresponde al legislador habilitado para expresar la voluntad del pueblo en el marco de la Constitución, tomar las medidas necesarias. El bloque de constitucionalidad "se compone exclusivamente de textos de nivel constitucional"[364]. Por otro lado, es inexacto pretender (lo hemos sostenido en otras ocasiones), que el recurso a los "principios fundamentales reconocidos por las leyes de la República" haya otorgado al juez constitucional francés un poder casi discrecional de

---

360 Vedel, G., "Le précédent judiciaire en droit public français" en: *Journées de la Société de législation comparée,* Vol. IV, 1984, pp. 283 y s.

361 *Ibid.,* p. 287.

362 *Ibid.,* p. 283.

363 "La place de la Déclaration de 1789 dans le bloc de constitutionnalité" en: *La Déclaration des droits de l'Homme et du Citoyen et la jurisprudence,* PUF, 1989, pp. 35 y s., esp., pp. 50 y s.; "Réflexions sur quelques apports de la jurisprudence du Conseil d'Etat à la jurisprudence du Conseil constitutionnel", *op. cit.,* pp. 647 y s., esp. 662 y s.

364 Vedel, G., "La place de la Déclaration de 1789 dans le bloc de constitutionnalité", *op. cit.,* p. 53.

creación de normas jurisprudenciales, pues estos principios surgen, en toda hipótesis, de las fuentes escritas de la constitucionalidad, y no de fuentes pretorianas[365]. *A fortiori* no se puede acusar sin exceso al juez constitucional de utilizar "principios inexistentes; principios de geometría variable, principios de contenido elástico, o de efectos aleatorios"[366].

Si, en algunas de las resoluciones que hasta hace muy poco pudieron prestarse a confusión, el Consejo Constitucional no realizó una conexión formal de tal o cual principio a un texto escrito, estas omisiones corresponden a economías de motivación o a facilidades de redacción: el derecho constitucional sigue siendo, a los ojos de la alta instancia, un "derecho escrito"[367].

Este método obedece, en definitiva, a "razones sabias y exactas", estima Vedel, G.: aparte de la voluntad de evitar cualquier crítica, siempre temida, del gobierno de los jueces; aparte del hecho de que una Constitución atribuye competencias a los poderes públicos, fijándoles los límites (de manera que no existan vacíos a llenar, gracias a la imaginación jurisprudencial), el oficio del juez constitucional no le obliga a reglar los litigios, pero sí lo invita a "preservar la coherencia, la unidad y la validez de un orden jurídico"[368].

---

365 Sobre las condiciones (rigurosas) exigidas para que un principio fundamental reconocido por las leyes de la República sea identificado como tal, V. Favoreu, L. y Renoux, Th.S., *op. cit.*, N° 61.

366 Lochak, D., "Le Conseil constitutionnel, protecteur des libertés?", en: *Pouvoirs*, N° 13, 1980, p. 43.

367 Vedel, G., *op. cit.*, p. 668.

368 *Ibid.*, p. 669. Esta interpretación de la jurisprudencia del Consejo constitucional es considerada convincente por la mayor parte de los autores. Otro problema, que no interesa directamente para nuestros propósitos, es el del reconocimiento por el juez constitucional de la teoría de los principios generales del derecho administrativo, tal como ella fue elaborada por el Consejo de Estado. Dentro del contexto de los artículos 34 y 37 de la Constitución, el Consejo Constitucional ha sido también llamado a tomar posición, en muchos casos, sobre el rango de estos principios generales dentro de la jerarquía de las normas y sobre la calificación del legislador o del poder reglamentario, por su derogación (Vedel, G., *op. cit.*, pp. 664 y s.).

Debemos agregar que el rechazo de la teoría de los principios generales del derecho en el contexto de la jurisprudencia constitucional francesa concierne al conjunto de los elementos del bloque de la constitucionalidad: no hay diferencias que remarcar, en este aspecto, entre los textos más antiguos (la Declaración de 1789, algunos principios fundamentales reconocidos por las leyes de la República) y los textos más recientes (la Constitución de 1958, el preámbulo de la Constitución de 1946, los principios políticos, económicos y sociales necesarios para nuestra época), en razón de que el descubrimiento de principios generales del derecho constitucional se explicaría aún mejor en el primer caso que en el segundo, considerando la fecha y el modo de redacción de los textos.

Hay que concluir entonces, en lo que se refiere al derecho francés, que la jurisprudencia constitucional se niega a crear fuentes "complementarias" de la Constitución que vendrían a agregarse a la fuente principal, bajo la forma de "principios generales de derecho constitucional". Ella utiliza el conjunto de los elementos del bloque de la constitucionalidad, adosados alrededor de la pieza central del edificio, y sin establecer jerarquías entre ellos[369].

---

369 Podríamos soñar en prolongar el debate en torno a la noción de "objetivos de valor constitucional" o de "exigencias constitucionales", una de cuyas mayores funciones es justificar que los límites fijados por el legislador a las libertades constitucionalmente reconocidas y garantizadas, fuesen ellos fundamentales; sobre el problema, ver por ej. "Normes de valeur constitutionnelle et degré de protection des droits fondamentaux", *op. cit.,* en: *RFDA,* 1990, pp. 317 y s., esp., p. 321; *"Le contrôle de constitutionnalité des normes juridiques par le Conseil constitutionnel",* Rapport présenté par la délégation française à la VII Conférence des cours constitutionnelles européennes, Lisbonne, 23-27 abril 1987, en: *RFDA,* 1987, pp. 844 y s.; Favoreu, L. y Philip, L., obs. a decis., N° 84-181 DC de 10 y 11 oct. 1984, *Grandes décisions,* N° 38, pp. 549 y s., esp., pp. 610 y s.; Genevois, B. *La jurisprudence du Conseil constitutionnel. Principes directeurs, op. cit.,* N° 342 y s., pp. 204 y s.). Estas expresiones se aplican especialmente a la transparencia de las empresas periodísticas, o pluralismo de periódicos de información política o de corrientes de expresión socio-culturales; a la protección del orden público; al necesario respeto de las libertades de otros, etc. Pero no sería difícil, entonces, encontrar que las fuentes formales de estos "ob-

El problema de las fuentes complementarias surgidas eventualmente del derecho internacional choca con otras dificultades.

II. LA PROBLEMÁTICA DE LAS FUENTES COMPLEMENTARIAS DEL DERECHO INTERNACIONAL

El problema de las relaciones del derecho constitucional interno y del derecho internacional se revela de una temible complejidad en nuestro orden jurídico frente al carácter evolutivo de la jurisprudencia constitucional y a la variedad de las interpretaciones doctrinales de decisiones a menudo demasiado ambiguas. Ella ha sido objeto de estudios diferentes y usualmente contradictorios[370]; y la

---

jetivos" o de estas "exigencias", no estarían sino en la Declaración de Derechos del Hombre y del Ciudadano, incluso en la misma Constitución.

370 Nos limitaremos aquí a citar los más recientes y los más importantes: Gaia, P., *Le Conseil constitutionnel et l'insertion des engagements internationaux dans l'ordre interne,* Economica, 1991; *Grandes décisions, op. cit.,* N° 23, pp. 286 y s., obs. Favoreu, L. y Philip, L.; Genevois B., *La jurisprudence du Conseil constitutionnel. Principes directeurs, S.T.H.* 1988, N° 559 y s., pp. 356 y s.; Genevois B., "Le droit international et le droit communautaire", en: *Conseil constitutionnel et Conseil d'Etat,* L.G.D.J. Montchrestien 1988, pp. 191 y s.; Genevois B., "Le Conseil constitutionnel et le droit né de la Convention européenne des droits de l'Homme", en: *Cahiers du Cedin,* N° 5, Montchrestien, pp. 98 y s.; Flauss, J. F., "Le rang du droit international dans la hiérarchie des normes en droit français", en: *Les Petites Affiches,* 10 de julio de 1992, pp. 16 y s.; 15 de julio de 1992, pp. 17 y s.; Dubouis, L., "Le juge français et le conflit entre norme constitutionnelle et norme européenne", en: *Mélanges en hommage à J. Boulouis,* Dalloz, 1991, pp. 205 y s.; Rideau, J., "Constitution et droit international", en: *RFDC,* 1990, N° 2, pp. 259 y s.; *ibid.,* N° 3, pp. 425 y s.; Luchaire, F., "Le contrôle de constitutionnalité des engagements internationaux et ses conséquences relatives à la Communauté européenne", en: *RTDE* 1979, pp. 391 y s.; para una primera presentación sintética del derecho positivo, V. Favoreu, L., "Le Conseil constitutionnel et le droit international", en: *AFDI* 1977, pp. 110 y s.

perspectiva de la creación de la Unión Europea con el tratado de Maastricht le ha conferido una nueva actualidad[371].

¿Puede el derecho internacional constituir una fuente "complementaria" de la Constitución (entendiéndose ésta en su acepción más amplia: V. *supra*)? Si así fuera, estaríamos en presencia de una fuente reconocida, pero no creada por el Consejo Constitucional; casi externa a él.

Es conveniente razonar a partir de dos grandes ramas del derecho internacional: el derecho internacional no convencional y el derecho internacional convencional.

A. El derecho internacional no convencional

¿Dónde situar el derecho internacional no convencional —que podemos designar por la apelación "derecho internacional no escrito"— en el orden jurídico diseñado por la jurisprudencia constitucional francesa? ¿Puede mirárselo como una fuente auténticamente complementaria de la Constitución?

Los supuestos del problema y las respuestas (parciales) que han sido aportadas por las resoluciones del Consejo Constitucional no permiten adelantar conclusiones perentorias.

1. Es verdad que existe una disposición, a menudo citada, del preámbulo de la Constitución de 1946 (retomada en el preámbulo de la Constitución de 1958) según la cual "la República Francesa, fiel a sus tradiciones, se conforma a las reglas del derecho público internacional. Ella no emprenderá ninguna guerra con vías a una

---

371 Decis. N° 92-308 DC de 9 abr. 1992, en: *RFDC,* 1992, p. 334, nota Favoreu, L.; *RFDA,* 1992, p. 373, nota Genevois, B.; *RDP,* 1992, p. 589, nota Luchaire, F.; *RTDE* 1992, p. 251, nota Jacqué, J. P.; *Rev. adm.* 1992, p. 126, nota Etien, R.; *Les Petites Affiches,* 26 de junio de 1992, p. 6, nota Mathieu, B. y Verpeaux, M.; *Europe* 1992, pp. 1 y s., nota Simon, D.; *Rev. des aff. europ.* 1992, N° 3, pp. 7 y s., estudio de: Rideau, J.; v. también los estudios de Prétot, X., Gautron, J.-C. y Catala, N., en: *La Constitution et l'Europe,* Monchrestien, 1992, pp. 327 y s.; *J.C.P.* 1992, II, 21853, nota Van Tuong, Nguyen.

conquista y no empleará jamás sus fuerzas contra la libertad de ningún pueblo" (inciso 14)[372].

Interpretado de cierta manera el inciso 14 del preámbulo de 1946, parece no hacer ninguna diferencia entre el derecho internacional convencional (tratados y acuerdos bilaterales o multilaterales) y el derecho internacional no convencional (el cual reagrupa tradicionalmente las costumbres internacionales y los principios generales del derecho internacional público). Ahora bien, en la medida en que el derecho internacional convencional es objeto de disposiciones constitucionales específicas (la del título VI de la Constitución, arts. 52 y s.), es legítimo sostener que el inciso 14 del preámbulo es la única disposición constitucional susceptible de concernir a las costumbres internacionales o a los principios generales del derecho internacional[373].

---

372 Sobre el problema, V., por ejemplo, DONNEDIEU DE VABRES, J., "La Constitution de 1946 et le droit international", en: *D.* 1948, chron, pp. 5 y s.; QUOC DINH, Nguyen, "Le Conseil constitutionnel et les règles du droit international", en: *RGDIP* 1976, p. 1027; DUBOUIS, L., "L'application du droit international coutumier par le juge français", en: *L'application du droit international par le juge français, Colloque de la société française de droit international*, COLIN, A., 1970, pp. 93 y s.; PREUSS, Lawrence, "Droit international et droit interne dans la Constitution française de 1946", en: *Rev. intern. pol. et const.* 1951, pp. 199 y s.; ABRAHAM, R., *Droit international, droit communautaire et droit français,* Hachette 1989, pp. 29 y s.; GENEVOIS, B., *La jurisprudence du Conseil constitutionnel. Principes directeurs, S.T.H.,* 1988, N° 588 y s., pp. 378 y s.; "Le droit international et le droit communautaire", en: *Conseil constitutionnel et Conseil d'Etat*, L.G.D.J.-Montchrestien 1988, pp. 191 y s.; FAVOREU, L., "Le Conseil constitutionnel et le droit international", en: *AFDI* 1977, pp. 110 y s.; DE BÉCHILLON, D., *Hiérarchie des normes et hiérarchie des fonctions normatives de l'Etat,* Economica, 1996.

373 En este sentido, QUOC DINH, Nguyen, art. cit., p. 1029. No nos detendremos aquí en la distinción entre la costumbre internacional y los principios generales del derecho (V. Voz "Sources du droit international: la coutume", en: *JCI,* fasc. 13, N° 126 y s.; RUIZ-FABRI, H., *Sur quelques aspects de la coutume dans le droit international,* thèse Bordeaux I, 1989, etc.). Recordemos simplemente que es distinta la práctica constitutiva de la costumbre internacional, con la cual puede ser confundida, supuesta una *opinio juris* segura y generalizada. En cuanto a los principios generales del derecho internacional, ellos se prestan a definiciones relativamente variadas (V. *Dictionnaire de la terminologie du droit*

Por lo tanto, no sería inconcebible que el Consejo Constitucional, como una manera de controlar la constitucionalidad de las leyes que ratifican las convenciones internacionales, o de los acuerdos internacionales, tome en cuenta las "reglas del derecho público internacional" no convencional, elevadas al rango de elementos del bloque de constitucionalidad.

Habría sido necesario simplemente admitir la existencia y la aplicabilidad en derecho interno de las costumbres y de estos principios generales. El esfuerzo a realizar no parecía desmesurado: se había dado así consistencia al concepto de "principios fundamentales reconocidos por las leyes de la República", lo cual no estaba de otro modo explicitado en el preámbulo de la Constitución de 1946.

¿Cuál ha sido su política?

2. El análisis de las decisiones en las cuales el juez constitucional francés ha sido llamado a tomar posición sobre el inciso 14 del preámbulo de 1946, suscitó algunas interrogantes en la doctrina. A este respecto, la resolución más reciente, relativa al tratado de Maastricht, podría aportar enseñanzas nada despreciables.

a) En respuesta a un recurso fundado sobre una eventual violación del inciso 14 del preámbulo de 1946, las motivaciones de las primeras decisiones jurisprudenciales no fueron un modelo de claridad y de firmeza.

Según una parte de la doctrina, el Consejo Constitucional había: "ya sea, eludido una posible aplicación de las reglas del dere-

---

international), pero ellos no reposan sobre una *opinio juris* internacional; ellos corresponden más bien a una suerte de fondo común de los sistemas jurídicos nacionales en los Estados de derecho. Estas dos categorías de fuentes del derecho internacional han sido reconocidas más bien por el estatuto de la Corte Permanente de Justicia Internacional, que por el de la Corte Internacional de Justicia. Los principios generales del derecho internacional desempeñan un rol subsidiario (V., sobre el tema, Debbasch, O., "Les juridictions françaises et les principes généraux du droit international", en: *Mélanges en Hommage à J. Boulouis,* Dalloz, 1991, pp. 139 y s.); pero todos los problemas fronterizos no están regulados.

cho público internacional, ya sea, pura y simplemente, declinado su competencia"[374]. Es verdad que las decisiones habitualmente citadas pueden aparecer decepcionantes[375]: tan pronto el juez constitucional estima que las resoluciones impugnadas "no cuestionan reglas del derecho internacional público" (decis. N° 75-59 DC de 30 diciembre 1975)[376], tan pronto él se limita a declarar, sin explicarse verdaderamente, que "los límites eventualmente encontrados fuera del territorio nacional en lo que concierne a los efectos" de las nacionalizaciones decididas por el legislador francés "constituirían un hecho que no podría restringir, en lo que fuera, el ejercicio de la competencia" que le es atribuida (decis. 81-132 DC de 16 de enero de 1982 y N° 82-139 DC de 11 de febrero de 1982, relativas ambas a las nacionalizaciones)[377], tan pronto él señala que la ley diferida no contiene disposiciones normativas susceptibles de afectar una regla internacional, y que ella implica una simple "declaración de intención (...) que el legislador se fija a sí mismo en vista de disposiciones legislativas ulteriores" (decis. N° 85-192 DC de 8 de agosto de 1985)[378], tan pronto él se declara incompetente para apreciar por ejemplo si un tratado bilateral está o no conforme a un tratado

---

374 Genevois, B., "Le droit international et le droit communautaire", *op. cit.*, pp. 191 y s., esp., pp. 207 y s.; Abraham, R., *Droit international, droit communautaire et droit français,* Hachette 1989, pp. 66 y s.

375 Se trata de las decisiones N° 75-59 DC de 30 diciembre 1975 (ley relativa a las consecuencias de la autodeterminación de las Islas Comores), *Rec.,* p. 26; N° 80-116 DC de 17 julio 1980 (convención franco-alemana adicional a la Convención europea de ayuda judicial en materia penal), *Rec.,* p. 36; N° 81-132 DC de 16 de enero de 1982 y N° 82-139 DC de 11 febrero 1982 (leyes relativas a las nacionalizaciones), *Rec.,* pp. 18 y p. 31; N° 85-196 DC de 8 agosto 1985 (Nueva Caledonia), *Rec.,* p. 65.

376 Las normas de derecho internacional invocadas en el requerimiento eran: el derecho de autodeterminación de los pueblos y su derecho a conservar las fronteras heredadas de la colonización.

377 Invocando el principio de la territorialidad de las leyes de nacionalización (principio, es verdad, controvertido).

378 El principio de derecho internacional que se invocaba en los requerimientos había sido consagrado en una resolución de la asamblea general de las Naciones Unidas de 14 de diciembre de 1960, relativa al otorgamiento de la indepen-

multilateral anterior (decis. N° 80-116 DC de 17 de julio de 1980, citada).

No podríamos poner seriamente en duda que el juez constitucional manifesta una cierta reserva frente a las "reglas del derecho público internacional" a las cuales se refiere al preámbulo de 1946, y que casi no estaría dispuesto a conferirles un contenido normativo.

Dos interpretaciones de esta actitud son posibles: o bien el Consejo Constitucional intentaba neutralizar el alcance de un apartado del preámbulo, sin poder descartarlo abiertamente (lo que habría sido paradójico en el contexto de una política jurisprudencial orientada a reconocer el mismo valor jurídico a todas las disposiciones del preámbulo, incluidas aquellas que *a priori* parecían las más vagas y las más inciertas) o bien él no tenía la intención de privarse de este medio de inconstitucionalidad, al cual no había encontrado la ocasión de recurrir de manera no equívoca[379]. Los autores han destacado su "gran prudencia"[380] en esta materia, y han recordado la dificultad de identificar normas no escritas, faltas de inserción en el orden jurídico interno[381].

La tesis dominante se inclina por esta última hipótesis, sin comprometerse resueltamente a su favor.

---

dencia a los países y a los pueblos colonizados, y a la proscripción de "toda condición o reserva al momento de la transferencia de la soberanía".

379 Debbasch, O., *op. cit.*, pp. 158 y s.; Teboul, G., "Le droit international non écrit devant le juge administratif", en: *RGDIP* 1991, pp. 322 y s.; Chapus, R., *Droit administratif général,* t. 1, 1992, N° 140, p. 91.

380 Genevois, B., *La jurisprudence du Conseil constitutionnel, op. cit.*, p. 378.

381 V., por ej., Flauss, J. F., "Le rang du droit international dans la hiérarchie des normes en droit français", en: *Les Petites Affiches,* 10 de julio de 1992, pp. 16 y s.; *ibid.*, 15 julio 1992, pp. 17 y s.; esp. p. 22; De Béchillon, D., op. cit.; Abraham, R., *op. cit.*, p. 67; este último autor destaca que el Consejo constitucional parecía haber admitido el valor constitucional del inciso 14 del Preámbulo, dado que él había examinado a fondo el recurso que invocaba el desconocimiento de este inciso 14, en lugar de rechazarlo como inoperante; pero él agregó: "esta interpretación no es clara"; v. también Debbasch, O., *op. cit.*, p. 180.

b) La resolución N° 92-308 DC de 9 de abril de 1922, relativa al tratado de Maastricht sobre la Unión Europea[382], aporta indicaciones cuyo interés no podríamos subestimar.

En efecto, el Consejo Constitucional se refiere expresamente —y doblemente— al inciso 14 del preámbulo de 1946 para sentar dos reglas del derecho internacional no escrito: la regla *Pacta sunt servanda* (una de las más célebres costumbres internacionales), la cual implica que "todo tratado en vigor liga a las partes y debe ser ejecutado por ellas de buena fe"[383]; y la regla de la personalidad jurídica de las organizaciones internacionales con los efectos de derecho que se derivan[384]. El inciso 14 del preámbulo constitucional está, por otro lado, situado claramente entre "las normas de referencia del control instituido por el artículo 54 de la Constitución" (11° considerando).

Las consecuencias jurídicas de tales afirmaciones deberán ser mesuradas con la ayuda de la práctica jurisprudencial. *A priori* parece que ellas ponen término a las incertezas anteriores en cuanto a la voluntad del juez constitucional de no privar de toda efectividad a esta parte del preámbulo. En el caso particular del tratado de Maastricht, el recurso a la regla *Pacta sunt servanda* ha permitido dejar de aplicar al control de constitucionalidad de los compromisos internacionales la jurisprudencia inaugurada por la decisión N° 85-187 DC de 25 de enero de 1985 (*Nouvelle Calédonie*)[385], que ofrece la posibilidad de discutir la constitucionalidad de una ley ya promulgada con ocasión del examen de nuevas disposiciones legislativas que la modifican, la completan o afectan su dominio[386].

---

382 El Consejo Constitucional fue requerido para pronunciarse sobre la constitucionalidad de este tratado en el marco del artículo 54 de la Constitución.

383 Sobre este tema el comentario de Genevois, B., en: *RFDA,* 1992, pp. 373 y s.; esp. p. 380; la regla *Pacta sunt servanda* no es calificada de "costumbre internacional" o de "principio general del derecho internacional" por la misma decisión.

384 *Ibid.,* p. 383.

385 *Rec.,* p. 43; *Grandes décisions,* N° 39, p. 623, obs. Favoreu, L. y Philip, L.

386 Genevois, B., *ibid.,* p. 380.

3. El advenimiento de ciertas reglas de derecho público internacional al rango de normas constitucionales de referencia ¿es suficiente para hacer de la costumbre internacional o de los principios generales del derecho internacional público fuentes "complementarias" de la Constitución (*lato sensu*)?

a) Primero habría que determinar el rango exacto de estas "normas" en relación a la Constitución misma.

El debate es ampliamente teórico, pero es evidente que si se acepta el valor supraconstitucional del derecho internacional no escrito, será difícil asignarle un lugar como fuente única "complementaria" de la Constitución en vigor.

En ausencia de una disposición constitucional precisa (análoga por ejemplo al artículo 25 de la Ley Fundamental de Bonn) que contenga la afirmación de la primacía de las normas del derecho internacional[387], la tesis de la supraconstitucionalidad del derecho internacional a veces es mantenida, aunque ella choque con numerosas objeciones[388]; ella está ligada, en cierta medida, a la problemática del poder de revisión de la Constitución y opone, lo sabemos, a los partidarios del monismo con los partidarios del dualismo. Sin duda, la concepción francesa es del tipo monista, pero no podríamos sostener, con la sola lectura del inciso 14 del preámbulo de la Constitución de 1946, que el constituyente ha adherido a la tesis de la sumisión de la Constitución al derecho internacional (no escrito). No es menos cierto que el juez constitucional debería admitir, por ejemplo, la derogación implícita de una disposición

---

387 Art. 25 de la Ley Fundamental de la República Federal de Alemania: "Las normas del derecho de gentes forman parte del derecho federal. Ellas son superiores a las leyes y crean directamente derechos y obligaciones para los habitantes del territorio federal"; sobre las controversias doctrinales relativas a la consideración del art. 25 como límite material al poder de revisión constitucional, v. RIGAUX, M. F., *La théorie des limites matérielles à l'exercice de la fonction constituante,* Larcier, Bruxelles, 1989, pp. 151 y s.

388 FLAUSS, J. F., *op. cit.*, *Les Petites Affiches,* 15 de julio de 1992, p. 22; v. también las observaciones de LUCHAIRE, F. en: *Le Conseil constitutionnel,* Economica, 1980, pp. 243 y s.

constitucional que se compruebe contraria a un nuevo principio general de derecho internacional o a una nueva costumbre debidamente establecida.

b) ¿Pueden las "reglas del derecho público internacional" al menos, ser miradas como normas constitucionales susceptibles de ser integradas en el bloque de constitucionalidad?

Al respecto, es permitida la duda, frente a la forma en que el problema se presenta en derecho positivo.

¿Debemos admitir que estas reglas merecen ser dotadas de un valor constitucional análogo al de los "principios políticos, económicos y sociales" "particularmente necesarios en nuestro tiempo"?

En efecto, el inciso 14 del preámbulo de la Constitución de 1946 figura en la lista de estos principios y sabemos que el Consejo Constitucional no establece jerarquía entre las diversas fuentes de la constitucionalidad. Tendríamos que deducir entonces de éste que cada una de las reglas del derecho público internacional se encuentran por eso mismo elevadas al rango de norma constitucional y que el juez constitucional está habilitado para referirse a ellas para controlar la validez de las leyes de ratificación de los tratados internacionales o la de los tratados internacionales que le son sometidos directamente.

El hecho de que estas "normas" no sean determinables a *priori*, ya que ellas traducen costumbres internacionales o principios generales del derecho internacional, no sería un obstáculo insalvable: los "principios fundamentales reconocidos por las leyes de la República", mencionados de igual manera en el preámbulo de 1946, no están tampoco enumerados y le corresponde al juez constitucional identificarlos en tanto sea necesario.

Sin embargo, semejante interpretación, que conduce a situar el derecho internacional no escrito entre las normas que componen el bloque de constitucionalidad, se tropieza con serias objeciones.

Considerando la posición inflexible del Consejo Constitucional (v. *infra*), que se rehúsa a examinar la constitucionalidad de la ley frente a los tratados internacionales[389], parece, en efecto, difícilmente explicable que adopte una actitud diferente tratándose de las "reglas del derecho público internacional". Este argumento ya había sido anticipado para justificar las reticencias iniciales de la alta instancia frente a las disposiciones del inciso 14 del preámbulo de 1946. Tampoco pierde su fuerza después de la decisión de 9 de abril de 1992, relativa a los acuerdos de Maastricht, que identifican algunas de estas reglas y les confieren efectos jurídicos precisos[390]. Sería paradójico que el juez constitucional aceptara referirse a las costumbres internacionales o a los principios generales del derecho internacional para verificar la validez de una ley interna o de un acuerdo internacional, pero continuara descartando los tratados y acuerdos internacionales suscritos regularmente por Francia dentro del marco normativo. ¿Acaso las convenciones internacionales no contienen obligaciones precisas y aceptadas por todos los signatarios?

Por otro lado, existen diferencias objetivas entre las "reglas del derecho internacional público" y los "principios fundamentales reconocidos por las leyes de la República". Las costumbres internacionales y los principios generales del derecho internacional no son determinados por el juez constitucional: su reconocimiento es internacional y el Consejo Constitucional tampoco los controla (le correspondería a la Corte Internacional de Justicia, conforme a sus estatutos, identificarlos, ya que son fuente subsidiaria del derecho internacional). A partir de esto se pueden temer nefastas distorsiones entre las interpretaciones del juez nacional y del juez internacional. ¿Podría el Consejo Constitucional aventurarse a descartar una regla cuya validez frente al derecho internacional ha sido auten-

---

389 Lo que él no acepta, cuando él es requerido en virtud del artículo 61 de la Constitución, es apreciar la conformidad de un acuerdo internacional con las estipulaciones de un tratado anterior (decis. N° 80-116 DC de 17 julio 1980, cit.; decis. N° 91-294 de 28 julio 1991, relativa a la convención de aplicación de los acuerdos de Schengen, *Rec.*, p. 91).

390 Tanto que esta posición ha sido reafirmada por la misma decisión (considerando 18°: V. GENEVOIS, B., nota cit., *RFDA*, 1992, p. 380.

tificada por la Corte Internacional de Justicia? O, a la inversa, ¿podría el Consejo Constitucional acoger una regla que no ha recibido aún el sello de la alta jurisdicción internacional?

Incluso, si bien tenemos el derecho de interrogarnos sobre el alcance exacto de la Resolución N° 92-308 de 9 de abril de 1992[391], parece prematuro sacar conclusiones definitivas a favor de la admisión de las reglas del derecho internacional no convencional al mismo rango que las normas constitucionales. Debe ser considerado como un hecho cierto, en los términos del preámbulo de 1946, que el Estado francés tiene la obligación de conformarse a estas reglas en el plano internacional, y que el juez constitucional está habilitado para verificar que esto así se cumpla. Sin embargo, esto no quiere decir que todas las reglas del derecho internacional no escrito tengan valor constitucional, a medida que ellas van siendo identificadas.

Será necesario, entonces, esperar a que el juez constitucional aporte respuestas más precisas a todos estos interrogantes.

B. El derecho internacional convencional

Aquí las cosas son, en definitiva, más claras, incluso si tuviésemos alguna duda sobre algunos aspectos o algunas incidencias de la jurisprudencia constitucional.

Separaremos las normas convencionales clásicas y las normas europeas, desprendidas de los tratados relativos a la Comunidad Europea (hoy la Unión Europea), o de la Convención Europea de Protección de los Derechos del Hombre y de las Libertades Fundamentales (con sus protocolos adicionales). Esta distinción no es infundada, a partir del hecho de que el derecho comunitario y el derecho de la Convención de Roma tienen como ambición común

---

391 V. Jacque, J. P., nota cit. *RTDE* 1992, pp. 251 y s., esp. p. 254; Rideau, J. "La recherche de l'adéquation de la constitution française aux exigences de l'Union européenne", en: *Rev. aff. eur.* 1992, pp. 7 y s., esp. p. 9.

constituir sistemas de integración jurídica, apoyados en los cuales, de manera especial, los particulares dispondrían de derechos invocables ante el juez nacional y de garantías específicas, defendidas por la intervención de jurisdicciones internacionales especializadas, como la Corte de Justicia de las Comunidades Europeas y la Corte Europea de los Derechos del Hombre, a las cuales los justiciables pueden tener acceso, al menos indirectamente[392].

1. El estatuto constitucional del derecho convencional ordinario ha sido explícito para el juez constitucional francés en función de las disposiciones de los artículos 52 a 55 de la Constitución (título VI); sus principios son conocidos y será suficiente con recordarlos[393].

a) Uno de los elementos más significativos del dispositivo constitucional situado en el marco de la V República es la autoridad particular de los tratados y acuerdos internacionales regularmente ratificados o aprobados y publicados; por sobre la autoridad de las leyes mismas, desde que ellos sean aplicados por la otra parte. Se ha reconocido que el artículo 55 de la Constitución traduce la concepción monista con primacía del derecho internacional adoptado por Francia[394].

La reserva de "reciprocidad" (más o menos justificada cuando es aplicada a ciertos tipos de tratados)[395] ha servido al Consejo Constitucional para limitar los efectos de la supremacía del derecho internacional convencional en el orden interno.

---

[392] Dubouis, L., "Le juge français et le conflit entre norme constitutionnelle et norme européenne", en: *Mélanges en hommage à J. Boulous,* Dalloz, 1991, pp. 205 y s.

[393] V. bibliografía *supra,* nota 370.

[394] Sobre los diferentes problemas que surgen del art. 55, v. Gaia, P., *Le conseil constitutionnel et l'insertion des engagements internationaux dans l'ordre interne,* Economica 1988; Genevois, B., *La jurisprudence du Conseil constitutionnel. Principes directeurs, op. cit.,* N° 560 y s., pp. 356 y s.

[395] Especialmente los tratados multilaterales, las convenciones humanitarias, etc.

b) En efecto, una jurisprudencia inaugurada por la decisión N° 74-54 DC de 15 de enero de 1975[396] (ley relativa a la interrupción voluntaria del embarazo), excluyó, formalmente (en el contexto del artículo 61 de la Constitución) todo examen de conformidad de una ley a una convención internacional, argumento acogido con la condición de reciprocidad, lo cual modifica cualitativamente las relaciones de la ley con el tratado o el acuerdo internacional cuya superioridad es contingente, casi ligado a su aplicación por las otras partes: el control de constitucionalidad, subraya el juez constitucional, debe presentar un carácter absoluto y definitivo.

A pesar de las críticas a las cuales ella ha dado lugar, esta jurisprudencia ha sido mantenida con una gran reserva; una de las últimas resoluciones del Consejo Constitucional, la resolución N° 92-308 DC de 9 de abril de 1992 relativa al tratado de Maastricht[397], también hace alusión a ella discretamente.

Las convenciones internacionales, regularmente ratificadas o aprobadas y publicadas, no forman parte del bloque de constitucionalidad. Pero el rechazo del juez constitucional de entrar en la vía de un control de las leyes, por referencia a un tratado o a un acuerdo internacional, no impide de ninguna manera al juez ordinario (judicial o administrativo) proceder a tal examen, y la ley posterior al tratado no debe hacer pantalla entre el acto impugnado y la norma convencional a la cual el juez debe otorgar superioridad para resolver el litigio que le ha sido sometido[398].

No vamos a realizar un epílogo acerca de una jurisprudencia tan conocida y tan abundantemente comentada. Pero ella condena, sin lugar a dudas, la concepción del tratado regularmente incorporado en el orden jurídico interno como fuente complementaria de la

---

396 *Rec.*, p. 19; *Grandes décisions,* N° 23, p. 287, obs. Favoreu, L. y Philip, L.

397 V. referencias *supra,* nota 371.

398 Se recordará que el Consejo de Estado durante largo tiempo se ha hecho de rogar por diferir la invitación del juez constitucional; esta etapa no ha sido traspasada sino con el interés de la Asamblea de 20 oct. 1989, *Nicolo, Rec.*, p. 190.

Constitución. Si bien las convenciones internacionales que responden a las condiciones del artículo 55 de la Constitución a menudo forman parte del "bloque de la legalidad", para el control de los actos administrativos, incluso fundados en una ley posterior[399], ellas no son elevadas por ese hecho al rango de normas constitucionales integradas en el "bloque de constitucionalidad".

c) ¿Hay que modificar los supuestos del problema y reexaminar el lugar exacto del derecho internacional en la jerarquía de las normas?

En este punto los autores se encuentran divididos y los puntos de vista de "internacionalistas" e "internistas" no son fácilmente conciliables[400].

La argumentación se fundamenta principalmente en la interpretación que conviene dar al artículo 54 de la Constitución, que permite atribuir al juez constitucional, respecto de todo tratado internacional susceptible de contener una cláusula contraria a la Constitución, la autorización de ratificarlo o de aprobarlo, no pudiendo, entonces, ser otorgada sino luego de la revisión de esta última.

Para una parte de la doctrina, es evidente que la Constitución figura en la cima de la jerarquía de las normas y que las convenciones internacionales no pueden más que subordinársele[401]. No podrían existir normas supraconstitucionales, del armazón del derecho in-

---

399 De la expresión "control de la convencionalidad", v., por ej., C. M., F. D. y Y. A., "Le Conseil d'Etat, le droit à la vie et le contrôle de conventionnalité", en: *AJDA,* 1991, pp. 105 y s.

400 V., por ej., Flauss, J., "Le rang du droit international dans la hiérarchie des normes en droit français", en: *Les Petites Affiches,* 10 de julio de 1992, pp. 16 y s.; *ibid.* 15 de julio de 1992, pp. 17 y s.; Dubouis, L., "Le juge français et le conflit entre norme constitutionnelle et norme européenne", en: *Mélanges en hommage à J. Boulouis,* Dalloz 1991, pp. 33 y s.

401 En este sentido, v. por ej. Abraham, R., *op. cit.,* pp. 33 y s.; Dubouis, L., "L'arrêt Nicolo et la règle internationale et communautaire dans l'ordre juridique français", en: *RFDA,* 1989, pp. 1000 y s., etc.

ternacional, pues este último no deviene aplicable en Francia sino en virtud de disposiciones constitucionales. La revisión de la Constitución, en la hipótesis de una incompatibilidad reconocida con un tratado en vía de ser incorporado en el orden jurídico interno, es la manifestación misma de que el tratado no podría ser superior. Faltando una revisión adecuada, no sería ratificado y no entraría en vigor en el territorio nacional.

Para otra parte de la doctrina, es otra la lectura del artículo 54 que conviene realizar[402]. Deberíamos ver aquí un homenaje rendido al derecho internacional convencional, ya que en caso de no conformidad entre la norma constitucional y la norma convencional internacional, la segunda no podría ser aplicada sino en el caso en que la primera haya sido revisada correctamente. A lo que se agrega que la Constitución francesa es una de las pocas constituciones en ir tan lejos en este tema.

Otros han intentado una conciliación, al constatar, primero, que los tratados y acuerdos internacionales se aplican en derecho interno en tanto normas internacionales y que ellos no se sitúan en la jerarquía jurídica de los actos del derecho interno; su autoridad estaría basada en la presunción de compatibilidad con la Constitución, desde el momento en que el procedimiento de revisión de conformidad de este último no ha sido utilizado. Tal presunción de constitucionalidad, de la cual se beneficia el derecho internacional convencional en vigor en el territorio nacional, sería favorecida precisamente por el rechazo del juez constitucional de verificar la constitucionalidad por vía de excepción, una vez que ellos son regularmente incorporados al derecho francés[403].

---

402 Por ej., RIDEAU, J., "Constitution et droit international dans les Etats membres de la Communauté européenne", en: *RFDC,* 1990, N° 2, pp. 259 y s., esp. pp. 266 y s.; PINTO, R., Voz: "article 55", en: *La constitution de la République française,* Economica 1987, pp. 1063 y s., esp. pp. 1069, etc.

403 QUOC DINH, Nguyen, "La jurisprudence française actuelle et le contrôle de conformité des lois aux traités", en: *AFDI* 1975, pp. 873 y s.; FAVOREU, L., "L'apport de la jurisprudence du Conseil constitutionnel au droit public", en:

El simple abanico de las posiciones doctrinales que acaban de ser brevemente presentadas confirma que es difícil, a partir de los antecedentes del derecho positivo, concluir perentoriamente a favor de una u otra de las tesis presentes.

Pero los términos del problema aquí estudiado (¿puede el derecho internacional convencional, ser considerado como una fuente complementaria de la Constitución en la justicia constitucional francesa?) podrían modificarse del todo según la concepción que sería finalmente retenida por el juez. Si se mira el tratado, como algunos así lo desean, como una norma supraconstitucional, su preeminencia estará asegurada por sobre todas las normas del derecho interno, incluso constitucionales. En caso contrario (superioridad de la norma constitucional), no sería imposible de ver ahí una fuente "complementaria"; pero nos encontramos con que la jurisprudencia del Consejo Constitucional rechaza proceder al examen de la constitucionalidad de una ley (o de un acuerdo internacional) en relación a una convención internacional integrada incluso al orden interno.

2. ¿Será diferente el razonamiento, en el marco de las normas internacionales específicas como son las normas europeas, cuyo control es asegurado *pro parte* por las jurisdicciones *ad hoc* (Corte de Justicia de las Comunidades Europeas y Corte Europea de los Derechos del Hombre) y que se orientan a instituir sistemas jurídicos integrados, yendo mucho más allá del derecho convencional clásico?

Pouvoirs 1980, N° 13, pp. 15 y s.; RIDEAU, J., *op. cit.*, p. 267; sobre los matices a que apela esta interpretación de la jurisprudencia constitucional, v. FLAUSS, J. F., *op. cit.*, pp. 20 y s. Se destaca por otro lado de la decisión N° 92-309 de 9 de abril de 1992, relativa al Tratado de Maastricht, que el Consejo constitucional no entiende extender a las convenciones internacionales la jurisprudencia llamada "*Nouvelle Calédonie*", que permite reexaminar la constitucionalidad de una ley con ocasión de la votación de una ley que la modifica, la completa o afecta su campo de aplicación (v. *supra*).

El interrogante ha sido discutido, ya sea de manera general para el conjunto de las "normas europeas", ya sea más particularmente, considerando sus incidencias sobre la protección de los derechos fundamentales, a propósito de la sola Convención Europea de Protección de los Derechos del Hombre y de las Libertades Fundamentales[404].

En su enfoque teórico, tal cuestión no apela a un tratamiento particular: las soluciones adoptadas por el juez constitucional en cuanto a las relaciones entre el derecho internacional y el derecho interno, a menudo han sido adoptadas en la perspectiva de los tratados europeos o por referencia directa al derecho derivado de estos tratados.

Pero el orden comunitario europeo, lo sabemos, está impregnado de supranacionalidad y la Corte de Justicia de las Comunidades Europeas conserva gustosa la primacía del derecho comunitario por sobre los derechos nacionales para recusar todos los obstáculos que los Estados miembros estarían tentados de ponerle, sobre su camino, a nombre de consideraciones constitucionales[405]. La Corte Eu-

404 Dubouis, L., "Le juge français et le conflit entre norme constitutionnelle et norme européenne", *op. cit.,* pp. 205 y s.; Genevois, B., "Le Conseil constitutionnel et le droit né de la Convention européenne des droits de l'homme", en: *Droit international et droits de l'homme. Cahiers du C.E.D.I.N.,* N° 5, pp. 251 y s.; Flauss, J. F., "Des incidences de la Convention européenne des droits de l'homme sur le contrôle de la constitutionnalité des lois en France", en: *Les Petites Affiches,* 9 de diciembre de 1988, pp. 3 y s.; Rousseau, D., "Vers un ordre juridictionnel européen des droits et des libertés?", en: *Conseil constitutionnel, op. cit.,* pp. 103 y s.; v. también Rapport de la Délégation française a la VIII Conférence des Cours constitutionnelles européennes: "Normes de valeur constitutionnelle et degré de protection des droits fondamentaux", en: *RFDA.* 1990, pp. 317 y s., esp. pp. 320 y s.

405 C.J.C.E., 15 jul. 1964, Costa-E.N.E.L., *Rec.,* p. 1141, C.J.C.E., 17 déc. 1970, *Internationale Handelsgesellschaft*, *Rec.,* p. 1125 ("La invocación de atentados realizados ya sea a los derechos fundamentales, tales como son formulados por la Constitución de un Estado moderno, sea a los principios de una estructura constitucional nacional, no podría afectar la validez de un acto de la Comunidad o su efecto sobre el territorio de ese Estado".

ropea de Derechos del Hombre no posee, sobre su rol y su función, una concepción muy diferente en la materia que le es inherente[406].

Ahora bien, los conflictos entre las normas europeas y la Constitución francesa (en el sentido amplio de la expresión) no se excluyen, aunque sí puedan ser, a menudo, prevenidos o eludidos. En la medida en que, según una opinión que podemos considerar mayoritaria en doctrina, la norma constitucional está ella misma ubicada en la cima del orden jurídico, la solución de estos conflictos pasa por procedimientos de compromiso: utilizar una interpretación de la norma constitucional que elimine o reduzca (a veces con un poco de artificio) el riesgo de antagonismo con la norma europea[407]; tratar de obtener de la Corte de Justicia de las Comunidades Europeas, como cuestión prejudicial, una constatación de la invalidez de la norma comunitaria, lo que elimina la fuente misma del conflicto[408], etc. Se trata de evitar que el enfrentamiento eventual entre las normas en cuestión no desemboque en un bloqueo del sistema.

¿No es una actitud inspirada en tales preocupaciones la que ha sido adoptada en algunas de las decisiones del juez constitucional en relación a las convenciones europeas relativas al derecho de asilo luego de los acuerdos de Schengen[409], especialmente en la resolu-

---

406 V., por ej., C.E.D.H., 8 sept. 1978, Klass, Serie A 28: C.E.D.H., 18 dic. 1986, Johnston, serie A 112.

407 Es evidentemente más difícil proceder de esta manera, vista de la norma europea, y en vista de la obligación de reenvío a la Corte de Justicia de las Comunidades Europeas (art. 177 del Tratado) y a los métodos de interpretación adoptados por la Corte de Luxemburgo o por la Corte de Estrasburgo (Dubouis, L., *op. cit.*, p. 215).

408 Las decisiones comunitarias que forman el derecho comunitario derivado siguen, lo sabemos, la misma suerte que los tratados a los cuales ellas están estrechamente ligadas.

409 Debemos recordar, por lo demás, que los Tratados de Roma y de París son mirados por el Consejo constitucional como regularmente insertados en el orden jurídico interno, y que ellos se encuentran, por este hecho, al abrigo de un control de constitucionalidad (por ej., decis. N° 70-39 de 19 jun. 1970, *Rec.* p. 15; decis. N° 77-90 de 30 dic. 1977, *Rec.* p. 44, etc.).

ción de 9 de abril de 1992 sobre el tratado de Maastricht? Al menos podemos hacernos la pregunta.

Queremos señalar que la fuerza particular de las Convenciones europeas tiende, por naturaleza, a apremiar al juez constitucional francés, a pesar de sus posiciones de principio, a tomar mucho más en cuenta el derecho internacional en la apreciación de las leyes internas. A partir de esto, ¿no devienen estas normas, de hecho, en fuentes complementarias de la Constitución?

¿Puede favorecerse tal análisis, de las observaciones hechas por el mismo Consejo Constitucional cuando reconoce oficialmente que las normas internacionales (y especialmente la Convención Europea de los Derechos del Hombre) le sirven de "fuente de interpretación de los derechos fundamentales"[410], sin ir, sin embargo, a integrar la jurisprudencia de la Corte de Estrasburgo en el bloque de la constitucionalidad?

Entonces, la búsqueda de fuentes complementarias de la Constitución francesa, susceptibles de ser retenidas por el juez constitucional, da muy magros resultados. Si admitimos que la concepción moderna de la Constitución es la de una Constitución ampliada, que integra la Declaración de los Derechos del Hombre y del Ciudadano de 1789, los preámbulos de las Constituciones de 1946 y 1958 y los principios fundamentales reconocidos por las leyes de la República, queda poco espacio para eventuales principios generales del derecho constitucional análogos a los principios generales del derecho administrativo. Y hemos visto que una interpretación autorizada de la jurisprudencia constitucional descartaba una vía de este tipo (a pesar de la ambigüedad de la redacción inicial de ciertas decisiones). En cuanto al derecho internacional, su lugar exacto es tributario de concepciones teóricas que aún no están lo suficientemente decantadas. No sería imposible analizar bajo este

---

410 "Normes de valeur constitutionnelle et degré de protection des droits fondamentaux", *op. cit.,* en: *RFDA,* 1990, p. 329; GENEVOIS, B., art. cit., p. 329; ROUSSEAU, D. art. cit. pp. 128 y s.

ángulo las reglas del derecho internacional no convencional, pero es a condición de que se aclaren las relaciones entre las dos grandes ramas de la disciplina frente a la jurisprudencia constitucional. En cuanto al derecho internacional convencional, en un comienzo está descartado de todo control de constitucionalidad, incluso si las normas desprendidas de los tratados europeos se ven beneficiadas, eventualmente en la práctica jurisprudencial, de un tratamiento favorable.

Estamos tentados, entonces, en retomar la fórmula del Decano Vedel: "Toda la Constitución y nada más que la Constitución (...)".

§ 4. Sobre un método de interpretación: el recurso a los principios en que se inspiran los textos del derecho privado

Las observaciones que siguen tratan sobre uno de los métodos[411] adoptados por la alta jurisdicción administrativa francesa en su paciente obra de elaboración de normas jurisprudenciales, de los cuales uno de los más famosos es la teoría de los principios generales del derecho[412]. Bastará con recordar que el Consejo de Estado ha ocupado diversas técnicas para identificar los principios en los cuales se basan, en ausencia de texto escrito, sectores enteros de la construcción del derecho administrativo. Estas técnicas han sido analizadas en obras especializadas; su grado de sofisticación, varía según el objeto o el campo del principio "a descubrir" y a poner en forma. Globalmente, aunque las clasificaciones sugeridas por la doctrina no coincidan en todos sus puntos[413], se puede admitir que

---

411 Sobre los métodos del Consejo de Estado, el trabajo de referencia continúa siendo la tesis de GAUDEMET, Y., *Les méthodes du juge administratif*, LGDJ, 1972; la tesis notable de BIENVENU, J. J. (*L' interpretation juridictionnelle des actes administratifs et des lois et sa fonction dans l'élaboration du droit administratif*, París II, 1979) desafortunadamente no ha sido publicada.

412 Sobre los principios generales del derecho, la literatura es considerable, Bastará aquí sólo con mencionar la tesis de JEANNEAU, B. (*Les principes généraux du droit dans la jurisprudence administrative*, Sirey, 1954) y el estudio de GENEVOIS, B., "*Principes généraux*" (en: *Encyclopédie Dalloz, Contentieux administratif*, actualización 2000), la tesis defendida recientemente por MAILLOT, J. M. ante la Universidad Montpellier I, *La théorie administrativiste des principes géneraux du droit: continuité et modernité*, 2001; ver también la tesis de PLESSIX, B., *L'utilisation du droit civil dans l' élaboration du droit administratif*, Thése París II, 2001, t. 2, pp. 1051 y s.

413 Ver LATOURNERIE, R., "Essai sur les méthodes juridictionnelles du conseil d' Etat", en: *Le Conseil d' Etat. Livre jubilaire*, Sirey, 1952, pp. 177 y s.; GÉRARD, Ph., *Droit, égalité et idéologie. Contribution à l'étude critique des principes généraux du droit*, Bruxelles, de 1981, pp. 173 y s.; JEANNEAU, B., *op. cit.*, pp. 136 y s.

el juez administrativo toma los "principios" de referencia ya sea de los textos que regulan la materia, ya sea de textos que regulan otras materias o ya sea fuera de todo texto. Sea cual sea la fuente del principio, es necesaria una expresa consagración jurisprudencial para darle vida jurídica. Agreguemos que los principios así revelados deben ser vistos como principios jurídicos, comprendiendo efectos de derecho, e inscribiéndose a este título en la jerarquía normativa que caracteriza nuestro Estado de derecho[414].

No es nuestra intención retomar en detalle el análisis de la metodología seguida por el Consejo de Estado cuando autentifica un principio jurídico de derecho privado del cual hará uso en derecho administrativo, sino simplemente llamar la atención sobre uno de los razonamientos que le permiten conducir a este resultado. De hecho, se trata del recurso a los principios en que se inspiran los textos que no conciernen, *a priori*, al derecho administrativo, estimando, la alta jurisdicción, que tales principios tienen, al menos, un lugar en esta última disciplina.

Este modo no conduce mecánicamente al descubrimiento de nuevos "principios generales del derecho" (los cuales sabemos que tienen "valor infralegislativo y supradecretal", según una expresión muy conocida de René Chapus)[415], y puede ser utilizado inicialmente para traspasar (con precaución) al derecho público los principios que sustentan, en cualquier dominio técnico, las normas del derecho privado. La funcionalidad del razonamiento no es siempre la misma en uno y otro caso, pero obedece globalmente a las mismas orientaciones globales.

---

414 Ver en este punto nuestros estudios "Actualité des principes généraux du droit", en: *RFDA,* 1998, p. 495 [§ 2 de este libro]; "Légitimité des principes généraux du droit et théorie du droit", en: *RFDA,* 1999, pp. 722 y s. [§ 1 de este libro]; "Existe-t-il un principe de subsidiarité fonctionnelle?", en: *RFDA,* 2001, pp. 563 y s. [§ 5 de este libro].

415 *Droit administratif général,* t. 1, Montchrestien, 15ª ed., 2001, Nº 140, p. 111.

I. LA PRUDENTE TRANSPOSICIÓN DE LOS PRINCIPIOS QUE REGULAN UNA MATERIA TÉCNICA DE DERECHO PRIVADO

Como se dijo antes, la referencia a los principios en los que se inspiran diversas categorías de textos de derecho privado tiene su razón de ser en no disociar demasiado ostensiblemente al derecho administrativo del derecho privado en campos legales comparables, sin, por consecuencia, hacer aplicación de normas precisas que regulan este último derecho.

Se darán ejemplos de esta técnica antes de precisar sus efectos más notables.

A. Ejemplos de aplicación de principios de derecho privado

Entre las principales manifestaciones de la política jurisprudencial que se acaba de mencionar figuran como importantes las que se relacionan con las garantías postcontractuales que benefician a las entidades licitadoras o adjudicadoras de obras públicas después de la recepción del trabajo. Pero uno encuentra también otros ejemplos en el derecho de las obligaciones.

1. La consagración de las garantías postcontractuales del Código Civil para beneficio de los entes licitadores de obras públicas

Las principales responsabilidades específicas que pesan hoy en los constructores (*lato sensu*) tanto en derecho público como en derecho privado —y que benefician por igual a los licitadores después de la recepción de los trabajos— están instituidas por el Código Civil: son los famosos artículos 1792 y s. y 2270, en sus versiones sucesivas, que rigen las relaciones entre los propietarios adjudicadores de obras privadas y los constructores (arquitectos, empresarios que participan en la construcción y ligados al adjudicador por un contrato de construcción de obra).

A priori, nada obliga al juez administrativo a fundarse en el Código Civil para extender a las operaciones de construcción pública las normas instituidas por las disposiciones del derecho civil, tanto como que la razón de ser de esta protección particular conferida a los propietarios de las obras recae tradicionalmente (según la doctrina dominante) en la incompetencia supuesta de los propietarios adjudicadores de obras, en relación a los profesionales y a su ineptitud para detectar a tiempo los defectos de diseño o de construcción que eventualmente afectarían a las obras recibidas. Se podría decir, al contrario, que las personas públicas que disponen de servicios técnicos propios o que se pueden asesorar fácilmente por técnicos de la construcción no ameritan tal protección. En tal caso, habría tenido que admitirse que los constructores sean exonerados de toda responsabilidad contractual una vez efectuada la recepción sin reservas. La responsabilidad contractual ordinaria por otra parte hubiese sido mantenida en el caso de reservas debidamente expresadas en el acta de recepción (y cuya misma presencia implica que el trabajo no correspondía perfectamente a las especificaciones contractuales inicialmente consideradas o las reglas del arte); o incluso por desconocimiento de la obligación de consejo que pesa sobre el arquitecto con respecto al propietario adjudicador de la obra al momento de la recepción de la obra; o, finalmente, cuando se encontrase al constructor culpable de fraude o de dolo, por un comportamiento dirigido a entorpecer la recepción legal de las obras[416].

Sin embargo, la utilización del derecho civil en el campo de la responsabilidad decenal de los constructores ha sido vista, en justa medida, por uno de los mejores observadores de la jurisprudencia administrativa[417] como el modelo de la adaptación por la jurispru-

---

416 Sobre todos estos puntos, ver Moderne, F., *La responsabilité décennale des constructeurs en droit public*, Dalloz, 1993, N° 147 y s., pp. 127 y s.; "La responsabilité contractuelle des constructeurs (droit public); la responsabilité contractuelle", en: *Droit de la construction*, Dalloz, 2000-2001, N° 80656 y s., pp. 1287 y s.; Plessix, B., *op. cit.*, t. 2, pp. 848 y s.

417 Odent, R., *Contentieux administratif*, Les cours de droit, fasc. 1, 1977, p. 20.

dencia administrativa de los “principios y de los textos del derecho privado”, lo que es conveniente distinguir de “la aplicación en derecho público de los textos de derecho privado”. El mismo autor observaba que después de haber aplicado durante mucho tiempo *in terminis* las disposiciones de los artículos 1792 y 2270 del Código Civil, el Consejo de Estado (aceptando la invitación del Tribunal de Conflictos)[418] había elegido aplicar solamente los principios que les sirven de fundamento[419].

Es en 1973, en una sentencia de Corte leída el 2 de febrero, *Trannoy*[420], que fue elegida la fórmula, que sería sistemáticamente retomada, según la cual la responsabilidad decenal de los constructores, en derecho público, es aquella “que implique los principios en los que se inspiran” los artículos 1792 y 2270 del Código Civil.

Las modificaciones posteriormente realizadas a esta formulación conservan los cambios de los textos legislativos mismos, y tienen en cuenta la inserción de nuevos artículos referentes a las garantías postcontractuales en el Código Civil.

Aparte de la garantía decenal propiamente dicha, el recurso de los principios en los que se inspiran los artículos 1792 y s. del Código Civil se encuentra en la jurisprudencia relativa a la garantía de buen funcionamiento de los elementos de equipamiento[421]. No debería sorprender, en este sentido, la relación de la responsabilidad decenal y de la garantía de buen funcionamiento de los elementos de equipamiento (antigua garantía bienal): ambas son responsabili-

---

418 Trib. Confl., 12 de junio de 1961, *Dame Veuve Lannoy*, *Rec.*, p. 870; *JCP* 1961, II, 12225, concl. Lindon, R.; *D.* 1962, p. 126, nota Lamarque, J.

419 CE, 18 de mayo de 1962, *Bernard, Rec., tables,* p. 1024; *AJDA,* 1963, p. 28, concl. Nicolay, J.; CE, 15 de marzo de 1963, *Association Syndicale de la Reconstruction de la Canche, Rec.*, p. 170; CE, Sect., 5 de noviembre de 1965, *Ministre de la construction c. Societé H. Ducassou, Rec.*, p. 589, etc.

420 *Rec.,* p. 658, *AJDA,* 1973, II, N° 40, p. 159, nota Moderne, F.; *CJEG*, 1973.J.256, nota Le Galcher-Baron, M.; *Gaz. Pal.* 1973, 2, 550, nota Rougeaux, J. P.

421 CE, 14 de mayo de 1990, *Societé C.G.E.E.Alsthom, Rec.*, p. 124; *D.* 1991.*SC*.105, obs. Terneyre, Ph.; CAA Lyon, 25 de abril de 1991, *Office public d'HLM de Haute-Loire*, *req.* N° 90LY00390, y jurisprudencia constante.

dades posteriores a la recepción de las obras; ambas recaen sobre una presunción de responsabilidad y obedecen al mismo régimen jurídico[422].

Un modo parecido orienta el razonamiento del juez administrativo a propósito de la aplicación eventual, en derecho público, de los principios en los que se inspira el artículo 1792-1 del Código Civil que define al constructor bajo diversas formas de responsabilidad postcontractual, luego de la recepción de las obras[423].

2. La consagración de principios específicos del derecho privado de las obligaciones

La referencia a los principios que constituyen una fuente de inspiración a las normas del derecho privado, pero que podrían igualmente recibir aplicación en derecho público caracteriza ciertos aspectos de la transposición (muy parcial) de la teoría civilista de las obligaciones en el complejo campo de las relaciones entre la Administración y los administrados[424].

En la medida en que el Código Civil se presenta como gran ancestro —y modelo— de una codificación racional del derecho moderno, es normal que el juez administrativo (quien no dispone de

---

[422] En el mismo orden de ideas, la sentencia de 22 de marzo de 1991, *Syndicat mixte du Parc national de volcans d'Auvergne* (*Rec.*, p. 104; *D.* 1991. *SC.* 376, obs. Terneyre, Ph.) se refiere a los principios en los que se basan los artículos 1792 y 2270 del Código Civil para someter a garantía decenal diversas irregularidades constatadas en una obra, con posterioridad a su recepción sin precisar en el momento si se trataba o no de elementos del equipamiento.

[423] CE Sect., 22 de junio de 2001, *SARL*, *Constructions Mécaniques du Bas-Poitou*; *CJEG*, 2001, p. 488, concl. Bergeal, C.; *BJCP* 2001, N° 18, p. 402, concl. Bergeal, C., obs. Chr.M.

[424] Sobre este traspaso ver por ejemplo Gaudemet, Y., "Prolégomènes pour une théorie des obligations en droit administratif", en: *Mélange en hommage à Jean Gaudemet,* PUF 1999, pp. 613 y s.; Waline, J., "Le rôle de la volonté dans la théorie de l' acte administratif unilatéral et dans le droit civil des contrats", en: *Le rôle de la volonté dans les actes juridiques. Études à la mémoire du Professeur Alfred Rieg,* Bruylant, Bruselas, 2000, pp. 869 y s.

una herramienta de referencia comparable, sumamente necesaria, en su campo de competencia) tiene a veces la tentación de recurrir a éste cuando la semejanza de las situaciones jurídicas lo justifica.

Como lo señala el decano G. Vedel, a partir del derecho administrativo, en un estudio citado a menudo[425]: "Literalmente, la norma de derecho no se lee allí en ninguna parte. Ella no existe sino como decodificadora de un mensaje cifrado en varios grados: conocer las decisiones, separar más allá de la solución del caso el significado normativo, estructurar estos datos en el plano histórico, distinguir lo que es repetición, desarrollo, viraje, calcular el futuro de una operación que mezcla la lógica, la sicología jurídica y las leyes del azar, todo esto es asunto profesional de muy alto nivel".

Es así como la alta jurisdicción administrativa se estima a sí misma como habilitada para ir a buscar en el Código Civil tal o cual principio que ella considera que tiene su lugar en la disciplina vecina del derecho público de las obligaciones.

Uno de los ejemplos típicos de la utilización de principios civilistas del derecho de las obligaciones se ofrece en la sentencia de Sección de 28 de junio de 1996, *Krief*[426], a propósito del artículo 1326 del Código Civil, del cual recordamos: "El acto jurídico por el cual solamente una de las partes se compromete con la otra para pagarle una suma de dinero o entregarle un bien fungible debe constar en un documento suscrito por quien se compromete y con mención escrita de la suma o de la cantidad, en letras y números. En caso de una discordancia, el acuerdo privado vale en los términos escritos por la suma escrita". El juez administrativo supremo ha señalado, a propósito de un contrato de garantía solidaria, "que se desprende del principio en el que se inspira el artículo 1326 del Código Civil, que todo acuerdo que conlleve un compromiso unilateral de pagar una suma de dinero debe, en interés de la persona que lo suscribe,

---

425 "Le droit administratif, peut-il être indéfiniment jurisprudentiel?", en: *Etudes et Documents du Conseil d' Etat,* 1979-1980, N° 31, p. 31.

426 *Rec.*, p. 252; *JCP* 1996.II22704, concl. Combrexelle, J. D.

expresar de manera inequívoca el conocimiento que ésta tiene de la naturaleza y del alcance de su obligación". Es el "principio en que se inspira el artículo 1326 del Código Civil"—y no este artículo en sí mismo—, el que se juzga aplicable al derecho público de los contratos unilaterales para pagar una cantidad del dinero[427].

Aunque la redacción de las sentencias no sea demasiado explícita, esto no excluye el uso, por el juez administrativo, de nociones o de técnicas provenientes del Código Civil, remitiéndose a los principios enunciados en este código, principios que constituyen una especie de base común al derecho público y al derecho privado. Podríamos recordar, indudablemente, en este contexto, la jurisprudencia administrativa sobre los vicios del consentimiento en materia de contratos[428], sobre la fuerza obligatoria del contrato[429], sobre su efecto relativo[430], sobre la solidaridad pasiva de los codeudores[431], sobre la acción oblicua o indirecta[432], no sin vacila-

---

427 Ver sobre este punto las conclusiones de COMBREXELLE, J. D., antedichas; *JCP* 1996.II.22704.

428 Sea que se trate de dolo (CE, 14 de diciembre de 1923, *Sté Les grands Moulins de Corbeil, Rec.*, p. 852; ver nuestro estudio, "Permanence et actualité d' une théorie classique: le dol dans la formations des contrats de l' administration", en: *CJEG,* 2001, pp. 118 y s.), del error (CE, 24 de julio de 1885, *Ville de Vichy, Rec.*, p. 723) o de la violencia (CE, 19 de enero de 1945, *Societé des Aéroplanes Voinsin, Rec.*, p. 19).

429 CE, 17 de marzo de 1893, *Compagnie du Nord*, S. 1894,3,119.

430 CE, 29 de junio de 1973, *Ministre de l'Equipement et du Logement c. Societé parisienne pour l' énergie électrique, Rec.*, p. 457; *AJDA,* 1974, p. 11, N° 27, p. 108, nota MODERNE, F.

431 CE, 9 de enero de 1976, *Societé Caillol et Cie, Rec.*, p. 19; *Moniteur des travaux publics*, 11 de julio de 1977, p. 87, nota MODERNE, F.

432 CE, 16 de febrero de 1825, *Dumoustier, Rec.*, p. 76; CE, 9 de agosto de 1873, *Ramon-Zorilla, Rec.*, p. 1041; *S.* 1873,2,63; CE, 18 de marzo de 1927, *Fauvet, Rec.*, p. 360; CE, 21 de junio de 1957, *Dupuy, Rec.*, p. 411; *AJDA,* 1957, I,49, concl. CHARDEAU, J.; *ibid.* II p. 335, obs. SILLARD, P.; *ibid.*, p. 395, *chron.* FOURNIER, J. y BRAIBANT, G.; CE de octubre de 2000, *Perreau, BJCP* N° 17, 2001, p. 345, concl. de MIGNON, E.; *RFDA,* 2000, p. 1352.

ción[433], o sobre la subrogación[434], etc. Es frecuente, de hecho, que las alusiones de las sentencias antedichas no tienen ninguna referencia formal con un artículo determinado del Código Civil, ni incluso del código civil *in globo,* aun cuando manifiestamente el Consejo de Estado se ha basado en soluciones civilistas y, en algunas ocasiones, pura y simplemente las ha traspasado. Tenemos el derecho de imaginar que el recurso a estos "principios", considerados comunes a ambas ramas del derecho, explica y justifica las semejanzas así constatadas.

¿Cuáles son los efectos de tal método?

B. Efectos de la aplicación de principios de derecho privado

Hacer llamado a los "principios en los que se inspiran" las disposiciones textuales del Código Civil más que a estas disposiciones en sí mismas no es una técnica interpretativa neutra del juez administrativo francés. Al contrario, ella responde a funciones precisas.

1°. Veremos, en primer lugar, que los "principios" a los que se hace referencia son principios cuyos efectos están relativamente limitados (a la materia para la cual ellos han sido introducidos) y con un alcance esencialmente técnico.

Ellos no tienen *a priori* la vocación de convertirse en "principios generales del derecho", aunque podríamos dudarlo para algunos de ellos. Ellos evocan más que nada a los "principios" a los que el tribunal de conflictos hacía alusión en la célebre sentencia *Blanco*[435], cuando señaló que "la responsabilidad que puede recaer en el Estado por los daños causados a particulares por el hecho de personas contratadas en el servicio público, no puede ser regida por los prin-

---

433 CE, Sect., 17 de marzo de 1944 *Lhoste, Rec.*, p. 92; CE, 15 de junio de 1945, *Crédit mobilier industriel, Rec.,* p. 125.

434 CE, Sect., 13 de octubre de 1972, *Caisse régionale de réassurances mutuelles agricoles de l'Est, Rec.*, p. 635; *JCP* 1973, II,17529, nota MODERNE, F.

435 *Rec., Suppl.* p. 1. concl. DAVID; *Grands arrêts de la jurisprudence administrative*, 13ª ed., 2001, N° 1, p. 1, obs. LONG, WEIL, BRAIBANT, DELVOLVÉ y GENEVOIS.

cipios establecidos en el Código Civil para las relaciones de particular a particular".

Es verdad que las consideraciones puramente semánticas no son aquí determinantes, y que el término "principio" puede tener significados manifestamente diversos en la ciencia jurídica.

Queda por señalar, en esta etapa del análisis, que se consideran principios de carácter técnico los que el juez administrativo entiende utilizar, sirviéndose del parentesco entre los problemas a tratar en ambas ramas del derecho.

2°. El interés esencial del derrotero jurisprudencial es dar al juez mayor libertad en la selección y manejo de los principios útiles. Dispone a este respecto de un real poder discrecional[436].

---

[436] Ver a este respecto las conclusiones de COMBREXELLE, J. D. en CE, Sect., 28 de junio de 1996, *Krief*, *JCP* 1996.IL22704: "El recurso a la técnica particular de los principios en que se inspiran ciertas disposiciones del Código Civil en lo que concierne a garantía decenal hace posible transportar una forma particular de garantía propia del Código Civil sin relación directa a la letra de la ley o a las interpretaciones del juez judicial"; ver también el desarrollo de los "principios del derecho" por PLESSIX, B., en su tesis sobre el uso del derecho civil en la elaboración del derecho administrativo (cit., París II, 2001, p. 1051), expresión que prefiere el autor en lugar de "principios generales del derecho" (sin que, por lo demás, la diferencia se presente siempre en forma clara), quien expone su deseo de que en toda causa el Consejo de Estado haga un "uso más controlado" de ellos *(ibid.,* p. 1051). La alta jurisdicción tendría, a sus ojos, gran mérito al descartar las referencias formales al Código Civil y "crear una categoría más simple de principios" *(ibid.*, p. 1053). ¿Necesitamos extendernos en esta polémica? Ocurre que el juez administrativo utiliza el término "principio" sin especificar si se trata de un principio general de derecho o de otra categoría de normas jurisprudenciales (v., por ej., CE, Ass., 3 de febrero de 1989, *Compagnie Alitalia, Rec.*, p. 44; *RFDA,* 1989, p. 391, concl. CHAHID-NOURAI, N., notas BEAUD, O. y DUBOUIS, L.; *AJDA,* 1989, p. 387, nota FOUQUET, O.; *Rev. Trim. Dr. Eur.* 1989, p. 509, nota VERGES, J.; *Grands arrêts*, 13ª ed., 2001, N° 101, p. 705, nota de LONG, WEIL, BRAIBANT, DELVOLVÉ y GENEVOIS). Pero los comentaristas de *Grands arrêts* observan que "la característica de un principio, general o no, es imponerse independientemente y más allá de un texto". En cuanto a glosar sobre la generalidad de un principio con relación a otro, el ejercicio parece bastante inútil, pues todo principio tiene vocación a la generalidad y su grado de generalidad sería eminentemente variable (ver, por ej., BOBBIO, N., "Prin-

No solamente él determina qué principios del derecho privado merecen ser vueltos a tomar en el campo administrativo; más aún, él es enteramente dueño de definir las modalidades de su introducción. La fórmula utilizada ("principios en los que se inspiran" las normas del derecho privado elegidas como términos de referencia) testimonia que el Consejo de Estado no se considera en ningún caso ligado por la letra de los textos de derecho privado que han permitido remontarse hasta los principios fundadores, ni tampoco por las interpretaciones que de estos ha podido hacer el juez judicial [no administrativo].

El derecho de la garantía decenal testimonia esta libertad de interpretación del juez administrativo[437].

La primera tarea del Consejo de Estado (que no está terminada) ha sido la de seleccionar los principios de la responsabilidad civil decenal de los constructores, que tuviesen vocación de desempeñar el mismo rol en derecho público. En otros términos, esta selección le permite descartar ciertas soluciones consagradas en los textos de derecho privado positivo y conservar solamente las que le parezcan corresponder a las exigencias y a la especificidad de la construcción pública.

Podemos admitir que, en un período aproximado de veinte años de aplicación de la ley de 4 de enero de 1978 (que constituye la última versión de los artículos 1792 y 2270 del Código Civil), la alta jurisdicción administrativa ha validado, además del principio mismo de una garantía decenal, los principios correspondientes a la naturaleza de los daños demandados, a la identificación de los constructores susceptibles de ser asignados a este título por el licitante, a la garantía vecina de buen funcionamiento de los elementos de equipamiento disociables de las obras en sí mismas o de los elementos inherentes a la obra; a la duración de las garantías postcontrac-

---

cipi generali di ditritto", en: *Contributi ad un dizionario jurídico*, Giappichelli, Turín, 1994).

437 Ver nuestro trabajo, ya citado, N° 238 y s., pp. 202 y s.

tuales (y especialmente de la garantía decenal[438] o a sus causas de interrupción)[439]; como a la coordinación del punto de partida de las acciones en garantía decenal formuladas contra los diversos constructores que hubiesen participado en una misma operación[440].

Por otra parte, el período de garantía de perfeccionamiento considerado por el artículo 1792-6 del Código Civil no le parece presentar un carácter imperativo, dado que se trata de construcciones públicas[441] y esto a pesar de los términos formales del Código Civil[442], que proscribe los acuerdos en contrario.

Se puede tener dudas en cuanto a la adopción por el juez administrativo del principio de responsabilidad solidaria del contratista y del "constructor" (o del importador), en el sentido del artículo 1792-4 del Código Civil[443]. No parece, por ahora, que el Consejo

---

438 Ver sentencias citadas.

439 CE Sect. (avis), 22 de julio de 1992, *Commune de Marcilly-sur-Eure*, *Rec.*, p. 305; *CJEG*, 1993, p. 174, nota Moderne, F.; *D.* 1993, p. 348, nota Klèbes-Pélissier, A.; *AJDA,* 1992, p. 772, obs. Prétot, X.; *RFDA,* 1994, p. 268, concl. De Froment, B.; *D.* 1993.*SC*.201, obs. Terneyre, Ph.

440 CE, Sect., 25 de abril de 1969, *Derobert Rec*, p. 230, *D.* 1969,498, nota Moderne, F.; CE, 9 de enero de 1974, *Ministre de l'Education nationale c. Degaine*, *Rec.*, p. 19; CE, 22 de julio de 1977, *Jouven, RDP,* 1977, p. 1329, nota Waline, M., etc.

441 CE. Sect., 28 de febrero de 1986, *Enterprise Blondet, Rec.*, p. 55; *RFDA,* 1986, p. 604, concl. Denoix de Saint-Marc, R.; *AJDA,* 1986, N° 399, obs. de Richer, L.; *RDP,* 1986, p. 1155, nota Auby, J. M.; *Marchés publics* 1986, N° 219, pp. 17 y s., nota Melleray, G. y Terneyre, Ph.; *D.* 1986.*SC*.427, obs. Terneyre, Ph.

442 Art. 1792-5 c. civ.

443 Se trata del constructor de una obra o de elementos para la obra concebidos y producidos para satisfacer ciertos requisitos específicos y determinados por adelantado, puesto que estos elementos o trabajos habían sido entregados por el contratista de acuerdo con las reglas decretadas por el constructor (estos elementos son referidos generalmente, en la práctica profesional, por la sigla no muy evocadora de EPERS, de "elementos que pueden entrañar responsabilidad solidaria") (ver Malinvaud, Ph., "Responsabilité des articles 1792 et s.: l' action en responsabilité", en: *Dalloz-Construcción,* 2000-2001, N° 7647 y s., pp. 1187 y s.).

de Estado se muestre muy favorable a esta forma de solidaridad[444]. También es necesario preguntarse sobre la introducción en derecho público de la noción de elemento de equipamiento disociable o no de una obra de construcción (artículos 1792-2 y 1792-3 del Código Civil) o sobre la gama de causas exoneratorias (artículo 1792-1 del Código Civil).

En definitiva, se observa que el juez administrativo permanece en este campo "dueño" de su jurisprudencia, retomando una expresión realizada por el comisario gubernamental Rivet en sus conclusiones sobre la sentencia *Savonneries Henri Olive* de 25 de noviembre de 1921[445].

Pero la técnica de interpretación que utiliza los "principios en que se inspiran" las normas del derecho privado en ciertos campos puede tener otra función: la creación de nuevos principios generales del derecho.

II. LA CREACIÓN DE NUEVOS PRINCIPIOS GENERALES DEL DERECHO

La creación de nuevos principios generales del derecho por el juez administrativo para imponer a las autoridades administrativas (incluso sin texto que los contenga en forma precisa) los comportamientos que cabe esperar en un Estado de derecho, ha dado lugar a amplias controversias[446]. La capacidad de innovación del juez ad-

444 En todo caso, sería recomendable regular el delicado problema de la competencia jurisdiccional en cuanto el constructor está ligado por un contrato de derecho privado al contratista titular de un contrato de obra pública (Trib. Conf. 23 de octubre 2001, *Commune de Rivière, Saas y Gourby,* Req., N° 3253).

445 *RDP,* 1922, pp. 107 y s.

446 Ver sobre el conjunto del problema, Maillot, J. M., *La théorie administrativiste des principes généraux du droit. Continuité et modernité.* Thése Montpellier I, 2001, Roneo; Moderne, F., "Actualité des principes généraux du droit", en: *RFDA*, 1998, pp 495 y s. [§ 2 de este libro]; "Legitimité des principes généraux et théorie du droit", en: *RFDA*, 1999, pp. 722 y s. [§ 1 de este libro].

ministrativo en el desarrollo de estos principios fue cuestionada a veces debido a la multiplicación de textos escritos de valor legislativo y de la jurisprudencia “concurrente” del Consejo constitucional o de la Corte de Justicia de las Comunidades Europeas. Pero fue demostrado[447] que era una ilusión óptica y que “el dinamismo y la inventiva” de la alta jurisdicción administrativa apenas habían sido contradichos en el tiempo. El Consejo de Estado ha sabido en última instancia diversificar la teoría jurisprudencial de los principios generales y adaptarla a las nuevas condiciones económicas y sociales que afectan a los Estados contemporáneos.

Comprobaremos ejemplos de esta técnica antes de analizar su alcance.

A. Ejemplos de creación de nuevos principios generales del derecho

Las áreas principales en las que el Consejo de Estado ha identificado nuevos principios generales del derecho aplicables a litigios administrativos, a partir de principios en los que se inspiran ciertas normas escritas del derecho privado, se refieren principalmente a la preocupación contemporánea de la protección social: se trata de agentes públicos, o en un sentido más amplio, de trabajadores del sector público. Entonces, no sorprende que principios apropiados así hayan sido inducidos desde disposiciones del Código del Trabajo, las cuales no conciernen *a priori* sino a los trabajadores privados.

1. La protección social de los agentes públicos

Una de las sentencias consideradas como particularmente significativas bajo el prisma de la metodología seguida por el Consejo de Estado para descubrir y asimismo consagrar un nuevo principio general del derecho en el vasto campo de la protección social de los

---

447 Maillot, J. M., tesis citada, pp. 749 y s.

agentes públicos es, indudablemente, la sentencia de Corte de 8 de junio de 1973, *Dame Peynet*[448] que extendía a las mujeres empleadas en los servicios públicos el principio general del derecho "en que se inspira el artículo 29 del libro primero del Código del Trabajo, según el cual ningún empleador puede despedir a una mujer embarazada, salvo en ciertos casos"[449], al menos "cuando no se opone ninguna necesidad de buen servicio". El problema que se presentaba a la alta jurisdicción administrativa era el de los agentes no titulares del Estado, de colectividades locales y de establecimientos públicos. La comisario gubernamental, Grévisse[450], observó que esta categoría de trabajadores había quedado fuera de las grandes corrientes legislativas que han favorecido la protección de los empleados del sector privado y que ellos estaban prácticamente desprovistos de ciertos derechos sociales vistos como elementales. Ella misma proponía incluso beneficiar *de plano* a los agentes no titulares con derechos equivalentes a aquellos de los trabajadores asalariados en caso de silencio de los textos (pero el Consejo de Estado no la siguió tan lejos en su propuesta).

Es entonces la protección de los agentes no titulares de las colectividades públicas la que está en el origen de la sentencia dada por la Sección del Contencioso del Consejo de Estado el 23 de abril de 1982, en el caso *Ville de Toulouse c. Aragnou*[451]. El "principio general

---

448 *Rec.*, p. 406, concl. GRÉVISSE, S.; *AJDA,* 1973, p. 587, chron. de FRANC y BOYON; *JCP* 1975,11,17957, nota SAINT-JOURS, Y.

449 Sobre otras aplicaciones de este principio y sobre los límites que le son eventualmente sindicados, CE, 26 mayo de 1982, *Mme. Caius, Rec.,* p. 188; *Revue Administrative* 1982, p. 625 (comp. soc. 30 de marzo de 1971, *Bull.* ciV. V, N° 229); CE, 22 de junio de 1984, *Mme. Melchoir*, *D.* 1986.IR.27, obs. MODERNE, F. y BON, P.; CE, 11 de julio de 1984, *Mme. Bastien, RFDA,* 1985, p. 546, obs. NÉGRIN, J. P.; CE, 10 de mayo de 1985, *Mme. Renou, RFDA,* 1985, p. 548, obs. NÉGRIN, J. P.; CE, 27 de enero de 1989, *Mme. Carluer, Rec.*, p. 36; *AJDA,* 1989, p. 553, obs. SALON, S.

450 Concl. citadas, *Rec.*, p. 406.

451 *Rec.*, p. 152, concl. LABETOULLE, D., *AJDA,* 1982, p. 440, *chron.* TIBERGHIEN, F. y LASSERRE, B.; *D.* 1983, p. 8, nota AUBY, J. B.; *RDP,* 1983, p. 1077, nota DE SOTO, J.

del derecho aplicable a todo trabajador y en el que se inspira el artículo L. 141-2 del Código del Trabajo", impone acordar una remuneración mínima que, en ausencia de disposiciones más favorables, "no debiese ser inferior al salario mínimo garantizado (SMIC)". En sus conclusiones, el comisario gubernamental D. Labetoulle consideraba difícil de regular un problema tan complejo como el de la remuneración básica de los agentes públicos no titulares por la vía de un principio general del derecho abstracto, cuyo valor normativo no había sido realmente afirmado y cuyas incidencias económicas y financieras no habían sido enteramente calculadas. Pero estas reservas no detuvieron al Consejo de Estado, cuyas decisiones aparecen, a los ojos de comentaristas autorizados, como "audaces y de una oportunidad incuestionable"[452].

Procede del mismo razonamiento la sentencia de 12 de junio de 1987, *Ministre de l'Education Nationale c. Mme. Seguin*[453], que reconoce "el principio general en el que se inspira el artículo L. 122-52 del Código del Trabajo", en términos del cual el aviso de despido de un agente público no titular no se puede tener por realizado durante el período de licencia médica del agente. En el mismo orden de ideas, una sentencia de 16 de febrero de 1994, *Bureau d'aide sociale de Pontex-les-Forges c. Mme. Labat*[454] extiende a los agentes públicos remunerados, en iguales condiciones que los trabajadores de derecho privado, el principio según el cual la indemnización por feriado legal no se puede acumular con el salario percibido si el trabajo no ha sido interrumpido.

Citaremos, además, el caso del tribunal administrativo de Rennes de 23 de julio de 1997, *Mme. G.*[455], que adopta, entre los principios generales del derecho del trabajo aplicables a los agentes no

---

452 Long, M., Weil, P., Braibant, G., Delvolvé, P. y Genevois, B., obs. a CE, Ass., 8 de diciembre de 1978, *Groupe d'information et de soutien des travailleurs inmigrés, Grands arrêts*, *op. cit*. N° 96, p. 657, not. p. 667.

453 *Rec.*, Tablas, p. 789.

454 *Rec.*, Tablas, p. 764.

455 *AJFP* 1998, N° 2, p. 49, nota Mekhantar, J.

titulares de derecho público[456], "el principio general del derecho de la función pública que se inspira del artículo L. 122-16 del Código del Trabajo"[457] (esta disposición legislativa previene que los empleados tienen derecho a obtener, luego del despido, un certificado de trabajo que contenga solamente los datos de la inicialización de las actividades, del término de éstas y de la naturaleza de las funciones desempeñadas.).

Ciertas formulaciones jurisprudenciales se deben considerar, en este sentido, como equivalentes a aquellas que acaban de precisarse. Es así que la alta jurisdicción administrativa considera, de forma más escueta pero también más incisiva, que el legislador que enuncia una regla aparentemente específica del Código del Trabajo enuncia en realidad un principio general del derecho[458]. En el caso juzgado el 27 de marzo de 2000, *Mme. Brodbeck*[459], que concernía al agente de un establecimiento público (cuyo personal de derecho privado está dotado de un estatuto reglamentario similar al de los agentes públicos), el Consejo de Estado señala así que el artículo L. 123-1 del Código del Trabajo ("nadie puede (...) rescindir o rechazar la renovación del contrato de trabajo de un trabajador en consideración del sexo o de la situación familiar o sobre la base de criterios de elección que difieran según sexo o condición familiar") "ha indicado un principio general del derecho del trabajo" aplicable al caso de la especie, en la medida "en que no es incompatible con

---

456 Mekhantar, J., "Les principes généraux du droit du travail dans les fonctions publiques", en: *AJFP* 2000, pp. 21 y s.

457 La redacción del juzgador es, a todas luces, defectuosa en este punto: no es el "principio" el que se inspira en el texto legislativo, sino todo lo contrario... (V. Maillot, J. M., *op. cit.,* p. 460).

458 Este tipo de formulación aparece, por ejemplo, en la sentencia de Corte del Consejo de Estado de 1 de julio de 1988, *Billard et Volle* (*Rec.*, p. 268; *Dr. Soc.* 1988, p. 775, concl. Van Ruymbeke, O. y p. 512, nota Lachaume, J. F.; *AJDA,* 1988, p. 592, *chron*. Azibert, M. y De Boisdeffre, M.; *Rev. adm.* 1989, p. 136, nota Pertek, J.; *JCP* 1989.II.21252, nota Saint-Jours, Y.).

459 *Rec.*, p. 129.

las necesidades de la misión de servicio público confiada al establecimiento".

2. La protección de los empleados del sector público

Es lógico que ciertos principios generales del derecho juzgados aplicables a los agentes públicos titulares o no titulares, se extiendan al conjunto de trabajadores del sector público, especialmente a aquellos de empresas públicas dotados de un estatuto similar a aquel de la función pública o sometidos a acuerdos colectivos de trabajo. Aun allí, la metodología de elaboración de los principios generales del derecho que les conciernen ha podido apoyarse sobre la técnica interpretativa que partiendo de textos de derecho positivo puede remontarse a los principios en sí mismos.

Señalaremos a este respecto la sentencia de Corte del Consejo de Estado de 1° julio 1998, *Billard et Volle*[460] que prohíbe, a título de principios generales del derecho del trabajo, las multas y otras penas pecuniarias infligidas por el empleador, o más aún, la sentencia de 12 de noviembre 1990, *Malher*[461], que prohíbe al empleador dictar medidas discriminatorias en materia de remuneraciones y de ventajas de bienestar social.

Una nueva decisión, leída en Corte del contencioso de 8 de julio de 1994, *Confédération général du travail*[462] se basa en las disposiciones del artículo L. 132-4 del Código del Trabajo ("la convención y el acuerdo colectivo de trabajo pueden abarcar disposiciones más favorables a los empleados que las de leyes y reglamentos en vigor") para extraer de allí un principio general del derecho del trabajo según el cual "el poder reglamentario no puede, salvo habilitación

---

460 *Rec.*, p. 268; *Dr. Soc.* 1988, p. 775, concl. Van Ruymbeke, O.; *ibid.*, p. 512, nota Lachaume, J. F.; *AJDA*, 1988, p. 592, *chron.* Azibert, M. y De Boisdeffre, M.; *Rev. adm.* 1989, p. 136, nota Pertek, J.; *JCP* 1989.II.21252, nota Saint-Jours, Y.

461 *Rec.*, p. 321; *AJDA*, 1991, p. 332, obs. Hecquard-Théron, M.; *Dr. ouvr.* 1991, p. 340, nota Saramito, F.; *D.* 1992.*SC.* obs 159. Prétot, X. y Chelle, F.

462 *Rec.*, p. 356.

legislativa expresa, establecer acuerdos colectivos que impliquen estipulaciones menos favorables a los trabajadores que las disposiciones que el mismo contiene". Este principio tiende a recibir aplicación, especialmente, en las empresas públicas cuyo personal está sometido a un acuerdo colectivo de trabajo. Recientemente, una sentencia de 9 de octubre de 1996, *Union Nationale CGT des affaires sociales et autres*[463], evoca "el principio general de la independencia de los inspectores del trabajo" cuyo rol consiste en el control de las condiciones de trabajo dentro de una empresa, pertenezcan o no al sector público. Por último, una sentencia de Corte de 29 de junio de 2001, *Berton c. SNCF*[464] establece un nuevo principio general, el de la inmutabilidad del contrato de trabajo, en el que se inspira el artículo L. 121-1 del Código del Trabajo y que debe beneficiar a los empleados de empresas públicas. Tal principio (que también inspira al artículo 1134 del Código Civil, según el cual "los contratos legalmente celebrados tienen valor de ley para aquellos que los celebran") se opone a toda modificación unilateral del contrato de trabajo por el empleador. Sin embargo, el principio de la inmutabilidad de los contratos de trabajo se debe conciliar, en las empresas con estatuto, con la economía general del estatuto y con las necesidades del servicio público confiado eventualmente a la empresa o al establecimiento.

Se observa así que, lejos de agotarse, la corriente de los principios generales del derecho del trabajo se nutre regularmente de fuentes legislativas internas, incitadas por convenciones internacionales.

---

463 *Rec.*, p. 383; *RDP*, 1997, p. 894, concl. Maugüé, Chr.; *RGDIP* 1997, p. 714, nota Alland, D.

464 *AJDA,* 2001, p. 648, *chron*. Guyomar, M. y Collin, P.

B. Análisis de la creación de nuevos principios generales del derecho

La confección de nuevos principios generales del derecho por referencia a textos legislativos de derecho positivo (especialmente en el sensible campo de las relaciones de trabajo) reviste un interés particular para la teoría jurídica.

En primer lugar, estos principios se inscriben, como hemos intentado demostrar, en el contexto de la protección de los derechos sociales de los trabajadores. Dan respuesta a las preocupaciones generales, ligadas a la noción de Estado social de derecho, la que sabemos tiende a ser sustituida por aquella, más neutra y menos comprometida socialmente, de Estado de derecho.

Los principios así "descubiertos", gracias a las disposiciones de leyes que se inspiran en ellos, reflejan los nuevos valores éticos de las sociedades europeas. Ya no se trata solamente de técnicas jurídicas que permiten conciliar soluciones de derecho público y privado cuando los pormenores de los litigios planteados al juez son idénticos o similares. Son los temas de justicia social, de la equidad, de los derechos-garantía de que disponen los ciudadanos contra el Estado que se ponen de manifiesto, porque corresponden a las aspiraciones latentes de la sociedad. La metodología interpretativa que conduce indirectamente a los principios generales del derecho no es nueva: incluso es relativamente tradicional que el juez administrativo se refiera a los valores sociales, a su evolución y a su difícil transcripción en los textos de derecho positivo para promover nuevos principios y para visualizar sus diversas consecuencias jurídicas[465].

A priori tales principios son innegables: se manifiestan bajo las formas más diversas antes de emerger a la conciencia jurídica nacional o internacional. Se traducen en textos legislativos o legales, en reivindicaciones colectivas, por acuerdos entre Estados o más

---

465 Es necesario citar aquí la obra pionera de JEANNEAU, B., *Les principes généraux du droit dans la jurisprudence administrative,* Sirey, 1954, pp. 138 y s.

simplemente en significativas expresiones sociales simultáneas o sucesivas. El reconocimiento oficial dado por el juez es solamente una coronación (más o menos tardía): debemos admitir que el principio existía antes que la norma, ya que ésta se "inspira" en él y que el juez se limita a identificarlo a partir de la norma misma.

El derrotero interpretativo del juez administrativo francés le permite así confluir otra vez con la larga tradición de creación normativa que le es propia. Más que los principios técnicos, que demuestran la voluntad racional del juez para traspasar al derecho administrativo soluciones que se probaron confiables en derecho privado, pareciera que ellas se circunscriben en un contexto de fuertes similitudes, pues los principios generales del derecho desprendidos delinean los avances de la "conciencia jurídica de una época determinada"[466]. La interpretación jurisprudencial es aquí como una bisagra entre la obra creativa y el despertar de la conciencia social.

[466] La expresión es de Odent, R., *Contentieux administratif*, *op. cit.*, fasc. I, p. 34.

Parte III
Aceptación de nuevos principios generales del derecho

§ 5. El principio de subsidiariedad funcional. Relaciones entre iniciativa económica estatal e iniciativa económica privada

Es necesario reconocer que ni el concepto de "subsidiariedad funcional" ni, *a fortiori*, el principio que eventualmente le serviría de guía, han encontrado verdaderamente carta de ciudadanía en la literatura jurídica europea. Dudamos mucho, al menos en lo que respecta al derecho francés, que el vocablo "subsidiariedad funcional" aparezca en los manuales u otras obras de derecho público más que en forma accidental, para redondear una frase, y de la forma más simple posible. Sólo recordaremos la jurisprudencia del Consejo Constitucional: ya poco prolija en el caso de los principios generales del derecho, no parece molestarse, aunque sea tímidamente, en realizar el reconocimiento de un principio constitucional de subsidiariedad funcional. Y éste no ha recibido tampoco la unción del Consejo de Estado, quien, sin embargo, no detesta los principios generales del derecho.

Es verdad que la parecida expresión "subsidiariedad territorial", más familiar dado que está ligada a las teorías del federalismo[467], del regionalismo[468] y de la descentralización[469], igualmente ha teni-

---

[467] Sobre las relaciones entre el principio de subsidiariedad territorial y federalismo, v. Thieme, K., "Foederalismus und Subsidiaritätsprinzip", en: *Politeia* I (1948-1949); Stadler, K.m *Subsidiaritätsprinzip und Foederalismus,* Freiburg, 1951.

[468] Sobre las relaciones entre el principio de subsidiariedad territorial y regionalismo político, nos referimos especialmente a: D'Atena, A., "Il principio di sussidiarità nella Costituzione italiana", en: *Rivista Italiana di diritto pubblico comunitario,* 1997 N°s. 3-4, pp. 607 y s.; *Federalismo y subsidiariedad en Italia*, Documentos Pi i Sunyer, Barcelona, 1988, N° 5; Caretti, P., "Il principio di sussidiaritá e suoi riflessi sul piano dell' ordinamento comunitario e dell' ordinamento nazionale", en: *Quaderni Costituzionali*, 1993, N° 1; Vandelli, L., "Il

do problemas para encontrar un lugar en nuestro vocabulario jurídico y para revestirse del valor de un principio explicativo.

Definitivamente, es sólo en el campo del derecho comunitario que el tema de la subsidiariedad ha podido expandirse en un contexto, en verdad, eminentemente favorable. Son incontables los estudios que le han sido consagrados en los diferentes idiomas de la Unión Europea, dado que este principio supuestamente expresa la esencia misma de las relaciones entre instituciones comunitarias e instituciones nacionales, derecho comunitario y derechos nacionales[470], tanto que, nadie lo ignora, el principio de subsidiariedad ha sido reconocido vigorosamente por el Tratado de Maastricht im-

---

principio di susidiaritá nel riparto di competenze tra diversi livelli territoriali: a proposito dell'art. 3 B del Tratatto sulla Unione Europea", en: *Rivista italiana di diritto pubblico comunitario,* 1993, N° 3, pp. 392 y s.; M. Balducci y C. Colinet, "La Carta europea dell' autonomia locale de il federalismo italiano", en: *Il nuovo governo locale,* 1997, N° 1.

469 Ver, por ejemplo, Bandrés, J. M., *El principio de la subsidiariedad y la administración local,* Marcial Pons, Madrid, 1999; L. Ortega. "Autonomía local y subsidiariedad europea", en: *Anuario de Gobierno local*, 1996, pp. 625 y s.; J. Barnés, "Subsidiariedad y autonomía local en la Constitución", en: *Anuario de Gobierno local*, Madrid, 1997; Rodríguez Arana Muñoz, J., "Sobre el principio de subsidiariedad y los entes locales", en: *La Ley,* 13 de junio de 1997; Baldassare, A., "La reforma del gobierno local en Italia", en: *Federalismo y subsidiariedad en Italia*, Documentos Pi i Sunyer, Barcelona, 1998, N° 5; Delcamp, A., "Principe de subsidiarité et décentralisation", *RFDC,* 1995, N° 23, pp. 611 y s.; Baudin-Cullière, F., *Principe de subsidiarité et Administration locale*, LGDJ, 1995; Marcou, G., "Principe de subsidiarité, Contitution française et décentralisation", en: *Entre l' Europe et la décentralisation* (dir. J. C. Némery y S. Wachter), Reims, 1993, pp. 85 y s.

470 Nos limitaremos a citar aquí la bibliografía ofrecida por Rideau, J., *Droit institutionnel de l'Union et des Communautés Européenes*, LGDJ, 3ª ed., 1999, p. 503 y siguientes; los números especiales de la *Revue des affaires Européennes*, 1998, N° 1 y N° 21 (dir. Gautron, J. C.) y la tesis de Thomas, F., *Le principe de subsidiarité en droit communautaire: sa signification et son impact sur la construction communautaire*, París II, 1998.

poniéndose en forma general a las instituciones de la Unión Europea[471].

Acercándonos más, encontraremos, sin embargo, en los instrumentos internacionales que constituyen la Europa comunitaria índices reveladores de otro tipo de subsidiariedad; que podría ser calificada, sin duda, como "subsidiariedad funcional". Se trata del título "Industria" del Tratado de Roma, y especialmente el artículo 157 nuevo (ex artículo 130), que plantea las bases de una eventual política industrial europea. Además de la subsidiariedad clásica presente en las relaciones de la Comunidad con los Estados miembros, una segunda subsidiariedad sitúa efectivamente la política industrial de la comunidad en relación con el sector privado: la acción industrial comunitaria se debe inscribir en el cuadro "de un sistema de mercados abiertos y competitivos". La intervención de las instancias de la Comunidad no podría en consecuencia atentar en contra de las leyes económicas que rigen el espacio europeo ni, *a fortiori*, crear "distorsiones de competencia" (*ibid.*, § 3) al interior de este espacio. En resumen, la competencia comunitaria se concibe aquí sólo para servir al buen funcionamiento de los mecanismos del mercado[472]:

---

471 Artículo 2° Tratado de la Unión Europea: "Los objetivos de la Unión deben lograrse conforme a las disposiciones del presente Tratado (...) en lo que respecta al principio de subsidiariedad tal como está definido en el artículo 3 B del Tratado que instituye la Comunidad Europea" (artículo 5° CE en su versión consolidada: "En las materias que no se entiendan como de su competencia exclusiva, la Comunidad no interviene, conforme al principio de subsidiariedad, sino sólo en la medida en la que los objetivos de la acción proyectada no puedan ser suficientemente logrados por los Estados miembros y pueden, entonces, en razón de las dimensiones o de los efectos de las acciones proyectadas, ser mejor realizadas a nivel comunitario").

472 Algunos deducen de la redacción muy prudente del artículo 157 y de la complejidad del proceso decisorio, por el cual la Comunidad podría intentar promover una política industrial, pero hay pocas posibilidades de ver desarrollarse acciones de envergadura en este campo (en este sentido, Dubouis, L. y Blumann, Cl., *Droit communautaire matériel*, París, Montchrestien, 1999, p. 254).

es funcionalmente "subsidiaria"[473] en el sentido en el que conviene entender este calificativo.

Desde las altas esferas de la Unión Europea y de la Comunidad de igual nombre necesitamos descender hacia los derechos estatales que están en el corazón de nuestro problema[474]: ¿Qué lugar ocupa allí la subsidiariedad llamada funcional? ¿Qué efectos se le pueden atribuir?

Antes de emprender un análisis, que será necesariamente parcial y sucinto, conviene hacer una aproximación, al menos global, del tema de la subsidiariedad llamada "funcional". Esta forma de subsidiariedad se inscribe en una corriente histórica que confiere a la idea de subsidiariedad un valor general de orden cultural y de origen religioso, antes de ser recuperada, secularizada y extendida al campo económico, social y político[475]. Ella intenta definir, para circunscribirla y por consecuencia limitarla, la iniciativa pública en relación a la iniciativa privada en el campo económico: el intervencionismo económico del poder público no sería admitido sino a

---

473 Además, la expresión "política industrial" no figura *expressis verbis* en el Tratado de la Comunidad Europea. Esta última es simplemente invitada a facilitar la adaptación de las industrias de los Estados miembros a los cambios estructurales, a crear condiciones para un entorno económico favorable al desarrollo de empresas, y a permitir a estos últimos sacar mayor provecho de los descubrimientos científicos, políticas de innovación y de los progresos de la investigación (*ibid.*, *eod. loc.*).

474 No abordaremos aquí alguna otra utilización posible del principio de subsidiariedad en la perspectiva de la realización de un derecho administrativo europeo: la idea ha sido enunciada por ciertos autores españoles (GONZÁLEZ-VARAS IBÁÑEZ, S., *El derecho administrativo privado,* Montecorvo, Madrid, 1996, pp. 35 y s.), pero ella se sitúa en una óptica totalmente diferente de relaciones entre sistemas normativos a diferentes niveles.

475 CLERGERIE, J. L., "Les origines du principe de subsidiarité", en: *Les Petites affiches*, 17 de agosto de 1993, p. 34; CLERGERIE, J. L., *Le principe de subsidiarité*, París, Ellipses, pp. 7 y siguientes; MILLON-DELSOL, Ch., *Le principe de subsidiarité,* PUF, colecc. "Qué sais-je?", 1993; MILLON-DELSOL, Ch., *L'Etat subsidiaire*, París, PUF, 1992.

título de subsidiario, es decir, en caso de falencia o de insuficiencia notoria de los mecanismos naturales del mercado.

Se ve que los vientos portadores —un poco debilitados hoy en día— del liberalismo económico militan a favor de una tal concepción de las relaciones entre el Estado y la sociedad civil. Pero sería inexacto identificar el principio de subsidiariedad funcional a una teoría o a un sistema económico o político cualquiera. Tomado en su significado más simple, se puede afirmar que dentro de una sociedad organizada y jerarquizada (como lo son las sociedades políticas), la autoridad, aun la más provista de prerrogativas o con capacidad de acción, no debe extender sus intervenciones en campos en los que una autoridad de menor rango o capacidad inferior esté en medida de cumplir correctamente la misma función[476]. La libertad de emprender está, entonces, en el corazón del principio de subsidiariedad; recurrir a una autoridad superior no se concibe —y eventualmente no se impone— sino sólo en caso de fallar el titular normal de la competencia a ejercer.

En tal contexto, el principio de subsidiariedad funcional (al igual que cualquier otra expresión de este principio) supone a la vez una determinada organización social[477], con divisiones de responsabilidades y la idea de una obra que debe realizarse para el bien general de la colectividad (si no, la acción de cada operador, cualquiera sea

---

476 A menudo, se citan a este respecto los términos de la encíclica de Pío XI, *Quadragessimo anno,* de 15 de mayo de 1931: "... así como uno no puede quitar a los particulares, para otorgárselas a la comunidad, las atribuciones que ellos son capaces de realizar por su sola iniciativa y por sus propios medios, sería también cometer una injusticia, al mismo tiempo que perturbar de manera muy perjudicial el orden social, retirárselas a las agrupaciones de carácter inferior, para confiarlas a una colectividad más extensa y de un nivel más elevado, las funciones que ellos están en condiciones de ejercer por sí mismos".

477 Es clásico mencionar el principio de subsidiariedad como principio de ética política *lato sensu,* expresando una determinada visión "comunitaria" de la sociedad formada por distintas comunidades y grupos en los cuales el individuo aprende a situarse (por ejemplo, V. Constantinesco, "Le principe de subsidiarité: un passage obligé vers l' Union européenne?", en: *L'Europe et le droit. Mélanges Jean Boulouis,* Dalloz, 1991, pp. 38 y s.).

su lugar asignado, perdería su razón de ser). El principio de subsidiariedad, *lato sensu*, es de inspiración funcionalista: él no rechaza la intervención de las instancias superiores del grupo social, pero sólo la tolera para producir el funcionamiento normal de los mecanismos de la vida colectiva. Si se quiere prolongar la lógica del razonamiento, sería necesario asociar al principio de subsidiariedad el principio de solidaridad, que resulta de la participación en una obra común y se alimenta de las interdependencias sociales (¿es necesario recordar que la ontología de la doctrina solidarista es deliberadamente relacional, y no substancialista, pese al uso generoso de metáforas organicistas bajo la pluma de sus teóricos?).

Sería necesario también admitir, en la misma línea de razonamiento, que la instancia de nivel superior no podría mantenerse en una actitud puramente negativa, de no intervención en los asuntos de una instancia inferior; antes de substituirla, debe ayudarla, sostenerla en la medida de sus medios. La intervención con carácter subsidiario no es, o no debería ser, sino una solución en el peor de los casos, que sólo se justifica en última instancia; y si ello no fuese así, perturbaría el orden normal de las cosas y embrollaría las competencias asignadas a unos y a otros.

Si se "funcionaliza" el principio de subsidiariedad, es porque se basa en definitiva en la utilidad económica y social de poderes subsidiarios conferidos a las autoridades y a las instituciones de una sociedad organizada. En el ámbito económico, en particular, el análisis en términos de utilidad es una de las bases de las teorías de la economía pública cuyos avatares no dejan de tener incidencia sobre nuestra observación, como se dirá más adelante.

En todo caso, la aplicación de un tal principio en el orden interno y en el orden internacional revela las ambigüedades[478] y las

---

478 Christophe-Tchakaloff, M. F., "La subsidiarité: du vice et de la vertu de l' ambiguïté", en: *Rev. pol. et parlem.*, 1993, N° 964, pp. 67 y s.; Delhombre, J., "La subsidiarité et son péché originel", en: *Ibid.*, 1992, N° 961, pp. 54 y s.

imprecisiones[479] que afectan al concepto mismo. Más que un título de competencia, la subsidiariedad constituye un límite a las competencias legítimas reconocidas por todos. No se trata de reducir la autonomía de los órganos o de las instituciones inferiores, ni *a fortiori* de suprimirlas, sino de guiar la acción y el comportamiento de las autoridades dotadas de poderes subsidiarios, para la realización de objetivos comunes. Dicho esto, no se excluye que al costo de una mala interpretación, la subsidiariedad oficialmente invocada sirva de pretexto para una extensión insidiosa de las competencias de la autoridad prevaleciente.

En el orden económico, ¿queda la intervención de las autoridades públicas reducida a los confines del principio de subsidiariedad? La respuesta a tal cuestión no se impone de entrada como una verdad obvia, como una primera característica de nuestros ordenamientos jurídicos europeos. A diferencia de otros grandes principios de nuestro tiempo, que ya se benefician de una investidura oficial, de índole constitucional o legislativa, el principio de subsidiariedad no ha recibido credenciales suficientes para pretender desempeñar un rol de mayor importancia.

¿Es necesario quedarse con esta primera impresión? ¿Conviene confinar el principio de subsidiariedad a la categoría de las políticas públicas, concebidas y aplicadas a merced de las circunstancias, de los equipos de poder o de las modas? El jurista, incluso si no tiene todas las claves de la explicación, tendría culpa de no proseguir la búsqueda. Podrá en efecto detectar, detrás del biombo de las palabras, la realidad del concepto y su permanencia en el *ideengechichte* europeo, en tanto principio latente. Pero constatará también, sopesando los matices resultantes de las idiosincrasias colectivas, que el alcance del principio se encuentra relativamente limitado y que su aplicación concreta choca con obstáculos reales, cualquiera que

---

479 Un autor alemán, KALKBRENNER, H. K., ha recopilado hasta veinte significados diferentes para el término "subsidiariedad" *(Die inchtlicheVerbuidlich keit des Subsidiaritäts prinzips,* p. 518).

sea el sistema jurídico de referencia. En gran medida, el concepto queda indeterminado.

Tal es la trama del análisis que nos esforzaremos en seguir, conscientes de las imperfecciones que ello implica y de los riesgos de extrapolación a los cuales se expone. Pero sólo se trata aquí de presentar un tema abierto al debate.

I. UN PRINCIPIO LATENTE

Puede parecer curioso, o incluso paradójico, adelantar que el principio de subsidiariedad funcional, a nombre del cual las autoridades públicas limitan su intervención (fundada sobre consideraciones de interés general) en las actividades económicas que los operadores privados son *a priori* capaces de asegurar (y dispuestos a hacerlo), subsiste en estado latente en los ordenamientos jurídicos de los Estados de la Unión Europea.

Y, sin embargo, ¿no hay en ello una constante discreta de los derechos nacionales europeos, por lo menos en la Europa que nos es más cercana, histórica y culturalmente?

A pesar de la ausencia de consagración formal del principio de subsidiariedad funcional, al más elevado nivel en la jerarquía de las normas, éste nunca se pierde completamente de vista, incluidos aquellos sistemas que han magnificado, hasta deformarlo, el ideal de un Estado benefactor intervencionista, hoy históricamente datado.

A. La ausencia de reconocimiento oficial de un principio de subsidiariedad funcional

Creemos que sería difícil encontrar en las cartas fundamentales, de las que se dotaron los países de la Unión Europea, una consagración solemne del principio de subsidiariedad funcional. La investigación no sería más provechosa si volvemos la mirada a la jurisprudencia constitucional. La ley ordinaria no se aventura tampoco sobre este terreno y sería peligroso adelantar que el silencio del legislador es compensado por el activismo del juez administrativo o judicial cuando se encuentra enfrentado al problema.

1. Las Constituciones europeas (no solamente los textos constitucionales propiamente dichos, sino también todos los que forman, según una expresión conocida, el "bloque de constitucionalidad")[480] apenas dan lugar al principio de subsidiariedad funcional; ni, en definitiva, al principio de subsidiariedad territorial (aunque éste reciba mejor tratamiento en algunas cartas constitucionales).

Por lo que concierne a Francia, la constatación es usual: "como principio fundador del orden constitucional, la subsidiariedad no está presente en el dispositivo constitucional francés", escribe a este respecto G. Drago[481]. Ciertamente, la reflexión se conduce esencialmente, aquí, en el contexto de la subsidiariedad territorial,

---

480 Esta expresión, que nos recuerda aquella de "bloque de la legalidad", utilizada en el derecho administrativo, designa el conjunto de las fuentes de la constitucionalidad que sirven de referencia al Consejo constitucional francés, y que el juez constitucional denomina a veces "normas de constitucionalidad" (sobre este punto, ver Favoreu, L. y otros, *Droit Constitutionnel,* 3ª ed., Dalloz, 2000, Nº 166, pp. 168 y s.). Se la encuentra, con una acepción un tanto diferente, en el derecho constitucional español, donde permite identificar las normas de distribución de las competencias entre el Estado y las comunidades autónomas, que resultan de la Constitución de 1978 y de los estatutos de cada comunidad (ver Rubio Llorente, F. y Favoreu, L., *El bloque de constitucionalidad,* Civitas, Madrid, 1990).

481 "Le principe de subsidiarité comme principe de droit constitutionnel", en: *Rev. intern. Dr. comp.,* 1994, pp. 583 y ss.; el mismo autor escribe (*ibid.*, p. 585): "la Constitución francesa del 4 de octubre de 1958 no contiene disposiciones explícitas que ilustren o que apliquen el principio de subsidiariedad"; también (*ibid.*, p. 586): "es necesario señalar que la Constitución francesa no hace aplicación directa del principio de subsidiariedad". Si se hace alusión a una "subsidiariedad a la francesa" (p. 585), ésta se presenta como un principio de repartición de competencias entre el Estado y las colectividades subestatales, sobre la base de los arts. 72 a 74. Pero no se trata, en todo caso, más que de subsidiariedad territorial y, además, de una falsa subsidiariedad, en que las colectividades territoriales interesadas no tienen ningún poder de definir ellas mismas sus propias competencias.

y los autores hacen el bello juego de destacar que ni la estructura del Estado unitario, ni la historia constitucional francesa, ni la cultura jurídica (poco favorable *a priori* a una ideología que se precia a sí misma como resueltamente "antisistema") se prestan a una penetración a favor de la idea de subsidiariedad[482]. Pero el razonamiento podría extenderse sin dificultad a la subsidiariedad funcional: no sólo el principio no está reconocido en ningún texto de valor constitucional, sino que no parece que haya sido objeto de propuestas en este sentido.

Se puede afirmar que el principio de subsidiariedad no corresponde a una tendencia profunda de la reflexión constitucionalista francesa. El problema ameritará seguramente ser reexaminado a la luz del proceso de autonomía institucional iniciado para algunos territorios de ultramar y para Córcega, pero se tratará en tales casos de subsidiariedad territorial.

Las mismas reticencias caracterizan las Constituciones de otros países de la Unión Europea. Es cierto que, para algunas de entre ellas, el debate constitutivo apenas se había focalizado sobre un principio cuya indeterminación era notoria y que no había vuelto al frente de la escena sino con la construcción de la Europa comunitaria. E incluso cuando los textos constitucionales se elaboraban en la perspectiva de una adhesión a la Comunidad Europea, el tema de la subsidiariedad funcional no era mirado como suficientemente denso para pretender figurar al frente de los grandes principios del Estado.

Se podría mencionar a este respecto la Constitución española de 27 de diciembre de 1978. No obstante la preocupación por integrar los grandes valores del Estado democrático y social de derecho, al término de una larga dictadura, no se creyó necesario insertar en

---

482 Marcou, G., "Principe de subsidiarité, Constitution française et décentralisation", en: *Entre l'Europe et la décentralisation: les institutions territoriales françaises* (dir. Némery, J. C. y Wachter, S.), 1993, pp. 85 y s.; el autor considera que la introducción de la subsidiariedad en el ordenamiento jurídico francés sería sin dudas inconstitucional *(ibid.*, p. 92).

ella el principio de subsidiariedad junto con "los valores superiores" del ordenamiento jurídico ("la libertad, la justicia, la igualdad y el pluralismo político")[483], ni incluso en la lista de las normas técnicas de funcionamiento del Estado (que implica, según el artículo 102, distintos principios, como la legalidad, la jerarquía y la publicidad de las normas, la no retroactividad de las disposiciones represivas o restrictivas de los derechos individuales, la seguridad jurídica, la responsabilidad de las autoridades públicas y la prohibición de la arbitrariedad)[484].

Se habría podido imaginar una mejor recepción dado que el nuevo texto inauguraba, en cuanto a la organización territorial del Estado, una fórmula original, la "del Estado de las autonomías" (o "Estado autonómico") que abría potencialmente un campo significativo a la idea de subsidiariedad territorial. Si la carta de 1978 "no reconoce el principio de la subsidiariedad ni expresamente, en su mismo texto, ni como valor constitucional ni como principio general del derecho"[485], es porque este principio no había sido objeto de una reflexión doctrinal profunda por parte de los juristas, políticos y filósofos, y porque él no correspondía a ninguna tradición vivida en la cultura hispánica, el que incluso no aparecía vinculado a los enfoques federalistas o federalizantes de las primeras experiencias republicanas (ciertamente breves) que había conocido España[486].

No se podría decir que las Constituciones alemanas e italianas, que sirvieron de modelo a los constituyentes españoles, hayan consagrado claramente el principio de subsidiariedad en uno u otro de sus aspectos fundamentales.

---

483 Constitución, artículo 1°.

484 Constitución, artículo 9-3.

485 Bandrés, J. M., *El principio de la subsidiariedad y la Administración local*, Marcial Pons, 1999, p. 24.

486 Ver sobre este punto, en lengua francesa, Moderne, F. y Bon, P., *Les autonomies régionales dans la Constitution espagnole*, París, Economica, 1981, pp. 3 y s.; Bandrés, J. M., *op. cit.,* p. 25.

La Constitución italiana de 27 de diciembre de 1947 no utiliza la expresión, aunque (bajo la influencia de la doctrina de la Iglesia Católica y también, al parecer, la del pensamiento liberal americano)[487] los análisis del principio de subsidiariedad hayan ofrecido un apoyo teórico más bien favorable a su constitucionalización[488]. Cabe reconocer, además, que el tema volvió a actualizarse en el debate de los múltiples proyectos de revisión constitucional. En particular, el proyecto de revisión constitucional, votado en segunda lectura por el Senado el 8 de marzo de 2001, considera un reconocimiento oficial del principio de subsidiariedad no sólo en el ámbito de la organización territorial del Estado, sino también en aquel de la acción social y económica: "el Estado, las regiones, las áreas metropolitanas, las provincias y los municipios favorecen la iniciativa autónoma de los ciudadanos, aislados o asociados, para la realización de actividades de interés general, sobre la base del principio de subsidiariedad" (Constitución, II parte, título V).

En cuanto a la Constitución alemana de 23 de mayo de 1949[489], ella no contiene mención alguna que eleve el principio de subsidiariedad al rango de principio constitucional general. Si bien la cuestión se discutió en los trabajos preparatorios[490], las divergencias que

---

487 Ver sobre este punto D'Atena, A., "Il principio di sussidiarietá nella Costituzione italiana", en: *Rivista italiana di diritto pubblico comunitario,* 1997, pp. 607 y s.; el autor subraya el rol de Jefferson, Th. en la elaboración del principio de subsidiariedad.

488 Caretti, P., "Il principio di sussidiarietá e suoi reflessi sul piano dell' ordinamento comunitario e dell' ordinamento nazionale", en: *Quaderni costituzionali,* 1993, N° 1; Baldassare, A., "La reforma del gobierno local en Italia", en: *Federalismo y subsidiariedad en Italia, Documento Pi i Sunyer*, N° 5, Barcelona, 1998; Vandelli, L., "Il principio di sussidiarietá nel reparto di competenze tra diversilivelli territoriali: a proposito dell' art. 3 B del Tratato sull' Unione Europea", en: *Rivista italiana di diritto pubblico comunitario*, 1993, N° 3.

489 Ver especialmente, en francés, Schwarze, J., "Le principe de subsidiarité dans la perspective du droit constitutionnel allemand", en: *Rev. Marché commun,* 1993, N° 370, pp. 615 y ss.

490 Ver Isensee, J., Subsidiaritätsprinzip und Verfassungsrecht, 1968, pp. 143 y s.; Schwarze, J., *op. cit., eod. loc.*

separaron a los autores sobre el alcance exacto de este principio y el temor, expresado por algunos, de una influencia "confesional" demasiado marcada, impidieron que prosperara la iniciativa[491].

Cabe realizar las mismas observaciones con respecto a otras Constituciones europeas. En Austria, no se puede afirmar que la Constitución federal garantice un verdadero principio de subsidiariedad funcional que favorezca a la economía de mercado en detrimento de la economía pública o de la economía social[492]. Bélgica no se aparta de la tendencia dominante: ninguna norma constitucional puede considerarse como reguladora del derecho público de la economía a partir de la idea de subsidiariedad. El derecho económico de los Países Bajos no parece haber integrado la subsidiariedad entre las normas de oro del comportamiento de los operadores públicos. El derecho económico de Luxemburgo se le asemeja mucho sobre este punto. Para Suecia, es vano buscar en el texto constitucional o en el derecho consuetudinario constitucional un apoyo sólido para la promoción de tal principio. No se lo encontrará tampoco ni en Grecia, ni en Dinamarca, ni en Noruega, ni en Finlandia, ni en Irlanda, cualesquiera que sean los artificios de presentación usualmente utilizados por los autores para atenuar el alcance de la constatación.

El silencio prudente de los textos constitucionales europeos es ya significativo.

2. La jurisprudencia constitucional no quiso pronunciarse en vano contra esta orientación general. En aquellos Estados donde tuvo la ocasión de expresarse formalmente, ella se ha abstenido de afirmar la existencia de un principio de subsidiariedad funcional,

---

491 Por otra parte, SCHWARZE, J. encuentra asombroso que los partidarios de la subsidiariedad en derecho comunitario se hayan referido de buen grado al derecho constitucional alemán mientras que éste, precisamente, no la había acogido.

492 HENGSTSCHLAGER, M., "Privatisierung und Verwaltungsaufgaben-Berichte und Diskussionen auf der Tagung der Vereinigung deutscher Staatsrechtslehrer", en: *Halle / Saale*, vom 5 *bis* 8 oct. 1994, pp. 194 y s.

que habría eventualmente contradicho, por lo demás, algunas disposiciones escritas del texto fundamental.

El Consejo Constitucional, ante el cual, al parecer, no se ha planteado el asunto de manera directa, sólo podría basarse en un principio fundamental reconocido por las leyes de la República o sobre un principio de valor constitucional *sui generis*. Pero sabemos que el Consejo es de una gran circunspección cuando se trata de descubrir nuevos principios fundamentales reconocidos por las leyes de la República[493] —y que él se priva prácticamente de crear *proprio motu* principios generales del derecho, similares a aquellos que han dado alguna celebridad a su vecino del *Palais Royal* [el Consejo de Estado][494].

El Tribunal constitucional español, en un entorno jurídico más bien favorable al principio de subsidiariedad territorial (habida cuenta de la configuración particular "del Estado de autonomías"), no ha hecho alusión a este principio[495]. Aun más, él no se ha refe-

493 Favoreu, L., *et alii*, *Droit constitutionnel*, 3ª ed., Dalloz, 2000, Nº 169, p. 152 vol. y siguientes. Además, las condiciones impuestas para el reconocimiento de estos principios son tantas que el principio llamado de subsidiariedad no tiene ninguna posibilidad de pasar el examen de constitucionalidad...

494 Moderne, F., "Actualité des principes généraux du droit", *RFDA,* 1998, pp. 495 y s. [§ 2 de este libro].

495 Bandrés, J. M., *El principio de subsidiariedad y la administración local*, *op. cit.,* pp. 29 y s. El Estado de las autonomías es definido como Estado "compuesto" o "plural", en el que las entidades regionales (las 17 comunidades autónomas) y las entidades de base (las colectividades locales) disponen de autonomía. Pero el principio de autonomía podría confundirse con el principio de subsidiariedad, sobre todo si él deja un amplio margen de maniobra a las entidades que se benefician y si excluye la aplicación del principio jerárquico. Responde a otra concepción de las relaciones del Estado con sus componentes territoriales (ver a este respecto las sentencias de 2 de febrero de 1981 y de 28 de julio de 1981: en la primera de estas decisiones en particular el juez constitucional destaca que "los órganos generales del Estado no ejercen la totalidad del poder político porque la Constitución previene, en el marco de una distribución vertical de poderes, la participación del ejercicio de poder de entidades territoriales de rango distinto").

rido a un principio de subsidiariedad funcional, el cual no habría encontrado fácilmente apoyos constitucionales de mucha firmeza.

La Corte constitucional austriaca, por su parte, admitió que el principio de la economía de mercado no figuraba entre los principios establecidos por la Carta Fundamental, pero no intentó llenar él mismo esta laguna.

El Tribunal Constitucional de Portugal ha observado la misma tendencia[496].

En resumen, sea que se trate de la propia Constitución o de la jurisprudencia constitucional, es difícil identificar en los derechos europeos un principio de subsidiariedad funcional que encuentre ubicación en la cumbre de la jerarquía de las normas.

Esta impresión ¿no debe matizarse? ¿No podríamos mostrar que detrás de las expresiones constitucionales, más o menos firmemente redactadas, y sus interpretaciones jurisprudenciales, el principio de subsidiariedad funcional prosigue inscribiéndose en filigrana, o incluso que se beneficia de triunfos no desdeñables?

Algunas observaciones merecen hacerse a este respecto.

B. La discreta presencia de la idea de subsidiariedad funcional

Serían necesarias extensas investigaciones socioeconómicas para analizar todas las facetas de la problemática de la subsidiariedad funcional en nuestros ordenamientos jurídicos respectivos. Nos limitaremos aquí a observaciones generales, sin dejar de insistir en aquellas que nos parecen las más significativas para la aprehensión de un concepto, ya veremos, que está muy indeterminado.

---

496 Moreira, Vital, *Administração autónoma e associações públicas,* Coimbra, 1997, p. 250.

1. La expresión "principio de subsidiariedad", relativamente reciente en la historia de las ideas de la Europa Occidental, se ha beneficiado de potentes triunfos durante las últimas décadas.

Las influencias cruzadas del liberalismo económico (o de sus transformaciones, la desregulación, la desestatización, la desreglamentación, la privatización de las empresas del sector público o incluso de algunas actividades administrativas de "soberanía")[497] y del derecho comunitario, totalmente dirigido hacia la construcción de un espacio económico único dentro del cual se daría plenamente la libertad de circulación de los productos, de los servicios, de los trabajadores y de los capitales, han creado obviamente un entorno favorable al concepto de subsidiariedad, aplicado a las intervenciones económicas del poder público.

La construcción institucional de la Europa comunitaria está acompañada de una verdadera promoción de la subsidiariedad, que se ha convertido en uno de los principios generales aplicables a las instituciones europeas en sus relaciones con los Estados miembros.

Los textos constitucionales nacionales, en su mayoría, no fueron afectados directamente por esta política de revalorización conceptual de la subsidiariedad.

Conviene no obstante tener en cuenta algunas desviaciones ya sea en la redacción de nuevas cartas, o en la interpretación jurisprudencial o doctrinal de las disposiciones vigentes.

---

497 Los autores españoles hablan de buen grado a este respecto de la "huida del derecho administrativo" o de la "huida de la regulación pública", que se podría traducir como "fuga fuera del derecho administrativo, o fuera de la normativa pública". Ver, a este respecto, González-Varas Ibáñez, S., *El derecho administrativo privado*, Ed. Montecorvo, Madrid 1996; Desdentado-Daroca, E., *La crisis de identidad del derecho administrativo: privatización, huida de la regulación pública y administraciones independientes*, Ed. Tirant lo Blanch, Valencia, 1999; Linde Paniagua, E., *El derecho del poder. Reflexiones sobre el derecho administrativo*, Madrid, Ed. Colex, 1999, etc.

Ciertamente, es sobre todo la subsidiariedad territorial la que se ha beneficiado de este nuevo clima; pero se puede considerar que la subsidiariedad funcional sacó también algún provecho[498].

a) Algunas Constituciones introdujeron la expresión "principio de subsidiariedad territorial" en la redacción misma de artículos reescritos o revisados.

Tal es el caso, más bien paradójico, de Portugal (del que se dijo que su Constitución oficializaba las intervenciones del Estado en la economía). Si bien la carta de 2 de abril de 1976 no hacía ninguna alusión al principio de subsidiariedad, éste apareció por primera vez en el marco de la revisión realizada el 25 de noviembre de 1992, con respecto a los convenios susceptibles de concluirse para el ejercicio en común de los "poderes necesarios para la construcción de la Unión Europea" (artículo 7-6)[499]; luego con motivo de la revisión de 20 de septiembre de 1997, para definir las nuevas relaciones entre el Estado (unitario) y las colectividades locales (artículo 6)[500]. La doctrina publicista considera que esta última mención tendrá como efecto reforzar notablemente la autonomía de las colectivi-

---

498 Million-Delsol, Ch., *L'Etat subsidiaire*, PUF, 1992.

499 "En condiciones de reciprocidad, en cumplimiento del principio de subsidiariedad y para la realización de la cohesión económica y social, Portugal puede acordar convenciones sobre el ejercicio en común de los poderes necesarios para la construcción de la Unión Europea". Ver sobre este punto, D'Oliveira Martins, M., "O principio de subsidiariedade na Constituição de 1976: os trabalhos preparatorios da terceira revisão constitucional", en: *Perspectivas constitucionais: nos 20 anos da Constituição* de 1976, t. II, Coimbra Editora, 1997, p. 875; Gomes Canotilho, J. J., *Direito constitucional e teoria da Constituição* Almedina, Coimbra, 1998, pp. 726 y s.

500 "El Estado es unitario y respeta, en su organización y su funcionamiento, al régimen autónomo de las regiones insulares y los principios de la subsidiariedad, de autonomía de las colectividades locales y de descentralización democrática de la Administración pública"; ver Blanco de Morais, "A dimensão interna do principio da subsidiaredade no ordenamento portugués", en: *Revista dos Advogados*, 1998, pp. 786 y s.; pp. 819 y s.

dades locales, en los distintos niveles de la división institucional[501]. Pero nada se dice, en cambio, a propósito del otro aspecto de la subsidiariedad, la subsidiariedad funcional.

Tal es también el caso de Alemania Federal; a propósito de la ratificación del Tratado de Maastricht, una ley constitucional de 21 de diciembre de 1992 modificó el párrafo 1 del artículo 23 de la Ley Fundamental: "Para la realización de una Europa unida, la República Federal de Alemania contribuye al desarrollo de la Unión Europea, que está ligada a los principios federativos, sociales, de Estado de derecho y de democracia, así como al principio de subsidiariedad". Por otra parte, una serie de leyes de los *Länder* sobre el estatuto de los municipios implican cláusulas de subsidiariedad en favor del sector privado; según estas cláusulas, la creación de una empresa pública en forma de sociedad comercial se supedita a la condición que el interés público no pueda ser satisfecho más eficazmente por una persona privada[502].

El ejemplo de Suiza es sin duda el más evocador. Aun cuando el principio de subsidiariedad funcional no esté mencionado como tal, podría ser que la redacción de los artículos 27 y 94 de la nueva Constitución de 24 de abril de 1999, con la fuerte afirmación de una garantía constitucional de la libertad económica, pudiera interpretarse como constitucionalizando así el principio de subsidiariedad funcional. Pero será necesario esperar las interpretaciones jurisprudenciales para asegurarse. Recordemos que, según el artículo 27 de la nueva carta constitucional, la libertad económica está garantizada y que el artículo 94 consagra los principios "del orden económico": respecto de la libertad, protege los intereses de la economía nacional, creación de un entorno favorable a la economía privada, contribución "con el sector económico, privado, a la prosperidad y a la seguridad económica de la población".

---

501 Sérvulo Correia, J., "Poder das Autarquias locais: novas perspectivas", *Forum justitiae. Direito e Sociedade*, 2000, Nº 10, pp. 46 y s.

502 Arndt, H. W., "Wirtschaftsverwaltungsrecht", en: *Besonderes Verwaltungsrecht*, Heidelberg, 5ª ed., 1995, p. 789.

En doctrina, como en la jurisprudencia, se acepta el principio de actividades económicas emprendidas por el Estado, pero a condición de que estas actividades industriales o comerciales sean necesarias para alcanzar el objetivo de interés público que debe ser identificado en toda intervención de este tipo.

b) Fuera de los cambios introducidos en las disposiciones constitucionales formales, los autores a menudo se han esforzado en establecer que el principio de subsidiariedad no era completamente desconocido en las distintas cartas fundamentales y que convendría matizar las afirmaciones habituales.

Las argumentaciones varían según las Constituciones y generalmente es la subsidiariedad territorial la que se juzga susceptible de una consagración constitucional indirecta. Pero la subsidiariedad funcional se incluye eventualmente en el razonamiento teórico.

En Alemania Federal, por ejemplo, algunos autores observan que la idea de subsidiariedad está presente en distintos capítulos de la Ley Fundamental: en las disposiciones del artículo 6 relativas a la familia y a la educación, en las de los artículos 28 y 30, que tratan de las relaciones entre los *Länder* y la Federación en el seno de una estructura federal; en los artículos 72, inciso 2°, y 93, que contienen una cláusula llamada de "subsidiariedad" en la división de las competencias entre la entidad federal y entidades federadas.

El principio de subsidiariedad funcional surgiría de la concepción de la "Constitución económica", que concede prioridad a la economía privada[503], reconoce la libertad profesional (artículo 12, inciso 1°), garantiza la propiedad privada[504] y protege a las asocia-

---

503 HEINTZEN, M. Rechtliche Grezen und Vorgaben für eine wirtschaftliche Betätigung von Kommunen im Bereich der gewerblichen Gebäudereinigung, 1999, pp. 47 y ss.

504 DEPENHEUER, O., en: VON MANGOLT, KLEIN, STARCK, *Das Bonner Grundgesetz Kommentar*, 4ª ed., 1999, N° 233 y s.

ciones en su existencia, su organización y sus actividades específicas (artículo 9, inciso 3°)[505].

En Italia, es necesario tener en cuenta la ordenación constitucional de las relaciones entre el Estado y la región tal como resultan de las disposiciones actualmente vigentes de la Constitución de 1947, del principio de autonomía de las provincias y municipios (Carta Fundamental, art. 128) y de leyes específicas (como la ley N° 59/97, de 15 de marzo de 1997, que confiere a las regiones y otras entidades locales, de acuerdo con el principio de subsidiariedad, todas las funciones y competencias administrativas vinculadas a sus intereses y relativas al desarrollo de sus comunidades respectivas)[506]. La libertad de emprender, tratándose de subsidiariedad funcional, está reconocida en términos generales en el artículo 41 ("la iniciativa económica privada es libre"); pero, paralelamente, se menciona la actividad económica pública en el mismo artículo (art. 3°). La propiedad privada se consagra, pero al mismo tiempo que la propiedad pública (artículo 42, inciso 1°), y ella está sujeta a garantizar una función social bajo el control del legislador (artículo 42, inciso 2°).

---

505 BverfG JZ 2000, p. 42. Los tribunales alemanes han tenido que pronunciarse en muchas ocasiones sobre la licitud de actividades económicas emprendidas por la Administración, ante recursos de competidores del sector privado que estimaron que sus derechos fundamentales habían sido violados en el caso; pero las jurisdicciones constitucional y administrativa fueron muy prudentes; sólo cuando la iniciativa pública implica la supresión o una restricción desproporcionada de una actividad privada competitiva, y sólo en tal caso, el artículo 12 de la Ley Fundamental es oponible al poder público. Ciertamente, la doctrina alemana se encuentra dividida en este punto (ver EHLERS, D., "Die wirtschaftliche Betätigung der öffentlichen Hand in der Bundesrepublik Deutschland", en: *Juristenzeitung,* 1990, p. 1089; *contra* DÜRIG, G., en: MAUNZ, DÜRIG, HERZOG, SCHOLZ (dir.), *Grundgesetz*, Art. 2 inc. 1° N° 52); ver, a este respecto, en francés, SCHWARZE, J., "Le service public: l'expérience allemande", en: *AJDA*, junio 1997, N° espec., pp. 150 y s.; nota, p. 153).

506 Ver, a este respecto, BALDASSARE, A., "La reforma del gobierno local en Italia", en: *Federalismo y subsidiariedad en Italia,* Documentos Pi i Sunyer, Barcelona, 1998, N° 5.

En España, los argumentos alegados en favor de un principio de subsidiariedad indirecta son muy similares. Los autores observan que, a nivel territorial, los artículos 149-3 y 150-2 de la Constitución de 1978 (que definen algunas de las relaciones entre el Estado y las comunidades autónomas) se inspiran en la idea de subsidiariedad territorial[507]. De manera más general, la adaptación territorial del Estado en municipios, provincias y comunidades autónomas respondería bastante bien a los objetivos perseguidos por la subsidiariedad y podría verse, sin artificio, como un principio institucional de la organización del Estado. Sería pues deseable, según los mismos intérpretes, constitucionalizarlo oficialmente e inscribirlo dentro de los valores superiores del Estado de derecho democrático y social (artículo 1°)[508].

El modelo económico español, por su parte, contiene numerosas referencias a la economía de mercado, a la libertad de empresa y a la propiedad privada: "La libertad de empresa se reconoce en el marco de la economía de mercado. Las autoridades públicas garantizan y protegen su ejercicio (...)" (artículo 38). Se entiende que este derecho presenta un carácter fundamental: a este respecto, establece la intervención eventual del legislador (para la definición de su régimen jurídico) y la protección eventual del juez (si la ley afecta al "núcleo duro" de esta libertad).

Dicho esto, la Constitución española reconoce también "la iniciativa pública" en la actividad económica (Constitución, art. 128-2)[509] y está previsto que la ley pueda reservar al sector público

---

507 Bandrés, J. M., *op. cit.*, p. 25.

508 En este sentido, Bandrés, J. M., *ibid.*, p. 30.

509 Los artículos 38 y 128 están en el corazón de la discusión siempre viva que opone en España a quienes están a favor y en contra del servicio público de mercado (ver sobre este punto, especialmente, Muñoz Machado, S., *Servicio público y mercado,* Civitas 1998, 4 volúmenes; Martín Mateo, R., *El marco público de la economía de mercado,* Trivium, Madrid 1999, pp. 71 y s.; Souvirón Morenilla, J. M., *La actividad de la administración y el servicio público*, Ed. Comares, Granada 1998; Miguel Macho, L., *Los servicios públicos y el régimen jurídico de los usuarios*, Cedecs, Barcelona 1999; Garcés, A., "Administración prestacional

recursos o servicios esenciales, muy especialmente en caso de monopolio.

El modelo económico propuesto por los constituyentes españoles es pues "mixto". Según algunos, procedería admitir que el elemento unitario de las iniciativas económicas públicas y privadas es el mercado, identificado como marco constitucional general, lo que postularía que todos los agentes económicos se encuentran en una situación de igualdad aceptable, favorable a una sana y honesta competencia[510]. El mercado, que sería objeto de una garantía constitucional, sería así el contexto dentro del cual podrán ejercerse conjuntamente el derecho fundamental que es la libertad de emprender y el poder de iniciativa económica del Estado o de las otras colectividades públicas.

---

y derechos ciudadanos", en: *Revista Vasca de Administración Pública*, 2000, N° 57, pp. 159 y s.; Ariño Ortiz, G., *Principios constitucionales de la libertad de empresa*, Madrid, 1995; Martín Retortillo, S., *Derecho administrativo económico*, Madrid, Civitas, 1988; Bassols, M., *Constitución y sistema económico y derecho mercantil*, Madrid, 1982; De Juan, *La constitución económica española*, Madrid, 1984; Herrero de Miñón, M., "La constitución económica: desde la ambigüedad a la integración", en: *Revista española de derecho constitucional*, 1999, N° 57, pp. 11 y s.; Ciriano Vela, C. D., *Principio de legalidad e intervención económica*, Atelier administrativo, Barcelona, 2000, pp. 35 y s).

510 Ver, por ejemplo, Herrero de Miñón, M., *op. cit.*, pp. 19 y ss.; por su parte, Muñoz Machado, S. (*Servicio público y mercado*, Civitas, Madrid, 1998, t. I, pp. 117 y ss.), considera que un enfoque correcto de las relaciones entre iniciativa económica pública e iniciativa económica privada no debe conducir a la aplicación del principio de subsidiariedad (excepto si se trata de recursos o servicios esenciales en el sentido del art. 128-2 de la Constitución, pero se trataría entonces de una subsidiariedad inversa, en provecho de la Administración); basta admitir que la igualdad de los operadores públicos y privados es un componente esencial de la libertad de empresa y una condición determinante de la libre competencia en el mercado. En otra óptica (creación de "servicios económicos de interés general", en el sentido del artículo 86-2 del Tratado que instituye la Comunidad Europea), la idea de subsidiariedad podría aparecer cuando las obligaciones del servicio público impuestas a las empresas privadas autorizadas a intervenir en el mercado competitivo no pueden ser asumidas por estas últimas; pero tal interpretación es controversial en sí misma (Troncoso Reigada, A., *op. cit.*, pp. 139 y s.).

Pero no es posible que una tal presentación autorice a evocar el principio de subsidiariedad funcional.

En Portugal, igualmente, la doctrina a veces intentó identificar un reconocimiento constitucional implícito del principio de subsidiariedad funcional. Además del argumento, más bien débil, extraído del respeto a la dignidad humana, se alegó el principio de libertad, que influye globalmente en favor de la sociedad civil y contra el intervencionismo económico de las autoridades públicas; se invoca igualmente la consagración oficial del principio de subsidiariedad territorial (en la revisión constitucional de 1997) para intentar extender el beneficio a la subsidiariedad funcional[511].

2) Si bien ninguno de estos motivos logran completamente una convicción, traducen la persistencia de una corriente favorable a la idea de subsidiariedad funcional en un sistema jurídico-económico que le es *a priori* hostil.

¿Se presta el modelo económico francés, para un análisis en términos de subsidiariedad funcional, a pesar del silencio que han mantenido sobre este punto tanto los textos constitucionales como la jurisprudencia del Consejo Constitucional? Aunque el problema se plantee pocas veces así[512], suscita algunas observaciones.

Es principalmente por medio del reconocimiento de la libertad de empresa y de la libertad del comercio y de la industria que los autores abordan la cuestión de una constitucionalización implícita de la subsidiariedad funcional.

El principio de libertad del comercio y de la industria es el primero, históricamente, en haber recibido una consagración oficial en un texto revolucionario de valor legislativo, en el célebre decreto de *Allarde,* de 12-17 de marzo de 1791, el cual, realmente, tiene un alcance mucho más amplio, puesto que se refiere a toda

511 OTERO, P., *Vinculação e libertade de conformação juridica do sector empresarial do Estado,* Coimbra Editora, 1998, pp. 33 y s.

512 La mayor parte de los estudios son relativos a la subsidiariedad comunitaria o a la subsidiariedad territorial.

actividad económica. Esta promoción fue confirmada algunas semanas más tarde por una ley no menos famosa, de 14-17 de junio de 1791, llamada ley *Le Chapelier*[513]. Estos textos, no derogados, se aplicaron regularmente en Francia por los dos órdenes jurisdiccionales que han extendido eventualmente el alcance identificando un principio general del derecho, susceptible de obstaculizar las intervenciones económicas abusivas de la Administración (excepto ley contraria)[514].

Pero es el Consejo Constitucional, en el marco de la Constitución de 1958, quien erigió la libertad de emprender al rango de principio constitucional, basándose en el artículo 4 de la Declaración de los Derechos del Hombre y del Ciudadano ("la libertad consiste en poder hacer todo lo que no daña a otros") en sus sentencias, muchas veces comentadas, de 16 de enero de 1982 y de 11 de febrero de 1982, relativas a la ley de nacionalización votada por una nueva mayoría de izquierda[515]. Desde entonces, es necesario admitir lógicamente que si la libertad de emprender tiene un valor constitucional y ello debe ser asimismo con todos sus componentes, entre los cuales se incluyen (a veces) la libertad de comercio y de industria y la libertad profesional (entendida también como el libre acceso al ejercicio de una actividad profesional y el libre ejercicio de una actividad profesional)[516].

---

513 Ver, en último lugar, CE, Sect., 13 de mayo de 1994, *Président de l'Assemblée territoriale de la Polynésie française, Rec.*, p. 234; *RDP*, 1994, p. 1557, concl. Scanvic, F.; *AJDA*, 1994, p. 558, chron. Maugüé, Ch. y Touvet, L.; CE, 1 de abril de 1998, *Union hospitalière privée et Fédération intersyndicale des établissements d 'hospitalisation privée, Rec.*, p. 114.

514 Plessis, A. (dir.), *Naissance des libertés économiques: le décret d' Allarde et la loi Le Chapelier,* París, 1993.

515 Decisión N° 81-132 DC y N° 82-139 DC, 16 de enero y 11 de febrero de 1982, *Rec.*, p. 18; *Grandes décisions du Conseil constitutionnel,* 10ª ed., Dalloz, 1999. N° 31, p. 463, obs. Favoreu, L. y Philip, L.

516 En este sentido, ver por ejemplo: Devolvé, P., *Droit public de l'économie*, Dalloz, 1998, N° 88, p. 111; Favoreu, L. y otros, *Droit constitutionnel,* 3ª ed., Dalloz, 2000, N° 1314, p. 869; L. Favoreu y otros, *Droit des libertés fondamentales*, Dalloz, 2000, N° 278, p. 239: ("la libertad de empresa es (…) más amplia que la

Sin dudas, estas libertades no son, según la formulación de otra sentencia del Consejo Constitucional, de 27 de julio de 1982[517], "ni generales ni absolutas", ni pueden desarrollarse, según la misma sentencia, sino "en el marco de una normativa instituida por la ley", siendo ellas puestas así a resguardo de "restricciones arbitrarias o abusivas" que el legislador podría intentar efectuarles[518].

¿Se puede extender el análisis a la libertad de la competencia entre operadores públicos y operadores privados?

La libertad de competencia se presenta usualmente como una prolongación de la libertad del comercio y de la industria. Ella implicaría un límite a la prohibición de las iniciativas económicas públicas.

El motivo que habitualmente se esgrime está vinculado a la idea de que las prerrogativas y los medios exorbitantes a disposición del

---

libertad del comercio y la industria"; es cierto que esta afirmación es atenuada por la observación inmediatamente anterior (*ibid., eod. loc.*): que "la libertad de comercio y de industria incluye a la vez la libertad de empresa, de valor constitucional, más aún la libre competencia..."). Pero, para otros autores, la libertad de comercio y de industria es la libertad matriz (ver, por ejemplo, Linotte, D., Mestre, A. y Romi, R., *Services publics et droit public économique*, 3ª ed., Litec, 1995, Nº 277, Colson, J. Ph., *Droit public économique,* 3ª ed., en: LGDJ, 2001, Nº 71, pp. 65 y s.; Kdhir, M., "Le principe du commerce et de l' industrie: mythe ou réalité?", en: *D.,* 1994, Jurispr., p. 30; Renard Payen, O., "Principe de la liberté du commerce et de l'industrie", en: *J.-Cl. adm.*, fasc. 255, Nº 19 y siguientes). No entraremos en esta discusión cuyo impacto, por lo demás, parece limitado.

517 Dec. Nº 82-141 DC, de 27 de julio de 1982, *Rec.*, p. 48.

518 Ver la decisión Nº 93-316 CD, de 20 de enero de 1993 (las disposiciones de la ley sometida al juez constitucional "no limitan la libertad de empresa de los agentes económicos al punto de desvirtuar su alcance"). Una de las formulaciones más recientes de la libertad de empresa figura en la decisión Nº 2000-433 DC, de 27 de julio de 2000 (JO, 2 de agosto de 2000, p. 11922): "Considerando que la libertad de empresa se deriva del artículo 4 de la Declaración de Derechos del Hombre y del Ciudadano de 1789; que está sin embargo permitido al legislador que establezca limitaciones justificadas por el interés general o vinculadas a exigencias constitucionales" (en relación a la ley de 1º agosto de 2000, relativa a la libertad de comunicación).

poder público le permitirían eliminar sin dificultad la competencia del sector privado o, en cualquier caso, la desvirtuaría irremediablemente.

Tal interpretación parece ser realmente una extrapolación reconducida a partir de los textos revolucionarios, ya que, en su primera acepción, la libre competencia no podría significar otra cosa que una competencia libre de los operadores económicos que ejercen las mismas actividades[519], sea que se trate de operadores privados o de operadores públicos.

Es evidente que el principio que entendería prohibir a las colectividades públicas el ejercicio de una actividad económica y, en consecuencia, reservar este tipo de actividad a la iniciativa privada se ajustaría *a fortiori* a las exigencias de la subsidiariedad funcional.

La validez de estas conclusiones no obstante se ha impugnado[520]. Se cita a menudo, para apoyarlas, la motivación de una sentencia del Consejo de Estado de 30 de mayo de 1930, *Chambre syndicale du commerce en détail de Nevers*[521], según la cual "las empresas que tienen un carácter comercial permanecen por regla general reservadas a la iniciativa privada". Ahora bien, si la formulación corresponde en efecto a la idea clásica de subsidiariedad de las intervenciones

---

519 Implicaría entonces obligaciones a cargo de los poderes públicos, responsables de garantizar el libre juego de la competencia y de no favorecer indebidamente a unos en detrimento de otros (ver, por ejemplo, DEVOLVÉ, P., *Droit public de l'économie*, *op. cit.*, Nº 93, p. 115); por supuesto, convendría introducir aquí las prescripciones del derecho comunitario, en particular las del art. 87 del Tratado sobre la Comunidad Europea (versión consolidada: ex art. 92-1) relativo a las ayudas públicas susceptibles de falsear la competencia en el mercado.

520 Sobre la controversia, ver especialmente MESTRE, J. L., "Le Conseil constitutionnel, la liberté d'entreprendre et le droit de propriété", en: *D.* 1984, *chron.*, p. 1; LOMBARD, M., "A propós de la liberté de concurrence entre opérateurs publics et opérateurs privés", en: *D.* 1994, *chron.*, p. 163; TRUCHET, D., "Les personnes publiques disposent-elles, en droit français, de la liberté d' entreprendre?", en: *D. aff.*, 1996, art. , p. 731.

521 *Rec.*, p. 583; *Grands ârrets de la jurisprudence administrative*, 12 éd., Dalloz, 1999. Nº 47, p. 276, obs. de LONG, WEIL, BRAIBANT, DELVOLVÉ y GENEVOIS.

públicas, se verá que la jurisprudencia posterior del Consejo de Estado autorizó a las autoridades públicas a crear sin gran dificultad distintos servicios públicos[522], cuyas actividades podrían, al menos parcialmente, estar incluidas en la lógica de mercado.

En realidad, la prohibición de ejercer actividades económicas públicas que compitan ilegalmente con las iniciativas privadas ha cambiado al compás del tiempo en la obligación de respetar las normas de igual y honesta competencia entre operadores públicos y operadores privados que actúan en el mismo campo[523].

En la medida en que, según la concepción del Consejo de Estado francés, la libertad de la competencia (comprendida hoy con una cierta flexibilidad) está vinculada a la libertad de empresa, ya constitucionalizada, por intermedio de la libertad del comercio y de la industria, ella podría ser vista como el reconocimiento indirecto de un valor constitucional[524]. Pero el juez de la Constitución no ha establecido esta consagración oficial de un modo claro.

Se discute igualmente, en derecho administrativo francés, el valor exacto del principio de libre competencia. ¿Debe observarse, tal como ocurre con el principio de libertad de comercio y de industria, como un principio general del derecho, cuya violación permitiría la anulación de los actos administrativos, aunque fuesen reglamentarios? ¿O como una norma de rango legislativo cuya violación implica la de una ley expresa? Será necesario esperar un aclaración jurisprudencial sobre este punto[525].

---

522 Ver *infra*.

523 Ver las observaciones de Long, Weil, Braibant, Delvolvé y Genevois, *op. cit.*, pp. 280 y s.

524 Delvolvé, P., *Droit public de l'économie, op. cit.*, N° 86, p. 109.

525 Se mencionan a este respecto distintas sentencias del Consejo de Estado: CE, 1 de abril de 1998, *Union Hospitalière privée* et *Fédération intersyndicale des établissements d' hospitalisation privée, Rec.*, p. 114; CE, 5 de octubre de 1998, *Fédération française des pompes funèbres et autres, Rec.,* p. 350 (la sentencia destaca que las disposiciones impugnadas "no desconocen el principio de libertad de la competencia que se deriva de la resolución de 1° de diciembre de 1986"). Otras resoluciones más recientes merecen también atención: la sentencia de 16 de

octubre de 2000, *Compagnie Méditerranéenne d' exploitation des conduites d'eau*, *RFDA*, 2001, p. 106, concl. Bergeal, C. (*AJDA*, 2000, p. 987, *chron*. Guyomar y Collin, P.; *BJDCP* 2001, Nº 15 p. 105, concl. Bergeal, C.; *Petites Affiches*, 21 de febrero de 2001, p. 4, estudio Charbit, N.; *Dr. adm*., abril de 2001, p. 4. chron. Laidié, Y.) enuncia que "el principio de la libertad del comercio y de la industria no obstaculiza por sí mismo el que un establecimiento público se postule para una delegación de servicio público propuesta por una colectividad territorial" con tal que no se beneficie indebidamente de una situación ventajosa con relación a los otros candidatos; el dictamen de 9 de noviembre de 2000, *Societé Jean Louis Bernard, consultants*, *RFDA*, 2001, p. 112, concl. Bergeal, C. (*AJDA*, 2000, p. 987, *chron*. Guyomar, M. y Collín, P.; *BJDCP*, 2001, Nº 15, p. 105. concl. Bergeal, C.; *Petites Affiches*, 21 de febrero de 2001, p. 4, estudio de Charbit, N.; *Dr. adm.*, abril 2001, p. 4, *chron*. Laidié, Y.), extiende el razonamiento a los procedimientos de competencia para la obtención de contratos públicos: "Ningún texto ni ningún principio prohíbe, en razón de su naturaleza, a una persona pública su candidatura a la atribución de un contrato público o de un contrato de delegación de servicio público, a condición de que el precio de las prestaciones se determine sobre la base del conjunto de los costos directos e indirectos que contribuyen a su formación y que la persona pública candidata no pueda sacar partido de las ventajas que sus recursos o los medios puestos a su disposición de conformidad con su misión de servicio público le habrían conferido" (ver sobre el problema y su evolución, Lombard, M., "A propos de la libertée de concurrence entre operateurs publics et operateurs privés", en: *D*. 1994, *chron*. pp. 163 y s.; Delacour, E. "La concurrence des personnes publiques aux enterprises privées", en: *Gaz. Pal.*, 1997.1.1007: Kdhir, M. "Le principe de la liberté du commerce et de l'industrie: mythe ou réalité?", en: *D.* 1994. *chron*., pp. 30 y s.; Dreyfus, J. D., "Actualité des contrats entre personnes publiques", en: *AJDA*, 2000, pp. 575 y s.; Peyrical, J. M. "Les contrats de prestation entre collectivités publiques. Réflexions et interrogations", en: *AJDA*, 2000, pp. 581 y s.). El riesgo de una competencia desleal es tenido en cuenta por algunas decisiones de justicia (TA, Besançon 22 de julio de 1999, *Monnot, Dr. adm.*, 1999, Nº 245; *Gaz. Cnes*., 11 de octubre de 1999, p. 64, concl. Garde, F.). En todo caso, el principio de libre competencia no se crea oficialmente como principio general del derecho ni *a fortiori* en principio de valor constitucional: si es mencionado en las sentencias del Consejo de Estado, es en relación con las normas de adjudicación de los contratos públicos (CE, 19 de enero de 1868, *Servat, Rec*., p. 327; CE, 24 de diciembre de 1926, *S.A. L'entreprise de l'est, Rec*., p. 1172; CE, 10 de marzo de 1937, *Sté Robiou et Martin, Rec*., p. 294, etc.) o con las del derecho de la competencia regulado por la resolución de 1º diciembre de 1986 (CE, 13 de noviembre de 1992, *Fédération française de la franchise*, req. Nº 125.530; CE, Sect., 17 de marzo de 1995,

Como se ve, aunque las cartas constitucionales europeas no hicieron el esfuerzo de constitucionalizar el principio de subsidiariedad funcional, este principio no está totalmente ausente en los ordenamientos jurídicos nacionales. Figura como telón de fondo, se podría decir, en el sentido que corresponde a una determinada concepción, puesta a la orden del día, del papel del Estado en la vida económica.

Eso no significa sin embargo que el contenido y el alcance exacto del principio de subsidiariedad funcional puedan determinarse con certeza. En muchos aspectos, al contrario, este concepto sigue siendo indeterminado.

II. UN CONCEPTO INDETERMINADO

El concepto de subsidiariedad funcional nos parece que es indeterminado, desde varios puntos de vista.

Lo está en primer lugar en sí mismo, independientemente de todo análisis del ordenamiento jurídico en el cual se inserta y de las normas de fondo susceptibles de serle aplicables. Pero lo está también a causa de sus relaciones ambiguas con el concepto de servicio público (o los conceptos vecinos) basado en la necesaria satisfacción del interés general.

A. Una identificación incierta

Se puede pasar rápidamente sobre este primer punto. Se trata solamente de situar el principio de subsidiariedad funcional con relación a los distintos modelos de "Constituciones económicas" que se nos proponen en el marco de la Unión Europea.

Syndicat des casinos autorisés en France, *Rec.*, p. 131; CE, 1 de abril de 1998, *Union hospitalière privée* et *Fédération intersyndicale des établissements d'hospitalisation privée*, *Rec.*, p. 114; CE, dictamen, 8 de noviembre de 2000, *Sté Jean-Louis Bernard, consultants*, precitado, etc.).

Debemos, nos parece, reservar la denominación de "subsidiariedad funcional" a aquellas situaciones donde ella es no sólo jurídicamente concebible, sino concretamente realizada. Sería necesario pues, en rigor, excluir del campo de la investigación los modelos jurídico-económicos que no respondan a estas condiciones. La dificultad proviene no obstante de que los criterios de una subsidiariedad auténtica son mal percibidos y mal definidos, si no bajo la forma de vagas alusiones a un tratamiento preferencial de la iniciativa económica privada *(lato sensu)* y, correlativamente, a la desconfianza que suscitan *a priori* las iniciativas económicas públicas.

Incluso reducida a esta expresión sumaria, la regla de subsidiariedad funcional no se deja comprender fácilmente.

1. Convendría en primer lugar determinar exactamente los elementos de la relación de subsidiariedad.

Quien menciona la subsidiariedad se refiere necesariamente a una relación específica entre dos protagonistas o, respecto de actividades económicas, entre dos operadores: uno es habilitado por el derecho en vigor a intervenir prioritariamente en el campo abierto a su actividad; el otro, en cambio, no puede acceder allí sino que a título subsidiario y bajo algunas condiciones.

Por supuesto, si se quiere conservar una cobertura jurídica al debate, el principio de subsidiariedad deberá ser consagrado, de una manera o de otra, por una técnica apropiada.

Ahora bien, los términos de la relación no están claramente fijados en materia de subsidiariedad funcional.

Ellos no lo están del lado de los participantes públicos: ¿qué se debe entender por operadores públicos, fuera de las colectividades públicas debidamente etiquetadas? ¿Se debe incluir a las sociedades de economía mixta u otros organismos de los cuales el Estado o colectividad territorial tiene el control? ¿A partir de cuándo un operador formalmente privado, pero bajo control público, se considerará como un candidato honesto de frente a otros operadores auténticamente privados?

No hay aquí hipótesis de escuela. Los detractores del derecho comunitario y de los derechos nacionales en cuanto al concepto de "potestad de adjudicación" en los contratos públicos, o aquellos del régimen de las ayudas estatales, nos han habituado a situar, a veces difícilmente, al poder público disimulado detrás del biombo del derecho privado.

Y cuando se constata la imprecisión de los criterios de definición de un "poder adjudicador" (o de una "entidad adjudicadora" en los sectores "especiales", o "excluidos"), uno tiene derecho a mostrar un determinado escepticismo: entre la difícil búsqueda de la influencia dominante eventualmente ejercida por una colectividad pública sobre un organismo de derecho privado (el cual pasará a ser, de golpe, de "derecho público" en sentido comunitario) y las combinaciones en cascada que se derivan mecánicamente del juego cruzado de los criterios aproximativos elegidos, se corre el riesgo de permanecer en la duda, cualquiera que sea la importancia de lo que está en juego y la calidad del análisis[526].

Los criterios son igualmente borrosos del lado de los operadores privados. Por supuesto, en el ámbito de las relaciones económicas, el primer protagonista interesado será la empresa privada. ¿Pero es necesario detenerse en esta fase? ¿Es necesario, por ejemplo, excluir a las instituciones que, sin tener una etiqueta oficial de agente económico, realizan —al menos parcialmente— actividades de origen económico y, por lo mismo, entran en competencia potencial con los protagonistas clásicos? Sobre este punto también muchas vacilaciones son permitidas.

No olvidemos que la subsidiariedad estuvo históricamente concebida para tratar las relaciones entre el Estado y distintas institu-

---

[526] Testimonio de esta complejidad: la sentencia de la Corte de Justicia de las Comunidades Europeas en el caso que contraponía a la Universidad de Cambridge con Gran Bretaña, de 3 de octubre de 2000 (caso N° C-380/98): para determinar si hubo o no "mayoritario financiamiento público", la Alta Jurisdicción debió separar elemento por elemento, las diversas fuentes de rentas de la Universidad (...).

ciones de la sociedad civil (las iglesias, las fundaciones, las sociedades, etc.), con respecto a actividades sociales juzgadas de interés general (la educación, la ayuda social, la asistencia sanitaria, etc.). El problema del intervencionismo económico público sólo se planteó más tarde, en relación con la sustitución del Estado-benefactor al Estado-gendarme liberal clásico y con el desarrollo de la idea de servicio público.

Uno de los elementos de este problema es la definición, en el seno de actividades combinadas, de aquellas que interesan a la vida económica y podrían concernirle, en consecuencia, al principio de subsidiariedad funcional.

2. Es necesario, a continuación, fijar algunos puntos de sujeción del razonamiento sobre la subsidiariedad.

a) Apenas es posible, en nuestro sentir, calificar de este modo los modelos económicos en los cuales un sector público económico debe obligatoriamente constituirse.

Tal es la situación en Portugal. Sería necesario por otra parte añadir que, en la Constitución portuguesa (modificada), la organización económica y social del Estado se basa en principios bastante distantes (algunos de ellos) del liberalismo económico clásico, puesto que se encuentra, en particular, la afirmación de la coexistencia de distintas formas de propiedad de los medios de producción, es decir, el sector público, el sector privado y el sector cooperativo y social[527] y el de la "propiedad pública de los recursos naturales y medios de producción, de acuerdo con el interés colectivo". El Estado portugués se confiere por la Carta Fundamental tareas prioritarias para promover el bienestar social y económico, la justicia social, la igualdad de oportunidades, la corrección de las distorsiones constatadas en la distribución de la riqueza y de las rentas, el crecimiento equilibrado de los sectores y de las regiones, la defensa de los intereses de los consumidores, la planificación democrática

---

[527] Artículo 80.

del desarrollo económico y social, etc.[528]. Es más, el artículo 82 de la Constitución "garantiza" la coexistencia de los tres sectores de propiedad de los medios de producción, es decir, garantiza la existencia constitucional de un sector público[529]. Se tiene derecho a preguntarse si esta garantía constitucional es compatible con el principio de subsidiariedad funcional (ver *infra*)[530]. La lógica de tal sistema, que lleva los trazos de sus orígenes revolucionarios atormentados, por otra parte, ha encontrado una transcripción reciente en la ley N° 88-A/97, de 25 de julio de 1997, que prohíbe a las empresas privadas y entidades de igual naturaleza ejercer actividades económicas en ciertos sectores importantes (y que se enmarcarían, en derecho francés, en el concepto de servicio público): la distribución de agua, el tratamiento de aguas servidas, la recolección y el tratamiento de basura doméstica, el servicio postal, la explotación de los puertos marítimos, etc.

b) No sería tampoco convincente, creemos, referirse a la "subsidiariedad" de la intervención económica pública con el único propósito de que la Constitución dé lugar a la libertad del comercio y de la industria o a la libertad de emprender, si ella acepta paralelamente la eventualidad de la iniciativa pública en materia económica.

En efecto, la libertad deja a las personas privadas ejercer una actividad económica que no se acompaña de ningún modo en esta hipótesis de una condición de subsidiariedad que obligue a los po-

---

528 *Ibid., eod. loc.*

529 Definido en términos bastante vagos como el conjunto de medios de producción en los que la propiedad y la gestión pertenecen al Estado o a otros organismos públicos (art. 82-2).

530 El recurso con la fórmula de "economía mixta" (art. 80, c) en la que debe inscribirse "la libertad de iniciativa y de organización de las empresas" confirma, según parece, que el modelo económico portugués excluye el principio de subsidiariedad en beneficio de un modelo mixto en el que uno de sus componentes obligatorios es el sector público junto al sector privado y al sector cooperativo, esto sin considerar las potencialidades del mercado (ver MIRANDA, J. "La Constitution économique. Rapport Portugais", en *Études de droit constitutionnel franco-portugais,* Économica, 1992, pp. 83 y s.).

deres públicos a operar en el campo económico sólo en caso de carencia o de insuficiencia de la iniciativa privada, es decir, en espera de que el sector privado haya agotado sus potencialidades.

En otros términos, si las libertades económicas son una condición necesaria de identificación del principio de subsidiariedad, ellas no aseguran en nada la concretización jurídica.

Es necesario tomar una decisión suplementaria que consiste en restringir toda operación económica pública hasta donde los operadores privados estarían en condiciones de responder a las necesidades de la sociedad civil.

No se conoce sistema que haya sido totalmente fiel a esta lógica. La mayoría maneja o tolera la posibilidad para los poderes públicos de intervenir en el campo económico en igual categoría que las empresas privadas. No hay "subsidiariedad", pero sí paralelismo, coexistencia o conjunción de intervenciones públicas o privadas; el problema se ubica del lado del acondicionamiento de las reglas de concurrencia entre los operadores.

Se debe admitir que un buen número de Estados europeos se incorporan en definitiva al modelo de economía mixta.

Lo hacen a menudo de manera oficial por intervención de sus Constituciones y sus jurisprudencias constitucionales: para no detenernos aquí, citamos el caso de España[531], de Italia[532], de Francia, de Portugal, etc.

El silencio de las Constituciones o de los tribunales constitucionales, en cuanto a la validez de las intervenciones económicas de los poderes públicos, debe ser interpretado como una consagración implícita de estas intervenciones (caso de Austria, Grecia, Bélgica, Luxemburgo, Finlandia, Holanda, Suecia, Dinamarca, etc.).

---

531 Constitución de 1978, art 128-2: "La iniciativa pública es reconocida en la actividad económica" (ver *supra*).

532 Constitución de 1947, art. 41, inciso 3°: "La ley determina los programas y controles apropiados para que la actividad económica pública y privada pueda ser conducida y coordinada hacia fines sociales".

Sólo una limitación formal a este tipo de intervenciones en los casos de insuficiencia demostrada de la iniciativa privada, o de una autorización expresa, condicionada por la carencia o incumplimiento del sector privado, podría significar una adhesión decidida al principio de subsidiariedad funcional. ¿Cuántos instrumentos constitucionales, cuántos jueces constitucionales han osado tomar este rumbo?

Si se siguiese el análisis de los elementos que han contribuido a influir en la evolución de los modelos económicos europeos y que han provocado una incidencia sobre la lenta emergencia del principio de subsidiariedad funcional, es sin duda el tema del servicio público (al cual cabe asociar nociones cercanas) el que llama en primer lugar la atención.

Pero las relaciones entre el servicio público y la subsidiariedad funcional obedecen a una dialéctica sutil y peligrosamente ambigua.

B. Una dialéctica ambigua:¿Servicio público versus subsidiariedad funcional?

No podríamos retomar aquí de manera detallada un tema tan recurrente como éste y que alimenta la polémica desde el siglo pasado. Recordemos, al menos, que el advenimiento de la Europa comunitaria ha renovado su actualidad, dado que si bien Francia es indiscutiblemente la cuna de la teoría del "servicio público a la francesa" (que ella ha defendido con obstinación ante las instancias europeas)[533], la idea de servicio público existe, bajo una u otra forma, en todos los Estados europeos que sirven de marco a nuestra reflexión[534].

---

533 Ver, el Informe al Primer Ministro de la comisión presidida por DENOIX DE SAINT MARC, R., *Le Service public,* Doc. Fr., 1996; POUGNAUD, P., *Service public"a la française"une exception en Europe?*, Institut de la gestion déléguée, 1998.

534 La literatura sobre este capítulo es inmensa. Nos limitaremos a mencionar, en lengua francesa, debido a su doble perspectiva, nacional y comunitaria: *Service*

Nosotros hemos, pues, mantenido la expresión, liberada de connotaciones nacionales y de los aspectos simbólicos que le han permitido ocupar, de manera a veces abusiva, en un primer plano.

Es sin duda el servicio público "mercantil", de naturaleza industrial y comercial, el que ha provocado las controversias más ásperas.

Frente al principio de subsidiariedad funcional, la historia de las relaciones entre el servicio público mercantil y la iniciativa económica privada ha pasado por fases sucesivas y medianamente contrastadas: la de la subsidiariedad reivindicada, de la subsidiariedad perdida de vista y de la subsidiariedad quizá parcialmente reencontrada.

1. La subsidiariedad reivindicada

Contrariamente a lo que a menudo se cree y a lo que a veces se pretende, el concepto de servicio público no ha manifestado, desde el principio de su larga carrera, ninguna veleidad imperialista.

No es de sorprender. El servicio público entró en la historia de las ideas europeas al mismo tiempo que las teorías del Estado de derecho y del Estado-providencia, es decir, en una época de cuestionamiento intenso del Estado, del poder público y de sus relaciones con los ciudadanos; en una época donde el Estado ya no quería ser mirado como poseedor del monopolio de la violencia, sino como "arquitecto de la solidaridad social"[535]. Los temas de la filosofía solidarista, tomados y ampliados por la sociología durkheimiana, la denuncia del idealismo hegeliano, la soberanía del Estado, de su

public et Communauté européenne: entre l' intérêt général et le marché, Doc. Fr., 2 vol., 1998; Rodrigues, St., *Services publics et service d' interêt économique général dans la Communauté européenne*, Thèse, París I, 2 vol., roneo 1999; Rodrigues, St., *La nouvelle régulation des services publics en Europe*, París Ed. Tec. et Doc., 2000.

535 Levèque, F., "Concepts économiques et conceptions juridiques de la notion de service public", en: *Le droit dans l'action économique* (dir. Th. Kirat y E. Serverin), CNRS Editions, 2000, pp. 179 y s., nota p. 180.

relativa "exterioridad en relación a la sociedad civil"[536], la búsqueda de un poder "benévolo"[537], sensible a las aspiraciones de la masa, pero cuidadoso de mantener la armonía y el equilibrio del cuerpo político institucionalizado, en fin, la voluntad de forjar una Administración "de servicio" animada por la sola consideración del interés general, todo concurría a presentar el servicio público bajo los mejores auspicios, como un factor de cohesión social y un antídoto poderoso contra la *herrschaft* querida por los teóricos alemanes.

Tal era por lo demás el enfoque del mismo León Duguit, si se desea reportarse a sus primeros escritos sobre el concepto de servicio público: el servicio público sólo se concibe si la realización de esta actividad "es indispensable para la realización y para el desarrollo de la interdependencia social y que es de tal naturaleza que sólo puede ser realizada completamente por la intervención de la fuerza gobernante"[538].

¿No encontramos allí ya los principales ingredientes de la subsidiariedad? El Estado no puede intervenir sino para la realización de tareas indispensables, "para la realización y para el desarrollo de la interdependencia social", y porque es el único con el poder de hacerlo como poseedor de la fuerza pública. ¿No es limitar de entrada la posibilidad de creación de los servicios públicos sino sólo para actividades de interés colectivo que las personas privadas son incapaces de asumir por sus propios medios?

No debemos olvidar que la teoría del servicio público se concibió como un medio de reducir los poderes de los gobernantes[539].

---

536 Vincent, G., "L' idée de service public: origine et enjeux", en: *Service publics, solidarité et citoyenneté*, éd, L'Harmattan, 1998, pp. 29 y s., esp. p. 37.

537 Berry, M., "*Les services publics entre le modèle de l'Etat bienveillant et le modele du marché bienfaiteur*", en: *L'idée de service public est-elle encore soutenable?* (dir. J. M. Chevalier, I. Ekeland y M. A. Frison-Roche), PUF, 1999, pp. 55 y s.

538 Duguit, L., *Les transformations du droit public*, París, A. Colin, 1913, p. 51.

539 Ver sobre este tema, Pisier-Kouchner, E., *Le service public aujourd'hui dans la théorie de l' Etat de Léon Duguit*, París, LGDJ, 1972; *Léon Duguit et le service public aujourd'hui* (dir. A Bockel), Galatasaray, Estambul, 1999; Blanquer, J. M.,

Es cierto que hay una suerte de paradoja, pero tal concepción está vinculada a una visión del Estado y del derecho en la cual el servicio público es a la vez "el fundamento y el límite del poder gubernamental" (según los términos mismos del fundador de la Escuela del Servicio Público)[540] y se inscribe en el derecho objetivo, más generador de obligaciones para los gobernantes que de derechos para los gobernados.

El carácter "subsidiario" del servicio público en la teoría duguista no debe entenderse en absoluto como una desvalorización del concepto: si la intervención del Estado es supletoria, es que ella está condicionada por las necesidades nacidas de la interdependencia social a las cuales los gobernados, entregadas a ellos mismos, no sabrían o no podrían responder. Pero, en este marco preciso, "supletorio" no quiere decir "facultativo". La intervención del Estado es obligatoria y decisiva. Duguit no puede sino desafiar la versión liberal del Estado mínimo: el Estado tiene "obligaciones positivas", responsabilidades específicas, nuevas respecto a la sociedad civil. Dicho esto, no tiene ninguna vocación de substituirse al mercado; él está invitado a reintegrarse en la sociedad civil sólo para recomponer o cimentar el vínculo social, cuando la solidaridad ha fallado. La justificación ética de sus responsabilidades, y de los deberes imperiosos que le incumben, descansa en una "concepción positiva de la libertad", demasiado a menudo descuidada por los que sólo quieren retener la "definición negativa"[541].

Si la llegada de los servicios públicos industriales y comerciales perturbó el buen orden de la teoría inicial del servicio público, no es evidente que esta evolución haya chocado con la hostilidad resuelta de los economistas liberales.

"Léon Duguit et le lien social", en: *Service public et lien social* (dir. S. Decreton), París, ed. L' Harmattan, 1999, pp. 77 y s.)

540 Blanquer, J. M., *op. cit.*, p. 89.

541 Vincent, G., "L'idée du service public: enjeux et origines", *op. cit.*, p. 46.

Estos destacan incluso que la "interdependencia social", razón de ser del servicio público "a la francesa", podría interpretarse en términos de externalidades económicas[542]: el fracaso del mercado en la gestión "del interés público" (otra expresión de la interdependencia social) requiere una definición apropiada de este interés público (ya sea por la eficacia económica de las prestaciones consideradas, o por el bienestar social que ellas están llamadas a procurar). Pero, en todo caso, ya que el "dejar-hacer" no garantiza por sí mismo y mecánicamente un buen nivel de resultado social, el Estado tiene derecho a intervenir para controlar la oferta de prestaciones y controlar los comportamientos de los prestadores de servicios. Su intervención no es sistemática, pero es posible y plausible; cuando las exigencias sociales se vuelven demasiado pesadas, ello no se puede evitar. Los mismos autores observan además que la concepción francesa de servicio público no está demasiado lejos del concepto americano[543], tal como ha sido aprobada por la Corte Suprema de los Estados Unidos: toda intervención pública en el mundo económico, susceptible de afectar al disfrute de la propiedad privada, debe basarse en un "interés público"[544] que evoca, en otro contexto, "la interdependencia social" querida por el decano de Burdeos, y debe ser evaluada según criterios de eficacia económica.

2. La subsidiariedad perdida de vista

Concebido en su origen como un concepto fundador pero sólo en la medida en que la interdependencia social se encuentre en

542 Adams, W. J., "La justification économique du service public dans le contexte français", en: *L'idée de service public est-elle encore soutenable?, op. cit.*, pp. 176 y s., esp. p. 179.

543 *Ibid.*, p. 181.

544 El sector donde se observa la intervención debe ser *"affected by a public interest"* *(eod. loc.,* p. 181, note 2) (ver igualmente, sobre el análisis, en términos de eficacia económica, de la noción de subsidiariedad de la acción pública, Heckly, Chr. y Oberkanpf, E., *La subsidiarité à l'americaine: quels enseignement pour l'Europe?,* París, ed. L. Harmattan, 1994, pp. 17 y s.).

juego, el servicio público desbordó muy rápidamente las fronteras teóricas que se le habían asignado.

Su intrusión en el mundo económico fue objeto de múltiples análisis, los cuales sería inútil intentar detallar.

Las bases doctrinales en las cuales se apoyaba fueron utilizadas para garantizarle una promoción rápida en distintos países europeos.

No insistiremos sobre los avatares de la teoría del servicio público en el país donde nació. El instrumento conceptual que ella ofrecía ha sido admirablemente utilizado por el Consejo de Estado francés para fundamentar y extender su competencia en relación a la del juez judicial. Por otra parte, la señalada Escuela del Servicio Público levantó en torno a este concepto "mistificado", incluso "fetichizado"[545], una imponente construcción doctrinal. El servicio público, nadie lo ignora, pasó a ser por algún tiempo el pilar y el símbolo del "régimen administrativo", el criterio de la competencia administrativa, y por lo mismo, el criterio de un derecho administrativo autónomo. Esta estrecha adecuación entre un concepto teórico y la multiplicación de las intervenciones del Estado-benefactor en el sector económico y en el sector social, condujeron inevitablemente a una hipertrofia notoria del servicio público que invadió poco a poco todos los campos de actividad del hombre en sociedad.

Era previsible que el intervencionismo económico público, a nombre del servicio público, y sobre todo la creación de servicios públicos mercantiles iban a trastornar la concepción primaria de un servicio subsidiario, atento a no usurpar indebidamente el dominio normalmente atribuido al mercado y regulado según las leyes del mercado.

La historia de esta crisis estructural del servicio público ha sido muchas veces relatada. Aquella que cuentan los economistas[546] se

---

545 Caillose, J., "Le service public est mort. Vive le service public!", en: *Service public et lien social*, *op. cit.*, pp. 399 y s., nota p. 412.

546 Adams, W. J., pp. 179 y s.

añade a la, más conocida, que describen los juristas: la falta del mercado, que explicaba la intervención del Estado (y también aquella de las colectividades locales)[547], ha dado lugar a una combinación de argumentos más flexibles en apoyo del servicio público, donde cohabitaban las economías menores y las economías de envergadura, ella apelaba a externalidades variadas:

– La externalidad económica que caracteriza algunos sectores organizados en redes, donde el valor vinculado a un servicio mercantil por un usuario depende hasta cierto punto del número y de la calidad de los otros usuarios; o

– La externalidad social, invocada para justificar igualaciones de precio y tarifas en nombre de la cohesión social y de la deseable corrección de desigualdades.

Las grandes normas del servicio público (las famosas "leyes de Roland": continuidad, adaptación e igualdad de los usuarios) se consolidaron en un nuevo contexto de fuerte crecimiento del "sector público"; las prestaciones de los servicios de redes frecuentemente se confiaron cada vez más a empresas públicas, dotadas y controladas por el Estado, y gozando eventualmente de derechos "exclusivos y especiales" (para retomar el vocabulario comunitario contemporáneo), o incluso de un monopolio oficial.

Dado que así se hizo común la intervención del Estado (y de las colectividades de segunda clase), el escepticismo respecto al mercado y la iniciativa privada pudo desarrollarse sobre un marco favorable: incapaz, en la concepción inicial, de hacer frente a las exigencias de la interdependencia social, el mercado no garantizaba de antemano, a los ojos de los teóricos de la economía pública, la

547 El rol de las colectividades locales en la creación y el desarrollo de los servicios públicos de proximidad ha dado lugar a la teoría falsamente denominada "socialismo municipal"; el recurso a la noción de interés general, muy recurrente, ha permitido la extensión por capilaridad de los servicios públicos existentes y el emplazamiento de otros nuevos; entendiéndose bien que esta política no era particularmente animada por una ideología "socialista".

eficacia económica ni, por supuesto, la equidad necesaria para la cohesión de la colectividad. La justificación económica del servicio público reposaba bajo la demostración de que el servicio público estaba en condiciones de contribuir a la "realización de la eficacia distributiva, productiva y beneficiaria"[548].

La cultura del servicio público, sobre estas bases, se consolidó rápidamente: a veces llegó a ser un elemento de la cultura social, cosechando especialmente en Francia un verdadero consenso.

El tema de la subsidiariedad funcional se esfumaba progresivamente. Todas las sociedades europeas, o casi todas, experimentaron un proceso de socialización de una serie de funciones, poco a poco consideradas como indispensables para el bienestar de la colectividad (o por lo menos para el mantenimiento de los estándares mínimos de la vida colectiva), pero que no podían, se decía (a veces sin gran examen), ser correcta o íntegramente asumidos por las empresas privadas o por las instituciones comunitarias, profesionales, religiosas y otras. En la mayoría de los países, las finalidades de interés general y los métodos de gestión adaptados para responder a las exigencias de los nuevos servicios públicos son plasmados, además, a través de normas particulares, variables según los regímenes y las circunstancias, pero muy generalmente favorables al poder público.

Durante el siglo XX, estos países son así dotados de un sector público a menudo importante, situado bajo el control directo o indirecto del Estado. No era raro que el objetivo de servicio público sirviera de pretexto para la intervención del Estado; pero no era raro tampoco que el sector público encontrara, en sí mismo o en el mercado financiero, recursos suficientes para promover su propia expansión, y que, por ese hecho, algunas actividades del Estado, administradas en monopolio, se hayan alejado en alguna medida del ideal-tipo del servicio público, sin por ello perder su etiqueta de

548 Adams, W. J., *op. cit.*, p. 190.

actividades de servicio público ni renunciar a las ventajas que ella le procuraba.

La jurisprudencia a veces desempeñó un rol en la "publicidad", más o menos presionada, de las actividades económicas a nombre del interés general. Ella contribuyó en algunos Estados a la extensión mal controlada del sector público.

El ejemplo francés es, a este respecto, paradigmático.

Inicialmente, por cierto, el Consejo de Estado se mantuvo, en el ejercicio de su control sobre las actividades públicas susceptibles de competir con las iniciativas privadas, en una actitud inspirada en el principio de subsidiariedad funcional. La afirmación de principio, por la sentencia de Sección de 30 de mayo de 1930, *Chambre syndicale du commerce de détail de Nevers*[549], que "las empresas que tengan un carácter comercial quedan, por regla general, reservadas a la iniciativa privada", es conforme, se dijo, a este principio: se trata efectivamente de una norma general, que permite excepciones. La intervención subsidiaria de las colectividades públicas (en este caso, los municipios) sólo se concibe, bajo la forma de servicios públicos, "si, debido a circunstancias particulares de tiempo y de lugar, un interés público justifica su intervención en esta materia".

La lógica de la subsidiariedad pudo explicar de la misma manera otras decisiones jurisprudenciales[550], pero que muy rápidamente se hicieron escasas. Generalmente, el juez administrativo prefirió ratificar las iniciativas públicas sin tener en cuenta, objetivamente, el estado del mercado. En cuanto la actividad de carácter económico emprendida por una colectividad pública correspondiese a un objetivo de servicio público administrativo (higiene, salud pública, res-

---

549 *Rec.*, p. 583; *Grands arrêts*, *op. cit.*, N° 47, p. 276, obs. de LONG, WEIL, BRAIBANT, DELVOLVÉ y GENEVOIS.

550 CE, Sect., 13 de noviembre de 1953, *Chambre syndicale des industries et du commerce des armes munitions et articles de chasse*, *Rec.*, p. 487; *D.*, 1954, p. 553, nota REUTER, P.; CE, 4 de julio de 1984, *De'partement de la Meuse c/Poilera,* en: *RD Public,* 1985, p. 199, nota DE SOTO, J.; *RFDA*, 1985, p. 58, nota DOUENCE, J. C.

tauración económica, policía de tráfico, etc.), importaba poco que el sector privado estuviese presente y fuese eficiente, o ausente, o defectuoso: no era tomado en consideración[551] Esta concepción, llamada a veces "subjetiva", del servicio público se apoyaba en la intención, indicada o supuesta, de los gobernantes.

Y si, en otros casos, la creación de un servicio público mercantil podía alterar sensiblemente el funcionamiento normal del mercado, no se podría decir que la motivación esencial del juez administrativo, cuando controlaba estas creaciones, se basaba en el análisis de la oferta privada. Ello se ha demostrado a menudo[552]. El Consejo de Estado se dedicaba esencialmente a la motivación de interés general (que él calificaba generosamente, en función de las circunstancias de cada asunto) y sobre la intención de las autoridades públicas, a nivel nacional como a nivel local.

Seguramente, en la mayoría de los Estados europeos, la creación de servicios públicos mercantiles, en forma de empresas competidoras con las empresas privadas, se acompañó de condiciones y de restricciones cuyo objeto era proteger la economía privada. A pesar de todo, se constata que el campo del servicio público se extendió naturalmente por creación o extensión de nuevas empresas o por absorción de empresas privadas, que el servicio público englobaba

---

551 CE, Sect., 23 de diciembre de 1970, *Préfet du Val d'Oise et Ministre de l'Interieur c. Commune de Montmagny*, *Rec.*, p. 788; *RDP*, 1971, p. 248 concl. Kahn, J.; *AJDA*, 1971, p. 153, *chron.* Labetoulle, D. y Cabanes, P.; CE, 27 de octubre de 1971, *Dlle. Degraix.*, *Rec.*, p. 632; CE, 17 de diciembre de 1997, *Ordre des avocats à la Cour de París*, *Rec.*, p. 491, *CJEG*, 1998, p. 105, concl. Combrexelle, J. D., *AJDA*, 1998, p. 362, concl. Combrexelle, J. D.; *D.* 1998, p. 591, nota Jorion, B., etc.

552 Ver las notas de Long, Weil, Braibant, Delvolvé, Genevois a: CE, Sect., 30 de mayo de 1930, *Chambre syndicale du commerce en détail de Nevers*, en: *Grands arrêts*, *op. cit.*, pp. 280 y s.; observamos, a este respecto, que la alta jurisdicción administrativa no ha dudado, recientemente, en identificar un servicio público en la prestación de asistencia, reparaciones, remolque y evacuación de vehículos en carreteras no concesionadas (CE, 22 de marzo de 2000, *Epoux Lasaulce. RFDA*, 2001, p. 354, estudio Guglielmi, J.; *Bull. jur. contr. publ.* 2000, N° 11, concl. Savoie, H.); no es cierto que el derecho comunitario haya procedido con el mismo análisis...

tanto las actividades mercantiles como las actividades no mercantiles y que todas estaban llamadas a beneficiarse de prerrogativas que podían llegar hasta el monopolio público.

Tanto, que la distinción entre servicios mercantiles y no mercantiles se volvió aleatoria y contingente. En Francia, la distinción entre servicios públicos administrativos y servicios públicos industriales y comerciales está basada en criterios cruzados y acumulativos que la vuelven más sutil y vaga. El régimen económico de un servicio público depende más de la elección discrecional de la colectividad pública que lo organiza que de criterios objetivos y jurisdiccionales controlables.

No existe ninguna conexión muy clara, ni ha sido establecida, entre la idea de servicio público y la idea de monopolio, o entre la idea de servicio público y la propiedad pública. Si bien ciertos servicios públicos mercantiles se administraban efectivamente en monopolio por empresas públicas colocadas bajo el control del Estado, otros se mantenían en el sector competitivo y se explotaban en forma de concesiones.

Era evidente, en tal contexto, que el principio de subsidiariedad no encontraba allí un lugar.

¿Han cambiado las cosas verdaderamente? ¿Nos encaminamos hacia un resurgimiento de la idea de subsidiariedad?

3. ¿Una subsidiariedad reencontrada?

La pregunta se impone, ya que los numerosos movimientos que ponen en entredicho los fundamentos del sistema político y económico de los Estados europeos se desarrollan sobre una escena más extensa, la de una economía mundializada y globalizada.

¿Se basan estas fuertes tendencias, que acentúan la hegemonía de una superpotencia, en las concepciones de la economía de servicio público o de las políticas públicas conducidas sobre esta base? ¿Abre la crisis del servicio público, muchas veces descrita y analizada[553], nuevas perspectivas al principio de subsidiariedad funcional?

Nos parece que hay que matizar algunas afirmaciones por ser demasiado perentorias.

a) A nivel económico. A este nivel, el tema del servicio público ha sido reexaminado en un contexto ideológico caracterizado por el dominio del pensamiento liberal, uno de cuyos principales vectores ha sido la Europa comunitaria.

Para algunos economistas, el servicio público seguiría teniendo una justificación si hay fallos del mercado sobre la base de conceptos de monopolio natural y de bienes colectivos[554]. El "monopolio natural" es aquel del que se benefician los servicios públicos mercantiles explotados en redes; son "bienes colectivos" aquellos cuyo acceso se ofrece a todos (principio de no exclusión) y cuyo consumo por un individuo no implica una menor disponibilidad para otros (principio de no rivalidad). Resumiendo, se podrían invocar los fines redistributivos y las razones de equidad para justificar la instauración de un servicio público en una situación socioeconómica determinada. La intervención del poder público bajo la forma de servicios públicos conservaría una razón de ser, pero solamente en algunas hipótesis que se corresponden con necesidades posibles —y subsidiarias— de servicio público[555]: aquellas que permiten a los usuarios amenazados de exclusión tener acceso a prestaciones consideradas como esenciales y que el libre juego del mercado permite ofrecer a los usuarios ordinarios; aquéllas que contribuyen a la cohesión social y al sentimiento de pertenencia vivida por una

---

553 Sería el reflejo de otra crisis mayor: la del Estado benefactor, cuyo diagnóstico ya se había hecho por los sociólogos.

554 Martinand, C. y Lorenzi, J. H., *La régulation des services publics. Concilier équité et efficacité,* Ed. Aspe-Europe-Eska, París, 1995.

555 Cohen, E. y Henry, Cl., *Service public et secteur public,* Doc. Fr., París, 1997, pp. 9 y s.

comunidad (aunque sea sólo simbólicamente)[556] y las encaminadas a favorecer una utilización racional, eficaz y equilibrada de los territorios y recursos comunes[557].

En otros términos, el servicio público, respondiendo en adelante a la doble caracterización de eficacia económica y de equidad, podría provechosamente seguir corrigiendo ciertas externalidades vinculadas a las desigualdades sociales o a los desequilibrios en la ocupación del territorio.

Las soluciones concretas propuestas por los economistas no convergen necesariamente. Algunos, teóricos "de la economía pública", desean el mantenimiento de un campo relativamente significativo de los servicios públicos, que incluiría no sólo los bienes colectivos ordinarios, sino también los bienes llamados de "club" (cuyo consumo en principio es negado a algunos usuarios)[558].

Para otros[559], teóricos de la economía de la "elección pública", el servicio público debe ser limitado estrictamente a los bienes colectivos puros, únicamente a aquellos que tengan la vocación de una

---

556 Ver, bajo la dirección de Decreton, S., *Service public et lien social,* París, éd. L'Harmattan, 1999.

557 Ver, por ejemplo, Champeil - Desplats, V., "Services d' intérêt économique général, valeurs communes, cohésion sociale et territoriale", en: *AJDA,* 1999, pp. 959 y s.

558 Buchanan, J. M., *An economic theory of clubs,* Économica, 1965; se puede tratar de prestaciones ofrecidas en los centros de esparcimiento, o de deportes, los estacionamientos de los supermercados, las cadenas de televisión por cable, etc.

559 Ver por ejemplo Buchanan, J. M. y Tollison, R. D. (ed.), *Theory of public choice: political applications of Economics,* Univ. of Michigan Press, 1970; Buchanan, J. M. y Tullock, G. *The calculus of consent,* Ann Arbor, Univ. of Michigan Press, 1992; Crew, M. y Rowley C. K., "Toward a public choice theory of monopoly regulation", en: *Public choice Theory* (C. K. Rowley, ed.), Aldershot, Elgar, 1993, vol. II. p. 49; D. C. Mueller, *Public choice,* Cambridge UP, vol. III, p. 496; Buchanan, J. M. "The public-choice perspective", en: Rowley, C. K., *op. cit.,* vol. III, p. 535: Shughart, W. F., "The causes and consequences of antitrust: the public choice perspective", en: McChesney, F. S. y Shughart, W. F., (ed.). *Public-choice theory and antitrust policy,* Chicago UP, 1995, cap. 2, p. 7.

utilización gratuita. Los bienes de "club", a diferencia de los bienes colectivos "puros" (necesariamente financiados por las exacciones fiscales para poder ofrecerse gratuitamente al conjunto de los usuarios), deben ser pagados por los consumidores: en cuanto son "excluyentes", la iniciativa privada está en condiciones de ofrecerlos y toda intervención del poder público sería fuente de distorsión de precio, de desigualdad y de derroche.

Se puede admitir que el principio jurídico de subsidiariedad funcional es mucho más tenido en cuenta por la teoría de la "elección pública" que por la teoría "de la economía pública", aunque la relación entre el enfoque jurídico y el enfoque económico del servicio público no baste para delimitar el conjunto de los antecedentes del problema.

b) En cuanto a las políticas públicas. Las críticas dirigidas —a veces con alguna vehemencia— por los partidarios del liberalismo a la presencia de servicios públicos mercantiles en una economía basada en las leyes del mercado, han causado una profunda crisis en la mayoría de los Estados europeos.

La influencia de la Europa comunitaria ha sido usualmente determinante[560], en especial para abrir a la competencia (*leitmotiv* de

---

560 Cartelier, L., Fournier, J. y Monnier, L., *Critique de la raison communautaire,* París, Économica, 1996. Conviene observar que, en la comunidad europea, el libre acceso al empleo es visto como un derecho fundamental (ver Tratado CE art. 136; Dubouis, L. y Blumann, Cl., *Droit communautaire matériel,* Montchrestien, 1999, p. 67). Un "alto nivel de empleo" figura entre los objetivos de la Unión Europea (Tratado UE art. 2) y dentro del espacio económico único se reconoce y asegura la libre circulación de los trabajadores (Tratado CE, art. 39), la libertad de establecimiento (art. 43) y la libre prestación de servicios (art. 49). La Carta Social Europea de Turín de 18 de octubre de 1961 dice que "toda persona debe poder ganarse la vida en un trabajo desarrollado en libertad"; y la Carta Comunitaria de Derechos Sociales Fundamentales de los Trabajadores de 9 de diciembre de 1989 subraya "el derecho de todo trabajador de ejercer una profesión u oficio en la comunidad". En cuanto a la Corte de justicia de las comunidades europeas, consagra resueltamente la libertad de empresa ligada a la libertad de circulación de las personas, mercaderías, capitales y servicios (*CJCE*, 15 de octubre de 1987, *Union nationale des entraîneurs*

toda la política económica de Bruselas) los servicios de redes constituidos en monopolios públicos; e, indirectamente, el conjunto de las actividades económicas de servicio público.

La privatización de las empresas del sector público, cualesquiera que sean las formas, e independientemente del ritmo según el cual ella se realizó, no solamente afectó a las empresas administradas por los Estados fuera de toda consideración de servicio público; tuvo también un impacto directo sobre las actividades económicas de servicio público. Basta con referirse al artículo 86-2 del Tratado sobre la Comunidad Europea (versión consolidada; ex art. 90-2): "Las empresas encargadas de la gestión de servicios de interés económico general o que presentan el carácter de un monopolio fiscal, están sujetas a las normas del presente Tratado, en particular, a las normas de competencia, dentro de los límites en que la aplicación de estas normas no perjudique la realización de hecho o de derecho de la misión particular que se les asignó. El desarrollo de los intercambios no debe ser afectado en una medida contraria al interés de la Comunidad".

No hace falta entrar en el detalle de los mecanismos por los cuales los Estados miembros se plegaron, más o menos de buen grado, a las directivas comunitarias destinadas a introducir una competencia significativa en sectores altamente sensibles, como la electricidad,

et des cadres techniques du football cl Heylens et autres, Rec. CJCE, p. 4097; *CJCE*, 26 de febrero de 1991, *G. D. Antonissen, Rec. CJCE,* p. 773; *CJCE*, 15 de diciembre de 1995, *Union royale belge des sociétés de football, Association A.S.B.I.* et *J. Bosman c. DEFA, Rec. CJCE,* p. 4921; ver, igual, *CJCE*, 10 de febrero de 2000, *Omer Nazli y otros* c. *Stadt Nûrnberg, Rec. CJCE, p.* 957, concl. Misha, J.; *CJCE*, 13 de abril de 2000, *Jyri Lehtonen et Castors Canada c. Fédération royale belge des sociétés de basketball, Rec. CJCE,* 2000. I, p. 2714; concl. Alber, M. S., *ibid.*, p. 2685, etc.) (ver la tesis de Boudot, G., *La libre circulation des personnes et les droits fondamentaux dans l'Union européenne,* Pau, 2000, roneo, pp. 630 y s.). De acuerdo a la nueva Carta de Derechos Fundamentales de la Unión Europea, adoptada por el Consejo europeo en diciembre de 2000, en Niza, "La libertad de empresa se reconoce conforme al derecho comunitario y a las leyes y prácticas nacionales" (art. 6) y "Toda persona tiene el derecho de trabajar y ejercer una profesión libremente escogida o aceptada" (art. 15).

el gas, los transportes ferroviarios, el teléfono, el correo, el sector audiovisual, las infraestructuras portuarias, etc., ni de proceder a un análisis de los conceptos europeos que la lógica comunitaria entiende sustituir al concepto francés de servicio público, sospechoso de disimular intenciones nacionalistas perniciosas y obstaculizar las ambiciones prometedoras de un espacio económico unificado. Las preocupaciones de las que Francia se hizo eco —y, en cierta forma, el paladín— han sido (parcialmente) tomadas en cuenta en la Comunicación de la Comisión de 11 de septiembre de 1996, sobre los servicios de interés general en Europa[561]; y, luego, de manera más significativa, en la Comunicación de 20 de septiembre de 2000[562], bajo el mismo título.

---

561 Doc. com. 443 final; ver Buendía Sierra, J. L., "La communication de la Commission sur les services d' intérêt économique général en Europe et la politique communautaire de concurrence", en: *Service public et Communauté européenne: entre l' intérêt général et le marché,* Doc. Fr. 1998, t. II, p. 461.

562 Com. 2000, 580 final; ver el texto de este comunicado de la comisión en *Revue des concessions et des délégations de service public,* 2000, N° 10, pp. 69 y s., estudio Bettinger, Chr. La Comisión, a solicitud del *Conseil européen de Lisbonne*, de 23 y 24 marzo 2000 (concl. de la Présidence, SN 100/00), procedió a actualizar el comunicado precedente. Pero el tono del conjunto ha cambiado. Mientras tanto, ciertamente, el tratado de Amsterdam había reconocido "el carácter fundamental de los valores que sustentan estos servicios" *(ibid.* Introducción, 2) y el rol que juegan en la promoción de la cohesión social y territorial de la Unión". La Comisión incluso evoca (*ibid.,* 2-1 y 5-3) la cohesión "económica" entre las misiones de los servicios de interés general, expresión que confirma la complementariedad de este tema respecto a aquel de la competencia y al del mercado interno ("el respeto de las disposiciones del Tratado CE y especialmente de aquellas que conciernen a la competencia y al mercado interno es plenamente compatible con la prestación de servicios de interés general", *ibid.,* 2-6). Por otra parte, el comunicado de 20 de septiembre de 2000 destaca que los Estados miembros "son los primeros responsables de la definición de los servicios de interés general", reserva hecha de un posible error manifiesto (*ibid.*, 2-9) y que el nuevo artículo 86-2 del Tratado CE (versión consolidada) sólo se refiere a los servicios de interés económico general, con exclusión de los servicios que responden a preocupaciones educativas, sociales o culturales (educación, seguridad social obligatoria, etc.).

Recordemos que a los ojos de las instancias comunitarias, los servicios públicos mercantiles nacionales no parecen ya constituir hoy en sí mismos, objetivamente, obstáculos a la construcción europea, sobre todo que ellos dependen en última instancia de las autoridades nacionales, que garantizan el control y asumen la responsabilidad.

Se pueden aplicar las observaciones sobre tres puntos claves del nuevo dispositivo: la noción de "actividad económica de interés general", la noción de "servicio público universal" y la noción de "regulación" de los servicios públicos.

1°. Los "servicios económicos de interés general". Ellos están mencionados en los textos fundadores: ¿pueden ser vistos como adscritos a una perspectiva de subsidiariedad funcional?

Estos servicios, creados y administrados por los Estados miembros, se benefician, según el propio Tratado, de una verdadera legitimidad, puesto que se autorizan bajo condición de separarse de la regla de oro de la competencia para poder realizar plenamente su misión interna.

Los únicos servicios de interés económico general que interesan a la Comunidad son los servicios mercantiles, lo que excluye de oficio los servicios regalianos, los servicios de protección social, los servicios educativos, u otros en cuanto ellos no realicen una actividad "económica" en el sentido de la jurisprudencia del Tribunal de Luxemburgo.

El derecho comunitario adopta entonces una definición finalista del servicio de interés económico general. Él se esfuerza en no vincular tan fácilmente conceptos que pueden ser tratados en forma separada: los servicios económicos de interés general no son necesariamente confiados a una persona pública, pero pueden llegar a serlo[563]; ellos no exigen sistemáticamente privilegios de explota-

[563] Se tendrá en cuenta que la neutralidad del derecho comunitario respecto a la propiedad pública o privada de las empresas es garantizada por el art. 295 del Tratado de la Comunidad Europea. Es muy recordada por la comunicación

ción ni, *a fortiori*, un monopolio de gestión, pero tal puede ser el caso.

Ni qué decir tiene que la actividad económica de interés general a la cual se refiere el artículo 86-2 del Tratado de la Comunidad Europea no reenvía a las definiciones nacionales. Se trata de un concepto comunitario que debe servir de marco a los derechos estatales, quedando claro que la selección de estas actividades dependerá lógicamente de las tradiciones y elecciones políticas nacionales. En otros términos, las decisiones se tomarán al nivel de cada Estado, pero la legitimidad de la actividad así definida deberá recibir el patrocinio comunitario.

Tengamos en cuenta aun que la norma básica para el ejercicio de tales actividades (debidamente reconocidas) sigue siendo la competencia. Ellos no pueden derogarla, salvo que la aplicación del derecho de la competencia comprometa la misión de interés general por la cual ellos fueron creados. Lo que significa que las restricciones eventualmente realizadas a la libre competencia entre agentes económicos deberán justificarse debidamente y se medirán según los cánones del principio de proporcionalidad. La norma de proporcionalidad tiene aquí como primer significado no dejar los posibles arbitrajes a la discreción de los Estados. Éstos deberán pues establecer que las derogaciones convenidas de acuerdo a la realización del objetivo legítimo de interés general son necesarias y que no hay mejor alternativa.

¿Se ajusta tal enfoque, al principio de subsidiariedad funcional? No parece, si se piensa bien, que las dos gestiones se sitúen exactamente sobre el mismo plan: el derecho comunitario no pretende

---

de la Comisión sobre los servicios de interés general en Europa, de 20 de septiembre de 2000: "la Comisión no se ocupa de saber si las empresas responsables de la prestación de servicios de interés general deberían ser públicas o privadas". No es, pues, necesario privatizar las empresas públicas. Por otra parte, las normas del Tratado, en particular, las relativas a la competencia y al mercado interior, se aplican cualquiera que sea el régimen de propiedad de una empresa (público o privado)" (*ibid.*, Sección 3.8).

favorecer sistemáticamente la actividad económica privada con relación a la actividad económica pública. Es relativamente indiferente a las calificaciones nacionales y, en particular, a la calidad de los operadores. Se entiende, sin embargo, que el conjunto de los agentes respeten las reglas del juego.

Se desprende que son estas normas, y su aplicación honesta, las que priman en la óptica comunitaria. Si hay "subsidiariedad", ello dependerá de otros parámetros: por ejemplo, ¿no se podría dejar a los Estados el cuidado de operar en primer lugar las conciliaciones necesarias para determinar la naturaleza y la amplitud de las derogaciones que deben acordar?

Dicho esto, no debemos olvidar que la iniciativa privada se beneficia de una presunción favorable y que la iniciativa pública, al contrario, es sospechosa, más bien, de afectar a las normas del mercado…

2º. El "servicio universal". Tal como es preconizado por el derecho comunitario, ¿representa el "servicio universal", desde este punto de vista, una concesión al principio de subsidiariedad?

Aun así, nos parece que se impone una cierta prudencia.

La noción de "servicio universal" tendría, según algunos, vocación de sucedáneo del "servicio público a la francesa"[564]. Ella definiría prestaciones proporcionadas por un operador económico, público o privado, investido de una misión de interés general, según los principios clásicos de la igualdad y de la continuidad. La diferencia, simbolizada por el calificativo "universal", vendría de que el servicio sería ofrecido a todos, sin discriminación, sin con-

---

[564] Ver, sobre este punto, RAINAUD, J. M., *La crise du service public français*, PUF, col. Que sais-je?, 1999, pp. 95 y s.; SAUSSOIS, J. M., "Négociation européenne autour du service universel: le résidu ultime", en: *La production des normes entre Etat et société civile* (dir. SERVERIN, E. y BERTHOUD, A.), ed. L'Harmattan, 2000, pp. 135 y s., etc.

sideración de rentas, de desventajas sociales u otras, lo que implica que la prestación esté calculada al menor coste[565].

Es difícil pronunciarse sobre una cuestión controvertida en el seno mismo de las instancias comunitarias. No parece que haya alguna doctrina europea del servicio universal, sino más bien una definición caso a caso, en función de cada servicio de interés económico general.

El sector de la telefonía ha sido, desde esta perspectiva, el primer expediente de apertura al mercado de un servicio de red. El perímetro del servicio universal se delimitó allí de manera bastante estrecha; se estableció una suerte de mínimo denominador común, a reserva de que cada Estado elija densificar el contenido con ocasión de la transposición de las directivas comunitarias. Los servicios básicos están así al alcance de todo usuario a precios accesibles, pero se pueden concebir obligaciones complementarias de servicio público, combinadas con una tarificación libre, pues estas prestaciones obedecen a los principios clásicos de igualdad y continuidad; o de misiones de interés general aseguradas por cuenta del Estado y financiadas por él[566]. En resumen, el servicio universal es un elemento del servicio público del que el contenido concreto dependerá de la evolución de las tecnologías y de la situación del mercado.

Para otras actividades, convendrá tener en cuenta parámetros diferentes, en función de las especificaciones del sector liberalizable y de los márgenes de maniobra dejados a cada Estado. En algunos casos (liberalización del sector de los transportes o del suministro de energía, por ejemplo), la expresión "obligaciones de servicio público" tiende a sustituir a la de "servicio universal", lo

---

565 La noción de servicio público universal a veces, ha sido considerada como correspondiente a un servicio mínimo; conservaría, de acuerdo al Informe del Consejo de Estado de 1994 *(Secteur public, services publics: déclin ou renouveau?,* EDCE Nº 46, Doc. Fr., 1995), "un bajo perfil" y no podría rivalizar con el servicio público de creación francesa.

566 Ver especialmente, respecto a Francia, *Code des télécommunications,* art. L. 35, nuevo.

que acerca a los dos conceptos pero no conduce sistemáticamente a su confusión.

¿Nos encontramos en presencia de un ejemplo del principio de subsidiariedad? No lo parece. Aun así, el problema no está planteado bajo la forma de una alternativa entre la iniciativa pública y la iniciativa privada, con tratamiento preferencial de esta última.

La naturaleza, pública o privada, de los operadores no se cuestiona. El servicio universal es definido de manera más bien mínima al inicio, pero es susceptible de extensión. La diferencia con el servicio público ordinario apunta a que el servicio universal obedece a una lógica mercantil prioritaria, que es susceptible de adaptarse fácilmente a las demandas de los "clientes" y que la delimitación de su perímetro es operada a tal efecto, por cada sector, por enumeración precisa de las prestaciones debidas. Si hay un elemento de subsidiariedad en las relaciones entre servicio universal y servicio público (de contenido más diversificado), se trata de una subsidiariedad técnica y no de una subsidiariedad funcional.

3º. La "regulación". El tema de la "regulación" está igualmente vinculado a las convulsiones aportadas por la liberalización de las actividades económicas de interés general y su reinserción programada en el mercado, bajo la influencia del derecho comunitario.

Ya se ha escrito mucho sobre este tema[567]. Es cierto que el concepto de regulación es de aprehensión delicada.

---

567 Nos referiremos especialmente, en lengua francesa, a la obra publicada bajo la dirección de CLAM, J. y de MARTIN, G., *Les transformations de la régulation juridique.* LGDJ, 1998. Ver también DUMEZ, H. y JEUNEMAÎTRE, A., "Quels modèles de régulation pour les services publics?", en: *L' idée de service public est-elle encore soutenable?* (dir. CHEVALIER, J. M., EKELAND, I. y FRISON-ROCHE, M. A.), PUF, 1999, pp. 63 y s.; PRADA, M., "Les nouveaux acteurs de la régulation: démembrement ou renouvellement de l'Etat?", en: *Petites Affiches,* 8 de noviembre de 2000, pp. 12 y s.; en español, ver TORNOS MÁS, J., "La actividad de regulación", en: *El derecho administrativo en el umbral del siglo XXI. Homenaje al Profesor Dr. R. Martín Mateo,* Ed. Tirant lo Blanch, Valencia, 2000, t. I, pp. 1329 y s.

No se confunde con el concepto de autoridad administrativa independiente, aunque estas autoridades frecuentemente están encargadas de una misión de regulación.

En términos de objetivos, los modelos de regulación propuestos en los distintos Estados que se valen de ellos intentan corregir las imperfecciones o las desviaciones de los mecanismos de competencia dejados a ellos mismos. El regulador, situado entre el Estado (siempre presente) y el mercado competitivo, está encargado de velar, por una parte, por la instauración y el mantenimiento de una competencia aceptable y, por otra parte, por el respeto de algunos estándares de calidad y continuidad de las prestaciones debidas a los usuarios. En esta gestión, está llamado a controlar las condiciones de acceso al mercado, a garantizar la igualdad de oportunidades entre los operadores y, cuando proceda, a prevenir las prácticas contrarias a la competencia. Respecto a los usuarios del servicio, intervendrá sobre los indicadores de resultados, comprobará la transparencia de la gestión y procederá a los arbitrajes necesarios en caso de litigio, etc.

En términos jurídicos, los órganos de regulación disponen de importantes poderes de decisión (autorizaciones individuales, en particular) y de sanción. Pueden también intervenir en el arreglo de litigios entre operadores, o entre operadores y usuarios. Ni qué decir tiene que su independencia se postula tanto respecto al poder público como respecto a los operadores privados o empresas clientes tentados por el *lobbying*.

A un nivel más simbólico, la regulación es observada por algunos como un freno eficaz a una liberalización desenfrenada; y, por otros, como una garantía de flexibilidad a la excesiva rigidez del intervencionismo público mal controlado.

Las técnicas de regulación son diversas, en función de las experiencias nacionales. Los economistas han intentado presentar una clasificación multicriterios, teniendo en cuenta el campo de las misiones confiadas al regulador, la densidad de la regulación, su amplitud, su dinámica, etc.[568]. Estos modelos se escalonarían según una escala graduada, partiendo de la *sunshine regulation* (o regulación por proyectores) para llegar a una regulación organizada y vinculante, de tipo cuasijurisdiccional, pasando por modelos intermedios (regulación por autodisciplina, regulación puntual pero ligera llamada "*light-handed regulation*", regulación sectorial, más pesada, cuyos ejemplos se encuentran en las experiencias británica y francesa).

La institución, en distintos países, de procedimientos de regulación destinados a garantizar el buen funcionamiento del mercado, a servir de código de buena conducta a los operadores públicos y privados y a mejorar la eficacia global del sistema, ¿corresponde a los objetivos del principio de subsidiariedad funcional?

Aun así, se permiten dudas. Creemos, más bien, que la regulación sigue siendo conceptualmente neutra ante la problemática de la subsidiariedad de las intervenciones públicas con relación a las iniciativas privadas.

Y esto por muchas razones. La primera es que la regulación no se concibió teóricamente para fomentar, promover o suscitar una forma de intervención en detrimento de otra[569]. Ella debe tener por objetivos simultáneos el resultado económico del mercado competitivo y el cumplimiento de las obligaciones del servicio público asignadas a los operadores.

La segunda es que el regulador, encargado de corregir las deficiencias del mercado y de garantizar la existencia de una competencia correcta, no tiene el control de los objetivos del servicio pú-

---

568 Dumez, H. y Jeunemaître, A., *Evaluer l'action publique. Régulation des marches financiers et modèle du mandat,* París, ed. L'Harmattan, 1998; "Quels modèles de régulation pour les services publics?", *op. cit.,* pp. 67 y s.; Braconnier, J., "La régulation des services publics", *RFDA*, 2001, pp. 43 y s.

569 Los economistas han observado que la regulación podía desarrollarse tanto en un contexto de competencia exacerbada (caso de los Estados Unidos) como en un contexto de normativa pública paralizante (caso de algunos países europeos).

blico. Estos dependen siempre del poder público y son apreciados a nivel nacional. En la mayoría de los Estados que practican el sistema las autoridades reguladoras no solamente son muy cercanas a los poderes públicos, sino deben limitarse a controlar la competencia en algunos servicios públicos solamente. Su poder reglamentario permanece limitado y encuadrado (cuando existe); así, se someterá eventualmente a homologación ministerial[570]. Quizá porque la regulación que se presenta usualmente como sustancial a la sociedad no nos dice nada en cuanto al tipo de sociedad que se quiere construir...

Otras incertidumbres pesan por lo demás sobre la regulación de los servicios públicos. Algunas apuntan a la ambigüedad del sistema (por ejemplo, en Francia, la regulación sectorial, tipo Autoridad de Regulación de las Telecomunicaciones o Comisión de Regulación de la Electricidad, coexiste con una regulación transversal, tipo Consejo de la Competencia); otras a la necesidad de una interregulación con relación a los poderes públicos o a las empresas dominantes del sector; otras, finalmente, a la difícil coexistencia entre las regulaciones nacionales y la internacionalización creciente de los mercados regulados.

En resumen, la institución no está más que en sus primeros balbuceos y su relación con la idea de servicio público está lejos de ser definida claramente. Dependerá, hasta cierto punto, de la práctica misma de las autoridades de regulación.

¿Cuál es después de todo el alcance exacto del principio de subsidiariedad funcional? La pregunta se desdobla.

---

570 Es, especialmente el caso en Francia, de la autoridad de regulación de las telecomunicaciones (ley N° 96-659 de 26 julio de 1996, sobre telecomunicaciones) o de la *Commission de régulation de l'électricité*, quien será llamada a desempeñar el mismo rol en el sector liberalizado del gas (ley N° 2000-108 de 10 febrero de 2000) (ver Chevalier, J., "La nouvelle réforme des télé-communications: ruptures et continuités", en: *RFDA,* 1996, pp. 909 y ss.; Richer, L., "La loi du 10 février 2000 sur l'électricité: entre concurrence et service public", en: *AJDA,* 2000, pp. 239 y s.).

¿Puede ser considerado como un principio general del derecho? Su sola denominación incitaría a admitirlo, pero sabemos que la denominación "principio general del derecho" merece ser controlada. Si nos mantenemos en el acercamiento comprensivo de un principio metajurídico, indudablemente el principio de subsidiariedad funcional, tanto como el principio de subsidiariedad territorial, tiene vocación de la calidad de principio general del derecho en nuestros sistemas jurídicos. Si tenemos la intención de producir efectos de derecho precisos, la respuesta debe ser realizada con reservas. Será aconsejable sobre todo determinar las modalidades del control jurisdiccional del principio, control que es el único apto para darle efectos jurídicos.

¿Cómo conducir la juridización efectiva de este principio?

¿Bastarán los recursos existentes? En los países en los que se ha establecido un control de constitucionalidad, la eficacia de los recursos corre el riesgo de chocar con serios obstáculos. Ciertas constituciones no vacilaron en "constitucionalizar" diversos servicios públicos[571]. Esencialmente, son servicios de soberanía, que no presentan un carácter económico; pero la frontera no es impermeable y la calificación de ciertos servicios llamados "de soberanía" podría no convencer a las instancias comunitarias, poco sensibles a las preocupaciones nacionales, a algún nivel de la organización jurídica interna en la que se sitúan. Lo que significaría, para los servicios recalificados como servicios de carácter económico general, la posibilidad de una privatización y de una liberalización del sector afectado.

El apelativo de "servicio público nacional" (pero no constitucionalmente protegido)[572], que ha sido adoptado en ciertos Estados, entre ellos Francia, indudablemente no significa obstáculos a

571 Ver, sobre este punto, Favoreu, L., "Service public et Constitution", en: *AJDA*, junio de 1997, N° spéc., pp. 16 y s.

572 Ver, por ejemplo, la decisión N° 96-380 DC, de 23 de julio de 1996, loi de réglementation des télécommunications.

la privatización eventual, bajo una forma u otra, de estos servicios; pero ella mantiene por su parte los grandes principios del servicio público (en particular los principios de continuidad e igualdad) que tienen valor constitucional. Además, la fórmula del Preámbulo de la Constitución de 1946, según la cual "Cualquier bien, cualquier empresa, cuya explotación adquiere los caracteres de un servicio público nacional o de un monopolio de hecho debe llegar a ser propiedad de la colectividad", hace fracasar directamente el principio de subsidiariedad funcional en cuanto a estos servicios.

Finalmente, si no se sitúa al nivel del legislador, la creación de ciertos servicios públicos (en particular, locales), puede imponerse a las colectividades competentes, revistiendo estos servicios un carácter obligatorio. Los autores mencionan, a este respecto, el derecho de los usuarios a la creación de un servicio público, derecho que puede ejercerse cualquiera que sea el estado del mercado.

En otras configuraciones constitucionales (ejemplos de Italia y España) es la noción de "servicio público esencial" la que corre el riesgo de formar parte de la posible aplicación del principio de subsidiariedad funcional. En España, por ejemplo, impidió una liberalización completa y efectiva del sector audiovisual[573], a pesar de las controversias doctrinales muy vivas en cuanto al alcance exacto de las disposiciones constitucionales. Pero está claro que un servicio público económico juzgado "esencial", y reservado a este respecto al sector público, no puede ser gestionado según los principios de la subsidiariedad funcional. Es necesario reconocer igualmente que la ejecución de la regla de subsidiariedad funcional obliga al juez nacional competente a delicadas valoraciones. Las cuestiones de "equilibrio" adquieren aquí una importancia determinante: ¿a partir de cuándo la iniciativa privada será observada como "insuficiente" para justificar la intervención subsidiaria de la autoridad pú-

---

573 Constitución de 1978, art. 128-2: "Una ley podrá reservar al sector público recursos o servicios esenciales, muy particularmente en caso de monopolio (...)".

blica? ¿A partir de cuándo, en sentido opuesto, la iniciativa pública, que se supone responde a los fallos del mercado privado, perderá su legitimidad, en presencia de un sector privado recobrado a mejor fortuna? Todos estos interrogantes, como se ve, no buscan respuestas unívocas y las soluciones adoptadas por los jueces nacionales no pondrán fin, probablemente, al conflicto.

En este ámbito, como en muchos otros, los juristas son tributarios de su medio ambiente cultural[574]. Queda por desear que estos dos componentes principales de la acción del hombre en sociedad, que son, por una parte, la iniciativa económica privada, vinculada al postulado de la libertad humana, y por otra parte, la iniciativa económica pública, atenta a la solidaridad y a la cohesión social, encuentren una expresión común y armonizada al más elevado nivel de nuestras culturas nacionales respectivas y de la cultura jurídica europea.

No es cierto que el principio de subsidiariedad funcional, revisado y corregido según los cánones de la Europa comunitaria, sea la panacea ideal. Pero este camino merece, al menos, ser explorado.

---

574 Häberle, P., *Europaische Rechtskultur*, 1994; "Verfassungslehre als Kulturwissenschaft", en: *Schriften zum Öffentlichen Recht*, vol. 436, 2ª ed., 1996.

§ 6. El principio de seguridad jurídica

El principio de la seguridad jurídica, en un sentido muy general del término "principio" y de la expresión "seguridad jurídica", no puede ser ni ignorado ni descuidado en un sistema de derecho que se desea coherente. Como lo llama M. Fromont[575], este principio es "casi la razón de ser del derecho mismo". Se puede igualmente tener por consagrado que la seguridad jurídica implica en lo esencial dos grandes aspectos: una estabilidad razonable de las situaciones jurídicas y un acceso correcto al derecho[576]. Existen presentaciones muy sofisticadas sobre el tema[577], el que es susceptible de alimentar una reflexión general sobre la evolución del derecho contemporáneo[578].

---

575 "Le principe de securité juridique", en: *AJDA,* 1996, N°s. pec. pp. 178 y s.; v. Pacteau, B., "La securité juridique un principe qui nous manque?", *ibid.*, 1995, N°s. pec. pp. 151 y s: "Le principe de securité juridique" (diversos estudios bajo la dirección de Mathieu, B.) *Cah. Cons. Const.* N° 11, 2001, pp. 66 y s.; Pollaud-Dulian, F. "A propos de la securité juridique", en: *RTDC,* 2001, pp. 487 y s.; *Constitution et securité juridique*, Table ronde, Aix-en-Provence, 10-11 sept. 1999, en: *AIJC,* 1999, Economica-PUAM 2000, pp. 67 y s.; Mathieu, B. y Verpeaux, M., *Contentieux constitutionnel des droits fondamentaux*, LGDJ, 2002, pp. 702 y s.

576 *Ibid.*, p. 178; según otra presentación (Mathieu, B. y Verpeaux, M., *Contentieux constitutionnel des droits fondamentaux, op. cit.*, p. 705), habría que separar, en el seno de ese "principio unificador", dos grupos de principios derivados que tengan la vocación, para los primeros, "de combatir la inseguridad que puede afectar las normas jurídicas", y los segundos, "de vencer las incertidumbres ligadas a la aplicación del derecho en el tiempo".

577 V., por ej., la Relación francesa de B. Mathieu en la Mesa redonda internacional, de 10 y 11 de septiembre de 1999 (*GERJC*, Aix-en-Provence), "Constitution et sécurité juridique", en: *Ann. Intern. Just. const.*, Economica, 1999, pp. 155 y s. (el autor distingue los elementos del principio integrados en la "previsibilidad" del derecho y aquellos que se extraen de la "calidad" del derecho).

578 Nos remitimos, por ejemplo, al *Rapport public* de 1991 del Consejo de Estado (Doc. Franç. N° 92; *EDCE* N° 43 p. 15; o a la obra de García de Enterría, E., *Justicia y seguridad jurídica en un mundo de leyes desbocadas*, Civitas, 1999.

Nuestro propósito es aquí evidentemente mucho más modesto: mostrar que el principio de seguridad jurídica, en tanto principio normativo apto para producir aspectos de derecho[579], aunque consagrado por el derecho comunitario como principio general de ese derecho, no ha logrado imponerse de la misma manera en el derecho constitucional de dos Estados de la Unión Europea, Francia y España, a pesar de ser vecinos y pertenecientes a la misma familia jurídica.

I. LA CONSAGRACIÓN DEL PRINCIPIO GENERAL DE SEGURIDAD JURÍDICA POR EL DERECHO COMUNITARIO

Si bien el principio de seguridad jurídica no ha sido creado por el derecho comunitario, él ha sido recibido favorablemente y ha adquirido un lugar destacado.

No es necesario describir en detalle la historia de la consagración de este principio en la jurisprudencia de la Corte de Justicia de las Comunidades Europeas[580]. Será suficiente recordar que es considerado como uno de los principios más a menudo invocados y de

579 Ver nuestros estudios: "Legitimité des principes généraux et théorie du droit", en: *RFDA*, 1999 p. 722 [§ 1 de este libro]; "Actualité des principes généraux du droit", en: *ibid.*, 1998 pp. 495 y s. [§ 2 de este libro].

580 Sobre ese principio V., por ej., Boulouis, J., "Quelques observations a propos de la securité juridique", en: *Liber amicorum Pierre Pescatore*, Nomos Verlaggesellschaft, Baden-Baden 1987, pp. 53 y s.; Naome, C., "La notion de securité juridique dans la jurisprudence de la Cour de Justice et du Tribunal de première instance", en: *Rivista di diritto europeo,* 1993 N° 2, pp. 223 y s.; Mertens de Wilmars, J. y Steinberger, J., "La notion de sécurité juridique dans la jurisprudence de la Cour de Justice des Communautés européennes", en: *Melanges offerts a Robert Legros,* Edit. de l'Université Libre de Bruxelles, 1985, pp. 449 y s.; Tulkens, F., "La securité juridique, un idéal á reconsidérer", en: *Revue interdisciplinaire d' études juridiques*, Bruxelles, 1990 N° 24, pp. 38 y s.

los más característicos[581] de la "comunidad de derecho", ideal-tipo fomentado por la Unión Europea.

A. Los modos de expresión del principio de seguridad jurídica en derecho comunitario son múltiples

Es a menudo analizado por los autores como comprensivo de varias ramas o principios menores que han sido objeto de consagraciones jurisprudenciales progresivas y entre las cuales se encuentran el principio del respeto de los derechos adquiridos; el principio de legibilidad, acceso y claridad de las reglas aplicables; el principio de protección de la confianza legítima; el principio de buena fe; el principio de publicidad de los actos; el principio de irretroactividad; el principio "*tu patere legem quem fecisti*"[582]. Algunos autores ven aquí una suerte de principio global al mismo nivel del Estado de derecho[583]. Es evidente que, según esta interpretación, tiene la vocación de influir en amplios sectores del derecho comunitario bajo una u otra forma.

En resumen, es difícil asignarle una fecha precisa de nacimiento en la jurisprudencia de la Corte de Luxemburgo. Ya en una sentencia de 22 de marzo de 1961, *Société nouvelle des usines de Pontlieue-Aciéries du Temple* (*SNUPAT*)[584], la Corte hacía notar que "el principio de seguridad jurídica, a pesar de su importancia, no podría aplicarse de forma absoluta, dado que su aplicación debe ser combinada con la del principio de legalidad" y que "la cuestión de saber cuál de estos principios debe importar en cada caso específico, depende de la confrontación del interés público con los intereses privados

---

581 PAPADOPOULOU, R. E., *Principes généraux du droit et droit communautaire*, Sakkoulas, Atenas 1996, pp. 197 y s.; SIMON, D., *Le systeme juridique communautaire*, 2ª ed. PUF, 1998 Nº 248, p. 252; BOULOUIS, J. y DARMON, M., *Contentieux communautaire*, Dalloz, 1997 Nº 411, pp. 215 y s.

582 SIMON, D., *op. cit.*, p. 252.

583 BOULOUIS, J. y DARMON, M., *op. cit.*, Nº 441, p. 215.

584 *Rec.*, p. 108; concl. LAGRANGE, M., pp. 169 y s.

en causa (...)[585]. El mismo razonamiento ha sido aplicado, algunos meses más tarde, a propósito de la necesaria conciliación entre el principio de seguridad jurídica y el principio de justicia distributiva[586].

Desde entonces, la "seguridad jurídica" ha devenido un verdadero *leitmotiv* de las demandas interpuestas ante las jurisdicciones comunitarias, en una u otra de sus expresiones. Sería vano realizar el empadronamiento de las sentencias que se refieren al principio de seguridad jurídica, sea para acoger integralmente el medio, sea para denegar la pertinencia de las circunstancias de la especie, sea para combinarla con uno o muchos otros principios del derecho comunitario[587].

El principio de seguridad jurídica es a veces utilizado solo; a veces en unión con otros principios, considerados como sus transformaciones, sus corolarios o sus complementos: no es raro, por ejemplo, que el principio de la confianza legítima le sea asociado[588]; igualmente él a veces es separado[589].

---

585 *Rec.*, p. 159.

586 *CJCE*, 13 de julio de 1961, *Klöckner-Werke A. G., Hoesch A.G. c. Haute Autorité de la CECA, Rec.*, p. 621, concl. Lagrange, M.; *CJCE*, 13 de julio de 1961, *Meroni c. Haute Autorité de la CECA, Rec.*, p. 319, concl. Lagrange, M.

587 V. sobre ese punto Papadopoulou, R. E., *op. cit.*, p. 197 (el autor observa que "la noción de seguridad jurídica es el objeto de una jurisprudencia abundante, que adquirió una amplitud impresionante en el curso de los años"); Simon, D. ("Y a-t-il des principes généraux du droit communautaire?", en: *Droits*, 1991 N° 14, pp. 73 y s.) saluda "la notable construcción operada por la jurisprudencia comunitaria en vista de consagrar en sus diferentes componentes el principio general de la seguridad jurídica" (*op. cit.*, p. 83).

588 *CJCE*, 4 de julio de 1973, *Westzucker GmbH c. Einfuhr und Vorratsstelle für Zucker, Rec.*, p. 723, concl. Roemer, K.

589 *CJCE*, 23 de octubre de 1986, *Schwiering c. Cour des Comptes*, *Rec.*, p. 3189 concl. Darmon, M.; *CJCE*, 21 de abril de 1988, *Fratelli Pardinic. Ministerio del commercio con l'Estero et Banca Toscana, Rec.*, p. 2070, concl. Darmon, M., etc. Es en nombre del principio de seguridad jurídica que la Corte exige reglas de derecho claras y precisas: *CJCE*, 9 de julio de 1981, *Sté Gondrand Frères*, *Rec.* p. 1931, concl. Slynn, G. (a propósito de medidas de derecho fiscal; *CJCE*, 18 de febrero de 1975, *Farrauto, Rec.*, p. 157 concl. Trabucchi, A. (una decisión debe

B. El lugar exacto de este principio en el orden comunitario es sin embargo controvertido

Por cierto, las afirmaciones de la Corte son a menudo tajantes. Un principio como éste tiene la cualidad de un principio "general", carácter que le ha sido reconocido en el orden comunitario desde la sentencia de 6 de abril de 1962, *Bosch*[590]: "el principio general de la seguridad jurídica (...) es una norma de derecho a respetar en la aplicación del Tratado". Una formulación como ésta marca notoriamente la voluntad de la Corte de imponer el principio general de seguridad jurídica como elemento de interpretación y de aplicación del Tratado por los Estados miembros, en el marco de la realización de objetivos comunitarios; ella traduce también la intención de formular un auténtico principio general del derecho, susceptible de producir efectos en todo el orden jurídico comunitario.

Otras redacciones dan testimonio de la voluntad de los jueces de Luxemburgo de situar el principio de seguridad jurídica en un nivel elevado en la categoría de los principios generales del derecho comunitario. La Corte de justicia evoca también las "exigencias" de la seguridad jurídica[591], "las consideraciones imperiosas (...) contenidas en el conjunto de los intereses en juego, tanto públicos como privados" a los cuales ella se vincula[592]; la "exigencia fundamental

---

ser comunicada en una lengua comprensible para su destinatario); *CJCE*, 6 de mayo de 1980, *Commission c. Belgique, Rec.* p. 1473, concl. Warner, J.-P. (insuficiencia de la traducción de un texto comunitario por el sesgo de una simple práctica administrativa); v. Pouletier, M., *Recherches sur l'equité en droit public français*, Tesis Poitiers, 1999, pp. 225 y s. [véase § 7 de este libro].

590 *Rec.*, p. 89 concl. Lagrange, M.; v., también, *CJCE,* 9 de julio de 1969 *Portelange c. Smith Corona Merchant International S.A., Rec.*, p. 310, concl. Roemer, K. (p. 318) (a propósito de la validación de ciertos acuerdos concluidos en materia de competencia y notificadas a la comisión antes que esta última no se pronuncie sobre su compatibilidad con las reglas colectivas).

591 *CJCE,* 12 de febrero de 1974, *Rheinmühlen-Dusseldorf c. Einfuhr und Vorratsstelle für Gertreide Futtermittel Rec.*, p. 139, concl. Warner, J. P. (p. 151).

592 *CJCE,* 8 de abril de 1976, *Defrenne c. Sabena Rec.* p. 454, concl. Trabucci, A. *Rev. Trim. Dr. Eur.* 1976, p. 521, nota Philip, Ch.R.; v., también, *CJCE,* 11 de diciem-

de la seguridad jurídica" (inhabilitando a la Comisión para retardar indefinidamente el ejercicio de su poder de sanción pecuniaria)[593], etc. Un principio como éste es declarado "inherente al orden jurídico comunitario" (tanto como el principio de protección de la confianza legítima)[594] y necesario para el buen funcionamiento de las instituciones comunitarias en su conjunto[595]: la utilización de las vías de recursos previstos por el Tratado responden a un imperativo de seguridad jurídica[596], así como la determinación de normas concernientes a las demoras del procedimiento[597], o a las demoras excesivas en el pago de ayudas comunitarias[598], o a las demoras de

---

bre de 1973, *Lorenz c. Republique Federale d'Allemagne et Land de Rhénanie Palatinat, Rec.*, p. 1471, concl. REISCHL, G.; *CJCE,* 6 de mayo de 1980, *Commission c. Belgique, Rec.* p. 1473, concl. REISCHL, G., "exigencias de claridad y de certeza".

593 *CJCE,* 14 de julio de 1972, *Azienda Colori Nazionali c. Commission Rec.* p. 933, concl. MAYRAS, H. (consid. N° 32); ver, también, *CJCE,* 14 de julio de 1972, *Imperial Chemical Industries Ltd c. Commission Rec.,* p. 619, concl. MAYRAS, H.; *Grands arrêts de la cour de justice des Communautés européennes*, Dalloz, 6ª ed. 1994, t. I, N° 43, p. 220 obs. BOULOUIS, J. y CHEVALLIER, R. M.; *CJCE,* 14 de julio de 1977, *Bavaria Fluggesellschaft Schwabe et C°KG et Germanair Bedarfsluftfahrt GmbH et C° KG, Rec.*, p. 517, concl. MAYRAS, H. (a propósito de la aplicación uniforme de nociones y calificaciones dadas por la Corte en el marco de la Convención de Bruselas de 1968 concerniente a la competencia judicial y la ejecución de decisiones en materia civil y comercial); *CJCE,* 22 de octubre de 1987, *Foto-Frost c. Hauptzollamt Lübeck-Ost, Rec.*, p. 4225, concl. MANCINI, G.

594 *CJCE,* 27 de marzo de 1980, *Amministrazione delle finanze dello Stato c. Denkavit Italiana Srl, Rec.* 1205, concl. REISCHL, G.

595 *CJCE,* 29 de mayo de 1974, *Hauptzollamt Bielefeld c. Offene Handelsgesellschaft in Firma König, Rec.*, p. 607, concl. TRABUCCHI, A., etc.

596 *CJCE,* 15 de noviembre de 1983, *Commission c. France, Rec.* p. 3707, concl. MANCINI, G.

597 *CJCE,* 4 de febrero de 1987, *Cladakis c. Commission, Rec.*, p. 508, concl. VILACA, A. (V. también, a propósito de plazos prescritos en el estatuto de la función pública colectiva: *CJCE,* 14 de abril de 1970, *Nèbe c. Commission, Rec.*, p. 145, concl. ROEMER, K.; *CJCE,* 14 de febrero de 1972, *Richez-Parise c. Commission, Rec.*, p. 73, concl., ROEMER, K. *CJCE,* 12 de julio de 1984, *Moussis c. Commission, Rec.*, p. 3133, concl. LENZ, C. O.; *CJCE,* 4 de febrero de 1987, *Pressler Hoeft c. Cour des comptes, Rec.*, p. 524, concl. LENZ, C. O., etc.).

598 *CJCE,* 26 de mayo de 1982, *Republique federale d'Allemagne c. Commission, Rec.*, p. 1855, concl. VERLOOREN VAN THEMAAR, P. (el principio de seguridad jurídica

recursos entregados a los particulares para obtener la protección de los derechos que ellos tienen de una directiva comunitaria correctamente transpuesta[599], etc.

A pesar de todo, algunos elementos suscitan la duda. Ninguna referencia particular es realizada por la alta jurisdicción a las fuentes nacionales de las cuales procedería el principio de seguridad. Entonces que el juez comunitario saque normalmente desde el fondo jurídico común a los Estados miembros, y se esfuerce en todo caso en identificar (al menos en una primera etapa de su razonamiento) "este substrato filosófico, político y jurídico común a los Estados miembros a partir del cual se extrae de modo pretoriano un derecho comunitario no escrito" (según una expresión del abogado general A. Dutheillet de Lamothe)[600], el principio de la seguridad jurídica es considerado como impuesto por sí mismo, como inherente a todo orden jurídico, de esencia axiológica en alguna medida; no habría necesidad de apoyos formales en los derechos nacionales, puesto que él domina necesariamente los sistema jurídicos de todos los Estados miembros.

Es, en resumen, a esta conclusión a la que llega la jurisdicción encargada de la protección de libertades fundamentales en el marco del Consejo de Europa. La sentencia de la Corte Europea de Dere-

---

exige que una disposición fije un plazo de caducidad, especialmente cuando pueda acabar privando a un estado del pago de una ayuda financiera cuya demanda había sido aceptada y sobre la base de la cual haya expuesto gastos considerables, sea fijado de manera clara y precisa a fin que los estados pudiesen apreciar con pleno conocimiento de causa la importancia que tiene para ellos respetar ese plazo)

599 *CJCE,* 25 de julio de 1991, *Theresa Emmott c. Minister for Social Welfare et Attorney General, Rec.*, p. 4269, concl. MISCHO, J.; *Rev. trim. dr.* eur. 1992, p. 409, nota PRÉTOT, X.

600 Concl. sur *CJCE,* 17 de diciembre de 1970, *Internationale Handelsgesellschaft, Rec.*, pp. 1141 y s., not. p. 1149; ver también GALMOT, Y., "Réflexions sur le recours au droit comparé par la Cour de justice des Communautés européennes", *RFDA,* 1990, pp. 225 y s.

chos del Hombre, de 13 de junio de 1979, *Marckx c. Belgique*[601] evoca también "el principio de seguridad jurídica, inherente al derecho de la Convención como al derecho comunitario", formulación que es retomada por la misma jurisdicción en una decisión del 29 de noviembre *Vermeire c. Belgique*[602].

La proclamación en términos solemnes del carácter central del principio de seguridad jurídica, ¿es una garantía de su fuerza obligatoria como norma de derecho? ¿Es de hecho jurídicamente más eficiente el principio así promovido? Nos podemos preguntar si no constituye igualmente a los ojos de la Corte de Justicia de las Comunidades Europeas una directrriz de comportamiento que se dirige a las autoridades comunitarias y a las autoridades nacionales para la realización de adjetivos comunitarios, pero que no produciría *de plano* efectos jurídicos directos.

Si las autoridades públicas en todos los niveles deben responder a un imperativo como éste, ¿ocasiona toda falta a esta regla de comportamiento invalidación del acto o compromete la responsabilidad de su autor? Algunos dudan[603]. Quizás, por otra parte, la observación está más bien dirigida al principio sostenido en términos generales que a alguna de sus manifestaciones concretas, que se prestaría mas fácilmente a un control jurisdiccional efectivo. Por lo demás, se entiende que la Corte se empeña claramente en la vía de

---

601 *Rec*. Série A, N° 31, *Jurisp. Cour eur. dr. homme,* 8ème éd. Sirey, 2002 N° 132 y s., pp. 365 y s. obs. BERGER, V. y la bibliographie citée, p. 369.

602 *Rec.*, Série A, N° 214-C, *Jurisp. Cour eur. dr. homme, op. cit.,* N° 133, p. 370, obs. BERGER, V.

603 Por ejemplo PAPADOPOULOU, R.E., *Principies généraux du droit et droit communautaire, op. cit.,* p. 208 el autor subraya a propósito de la regla de previsibilidad que la corte "no ha hecho allí el argumento decisivo de sus fallos y, sobre todo, no ha aplicado sanciones concretas, lo que debilita sus afirmaciones según las cuales el principio constituiría una "exigencia fundamental" del orden jurídico comunitario". Igualmente, BOULOUIS, J. ("Quelques observations a propos de la securité juridique", en: *Liber Amicorum Pierre Pescatore,* Baden-Baden 1987, pp. 53 y s., not. p. 57), estima que esta jurisprudencia es "figurativa" y que procede de una imagen o de una representación de una calidad inherente al derecho "a la cual, por sí misma, no agrega nada".

la juridización del principio de seguridad, por ejemplo, cuando destaca que a él le corresponde "asegurar el respeto"[604] o cuando lo ve como "una regla de derecho a respetar en la aplicación del Tratado" (sentencia de 6 de abril de 1962, *Bosch*, citada).

Ya se ha dicho que este principio, en toda hipótesis, debe ser conciliado con otros principios que también forman parte del orden jurídico comunitario, pero no se acomodan siempre fácilmente al postulado de la seguridad jurídica: el principio de legalidad (con los cambios inevitables de normas objetivas de derecho que él entraña), el principio de separación de poderes (que deja normalmente al poder legislativo una competencia discrecional para operar las adaptaciones indispensables del derecho a las realidades sociales evolutivas), el principio de justicia distributiva, incluso el mismo principio de igualdad.

Sin duda las combinaciones de principios o de normas de igual valor forman parte de la tarea cotidiana del juez. Queda por señalar que una absolutización del principio de seguridad jurídica podría llegar a producir verdaderamente efectos nefastos para el orden comunitario entero. Es lo que subrayan algunos autores cuando señalan que "se trata menos de una noción conceptual, de contenido determinado, que de una noción funcional que el juez utilice de manera dialéctica para alcanzar a una solución que le parece más justa o más oportuna"[605].

Si se aplica el razonamiento en derecho interno, pareciera que las razones de ser del principio de seguridad jurídica están *a priori* no sólo presentes, sino también son apremiantes. No solamente para garantizar la aplicación correcta y armoniosa del derecho comunitario, sino también para asegurar el buen funcionamiento del orden jurídico nacional mismo.

---

604 *CJCE,* 16 de junio de 1993, *France c. Commission, Rec.*, p. 3303, concl. Tesauro, G. (p. 3292).

605 Boulouis, J., Voz "Principes généraux", en *Droit communautaire*, Répertoire Dalloz, 1992, N° 19.

La lógica quisiera, además, que en consideración a la importancia de este principio fuese ubicado en un rango plenamente significativo en la jerarquía normativa, en este caso, en un rango constitucional. Uno se imagina erróneamente, en efecto, que si la seguridad jurídica es mantenida en un rango infraconstitucional, no traería consigo obligaciones para el legislador mismo (problema de la no-retroactividad de la ley, por ejemplo) y debiera combinarse con otros principios cuyo valor constitucional esté ya adquirido (principio de legalidad, por ejemplo).

Ahora bien, los derechos francés y español no han reaccionado de la misma manera ante la eventualidad de una inserción del principio de seguridad jurídica al rango constitucional en su *corpus* jurídico.

II. ANÁLISIS DE UNA DIVERGENCIA

La comparación entre dos derechos nacionales es ya, en sí, un ejercicio difícil: los sistemas son tributarios de su entorno histórico, social, económico o político; los conceptos son el fruto de una elaboración o de una reelaboración singular; ellos no pueden ser comprendidos y evaluados sino en función de otros conceptos a los cuales ellos se refieren o ellos se oponen. La empresa comparativa está necesariamente teñida por el relativismo[606].

En lo que concierne al principio de seguridad jurídica, una prudencia particular se impone. No solamente porque la terminología del derecho constitucional español ha sido renovada con la entrada reciente de España dentro del círculo de democracias constitucionales liberales (la Constitución adoptada en 1978 ha debido, de

606 Ver las observaciones de Escarras, J. C. sobre la comunicabilidad entre sistema italiano y francés de justicia constitucional, en: *Doctrine italienne de droit constitutionnel* ("Sobre dos estudios italianos: de la comunicabilidad entre sistemas italiano y francés de justicia constitucional", *Cahiers du Centre de droit et de politique comparés,* 1988, vol. III, pp. 13 y s.)

hecho, servirse del vocabulario probado de sus vecinos europeos), sino también porque la misma terminología ha sido retomada en lo esencial al nivel de las diecisiete comunidades autónomas que componen "el Estado de las autonomías" y ha experimentado de hecho un tratamiento diferenciado. Por lo demás, la idea de seguridad jurídica, de la cual ningún sistema jurídico haría abstracción, se ha transformado, lo hemos dicho, en un tema comunitario formalizado. En los diversos países miembros de la Unión Europea se presenta pues el problema de la aplicación del "principio general" de seguridad jurídica, en su versión comunitaria, paralelamente a la concepción interna que prevalece en cada uno de ellos. Sin duda las semejanzas prevalecen, *prima facie*, sobre las divergencias; pero él no está excluido de distorsiones que se manifiesten en la interpretación y en la aplicación de una noción tan huidiza.

Ahora bien, es sabido que los Estados que forman parte de la Comunidad Europea están sujetos a recurrir a los principios generales del derecho comunitario cuando los litigios se relacionan con una materia regida por el derecho comunitario. Tal es la posición constante de la Corte de Justicia de las Comunidades Europeas, que ve en los principios generales un instrumento mayor de armonización y de cohesión del conjunto comunitario y les asigna un lugar privilegiado en el proceso de creación de una auténtica comunidad de derecho[607]. Hay pues que admitir que el principio de seguridad

---

607 Christophe Tchakaloff, M. F., "Les principes généraux du droit communautaire", en: *Droits nationaux droit communautaire: influences croisées*, CERIC Aix-en-Provence Documentation française 2000, pp. 83 y s. (V. l' arrête *CJCE,* 24 de abril de 1986, *Parti écologiste "Les Verts" c. Parlament, Rec.*, p. 1339, concl. Mancini, G.); Dubouis, L., "A propos de deux principes généraux du droit communautaire", *RFDA,* 1988, p. 697; Vapaille, L., "Le principe de sécurité juridique: réalité et avenir en droit administratif français", *Petites Affiches,* 10 de agosto de 1999, pp. 18 y s., recordemos que la corte estima que "toda autoridad encargada de aplicar las reglas colectivas debe respetar los principios generales del derecho comunitario" (*CJCE,* 27 de septiembre de 1979, Sté Eridiana, *Rec.*, p. 2749; *CJCE,* 17 de abril de 1997, *EARL de kerlast*, *Rec.*, I, p. 1961, concl. Ruiz-Jarabo, D.; *Entreprise agricole a responsabilité limiée (EARL) de Kerlast, Rec.*, I, p. 1961; *ibid.*, p. 1964, concl. Ruiz-Jarabo Colomer, D.

jurídica, en tanto principio comunitario, será aplicado por el juez nacional, aun cuando el principio no sea objeto de una identificación especifica en derecho interno. El Consejo constitucional no es aparentemente hostil, si uno se refiere a la motivación muy general de la decisión N° 92-308 DC de 19 de abril de 1992 —a propósito de la ratificación del Tratado de Maastricht[608]—, según la cual "el compromiso internacional sometido al Consejo constitucional no atenta contra las normas y principios de valor constitucional" —entonces el pronunciamiento puso en causa la garantía de los derechos y de las libertades de los ciudadanos, tal como lo previene el ex artículo F-2 del Tratado sobre la Unión Europea ("La Unión respeta los derechos fundamentales, tal como ellos son garantizados por la Convención Europea de los Derechos del Hombre (...) y tal como ellos resultan de las tradiciones constitucionales comunes a los Estados miembros, en tanto principios generales del derecho comunitario". El juez constitucional subraya a propósito de estas estipulaciones, "conjugadas con la intervención de jurisdicciones nacionales dictadas en el marco de sus competencias respectivas", son la forma de garantizar los derechos y las libertades de los ciudadanos; lo que implica que el juez nacional participa con los jueces de Luxemburgo en la aplicación de los principios generales del derecho comunitario relativos a los derechos y libertades fundamentales[609].

---

608 Decisión N° 92-308 DC, de 19 de abril de 1992, (ley de ratificación del tratado de la Unión Europea) *Rec.*, p. 55; *Grandes decisiones du Conseil Constitutionnel,* 11ª ed., Dalloz, 2001, N° 45, p. 781.

609 Ver sobre ese punto las conclusiones del comisario del gobierno H. Touteé sobre el fallo de asamblea del consejo de estado de 17 de febrero de 1995, *Commission nationale des comptes de campagne et des financements politiques c. Aillaud et autres AJDA,* 1995, pp. 229 y s.: "nos parece que la corte ha interpretado el tratado como incluyendo la obligación para los Estados miembros y sus jurisdicciones de respetar los principios generales del derecho que ha desempeñado, idea confirmada por la decisión del Consejo Constitucional, eso evidentemente cuando se trata de textos presentados en el campo de aplicación del derecho comunitario"; ver también las conclusiones del comisario del gobierno F. Séners sobre el fallo de la asamblea de 11 de julio de 2001,

Es sin duda por esta razón que las preocupaciones doctrinales ante la recepción eventual del principio de seguridad jurídica en el orden jurídico interno sean expresadas de diversas formas[610].

Corresponderá a la Corte de Justicia de las Comunidades Europeas hacer prevalecer su concepción del principio de seguridad jurídica dentro de los Estados miembros, al menos en lo que concierne a las materias que surgen del derecho comunitario. Las divergencias eventuales en la interpretación de este principio por los jueces nacionales franceses y españoles serán reducidas por su intermediario, conforme a la lógica del sistema comunitario.

El presente estudio se interesará más en los elementos susceptibles de traducir las diferentes percepciones nacionales de la seguridad jurídica en derecho francés y en derecho español.

Estos elementos tienen su fundamento constitucional en el principio de seguridad jurídica y en la política seguida por los jueces constitucionales.

A. Sobre el fundamento constitucional del principio de seguridad jurídica

Desde que el derecho español ha constitucionalizado el principio de seguridad jurídica, es un andar mucho más precavido el que ha adoptado el juez constitucional francés.

Federation nationale des syndicales d'exploitants agricoles et autres RDFA 2002, pp. 33 y s. y la nota de L. Dubouis, bajo el mismo fallo) (*ibid.*, pp. 43 y s.).

610 Los autores retoman gustosos el tema de la seguridad jurídica en la aplicación del derecho comunitario (Fromont, M., "Le principe de sécurité juridique", *AJDA,* 1996 N° especial, pp. 178 y s.; Pacteau, B., "La sécurité juridique, un principe qui nous manque?", *AJDA,* 1995, N° especial, pp. 151 y s.; Kdhir, M., "*Vers la fin de la sécurité juridique en droit francais?*", *Rev. adm.*, 1993, p. 538; Heers, M., "La sécurité juridique en droit administratif français, vers une consécration du principe de confiance légitime?", *RDFA* 1995, p. 963).

1. La constitucionalización del principio de seguridad jurídica en el derecho español

Más permeable que el derecho constitucional francés a las influencias exteriores, el derecho constitucional español se desarrolló en un contexto que se reveló particularmente favorable al reconocimiento del principio de seguridad jurídica[611]: la Constitución de 27 de diciembre de 1978, que marca la entrada de España en el campo de las democracias occidentales, está en efecto inspirada en muchos aspectos en la ley fundamental de Bonn, carta de la República Federal Alemana; e, inmediatamente candidata a la adhesión a la Comunidad Europea, España debía estar más atenta a la jurisprudencia comunitaria, ya familiarizada con un principio como éste[612].

El nuevo texto constitucional prefirió conferir valor oficial al principio de "seguridad jurídica" en su artículo 9-3, junto a los principios de jerarquía normativa, de interdicción de la arbitrarie-

---

611 Volveremos principalmente en los desarrollos que siguen a las obras de CASTILLO BLANCO, F. A., *La protección de confianza en el derecho administrativo*, Marcial Pons, Madrid 1998, y de GONZÁLEZ PÉREZ, J., *El principio general de la buena fe en el derecho administrativo,* Civitas, Madrid, 3ª ed., 1999 (ver, también, MARÍN RIAÑO, L., "La recepción del principio de confianza legítima en la jurisprudencia del tribunal supremo", *La ley,* 1989 Nº 2248).

612 CHUECA SANCHO, A. G., "Los principios generales del derecho en el ordenamiento comunitario", *Revista de instituciones europeas,* 1983, vol. 10 Nº 3, p. 878; LEGUINA VILLA, J., "Principios generales del derecho y constitución", *Revista de administración pública,* 1987, Nº 114, p. 36; LAVILLA ALSINA, J., *Seguridad jurídica y función del derecho*, Academia de jurisprudencia y de legislación, 1999, pp. 45 y s.; VILLAR PALASÍ, J. y VILLAR EZCURRA, L., "El derecho a la certidumbre y a la incertidumbre en nuestro derecho", en: *La protección jurídica del ciudadano*, Estudios en homenaje al profesor Jesús GONZÁLEZ PÉREZ, Civitas 1993, I, pp. 79 y s.; HIERRO SÁNCHEZ PESCADOR, L., "Seguridad jurídica y actuación administrativa", *Documentación administrativa,* 1989, Nº 218-219, pp. 198 y s:, V., también, GONZÁLEZ ENCINAR, J. J., "Rechtsstaatlichkeit in Spanien", en: *Rechtsstaatlickkeit in Europa*, MÜLLER VERLAG, C. F., Heidelberg 1996, pp. 167 y s.

dad[613], de no-retroactividad de las sanciones, de legalidad, de responsabilidad de los poderes públicos.

Esta referencia oficial a la "seguridad jurídica" es considerada como el fundamento de la recepción del principio vecino de confianza legítima (sin que la doctrina se pregunte siempre sobre la dialéctica seguridad jurídica-confianza legítima: "quien no tenía ninguna duda era, por ejemplo, J. González Pérez[614], y eso es reconocido por todos, es el vínculo entre ese principio y otro gran principio del Estado de derecho, el de la seguridad jurídica. El principio aparece dotado de un alcance de naturaleza tal de imponer la seguridad jurídica frente a los cambios súbitos de legislación que no aseguran las garantías suficientes en cuanto a su previsibilidad y a la adecuación de las medidas transitorias". Permite, subraya otro autor[615], "mantener los efectos de ciertas situaciones ilegales, mientras que se justifique por la protección que amerita el particular que ha puesto legítimamente su confianza en la estabilidad de la situación creada por la Administración".

En otros términos, parece que el derecho constitucional español ha adoptado, al menos implícitamente, la teoría alemana, no obstante controvertida, de "la cadena de deducción" (*v. supra*) que conduce del Estado de derecho a la protección de la confianza legítima de los ciudadanos pasando por la exigencia de seguridad jurídica.

Además del principio de confianza legítima, la idea de seguridad jurídica es considerada como el fundamento directo del principio de la no-retroactividad de las leyes penales más severas, del prin-

---

613 Ver particularmente sobre ese principio, Fernández, T. R., *De la arbitrariedad de la administración,* civitas, Madrid, 2ª ed., 1997; *De la arbitrariedad del legislador: una crítica de la jurisprudencia constitucional,* Civitas, Madrid 1998; "Le principe constitutionnel d' interdiction de l' arbitraire des pouvoirs publics en Espagne: quid novum?" *RFDA,* 1999, pp. 171 y s.

614 *Op. cit.*, p. 51.

615 Marín Riaño, L., *La Ley,* 1989, 2248.

cipio de protección de los derechos adquiridos, del principio de la abrogación de los actos administrativos ilegales[616], etc.

Pero la seguridad jurídica es igualmente un tema de teoría, ciertamente de la filosofía del derecho[617], cuyo alcance sobrepasa el derecho positivo y sus expresiones concretas, especialmente procesales[618]; "el valor seguridad jurídica está ligado al fundamento de numerosos derechos", escribe a este respecto G. Peces-Barba Martínez[619]. Se trata allí de un "concepto histórico específico del mundo moderno", prosigue el autor, que coincide con la aparición de los derechos fundamentales y entiende realizar la seguridad de los ciudadanos por el y a través del derecho. Con otros valores tales como la libertad, la igualdad, la solidaridad, contribuye a realizar los fines del derecho[620].

Es decir, que el principio de seguridad jurídica es mirado como un principio que domina el orden jurídico interno, inherente a este orden jurídico en el cual asegura el desarrollo apacible. Su constitucionalización (y otras referencias o alusiones a ese principio en la Carta Fundamental) expresa el lugar particular que debe tener de

---

616 Castillo Blanco, F.A., *op cit.*, pp. 77 y s., se observará que el informe de motivos de la ley Nº 4/99 de 13 de enero de 1999, modificando la ley Nº 30/1992, de 26 de noviembre de 1992, relativa al régimen jurídico de administraciones públicas y del procedimiento administrativo ordinario (*BOE* de 14 de enero de 1999, Nº 12, pp. 322 y s.) que legaliza particularmente el principio de protección de la confianza legítima, las presenta como principios de la acción administrativa "derivadas del principio de seguridad jurídica" (V. González Pérez, J., *El principio general de la buena fe en el derecho administrativo,* Civitas, Madrid, 3ª ed., 1999, pp. 52 y s.).

617 Peces-Barba Martínez, G., *Curso de derechos fundamentales. Teoría general* (con la colaboración de De Asis Roig, R., Fernández Liesa, C. R., y Llamas Cascón, A.), Universidad Carlos III, Madrid, 1995, pp. 245 y s.; "La seguridad jurídica desde la filosofía del derecho", *Anuario de derechos humanos* 1990, Nº 6, pp. 215 y s.; Pérez Luño, A. E., *La seguridad jurídica,* Ariel, Barcelona, 1991.

618 Mezquitas del Cacho, J. L., *Seguridad jurídica y sistema cautelar,* Bosch, Barcelona, 1989.

619 *Curso de derechos fundamentales. Teoría general*, *op. cit.*, p. 258.

620 Montejano, B., *Los fines del derecho,* Abeledo Perrot, Buenos Aires, 1976.

suyo en un "Estado de derecho democrático y social" como sostén de "valores superiores" del orden jurídico, por tomar una expresión del artículo 1° de la Constitución española de 1978.

2. El fundamento constitucional incierto del principio de seguridad jurídica en el derecho francés

Del lado del derecho francés, el panorama es muy distinto.

No existe ni en la Constitución de 1958 ni en los textos constitutivos del "bloque de constitucionalidad" en el sentido en que lo entiende el Consejo Constitucional, una referencia precisa al principio de seguridad jurídica del cual se desprenda para el juez constitucional la función de garantizar su aplicación, se comprende, contra el legislador. Como lo subrayan ciertos autores[621], "su reconocimiento textual es débil, incluso inexistente, en derecho constitucional". Por cierto se suele remitir a veces a la expresión, que figura en el Preámbulo de la Declaración de los Derechos del Hombre y del Ciudadano de 1789, según la cual "las reclamaciones de los ciudadanos están fundadas en lo sucesivo sobre principios simples e indiscutibles". Pero, incluso si se puede ver en esta redacción bien anodina una alusión discreta a la legibilidad y a la accesibilidad de la norma de derecho[622], es la exigencia de lo razonable intentar extraer una justificación constitucional sólida del solo principio de seguridad jurídica. Se vera aquí un homenaje rendido por sus redactores a la calidad (tanto de forma como de fondo) del texto revolucionario...

No es más productivo invocar, por aproximación semántica, el término "seguridad" que figura en el artículo 2 de la Declaración de Derechos del Hombre y del Ciudadano de 1789. A salvo de forzar el sentido de los términos, la "seguridad" que puede reclamar el destinatario de la Declaración a título de derecho natural e imprescin-

---

621 Mathieu, B. y Verpeaux, M., *Contentieux constitutionnel des droits fondamentaux, op. cit.*, p. 702.

622 Mathieu, B. y Verpeaux, M., *op. cit.*, p. 719.

dible está ligada a la seguridad personal del interesado y no a la seguridad jurídica (que no debía, por otra parte, ser la preocupación fundamental de los revolucionarios). El argumento, por cierto, ha sido avanzado[623], pero el juez constitucional lo ha descartado sin demasiados miramientos, por ejemplo en una decisión N° 89-254, DC de 4 de julio de 1989[624] ("el artículo 2° de la Declaración de

---

623 Ver, por ej., LUCHAIRE, F., "La sécurité juridique en droit constitutionnel français", *Cah. Cons. const.* N° 11, 2001, p. 67: "La seguridad jurídica es un elemento de la seguridad. En este nivel tiene su fundamento en el artículo 2 de la declaración de 1789 que pone a la seguridad entre los derechos naturales e imprescindibles del hombre al mismo nivel que la libertad, la propiedad y la resistencia a la opresión". Según otros autores (MATHIEU Y VERPEAUX, B., *op. cit.,* p. 720), "existe indiscutiblemente un fuerte lazo entre la seguridad y la seguridad jurídica", pese a que esos autores admiten que es "muy difícil extrapolar un reconocimiento general del principio de seguridad jurídica a partir de la afirmación de una de sus divisiones" (en este caso, las disposiciones de la Declaración relativa a la represión penal).
Pero reconozcamos en todo caso preferir la toma de posición del Tribunal Constitucional español, que parece mantener firmemente la discusión entre seguridad jurídica y seguridad personal. Testimoniado particularmente en el fallo N° 15/1986, de 31 de enero de 1986 (*BJC,* 1986, N° 59, p. 314 según el cual el derecho en la seguridad personal *(derecho a la seguridad)* reconocido en el artículo 17 de la Constitución de 1978, implica la condenación de toda medida que atente contra la libertad de que dispone todo ciudadano para organizar su vida individual y social en función a sus propias opiniones y convicciones, pero no concierne a "la seguridad jurídica" mencionada en el artículo 9-3 de la Carta Constitucional, seguridad que procura la certeza en cuanto al orden jurídico en vigor y a los intereses jurídicamente protegidos (fundamento jurídico N° 2. En otra decisión (fallo N° 325/1994, N° 165, p. 66), la alta jurisdicción separa tres tipos de seguridad: la seguridad personal, "soporte y campo de la libertad personal", la seguridad jurídica (considerada como "uno de los principios cardinales del derecho y en semejanza del valor justicia" y la seguridad pública, otro nombre del orden público. Añadamos: "conviene no confundir esas tres acepciones de la seguridad, entendiendo que la seguridad jurídica es a la vez un principio general del orden jurídico y un mandato conferido por la Constitución a los poderes públicos" (SERRANO DE TRIANA, V., "La función de la seguridad jurídica en la doctrina del Tribunal Constitucional", en: *Libro homenaje al Profesor José Luis Villar Palasi*, Madrid, 1989).

624 *Rec.*, p. 41 (ley que modifica la ley N° 86-912, de 6 de agosto de 1986, relativa a las modalidades de aplicación de la privatización); *RT dr., civ*, 1990, p. 519,

1789 no prohíbe al legislador realizar, por motivos de interés general, modificaciones a los contratos en curso de ejecución")[625] o en una decisión Nº 94-348, DC de 3 de agosto de 1994[626] ("ninguna norma ni ningún principio constitucional garantiza la intangibilidad de los derechos de jubilación liquidados").

Sin duda el artículo 8 de la Declaración de 1789, que consagra el principio de la no-retroactividad de la ley penal, es una de las ilustraciones, por lo demás clásica, del tema de la seguridad jurídica a la cual aspira todo ciudadano. Pero precisamente él concierne principalmente al derecho represivo; es así como el Consejo Constitucional lo ha subrayado expresamente, particularmente en su decisión Nº 95-369, DC de 28 de diciembre de 1995[627] ("es permitido al legislador adoptar disposiciones nuevas, pudiendo en ciertas condiciones no hacer aplicación de prescripciones que él había aprobado anteriormente, dado que ello no constituye una privación de garantías legales de exigencias constitucionales"), o en su decisión

---

nota ZENATI, F.; *Rev. sociétés*, 1990, Nº 1, p. 27, nota GUYON, Y.; *D.* 1990, p. 209, nota LUCHAIRE, F.

625 V., también, el fallo Nº 94-358, DC de 26 de enero de 1995, *Rec.*, p. 183 (ley de orientación para la adecuación y el desarrollo del territorio); *RFDC,* 1995, Nº 22, p. 289, nota MÉLIN-SOUCRAMANIEN, F.; *ibid.*, p. 384, nota OLIVA, E.; *RFDA*, 1995, p. 780, nota MATHIEU, B.; *R. trim. dr. san. y soc.* 1995, p. 579, nota ALFANDARI, E.; sobre el recurso eventual en el artículo 2 de la declaración de 1789, V. ROSSEAU, D., *Chron. de jurispr. constit.* 1995-1996, *RDP,* 1996, pp. 13 y s., not. p. 20.

626 *Rec.*, p. 117 (ley relativa a la protección social complementaria de los asalariados); *JCP* 1995.II.22404, nota BROUSSOLLE, Y.; *RFDC,* 1994, Nº 20, p. 832, nota GAIA, P. y MÉLIN-SOUCRAMANIEN, F.; *Dr. soc.* 1995, p. 306 y p. 411, nota LAIGRE, P.; *Petites Affiches* de 28 de abril de 1995, p. 5, chron. MATHIEU, B. y VERPEAUX, M.

627 *Rec.*, p. 257 (ley de financiamiento para 1996); *AJDA,* 1996, p. 369, nota SCHRAMECK, O.; *Petites Affiches,* 1996, Nº 10, p. 4, nota CALLOT, J.; *D.* 1997 *SC.* 140, nota MÉLIN-SOUCRAMANIEN F.; *RFDC,* 1996, p. 119, nota PHILIP, L.; *D.* 1996, chron., p. 193, étude LAY, J. P.; *JCP* 1996.II.22636, nota VAN TUONG, Nguyen.

Nº 95-369, DC de 28 de diciembre de 1995[628], cuya motivación ha sido tomada en la decisión Nº 97-391, DC de 7 de noviembre de 1997[629], antes de introducir límites más severos al ejercicio del poder de disponer retroactivamente en materia fiscal, con la decisión Nº 98-404, DC de 18 de diciembre de 1998[630], la cual impone al legislador a la vez prevalerse de un "motivo de interés general suficiente" para justificar la retroactividad y no "privar de garantías legales de exigencias constitucionales".

Es hoy, indiscutiblemente, el artículo 16 de la vieja Declaración revolucionaria el que es invocado con la mayor insistencia por una parte de la doctrina para fundar el principio de seguridad jurídica en derecho constitucional francés. Este artículo ("toda sociedad en la cual la garantía de los derechos no está asegurada ni la separación de poderes determinada no tiene Constitución") es a veces mirado como la expresión más avanzada del Estado de derecho[631]. En otros

---

628 *Rec.*, p. 257 (ley de financiamiento para 1996); *AJDA,* 1996, p. 369, nota SCHRAMECK, O.; *Petites Affiches,* 1996, Nº 10, p. 4, nota CALLOT, J.; *D.* 1997 *SC.* 140, nota MÉLIN-SOUCRAMANIEN F.; *RFDC,* 1996, p. 119, nota PHILIP, L.; *D.* 1996, chron., p. 193, étude LAY, J. P.; *JCP* 1996.II.22636, nota VAN TUONG, Nguyen.

629 *Rec.*, p. 232; *AJDA,* 1997, p. 969, nota SCHRAMECK, O.; *RFDC,* 1998, p. 157, nota PHILIP, L.; *Rev. adm.* 1997, Nº 300, p. 634, nota MEINDL, T. H.; *Bull. fisc. entrepr.* 1998, p. 10, nota TUROT, J. (ley que sustenta medidas urgentes en carácter fiscal y financiero).

630 *Rec.*, p. 315 (ley de financiamiento de la seguridad social para 1999); *RFDA,* 1999, p. 89, étude MATHIEU, B.; *AJDA,* 1999, p. 22, nota SCHOETTL, J. E., *Petites Affiches* de 2 de agosto de 1999, p. 18, obs. AIVAZZADEH-BARRÉ, S. y MATHIEU, B.; *JCP* 1999.I.117, étude PRÉTOT, X.; *JCP* 1999.II.10046, nota GUIHEUX, G.; *Gas. Pal.* 1999.1939, étude LEPAGE, C.; *D.* 1998, p. 739, Act., obs. MATHIEU, B.; *Dr. soc.* 1999, p. 21, étude PELLER, R.

631 Sobre ese punto MATHIEU, B., observaciones a la Nº 96.385 DC de 30 de diciembre de 1996 (ley de financiamiento para 1997). *Petites Affiches* de 7 de marzo de 1997, p. 5 ("En Francia, se puede considerar que es particularmente para la fórmula de la declaración de 1789 (...) que este estado de derecho es implícitamente reconocido"); V., también, MATHIEU, B., "Constitution et sécurité juridique, France", en: *AIJC* 1999, t. XV, pp. 155 y s., not. p. 166; GENEVOIS, B., v. "Principes généraux du droit" en: *Répertoire Dalloz contentieux administratif,* Nº 26 y s.; BOISSARD, S., "¿Cómo garantizar la estabilidad de las re-

términos, el principio de seguridad jurídica apelaría a un reconocimiento constitucional por ser inherente al Estado de derecho, en sí mismo identificado a partir del artículo 16 de la Declaración de 1789[632].

¿Está tal razonamiento al abrigo de la crítica? Sería necesario demostrar que el concepto de Estado de derecho encuentra una expresión teórica correcta y satisfactoria en la redacción del artículo 16 de la Declaración de 1789; y que la seguridad jurídica es un "elemento integrante"[633] o, en todo caso, un corolario obligado del Estado de derecho. Esta doble demostración, que se encuentra cada vez que se utiliza la técnica de derivación o de la deducción en cadena, exige presupuestos teóricos y lógicos rigurosos, los cuales no pueden substituirse con simples afirmaciones o intuiciones.

---

laciones jurídicas individuales sin privar a la autoridad administrativa de todos los medios de acción y sin transigir sobre el respeto del principio de legalidad? El difícil dilema del juez administrativo", *Cah. Cons. const,* N° 11, 2001, pp. 70 y s., not. p. 79, etc.

632 Tal es la posición defendida por Mathieu, B.: obs. bajo decis. N° 95-369 DC de 28 de diciembre de 1995 (ley de finanzas para 1996), *Petites Affiches* de 13 de marzo de 1996, p. 4; el autor se refiere al Preámbulo de la Declaración de los Derechos del Hombre invocada por los demandantes: dec. N° 94-358 DC de 3 de agosto de 1994, *Rec.*, p. 117; *RFDC,* 1994, N° 20, p. 832, nota Gaïa, P. y Mélin-Soucramanien, F.; *JCP,* 1995. II 22404, nota Broussolle, Y.; *Petites Affiches* de 28 de abril de 1995, p. 5, chron. Mathieu, B. y Verpeaux, M.; *Dr. soc.* 1995, p. 306 y p. 411, nota Laigre, P. (ley relativa a la protección social complementaria de los asalariados); obs. bajo decis. N° 96-385, DC de 30 de diciembre de 1996 (ley de finanzas para 1997), *Petites Affiches* de 7 de marzo de 1997, pp. 5 y s., not. p. 7: "Se permite considerar que es particularmente por la fórmula de la Declaración de 1789 (…), que este Estado de derecho es implícitamente reconocido"; decis. N° 98-404, DC de 18 de diciembre 1998 (ley de financiamiento de la seguridad social para 1999), *Petites Affiches* de 2 de agosto de 1999, p. 18; *RFDA,* 1999, pp. 89 y s.; obs. bajo decis. N° 99-419, DC del 9 de noviembre de 1999 (ley relativa al pacto civil de solidaridad), *Petites Affiches* de 26 de julio de 2000, pp. 11 y s., not. p. 17; v., también, del mismo autor, "La sécurité juridique: un principe constitucionnel clandestin mais efficient", en: *Mélanges Patrice Gélard,* Montchrestien, pp. 501 y s., not. p. 501.

633 Un "*konstitutivelement*", en la terminología alemana tiene una función de determinación ("Massgebung").

No es claro *a priori* que el artículo 16 de la Declaración de los Derechos del Hombre y del Ciudadano constituye una expresión muy convincente del Estado de derecho, concepto que se supone también extraño a las preocupaciones de los revolucionarios de 1789. Incluso si se puede convenir que la separación de poderes y la garantía de los derechos están ligadas a la representación contemporánea (algo un poco mítico, es verdad...) del Estado de derecho, ellas no sabrían definirla solas y faltaría por demostrar que ellas expresan verdaderamente y totalmente la esencia. La utilización en todas direcciones de la expresión "neblina conceptual", de la cual ella es objeto permanentemente[634], y del consenso sospechoso que la rodea, obligan a una cierta reserva[635].

En cuanto a la "seguridad jurídica", es sin duda posible ver en ella un "componente esencial"[636] del Estado de derecho. La doctri-

---

634 TRUCHE, P. y DELMAS-MARTY, M., "L'Etat de droit à l' épreuve de la corruption", en: *L'Etat de droit, Mélanges en l'honneur de G. Braibant,* Dalloz, 1996, p. 715.

635 Nos limitaremos a recordar que en la misma Alemania donde la teoría del Estado de derecho ha tomado su vuelo, su consagración constitucional precisa, en el *corpus* de la ley fundamental de Bonn, queda un tema clásico de controversia. El juez constitucional manifiesta hoy una cierta preferencia por los artículos 20 al 30 (V., por ejemplo, en una literatura particularmente abundante las obras de KUNIG, P., *Das Rechtsstaatsprinzip Überlegungen zu seiner Bedeutung für das Verfassungsrecht der Bundesrepublik Deutschland,* J.C.B Mohr, Tübingen, 1986, y de SOBOTA, K., *Das Prinzip Rechtsstaat: verfassungs-und verwaltungsrechtliche Aspekte,* Tubingen, 1997); pero otros artículos son frecuentemente citados en apoyo del razonamiento (los artículos 19, al 1 y 2; 79, 82 al 3, 102, 103 al 2 y 3, etc.).

636 Según la Corte de Karlsruhe, la seguridad jurídica apareció como una *"wesentlicher Bestandteil"* del Estado de derecho, o una "decisión fundamental" de la ley constitucional (*Grundentscheidung*). Por otra parte el principio de "protección de la confianza (legítima)" *(Vertrauensschutz)* es igualmente analizado en ciertos fallos. Como resultante del concepto del Estado de derecho (BVerf GE, vol. 30, p. 403; vol. 50, p. 250; vol. 59, p. 164). La polémica no está, por tanto, terminada (...).

(62 *bis*) V. decis. N° 98-401 DC de 10 de junio de 1998; *Rec.,* p. 258; *RFDC,* 1998, p. 640 nota FAVOREU, L.; *D.* 2000. *SC.* 60 obs. FAVOREU, L., *AJDA*, 1998, p. 495, nota SCHOETTL, J. E.: una de las medidas incriminadas de la ley deferida

na jurídica alemana (seguida eventualmente por la Corte Constitucional Federal) se comprometió desde hace largo tiempo en este camino y tal aproximación explica sin duda la constitucionalización de la cual se ha beneficiado sin tardar el principio en diversos países europeos, incluso España. Aun cuando, en derecho francés, el artículo 16 de la Declaración de 1789 se presta mejor que otro para el reconocimiento de un principio constitucional de seguridad jurídica, esa incorporación es en realidad mediata (dado que es operada por intermedio del Estado de derecho, el cual, no ha sido objeto de una consagración constitucional expresa) y tributaria de relaciones exactas que conviene establecer entre el artículo 16 del texto revolucionario y el Estado de derecho, de una parte; y, entre el Estado de derecho y la seguridad jurídica, por otra parte.

También, a veces, se sostiene una justificación constitucional complementaria. Consiste en extender al principio de seguridad jurídica, en sus diversos aspectos, un análisis que el Consejo constitucional ha sostenido a propósito de una de las manifestaciones de

---

ha sido considerada por el juez constitucional como "definida de modo suficientemente claro y preciso" para satisfacer a las exigencias constitucionales del artículo 34; decis. Nº 98-407, DC de 14 de enero de 1999, *Rec.*, p. 21, *RFDA,* 2000, p. 109, estudio de Verpeaux, M., y Boghestani-Perrey, L.; D. 2000. *SC.* 194, obs. Ghevontian, R.; *AJDA,* 1999, p. 149 nota Schoettl, J. E.; *Petites Affiches*, 12 de febrero de 1999, p. 9, nota Gruber, A.; *DR. adm.*, 1999, Nº 10, p. 6, obs. Traore, S.; *Petites Affiches*, 16 de septiembre de 1999, p. 8, obs. Boghestani-Perrey, L. y Verpeaux, M., *ibid.*, 4 de marzo de 1999, obs. Viola, A. Se refiere sobre todo a la decisión Nº 98-421 DC de 16 de diciembre de 1999, *Rec.*, p. 136; *D.* 2000 Nº 4, p. VIII obs. Mathieu, B.; *D.* 2000, p. 361, estudio de Frison-Roche, A. y Baranes, W.; *Petites Affiches*, 28 de julio de 2000, p. 15, obs. Mathieu B. y Verpeaux, M. A.; D. 2000, *SC.* 425, obs. Ribes, D.; *AJDA*, 2000, p. 31 nota Schoettl, J. E.).

(62 *ter*) *Rec.*, p. 164; *RFDA*, 2002, p. 361, nota Lemaire, F.; *Petites Affiches*, 23 de abril 2001, nota Chagnollaud, D.; *Petites Affiches,* 31 de julio de 2001, p. 18, obs. Sauvageot, F. y Verpeaux, M.; *RDP*, 2001, p. 247, estudio de Luchaire, F.; o la decisión Nº 2000-436, DC de 7 de diciembre de 2000. *Rec.*, p. 176; *AJDA*, 2001, p. 18, nota Shoettl, J. E.; *D.* 2001, p. 1840, obs. Favoreu, L.; *ibid.*, p. 1841, obs. Fatin-Rouge, M.; *Petites Affiches* de 1 de agosto de 2001, p. 24, obs. Robbe, F.

ese principio, a saber, las necesarias cualidades de claridad y de precisión que debe presentar la ley, cualidades vistas como "exigencias desprendidas del artículo 34 de la Constitución" de 1958 (62 *bis*). El interés general que presenta la terminación de los códigos "responde en resumen al objetivo de valor constitucional de accesibilidad e inteligibilidad de la ley", objetivo que postulan a la vez el principio constitucional de igualdad de los ciudadanos ante la ley (art. 6 de la Declaración de los Derechos del Hombre y del Ciudadano) y el principio de "protección de los derechos" apuntado en el artículo 16 en tanto garantía misma de una Constitución digna de ese nombre. Se encuentran esas preocupaciones con formulaciones diversas, en decisiones ulteriores, por ejemplo, la decisión 2000-435 DC de 7 de diciembre de 2000 (62 *ter*).

La inserción del principio de seguridad jurídica en nuestro orden normativo no se hará en definitiva sino por una puerta estrecha. Por el momento, esta puerta sólo está entreabierta.

B. Sobre la política seguida por los jueces constitucionales

Un análisis comparativo, en todo caso rápido, de la jurisprudencia constitucional española y francesa permite poner de relieve, de nuevo, una notable diferencia de comportamiento de los jueces en presencia de un principio evidentemente polisémico, cuyo manejo se manifiesta más delicado.

Es verdad que el punto de partida del razonamiento jurisprudencial no es el mismo en uno y en otro caso. A la concepción abierta, que es la del Tribunal Constitucional español, se opone la actitud mucho más circunspecta del Consejo Constitucional francés.

1. Una política jurisprudencial abierta del Tribunal Constitucional español

Como se ha dicho, la Constitución española de 1978 dio lugar al principio de seguridad jurídica en el artículo 9-3; pero sin embargo ella no lo definió. Correspondía pues, al juez constitucional determinar el contenido y el alcance que convenía conferir a ese principio. Podría adoptar una concepción restrictiva o extensiva.

a) Es claro, desde el origen, que en todo estado de causa el principio de seguridad jurídica no beneficiaría a la protección particular que constituye el recurso de amparo. Ese tipo de recurso, que permite sancionar la violación de los derechos fundamentales constitucionalmente reconocidos, tiene un campo de aplicación circunscrito por el artículo 53-2 de la Carta Fundamental y no concierne al artículo 9[637].

El Tribunal Constitucional lo ha considerado en numerosas decisiones, particularmente en las sentencias N° 6/1983, de 4 de febrero de 1983[638]; N° 97/1987, de 10 de junio de 1987[639]; N° 126/87, de 16 de julio de 1987[640]; N° 120/1988, de 20 de junio de 1988[641]; N° 134/1988, de 4 de julio de 1988[642]; N° 133/1989, de 19 de julio de 1989[643].

Retendremos algunas motivaciones que se pueden considerar como significativas.

Según el fallo N° 133/1989, de 19 de julio de 1989 (antes citado), "el valor de la seguridad jurídica es proclamado, al mismo tiempo que otros principios constitucionales, en el artículo 9-3 de la Constitución; entonces, del hecho que ella se encuentra fuera del campo de aplicación del recurso de amparo (art. 53-2), no se trata

637 Los derechos y libertades que dan lugar a *amparo* constitucional son aquellos de la sección I del capítulo II del título I de la Constitución. Todos los otros derechos o libertades son excluidos (fallos N° 165/1993, de 18 de mayo de 1993, *Jurisprudencia constitucional,* vol. XXXVII, p. 201; N° 233/1993, de 12 de julio de 1993, *Jurisprudencia constitucional,* vol. XXXVII, p. 965; N° 28/1994, de 27 de enero de 1994, *Jurisprudencia constitucional,* vol. XXXVII, p. 291, etc.).

638 *BJC* 1983, N° 23, p. 127.

639 *Jurisprudencia constitucional,* vol. XVIII, p. 376.

640 *BJC*, 1987, N° 76-77, p. 1165.

641 *Ibid.*, vol. XXI, p. 348.

642 *Ibid.*, vol. XXI, p. 469.

643 *Ibid.*, vol. XXIV, p. 698.

de un valor constitucional susceptible de ser invocado por la vía de este recurso constitucional, siendo admitido que ella debe irrigar el orden jurídico y regir la conducta de los poderes públicos".

Otro fallo, leído el 27 de enero de 1994 (antes citado), muestra que "la delimitación del espacio procesal en el cual debemos sustentarnos impone primeramente la excusión *a limine* de la pretendida infracción del artículo 9 de la Constitución, la cual enuncia ese principio como tal sin constituir un derecho subjetivo y menos aún un derecho de naturaleza fundamental, según el lenguaje constitucional, que exigiría una protección más severa, considerando su rango, el más elevado, de parte de leyes que lo regulen; y una garantía jurisdiccional más completa, con un proceso *ad hoc* frente al juez ordinario y un recurso de amparo constitucional (...) En definitiva la pretensión por la cual el fundamento inmediato es el principio antes citado de seguridad no podría prosperar según una vía autónoma, incluso si ese principio, en tanto denominador común de numerosas categorías jurídicas, contribuye a precisarlas, incluso a comprenderlas, puede ser útil para aclarar algunos aspectos de asuntos controvertidos".

Conviene pues observar que el principio de seguridad jurídica no crea, por sí mismo derechos subjetivos en beneficio de los ciudadanos y que su lugar en la Constitución no permite dar lugar al amparo. En otros términos, la violación del principio de seguridad no produce, por sí misma, la intervención máxima del juez constitucional español.

b) No obstante, el principio de seguridad jurídica ha sido interpretado muy ampliamente por este último y su importancia se encuentra ampliada otro tanto.

Una de las primeras decisiones rendidas por la alta jurisdicción a propósito del artículo 9-3 de la Carta Constitucional[644] toma po-

[644] Fallo N° 27/1981, de 20 de julio de 1981, *Jurisprudencia constitucional,* vol. II p. 166; v. también los fallos N° 65/1987, de 21 de mayo de 1987, *Jurisprudencia constitucional,* vol. XVIII, p. 118; N° 99-1987, de 11 de junio de 1987; *BJC,*

sición sobre el significado del principio en los términos siguientes: "Los principios constitucionales enunciados en el artículo 9, inciso 3°, no cubren ámbitos parciales claramente delimitados, pero adquieren al contrario su significación en función de otros elementos y se persigue con ellos la promoción de los más elevados valores del orden jurídico que el Estado de derecho social y democrático pone en relieve. Esto es particularmente verdadero para la seguridad jurídica, que constituye la suma de la seguridad y de la legalidad, de la jerarquía y de la publicidad de normas, de la prohibición de la retroactividad de las medidas desfavorables y de la prohibición de la arbitrariedad, sin embargo sin agotarse en una simple juxtaposición de esos principios. La seguridad jurídica es la suma de todos esos principios, que se encuentran en equilibrio recíproco, de modo que permite promover la justicia, la igualdad y la libertad en el orden jurídico".

Hay algunas formulaciones más matizadas en la materia, proporcionadas por diversas sentencias recientes: N° 150/1990, de 4 de octubre de 1990[645]; N° 142/1993, de 22 de abril de 1993[646]; N° 212/1996, de 19 de diciembre de 1996[647]; N° 104/2000, de 13 de abril de 2000[648] y N° 234/2001, de 13 de diciembre de 2001[649]: "La seguridad jurídica debe ser entendida como la certeza en cuanto al orden jurídico en vigor y a los intereses jurídicamente protegidos (...), como los anhelos razonablemente fundados del ciudadano destinatario de la acción del poder por la puesta en marcha del derecho (...), como la claridad de la legislación y no la confusión normativa (...). En suma, es sólo cuando, en el orden jurídico en el

---

1987, N° 74, p. 717 y N° 126/1987 de 16 de julio de 1987, *Jurisprudencia constitucional,* vol. XVIII, p. 747; *BJC,* 1987, N° 76-77, p. 1165; N° 227/1988, de 29 de noviembre de 1988; *BJC,* 1988, N° 92, p. 1393 y N° 150/1990, de 4 de octubre de 1990; *BJC*, 1990, N° 150, p. 22.

645 *BJC* 1990, N° 115, p. 5.

646 *BJC* 1993, N° 142, p. 5.

647 *BJC* 1997, N° 189, p. 67.

648 *BJC* 2000, N° 229, p. 16.

649 *BJC* 2002, N° 249, p. 3.

cual se insertan y tomando en cuenta las normas de interpretación admisibles en derecho, el contenido o los silencios de un texto normativo harían nacer dudas y confusiones, creando una incertidumbre razonablemente imposible de disipar en cuanto a los comportamientos exigibles para su puesta en marcha o a la previsibilidad de sus efectos, que se podría concluir en la violación por la norma del principio de seguridad".

Se debe considerar esta redacción como estableciendo al mismo tiempo la razón de ser y el alcance del principio de seguridad jurídica en la jurisprudencia constitucional española: ese principio concierne al orden jurídico en su conjunto y asegura el funcionamiento razonable y coherente. No se trata por lo tanto de imponer al legislador o al poder normativo en su conjunto que norme todas las dificultades que la interpretación y la aplicación del texto son susceptibles de generar. Conviene considerar, si es necesario, los mecanismos técnicos clásicos: ellos permitirán a menudo reducir las contradicciones, las lagunas, las antinomias o las incoherencias, reales o aparentes, de los textos vigentes. La anulación sólo se justificará en el supuesto en que el intérprete dotado del derecho no tenga la capacidad de sobrepasar tales obstáculos con el auxilio de sus instrumentos habituales de análisis. No hay lugar para imponer al poder normativo apremios excesivos ni, en consecuencia, de substituirlo para dictar la norma jurídicamente aceptable. El principio de seguridad jurídica así entendido no podría más que sancionar los excesos y abusos en la elaboración y en la redacción de la norma.

Sin embargo, la idea de seguridad jurídica no podría justificar una petrificación del orden jurídico[650]. Por otro lado, como se ha dicho, la seguridad jurídica no se confunde con las otras formas de seguridad que son mencionadas en el texto constitucional; por

---

650 Fallo Nº 227/1988, de 29 de noviembre de 1988, *Jurisprudencia constitucional*, vol. XXII, p. 680.

ejemplo, la seguridad personal (art. 17-1)[651] o la seguridad pública (art. 149-I, 29°)[652].

Las aplicaciones concretas de la seguridad jurídica a que han dado lugar los pronunciamientos jurisprudenciales ilustran la concepción relativamente liberal, que es la del juez constitucional español. Se la encuentra por ejemplo en asuntos en que se ha discutido la "confusión normativa" engendrada por textos de ley hechos de prisa y prácticamente ilegibles[653], o en la intangibilidad de las decisiones judiciales[654], o en el alcance de la amnistía[655], entre otros ejemplos.

La gestión del juez constitucional francés es mucho más indecisa.

2. Una gestión prudente del Consejo Constitucional francés

Frente al problema de la seguridad jurídica, el juez constitucional francés no dispone, es sabido, de un texto de referencia que le permita interpretar. Él tampoco puede ignorar completamente el imperativo de seguridad jurídica, asociado al Estado de derecho (de la misma manera que el principio de legalidad) según una presenta-

---

651 Fallo N° 15/1986, de 31 de enero de 1986, *Jurisprudencia constitucional*, vol. XIV, p. 136: "el derecho en la seguridad reconocido en el artículo 17-1° de la Constitución es el derecho a la seguridad personal y no a la seguridad jurídica" (V. también el fallo N° 126/1987, de 16 de julio de 1987, *Jurisprudencia constitucional*, vol. XVIII, p. 716; fallo N° 325/1994, de 12 de diciembre 1994, *Jurisprudencia constitucional,* vol. XL, p. 776.

652 Fallo N° 325/1994, de 12 de diciembre de 1994, prec.

653 Fallo N° 46/1990, de 15 de marzo de 1990, *Jurisprudencia constitucional,* vol. XXVI, p. 510 (a propósito de la ley sobre el régimen de agua votado por la Asamblea Legislativa de Canarias).

654 Fallo N° 231/1991, de 10 de diciembre de 1991, *Jurisprudencia constitucional,* vol. XXXI, p. 617.

655 Fallo N° 147/1986, de 25 de noviembre de 1986, *Jurisprudencia constitucional,* vol. XVII, p. 354.

ción doctrinal clásica[656], la cual constituye incluso un componente juzgado esencial.

Conviene pues determinar cómo el Consejo Constitucional recibe el concepto.

a) El Consejo Constitucional, a pesar de las peticiones a veces insistentes de las cuales ha sido objeto, no ha erigido al principio de seguridad jurídica al nivel de un principio constitucional, al que correspondería a los poderes públicos —y particularmente al legislador— acatar. No es indiferente, tratándose de un principio polisémico cuyo alcance ha sido mal dimensionado, que la alta jurisdicción se haya abstenido de pronunciarse claramente sobre su existencia en la cumbre de la jerarquía normativa.

Se recordará a este respecto que el principio de seguridad jurídica había sido expresamente invocado en diversos requerimientos, pero no fue tomado en cuenta, por ejemplo, en la decisión N° 96-369, DC de 28 de diciembre de 1995[657] y N° 97-391, DC de 7 de noviembre de 1997[658]. Sin perjuicio de lo dicho, el Consejo Constitucional tampoco lo condena, aun cuando no duda en condenar firmemente un principio por muchos considerado como una exención del principio de seguridad jurídica: el principio de protección de confianza legítima[659]. Además, los autores han

---

656 V. también los autores alemanes forjaron en esta ocasión la expresión de Estado de seguridad jurídica *("Rechtssicherheitsstaat")* (V., por ejemplo, STELZER, M., "Was leistet das Prinzip der Rechtssicherheit?", *Die Verwaltung*, 1997, pp. 143 y s.).

657 *Rec.*, p. 257; *RFDC*, 1996, N° 25, p. 119, obs. PHILIP, L.; *D.* 1997, *SC* 140, obs. MÉLIN-SOUCRAMANIEN, F.; *AJDA*, 1996, p. 369, estudio de SCHRAMECK, O.; *D.* 1996, p. 113, obs. LAY, J. P.; *Petites Affiches*, 1996, N° 10, p. 4, nota COLLOT, J.; *RDP*, 1997, p. 18, chron. ROUSSEAU, D. (a propósito de disposiciones fiscales retroactivas).

658 *Rec.*, p. 232; *AJDA*, 1997, p. 969, estudio de SCHOETTL, J. E.; *Petites Affiches* de 4 de marzo de 1998, p. 21, obs. MATHIEU, B.; *RDP*, 1998, p. 45, chron. ROUSSEAU, D. (igualmente a propósito de la retroactividad de la ley fiscal).

659 Decisión N° 96-385, DC de 30 de diciembre de 1996, *Rec.*, p. 145; *RFDC*, 1997, N° 29 p. 119, nota PHILIP, L.; *RDP*, 1997, p. 289, estudio de LUCHAIRE, F.; *Petites*

notado esta diferencia de trato y han intentado sacar de allí enseñanzas concretas[660].

Ocurre que el juez constitucional integra en su razonamiento el deseo de seguridad o estabilidad jurídica perseguida por la ley deferida. Así, la decisión N° 96-385, DC de 9 de abril de 1996[661], se limita a constatar "el deseo del legislador de reforzar la seguridad jurídica" de las decisiones de la Asamblea Territorial de la Polinesia Francesa limitando a cuatro meses el plazo de los recursos contra los actos dictados al aplicar una resolución de esta Asamblea, a la que se le reprochó el no haber respetado las normas de la repartición de competencias entre el Estado, el territorio y las comunas; pero estima que la medida afecta muy gravemente en este caso al derecho constitucional a un recurso jurisdiccional. Es difícil percibir otra cosa que no sea el reconocimiento de la legitimidad del problema de la seguridad jurídica en la elaboración de la ley, bajo reserva de su necesaria conciliación con el derecho a los recursos (además, la formulación elegida estaba dirigida a la seguridad jurídica de las "decisiones" de una asamblea territorial y no de la seguridad jurídica de los justiciables).

Affiches de 15 de junio de 1997, p. 5, obs. Zarka, J. C.; *Rev. trim. dr. civ.* 1997, N° 2, p. 289, obs. Hauser, J.; *AJDA,* 1997, p. 161, estudio de Schrameck, O.; *Petites Affiches* de 7 de marzo de 1997, p. 5, chron Mathieu, B.; decis. N° 97-391 DC de 17 de noviembre de 1997, *Rec.;* p. 232; *AJDA,* 1997, p. 969, estudio de Schoettl, J.; *Petites Affiches* de 4 de marzo de 1998, p. 21, obs. Mathieu, B.; *RDP,* 1998, p. 15, chron. Rousseau, D.; *Rev. adm.* 1998, p. 635, obs. Meindl, Th. [ver igualmente, § 7 de este libro].

660 Por ejemplo, Mathieu, B., *Petites Affiches* de 7 de marzo de 1997, *op. cit.,* p. 7; Rousseau, D., chron. *RDP,* 1997, pp. 18 y s.; Meindl, Th., "Comentario de la decisión del Consejo Constitucional N° 97-391, DC de 7 de noviembre de 1997", *Rev. adm.* 1998, p. 635; es necesario interrogarse en derecho sobre la diferencia de tratamiento entre el principio "llamado de confianza legítima", rechazado como falaz, y el principio de seguridad jurídica, del cual nada se ha dicho.

661 *Rec.*, p. 43; *RDP,* 1996, p. 953, estudio de Luchaire, F.; *AJDA,* 1996, p. 369, estudio de Schrameck, O.; *RFDC,* 1996 N° 27 p. 584, nota de Trémeau, J., Roux, A. y Renoux, T. S.; *Petites Affiches,* 1996, N° 146, p. 5, nota de Turpin, D.; *Justices* 1997, N° 5, p. 247, obs. Molfessis, N.

En otra decisión, N° 93-335, DC de 21 de enero de 1994[662], el Consejo Constitucional evoca "el riesgo de inestabilidad jurídica" que la ley había querido precisamente combatir limitando la posibilidad de plantear ciertas excepciones de ilegalidad contra los documentos de urbanismo previsional; la perspectiva de una multiplicación de réplicas frente a la legalidad externa de estos actos, autorizaba, en su opinión, tal restricción.

Pero tomar conciencia de la preocupación del legislador sobre la seguridad jurídica y las preocupaciones de éste sobre los riesgos de inestabilidad jurídica no se manifiesta con un reconocimiento implícito del principio de seguridad jurídica a nivel constitucional.

b) Otras decisiones, más recientes, traducirían, a ojos de ciertos autores, una lenta e inexorable progresión a favor de un reconocimiento.

Mencionamos al respecto las soluciones adoptadas por la Alta Institución en materia de retroactividad de las leyes (fuera del derecho represivo, donde, como nadie ignora, el principio de no-retroactividad de leyes más severas es consagrado por el artículo 8 de la Declaración de 1789). Es así como, una decisión abundantemente comentada (N° 98-404, DC de 18 de diciembre de 1998, a propósito de la ley de financiamiento de seguridad social para 1999)[663], asigna al poder del legislador los límites precisos que se incorporarán aparentemente a la preocupación de seguridad jurídica: existencia de un motivo de interés general suficiente y preser-

---

662 *Rec.*, p. 40; *Rev. adm.* 1994, p. 74, estudio de MORAND-DEVILLER, J.; *RFDC*, 1994, p. 364, nota de MÉLIN-SOUCRAMANIEN, F.; *RDP,* 1995, p. 92, chron. ROUSSEAU, D.; *Petites Affiches* de 31 de marzo de 1995, 6, obs. MATHIEU, B. y VERPEAUX (ley que aporta diversas disposiciones en materia de urbanismo y de construcción).

663 *Rec.*, p. 315; *RFDA,* 1999, p. 89, estudio de METHIEU, B.; *Petites Affiches* de 2 de agosto de 1999, p. 18, nota de MATHIEU, B. y AIVAZZADEH-BARRÉ, S.; *RFDC*, 1999, p. 125, nota de MÉLIN-SOUCRAMANIEN, F.; *Gaz. Pal.* 1999, 1939, estudio de LEPAGE, C.; *AJDA*, 1999, p. 22, estudio de SCHOETTL, J. E.; *JCP*, 1999, II.10046, nota de GUIHEUX, G.; *Dr. soc.* 1999, p. 21, estudio de PELLET, R.; *JCP*, 1999 I.117, estudio PRÉTOT, X.

vación de las garantías legales de que se benefician las exigencias constitucionales[664].

En el dominio de validaciones legislativas, la idea de seguridad ha sido igualmente puesta en contribución ya sea para justificar la severidad acrecentada del juez constitucional en beneficio del justiciable (derecho al recurso[665], derecho de sacar pleno partido de los efectos de una determinación jurisdiccional con fuerza de cosa juzgada[666], etc.)[667]; ya sea, al contrario, para explicar su indulgencia

---

664 V., igualmente, decis. N° 99-422, DC de 21 de diciembre de 1999 (ley de financiamiento de la seguridad social para el año 2000), *Rec.,* p. 143; *AJDA*, 2000, p. 48, nota de Schoettl, J. E.; *RFDC*, 2000, N° 41, p. 125, nota de Ribes, D.; D. 2000, N° 4, p. VII, obs. Mathieu, B., *Petites Affiches* de 28 de julio de 2000, p. 18, nota de Mathieu, B. y Verpeaux, M., *Rev. jurispr. fisc.* 2000, p. 90, chron. Mignon, E. (anulación de la validación legislativa de actos de aplicación de un fallo en tanto que su legalidad sería referida para irregularidad del fallo de base).

665 Sobre el derecho al recurso, V. particularmente decisión N° 93-335, DC de 21 de enero de 1994, *Rec.,* p. 40; *RFDC*, 1994, p. 364, nota de Mélin-Soucramanien, F.; *Rev. adm.* 1994, p. 75, nota de Morand-Deviller, J.; *Petites Affiches* de 6 de mayo de 1994, p. 15, nota de Lamorlette, B.; decis. N° 96-373 DC del 9 de abril de 1996 *Rec.,* p. 58; *RDP*, 1996, p. 953, nota de Luchaire, F.; *AJDA*, 1996, p. 369, nota de Schrameck, O.; *RFDC*, 1996, N° 27 p. 584, nota de Trémeau, J., Roux, A. y Renoux, T. S.; *Petites Affiches,* 1996, N° 146, p. 5, nota de Turpin, D.; Justices 1997, N° 5, p. 247, nota de Molfessi, N.; decis N° 99-425, DC de 29 de diciembre de 1999, *Rec.,* p. 168, *Petites Affiches* de 28 de julio de 2000, p. 33, obs. S. A. y B. M.

666 Decis. N° 97-390 DC de 19 de noviembre de 1997 (ley orgánica relativa al régimen tributario aplicable en la Polinesia Francesa. *Rec.,* p. 254; D. 1998, chron., p. 117, nota de Brard, Y.; *Petites Affiches*, 1999, N° 34, p. 12, nota de Entiope, M.; *RDP,* 1998 p. 23, nota de Luchaire, F.; *RFDA,* 1998, p. 148, estudio de Mathieu, B.; *AJDA,* 1997, p. 963, nota de Schoettl, J. E. V. Pellas, J. R., "Le principe de sécurité juridique en droit fiscal", en: *Mélanges Georges Dupuis, LGDJ,* París, 1997, pp. 261 y s.

667 Ver sobre ese punto Mathieu, B., "Un nouvel équilibre entre les considérations liées à l'intérêt général et celles relatives à la garantie des droits: à propos des decisions 97-390 DC y 97-393 DC", *RFDA,* 1998, p. 147; "La sécurité juridique: un principe constitutionnel clandestin mais eficient", en: *Mélanges Patrice Gélard,* Montchrestien, 1999, pp. 301 y s.; según el autor "el principio de seguridad jurídica es (...) en el corazón de la apreciación de la constitucionalidad

relativa a beneficio de terceros cuya situación estaría amenazada en ausencia de la validación de un concurso o de un examen susceptible de ser en parte anulado. La preocupación de la seguridad jurídica no estaría ausente en la manera en que el juez constitucional percibiría la libertad contractual y el respeto de las convenciones en curso[668].

Se lo encontrará en la jurisprudencia del Consejo Constitucional relativa a la claridad de la ley y a la precisión de los términos utiliza-

---

de leyes retroactivas como lo es el de las validaciones legislativas" (*RFDA,* 1999, *op. cit.,* p. 93); v. también CAMBY, J. P., "Validations législatives: des strates jurisprudentielles des plus en plus nombreuses", *RDP*, 2000, pp. 610 y s.

668 Después de haber admitido en su disposición N° 98-401, DC de 10 de junio de 1998 (ley de orientación y de iniciación relativa a la reducción del tiempo de trabajo), precitada, que "el legislador no podría traspasar a la economía, convenciones y contratos legalmente cerrados una transgresión de tal gravedad que desconociese manifiestamente la libertad derivada del artículo 4 de la Declaración de los Derechos del Hombre y del Ciudadano", el Consejo constitucional en una decisión N° 99-423, DC de 13 de enero de 2000 (ley relativa a la reducción negociada del tiempo de trabajo) (*Petites Affiches* de 28 de julio de 2000, p. 22, nota de BAGHESTANI-PERREY L., MATHIEU, B. y VERPEAUX, M.; *Ibid.* 19 de enero de 2000 estudio de SCHOETTL, J. E.; *ibid.* 19 de enero de 2000, p. 30, estudio de SAURET, A.; *Dr. soc.* 2000, p. 257, estudio PRÉTOT, X.) extrae las consecuencias censurando la revisión por el legislador de convenciones colectivas concluidas bajo el imperio de una ley anterior, revisión que no encontraría su fundamento "en el desconocimiento, para esas convenciones de consecuencias previsibles de la reducción del tiempo de trabajo inscrita en la ley de referencia ni en el desconocimiento de disposiciones legislativas en vigor en el momento de su conclusión". Por otra parte, una determinación anterior de algunas semanas (decis. N° 99-419, DC de 9 de noviembre de 1999, ley relativa al pacto civil de solidaridad, *Rec.*, p. 196; *Petites Affiches* de 26 de julio de 2000, p. 11, nota MATHIEU, B. y VERPEAUX, M.; *ibid.*, primero de diciembre 1999, estudio de SCHOETTL, J. E.; *derecho de la familia,* diciembre de 1999, p. 46, nota de DRAGO, G.; *Gaz. Pal* 19-20 de noviembre de 1999, p. 2, nota de CHARBONNEAU, C. y PANSIER, F. J.) condiciona la libertad de romper un contrato como un deber de información del contratado y reserva la puesta en juego de la responsabilidad en el caso en el que las condiciones de ruptura provocarían un perjuicio.

dos por el legislador[669]. Y sobre todo en el reconocimiento formal, por la decisión N° 99-421, DC de 16 de diciembre de 1999[670], de un "objetivo constitucional de acceso y de inteligibilidad de la ley"

---

669 V. por ejemplo decis. N° 83-162, DC de 19 de julio de 1983 (ley relativa a la democratización del sector público), *Rec.*, p. 49, *RDP*, 1986, p. 395, chron. Favoreu, L. (consid. N° 35); decis. N° 85-189, DC de 17 de julio de 1985 (ley relativa a la disposición territorial), *Rec.*, p. 49; *Ann. intern. just. const.* 1985, p. 415, chron. Genevois, B.; *RDP*, 1986, p. 395, chron. Favoreu, L. (consid. N° 10); decis. N° 91-304, DC de 15 de enero de 1992 (ley que modifica la ley de 30 de septiembre de 1986, relativa a la libertad de comunicación) *Rec.*, p. 18; *D.* 1992, p. 201, nota Debbasch, Ch., *RFDC*, 1992, N° 10, nota Philippe, X.; *Pouvoirs* N° 62, p. 193, obs. Avril, P. y Gicquel, J.; decis N° 93-322 DC de 28 de julio de 1993 (ley relativa a los establecimientos públicos de carácter científico cultural y profesional), *Rec.*, p. 204; *RFDC*, 1993, N° 16, p. 830, nota Philippe, X.; *Rev. adm.* 1993, p. 443, nota de Etien, R.; *Petites Affiches* de 4 de marzo de 1994, p. 4, nota de Verpeaux, M.; decis. N° 98-401, DC de 10 de junio 1998) ley de orientación y de iniciación relativa a la reducción del tiempo de trabajo), *Rec.*, p. 258; *AJDA*, 1998, p. 540, estudio de Schoettl, J. E.; *Petites Affiches* de 2 de diciembre de 1998, p. 18, nota de Mathieu, B. y Verpeaux, M.; *JCP*, 1999. I. 2004, chron. Mathieu, B. y Verpeaux, M.; *Cah. Cons. const.* 1998, N° 5 p. 16; decis. N° 98-407 de 14 de enero de 1999 (ley relativa al modo de elección de los consejeros regionales y consejeros de la Asamblea de Córcega y al funcionamiento de los consejos regionales), *Rec.*, p. 21, *AJDA*, 1999, p. 154, estudio de Schoettl, J. E., *Petites Affiches* de 16 de septiembre de 1999, p. 8, nota de Baghestani-Perrey, L. y Verpeaux, M., *RFDC*, 1999, p. 142, nota de Ghevontian, R., *Dr. adm.* 1999, p. 6, nota de Traoré, S., *JCP*, 1999, p. 449, nota de Zarka, J. C.; *Petites Affiches* de 12 de febrero de 1999, p. 9, estudio de Gruber, A., *Petites Affiches* de 4 de marzo de 1999, p. 13, estudio de Viola, A., decis N° 99 422, DC de 21 de diciembre de 1999 (ley de financiamiento de la seguridad social para el año 2000), *Rec.*, p. 143 *Petites Affiches* de 28 de julio de 2000, p. 18, nota de Mathieu, B. y Verpeaux, M., *D.* 2000, N° 4, p. VII, obs. Mathieu, B., decis N° 99-423, DC de 13 de enero de 2000 (ley relativa a la reducción negociada del tiempo de trabajo), *Petites Affiches* de 19 de enero de 2000, p. 13, estudio Schoettl, J. E., *ibid.*, 28 de julio de 2000, p. 22, nota de Baghestani-Perrey, L., Mathieu, B. y Verpeaux, M., *ibid.*, 19 de enero de 2000, p. 30, estudio de Sauret A., *Dr. soc.* 2000, p. 257, estudio de Prétot, X.

670 *Rec.*, p. 136, ley que aporta la habilitación del gobierno a proceder por ordenanzas a la adopción de la parte legislativa de ciertos códigos), *D.* 2000, N° 4 p. VII, obs. Mathieu, B.; *D.* 2000, Doctr., p. 361, estudio de Frison-Roche, M. A. y Baranès, W.; *Petites Affiches* de 28 de julio de 2000, p. 15, nota de Mathieu, B. y Verpeaux, M.

ligada a la igualdad de los ciudadanos frente a la ley (art. 6 de la Declaración de 1789) y a la protección de los derechos (art. 16 del mismo texto).

Frente a este mismo propósito, algunos estiman que "el Consejo Constitucional ha establecido realmente en derecho francés el principio de seguridad jurídica —¿o uno de sus aspectos?— fundándolo en el artículo 16 de la Declaración"[671].

¿Es excesiva esta conclusión?

No puede negarse que, por pinceladas sucesivas, el Consejo Constitucional integra progresivamente la idea de seguridad jurídica en el derecho positivo, a través de una u otra de sus manifestaciones concretas.

¿Es decir que el principio de seguridad jurídica ha devenido de hecho en un principio constitucional (si no "clandestino", al menos "implícito")?

Se pueden tener algunas dudas a este respecto.

Recordemos en primer lugar que la ausencia de oficialización de tal principio en las decisiones del juez constitucional debe invitar a una cierta prudencia.

Por cierto se sabe que, para los autores más favorables a la constitucionalización del principio, ellos se situarán sobre todo dentro de la categoría de los "objetivos constitucionales" y no crearían por sí mismos ningún derecho subjetivo en favor de los ciudadanos[672].

---

671 Mathieu, B., Verpeaux, M, obs. precitados, *Petites Affiches* de 28 de julio de 2000, *op. cit.*, p. 17.

672 En ese sentido, particularmente, Mathieu, B. y Verpeaux, M., nota bajo decis. N° 96-372, DC de 6 de febrero de 1996, *op. cit.*, p. 8; Mathieu, B. nota bajo decis. N° 96-385, DC de 30 de diciembre de 1996, *op. cit.*, p. 8; "La sécurité juridique: un principe constitutionnel clandestin mais eficient", en: *Mélanges Patrice Gélard, op. cit.*, p. 303; Aivazzadeh, S. y Mathieu, B., nota bajo decis, N° 98-404, de 18 de diciembre de 1998, préc., p. 20; Rapport français, en: *Constitution et sécurité juridique, op. cit.*, p. 97; Mathieu, B. y Verpeaux, M., *Contentieux constitutionnel des droits fondamentaux,* LGDJ, 2002, pp. 719 y s.

Su rol sería "traducir una exigencia, un imperativo constitucional al cual el legislador, pero también probablemente toda autoridad normativa, está sometido" y respecto del cual el juez debe velar "en el marco de un proceso objetivo"[673].

A priori, sólo podemos suscribirnos a las razones de ser de este análisis. Casi no sabríamos poner en duda la legitimidad de un objetivo como éste en un Estado de derecho. Por lo demás, así como se dijo, el juez constitucional ha utilizado ya la expresión de "objetivo constitucional" para calificar uno de los aspectos del principio de seguridad jurídica: el objetivo de "accesibilidad y de inteligibilidad de la ley"[674], abriéndose así la vía para una eventual extensión de la fórmula a todo el principio. Por otro lado, la seguridad jurídica podría efectivamente cumplir así una función análoga a la del interés general, el principio de seguridad se presta también para la defensa de intereses colectivos[675].

Queda por saber si, más allá de una extrapolación a partir de la jurisprudencia existente, se impone verdaderamente la consagración de un principio general como éste.

Se observará que el problema del fundamento textual no está claramente normado y que el recurso a la noción de Estado de derecho, por la vía del art. 16 de la Declaración de 1789, no reúne todos los votos. Por lo demás este artículo no es forzosamente el único en ser invocado para justificar la soluciones habitualmente colocadas bajo la bandera de la seguridad jurídica. Encontramos referencias a otras disposiciones constitucionales, tales como el artículo 6 de la Declaración de los Derechos del Hombre y del Ciudadano[676] o el

---

673 MATHIEU, B. y VERPEAUX, M., nota bajo decis. N° 99-421 de 16 de diciembre de 1999, préc., p. 17.

674 Decis. N° 99-421, DC de 16 de diciembre de 199, precitado.

675 En ese sentido MATHIEU, B., "La sécurité juridique: un principe constitutionnel clandestin mais eficient", en: *Mélanges Patrice Gélard, op. cit.,* p. 305; Rapport français, en: *Constitution et sécurité juridique, op. cit.,* p. 192.

676 Decis. N° 99-421 DC de 16 de diciembre de 1999, precitado (principio de igualdad ante la ley).

artículo 4 del mismo texto, o más aún el artículo 34 de la Constitución[677]; el que tenderá a establecer que el juez constitucional no ha elegido verdaderamente el soporte textual del principio de seguridad jurídica y acepta realizar eventualmente el alcance[678].

Tampoco debemos olvidar que la falta de anclaje sólido en el "bloque de la constitucionalidad" y en vista de la potencialidad indeterminada de la expresión "seguridad jurídica", la creación de ese principio, como principio general del derecho de valor constitucional, cabría considerarla contradictoria con una política firmemente defendida por el Consejo Constitucional, siempre cuidadoso de no dar lugar a la acusación del "gobierno de los jueces"[679].

Es éste, a nuestro sentir, el principal elemento de debilidad del razonamiento tendiente a constitucionalizar, en términos generales, el principio de seguridad jurídica. Este principio es demasiado impreciso para pretender su aplicación como tal en derecho constitucional positivo. Es una exigencia sin duda, pero "plurívoca"[680], "polisémica"[681] y que comparte demasiados parámetros para que pudiesen imponerse sistemáticamente a las autoridades públicas obligaciones concretas de comportamiento sobre esta base.

Más que de un "principio" constitucional en el sentido estricto de la expresión, se trata de una preocupación, de un deseo (legítimo), cuya aplicación práctica se presenta relativamente delicada.

---

677 Particularmente las decisiones relativas a la claridad y precisión de la expresión legislativa.

678 Ver la opinión de Schoettl, J. E., según la cual el Consejo se abstuvo de levantar el principio de seguridad jurídica "de modo general y pretoriano, en principio de derecho constitucional no escrito" (*AJDA,* 1999, p. 24).

679 Ver nuestro estudio "Actualité des principes généraux du droit", *RFDA*, 1998, pp. 495 y s., not. pp. 503 y s. [§ 2 de este libro].

680 Pacteau, B., "La sécurité juridique, un principe qui nous manque?", *AJDA*, 1995, N° spéc., pp. 151 y s.

681 Mathieu, B., nota bajo decis. N° 96-305 DC de 30 de diciembre de 1996, *Petites Affiches* de 7 de marzo de 1997, p. 5; Aivazzadeh, S. y Mathieu, B., nota bajo decis. N° 98-404 DC de 18 de diciembre de 1998 (ley de financiamiento de la seguridad social para 1999, *Petites Affiches,* 2 de agosto de 1999, p. 18.

La descomposición de la "seguridad jurídica" en elementos constitucionalizados (a nivel de objetivos), pero más fácilmente controlables, podría ser sin duda suficiente para respetar los equilibrios y asegurar las conciliaciones necesarias en un campo tan vasto como éste.

La rápida comparación a la cual nos hemos referido revela las dificultades y las riquezas de la comunicabilidad entre los sistemas jurídicos. Entre el derecho comunitario (que tiene su propia lógica), el derecho español, que no ha vacilado en constitucionalizar el principio de seguridad jurídica, y el derecho francés, mucho más reservado, las mismas palabras no revelan forzosamente las mismas intenciones y no revisten el mismo alcance. La armonización de los derechos demandará aún tiempo y esfuerzos.

§ 7. El principio de protección de la confianza legítima

El principio llamado de "protección de la confianza legítima"[682] intriga y seduce a la vez. Evoca relaciones estables y seguras entre el poder y los ciudadanos, en nuestras sociedades a menudo arrastradas por el torbellino de las reformas, que se debaten entre las fuerzas no siempre bien controladas de la economía de mercado, entrampadas en la avalancha de información, y de las ambiguas estrategias de comunicación. Tiene el aspecto de un punto de anclaje relativamente firme en el juego de roles de los diversos protagonistas de la vida pública y, por esta razón, se beneficia inevitablemente de un prejuicio favorable.

Pero, al mismo tiempo, este principio no puede pretender gobernar sin dividir la vida social y el orden normativo de los Estados llamados "de derecho". En el nombre de la confianza legítima, el inmovilismo no podría considerarse una virtud del gobierno y, en todo caso, la despiadada evolución de los hechos y el ambiente jurídico en el cual se conducen los Estados europeos se encargarían de llamar al orden a aquellos que fuesen tentados a ignorarla o que la ignoren de hecho.

También, el acercamiento nacional a la "confianza legítima", en los países que aparecen como susceptibles de reclamarla (como cabeza de serie, aquellos de la Unión Europea), sólo puede revertir el aspecto de una dosis, de un compromiso entre consideraciones contradictorias pero igualmente dignas de interés. Este compromiso puede sin embargo ser revelador de tendencias más profundas

---

682 Es la expresión de mayor uso de la lengua francesa, que utiliza también la forma más resumida "principio de la confianza legítima". El derecho alemán, donde este principio encuentra su fuente, es más sobrio (*"Vertrauensschutz"*, protección de la confianza).

y atestiguar el concepto que cada Estado tiene de su derecho y del orden jurídico comunitario en el que está inmerso.

Es lo que quisiéramos proponer al estudiar la legislación comunitaria y su influencia sobre los derechos de los Estados miembros, por medio, especialmente, de los principios generales del derecho[683], evocando las dificultades de la constitucionalización del principio de la protección de la confianza en el derecho francés.

El fomento del principio de confianza legítima ha sido asegurado por la legislación comunitaria. Pero la presión comunitaria no era ni parece suficiente para imponerlo, en el derecho interno francés, en el nivel más alto, aquel del derecho constitucional.

I. EL FOMENTO DEL PRINCIPIO DE PROTECCIÓN DE LA CONFIANZA LEGÍTIMA EN LA LEGISLACIÓN COMUNITARIA

Desde el derecho alemán, del cual proviene, el principio de protección de la confianza legítima es incorporado al derecho comunitario, quien lo hace uno de sus principios guías para el logro de los objetivos comunitarios[684].

---

683 Principios que L. Dubouis escribe, en un estudio reciente, "iluminan el universo legal entero, ya sea derecho privado, derecho público, derecho público internacional, incluyendo su extensión más reciente, el derecho europeo". ("Le droit à cheval sur les principes généraux", en: *Drôle(s) de Droit(s), Mélanges en l' honneur de Elie Alfandari,* Dalloz, 2000, p. 251).

684 Ver, a este respecto, Triantyfallou, D., "La confiance légitime en tant qu' instrument de cohesión en droit communautaire", en: *RFDA*, 2000, p. 246. El autor demuestra la paradoja evidente ofrecida por la jurisprudencia del Tribunal de Justicia de las Comunidades Europeas (que aplica usualmente el principio de la confianza legítima para la recuperación de subsidios comunitarios recibidos en forma ilegal, pero la desafía cuando se trata de la recuperación de subsidios estatales incompatibles con el mercado único) que encuentra su justificación final en la preocupación por la cohesión económica y social del conjunto de la comunidad.

A. Su origen en el derecho alemán

Que el origen del principio de protección de la confianza legítima se encuentra en el derecho público alemán del período de la posguerra es una constatación común, que ha sido desarrollada muchas veces por la doctrina autorizada. Citemos a este respecto a J. Schwarze, que, al final de un amplio análisis comparativo[685] escribió: "Es en la República de Alemania Federal (...) que el principio de la confianza legítima, como principio autónomo de derecho administrativo y constitucional, se destaca más claramente". La literatura alemana consagrada a la *Vertrauensschutz* es de las más prolíficas[686] y ella se enriquece constantemente de las decisiones

---

685 SCHWARZE, J., *Droit administratif européen*, Bruylant, Bruselas, 1994, t. II, pp. 913 y s., esp. pp. 933 y s.

686 Ver, por ej., MAURER, H., "Kontinuitätsgewahr und Vertrauensschutz", en: Isensee-Kirchhof, *Handbuch des Staatsrechts*, vol. III, Heidelberg, CF Muller, 1988, p. 211; OSSENBÜHL, F., "Vertrauensschutz im sozialen Rechtsstaat", en: *Die öffentliche Verwaltung (DÖV)*, 1972, pp. 25 y s.; HAUEISEN, F, "Zum problem des Vertrauensschutzes im Verwaltungsrecht", en: *Deutsches Verwaltungsblatt (DVBL),* 1964, p. 710; LEISNER, W., "Das Gesetzesvertrauen des Bürgers", en: *Festschrift für Friedrich Berber zum 75, Geburtstag,* BECKSCHE VERLAGSBUCHHANDLUNG, C. H., Munich, 1973, p. 273; MUCKEL, St., *Kriterien des verfassungsrechtlichen Vertrauensschutzes bei Gesetzesäderungen*, Duncker y Humblot, Berlín, 1989; GÖTZ, V., "Bundesverfassungsgericht und Vertrauensschutz", en: *Bundesverfassungsgericht und Grundgesetz Festgabe aus Anlass des 25 jährigen Bestehens des Bundesverfassungsgerichts*, t. II, Mohr, Tübingen, 1976, p. 421; PREUSS, H., "Vertrauensschutz als Statusschutz", en: *Juristiche Arbeitsblätter*, 1977, p. 265; KISKER, G., "Vertrauensschutz im Verwaltungsrecht", en: *Veröffentlichungen der Vereinigung der Deutschen Staatsrechtslehrer (VVDSERL)*, 1974, p. 149 de; BUCHNER, H., "Vertrauensschutz bei Anderung der Rechtzprechung", en: *Gedächtnisschrift für Rolf Dietz*, Munich, 1973, p. 175; TRIANTAFYLLOU, D., "Zur Europaisierung des Vertrauensschutzes (insbesondere § 48, VwVG) am Beispiel der Rückforderung staatlicher Beihilfen" en: *Neue Zeitschrift für Verwaltungsrecht*, 1992, pp. 436 y s.; sobre la dificultad de presentar una visión de conjunto del fenómeno, V. WEBER-DÜRLER, B., *Vertrauensschutz im öffentlichen Recht*, Helbing und Lichtenhahn, Francfort, 1983. Se encontrará una bibliografía detallada en la tesis de CANNES, S., *Du principe de protection de la confiance légitime en droits allemand, comunnautaire et français*, Dalloz, Nouvelle bibliotheque de thèses, 2001, pp. 667 y s.

tomadas por la Corte Constitucional de Karlsruhe[687] y por la Corte Administrativa Federal[688].

Las bases constitucionales de este principio son ciertamente discutidas[689], en la medida que no figura *in terminis* en la Ley Fundamental de Bonn. Las disposiciones constitucionales presentadas más a menudo por la doctrina publicista son aquellas de los artículos 20 y 28 que establecen las bases del Estado de derecho, tanto a escala de la Federación como a escala de los *Laender*[690]: el Estado de derecho postularía el principio de la seguridad jurídica de la que emerge el principio de confianza legítima, que no es más que una faceta de aquél. Ciertas interpretaciones asocian más directamente aún el "Estado de derecho" y "el principio de confianza legítima"[691], lo que confiere a dicho principio una autonomía más marcada en relación con el principio de seguridad en sí mismo[692]. Otros evocan

---

687 *Bundesverfassungsgericht*.

688 *Bundesverwaltungsgericht*.

689 V. las actas de la conferencia organizada por la Universidad Albert Ludwig de Freiburg-im-Bresgau (República Federal de Alemania) los días 7 y 8 de mayo de 1999 sobre: "Determinantes institucionales de la confianza legítima", Bullinger, M. y Jeannerod, D., "La protection de la confiance légitime dans les contrats de droit public en Allemagne", en: *Les droits individuels et le juge en Europe. Mélanges en l'honneur de Michel Fromont,* Press Universitaires de Strasbourg, 2001, pp. 111 y s., y nuestro informe, "Legitimité des principes généraux et théorie du droit", en: *RFDA,* 1999, pp. 722 y s.

690 En este sentido, v., por ej., Ethers, D., "Rechtsstaatliche und prozessuale Problems des Verwaltungsprivatrechts", en: *DVBl* 1983, pp. 482 y s.

691 Ossenbühl, F., *op. cit., DÖV* 1972, pp. 27 y s.; Maunz, Th., "Selbstbindung der Verwaltung", *D.Ö.V.* 1981, pp. 497 y s.; Götz, V., *op. cit.,* p. 423; Grabitz, E., "Vertrauensschutz als Freiheitsschutz", en: *Deutsches Verwaltungsblatt* (*DVBl*) 1973, pp. 675 y s.; Püttner, G., "Vertrauensschutz im Verwaltungsrecht", en: *Veröffentlichungen der Vereinigung der Deutschen Staatsrechtlehrer* (*VVDStTRL*) N° 32.1974, p. 200 de (*WDStRL*); Preuss, H., "Vertrauensschutz als Statusschutz", en: *Juristische Arbeitsblätter* (J-A) 1977, p. 265; Mainka, J., *Vertrauensschutz im öffentlichen Recht*, Ludwig Röhrscheid Verlag, Bonn, 1963, p. 17.

692 Sobre este último principio, nos remitimos en lengua francesa a Fromont, M., "Le principe de sécurité juridique", *AJDA,* 1996, el N° espec., pp. 178 y s. (V. *supra*); Luchaire, F., "La sécurite juridique en droit constitutionnel français", *Cah. Cons. const.* 2001, N° 11, pp. 67 y s.; Mathieu, B., "Constitution et sécu-

incluso el principio del Estado social o la proclamación constitucional de los derechos fundamentales (artículos 2-1 y 14-1 de la Ley Fundamental)[693], etc.

La Corte Constitucional Federal[694] y la Corte Administrativa Federal[695] se refieren usualmente a la idea de seguridad jurídica (*Rechtssicherheit*), a la cual se enlaza el principio de buena fe (*Treue und Glauben*).

En cualquier caso, los autores y tribunales ven en los principios de seguridad jurídica y de confianza legítima, asociados o disociados según sea el caso, unos principios de rango constitucional, "del mismo nivel y del mismo valor que el principio de la legalidad"[696] de la acción administrativa.

---

rité juridique, France", *Ann. intern. just. const.* 1999, pp. 155 y s.; MATHIEU, B., "Réflexions en guise de conclusion sur le principe de sécurite juridique", *Cah. Cons. const.* 2001, N° 11, pp. 106 y s.

693 MAURER, H., Droit administratif Allemand (Traducc. M. Fromont), *LGDJ*, 1994, p. 291; la explicación de los derechos fundamentales parece ganar terreno en la doctrina juspublicista (MAURER, H., *op. cit.*, p. 291). Ciertos autores, tal como GRABITZ, E., *op. cit., eod. loc.)* traen el principio de la confianza legítima a la protección de la libertad como garantía de la expansión de la personalidad. (art. 2, Ley Fundamental) (V. también KISKER, G., "Vertrauensschutz im Verwaltungsrecht", *VVDStRL* 1974, vol. 32, p. 161, p. 236; GÖTZ, V., "Bundesverfassungsgericht und Vertrauensschutz", *Bundesverfassungsgericht und Grundgesetz*, t. II, 1976, Tübingen, pp. 167 y s. De WEBER-DÜRLER, B., *Vertrauensschutz im öffentlichen Recht*, Helbing und Lichtenhahn, Francfort, 1983, pp. 28 y s. de; pp. 58 y s.; BOCHARDT, K. D., *Der Grundsatz des Vertrauensschutzes im euröpais chen Gemeinschaftsrecht*, NP Engel, Kehl, 1988, pp. 6 y s.). Sobre incertidumbres terminológicas y lógicas de la jurisprudencia constitucional alemana nos referiremos al sugestivo estudio de Otto PFERSMANN, "Regard externe sur la protection de la confiance légitime en droit constitutionnel allemand", *RFDA,* 2000, pp. 236 y s.

694 En este sentido BverfGE, vol. 8, p. 155; vol. 30, p. 367; vol. 45, p. 142; vol. 59, p. 128; vol. 60, p. 253.

695 En este sentido BverfGE, vol. 10, p. 282; vol. 11, p. 136; vol. 56, p. 254; vol. 65, p. 172; vol. 67, p. 206.

696 SCHWARZE, J., *op. cit.*, p. 934; ERICHSEN, H. U. y MARTENS, W., *Allgemeine Verwaltungsrecht,* 7ª edición, Berlín, 1986, p. 247; ACHTERBERG, N., *Allgemeine Verwaltungsrecht,* 2ª edición, Heildelberg, 1986, pp. 596 y s.

B. Su traspaso al derecho comunitario europeo

El principio de confianza legítima fue traspasado por el Tribunal de Justicia de las Comunidades Europeas al derecho comunitario jurisprudencial, donde se inscribió rápidamente entre los "principios generales" del derecho comunitario, de los que es conocida su "*vis expansiva*" potencial y su impacto progresivo sobre los derechos nacionales[697].

Una de las sentencias que ha comenzado una corriente jurisprudencial devenida significativa en las decisiones de la Corte de Luxemburgo fue la de 12 de julio de 1957, *Algera c. Assemblée commune de la CECA*, que evoca la salvaguardia de la "confianza legítima en la estabilidad" de las situaciones jurídicas[698]. Pero es recomendable mencionar en primer lugar la sentencia de 13 de julio de 1965, *Lemmerz-Werke GmbH c. Haute-Autorité*[699], en la cual es evoca-

---

697 En francés, Rideau, J., *Droit institutionnel de l'union et des comunautés européennes, LGDJ,* 3ª edición, 1999, pp. 181 y s.; Papadopoulou, R. E., *Principes généraux du droit et droit communautaire,* Sakkoulas y Bruylant, 1996, pp. 227 y s.; Prevedourou, E., *Le principe de la confiance en droit public français,* Sakkoulas, Atenas, 1998; Spitzer, J. P., "Les principes généraux du droit communautaire dégagés par la C.J.C.E.", *Gaz. Pal.* 1986.2. doctr., pp. 732 y s.; Puissochet, J. P., "Vous avez dit confiance légitime? (le principe de confianza légitime en droit communautaire)" en: *L' Etat du droit, Mélanges en l'honneur de Guy Braibant,* Dalloz, 1996, pp. 581 y s.; Galmot, Y., "L' apport des principes généraux du droit communautaire à la garantie des droits dans l'ordre jurudique français", *Cah dr. Europ.* 1997, Nº 1-2, pp. 67 y s.; Planchon, M. H., "Le principe de la confiance légitime devant la Cour de Justice des Communautés", *RRJ-Droit prospectif,* 1994-2, pp. 447 y s.; Mengozzi, P., "Evolution de la méthode suivie par la jurisprudence communautaire en matiére de protection de la confiance légitime: de la mise en balance des intérets, cas par cas, a l'analyse en deux phases", *Rev. March unique europ.,* 1997, Nº 4, pp. 13 y s.

698 *Rec.,* vol. III, p. 81; concl. Lagrange, M., p. 136; según esta decisión que se relaciona con el retiro de los actos administrativos, es importante "salvaguardar la confianza legítima en la estabilidad de la situación así creada" (para el acto administrativo en el que se ataca el retiro).

699 *Rec.,* p, 835, concl. Roemer, K; *Grandes arrêts de la CJCE,* Sirey, 6ª edición, 1994, p. 214, obs. Boulouis, J. B. y Chevallier, R. M.; Galmot, Y., "L' apport des principes généraux du droit communautaire à la garantie des droits dans

da la posibilidad de irregularidades en una decisión administrativa en que se saca provecho de una hipótesis en que se revelaría "un error substancial en la apreciación de la situación de confianza" a la cual tendría derecho la sociedad demandante. Es significativo que esta decisión se refiera expresamente a la terminología alemana (*Vertrauensschutz*)[700], que es el auténtico origen del principio.

La consagración del principio de confianza legítima fue formalizada algunos años más tarde, con la sentencia de 5 de junio de 1973, *Commission c. Conseil*[701], a propósito de un litigio entre un funcionario de la Comunidad y la institución comunitaria: "considerando las relaciones específicas de empleo en las cuales se sitúa la ejecución del artículo 65 del estatuto[702] y los elementos de conformidad que conlleva su ejecución, por la norma de la protección de la confianza legítima que los administrados tienen a este respecto, por la autoridad, de contratos de esta clase, implican que la decisión

---

l'ordre juridique français", *Cah. dr. eur.* 1997, N° 1-2, pp. 67 y s.; CHRISTOPHE-TCHAKALOFF, M. F., "Principes généraux du droit communautaire", en: *Droit nationaux, droit communautaire: influences croissés* CERIC, Aix-en-Provence, 2000, pp. 83 y s.; HUBEAU, F., "Le principe de la protection de la confiance légitime dans la jurisprudence de la Cour de justice des Communautés européennes", *Cahiers dr. europ.* 1983, N° 2-3, p. 149; PAPADOPOULOU, R. E., *op. cit.,* p. 229; GARCÍA MACHO, R., "Contenido y límites del principio de la confianza legítima: estudio sistemático de la jurisprudencia del tribunal de justicia", *Revista española de derecho administrativo,* 1987, N° 56, p. 563; PLANCHON, M. H., "Le principe de la confiance légitime devant la cour de justice des communautés", *RRJ,* 1994-2, pp. 447 y s., esp., p. 449; TAVERNIER, P., "Le juge communautaire et l'application dans le temps des règlements CEE", *AFDI,* 1976, pp. 169 y s., esp. pp. 173 y s.; HERMITTE, M. A., "De la non-rétroactivité des lois à la confiance légitime", *Rev. Trim. Dr. Eur.* 1984, p. 457; TRAIN, F., *Le principe de la confiance légitime en contentieux communautaires,* Memoria DEA Bordeaux I (1992), roneo.

700 HUBEAU, F., *op. cit., eod. loc.* El calificativo "legítima" sólo aparece en la traducción francesa: puede ser considerado como teniendo una función de mayor cobertura (v., también, *CJCE,* 4 de julio de 1973, *Westzucker* c. *Einfuhr und Vorratsstelle für Zucker*, aff. N° 1/73, *Rec.*, p. 723, concl., ROEMER, K.); v. en francés, SOURIOUX, J. L., "La croyance légitime", *JCP,* 1982.I.3058.

701 *Rec.*, p. 575, concl., WARNER, J. P.

702 Disposición del estatuto relativo al examen anual de niveles de remuneración y a su adaptación eventual.

(...) obliga al Consejo en su acción futura". Se trata en este caso de un "principio jurídico" susceptible de ser invocado legítimamente.

Una de las formulaciones más significativas que se han hecho sobre este principio se encuentra, sin duda, en la sentencia de 14 de mayo de 1975, *Comptoir National Technique Agricole* (*CNTA*)[703]: en una materia tan controvertida como lo es la restitución de importes monetarios compensatorios (uno de los pilares de la política agrícola comunitaria), la Corte estima que un operador puede haber tenido "legítimamente confianza que, por las operaciones irrevocablemente contratadas por él dado que ha obtenido, bajo custodia, los certificados de exportación que implican la prefijación de la cantidad del importe de la restitución, no es legítima a ninguna modificación imprevista que tuviese por efecto (...) causarle pérdidas inevitables". Y deduce de ella, contrariamente a las conclusiones del abogado general Trabucchi[704], que la responsabilidad extracontractual de la Comunidad debe ser asumida a su parecer. Además, la decisión *CNTA* consagra el valor de norma de protección de la confianza legítima como "norma superior de derecho que protege a los particulares", es decir, como norma reviste una importancia específica en el orden jurídico de la Comunidad[705] y que su violación

---

703 *Rec.*, p. 533, cond. TRABUCCHI, A.

704 *Ibid.*, pp. 548 y s.; v. también *CJCE,* 26 de junio de 1990, *Sofrimport c. Comisión*, *Rec.*, p. 2504, concl., TESAURO, G.

705 V. sobre este punto, SCHOEKWEILER, F., "La responsabilité de l'autorité national en cas de violation du droit communautaire", *Rev. trim. Dr. eur.* 1992, pp. 27 y s.; FUSS, E. W., "La responsabilité des Communautés européennes pour le comportement ilegal de leurs organes", *ibid.*, 1981, pp. 1 y s.; PAPADOPOULOU, R.E., *op. cit.,* pp. 44 y s.; BOULOUIS, J. y DARMON, M., *Contentieux communautaire,* Dalloz 1997, N° 440 y s., pp. 215 y s. Se debe recordar que el Tribunal de Justicia de las Comunidades Europeas se concedió, al revelar y dirigir los principios generales que nutrirían el orden jurídico comunitario, un notable margen de maniobra. El hecho que el principio de confianza legítima fuera reconocido solamente en una minoría de estados (con la República Federal alemana a la cabeza) no era un obstáculo para su promoción en el nivel comunitario (ver ISAAC, G., *Droit communautaire général,* 7ª edición, Masson, 1999, p. 161). No es raro que el principio de confianza legítima sea presentado como una derivación del principio más general de la seguridad jurídica (por ej., *CJ-*

implica un desconocimiento serio de los derechos garantizados a los interesados de la reglamentación comunitaria.

Esta valorización del principio de confianza legítima derivará en un principio general del derecho comunitario aplicable en las relaciones entre la Comunidad y los Estados miembros, así como entre los Estados y sus ciudadanos, bajo el control del juez comunitario y de los jueces nacionales.

Sobre estas bases, la Corte no ha variado en cuanto a su acercamiento conceptual al principio de confianza legítima. Ella ha especificado que éste forma "parte del orden jurídico comunitario, de suerte que su desconocimiento constituiría una violación al Tratado o a toda norma de derecho relativa a su aplicación, en el sentido del artículo 173"[706]. Incluso eleva el principio de confianza legítima al rango de los "principios fundamentales de la Comunidad"[707], como elemento mayor en el orden jurídico europeo[708], de acuerdo con el deseo de varios abogados generales[709] y de una parte de la doctrina comunitarista.

CE, 14 de marzo de 1973, *Westzucker c. Einfuhr und Voratstelle für Zucker, Rec.,* p. 723: "principio legal de seguridad en virtud del cual la confianza legítima de los interesados merece protección"); v. conclusiones de Roemer, K., p. 733.

706 *CJCE,* 3 de mayo de 1978, Töpfer, A. c. Comisión, *Rec.*, p. 1019, concl., Mayras, H.; ver también *CJCE,* 19 de mayo de 1983, *Mavridis c. Parlement*, *Rec.*, p. 1731; concl. Rozès, S., p. 1746.

707 *CJCE,* 14 de julio de 1972, Azienda Colori Naturali c. Comission, *Rec.,* p. 434; *ibid.*, p. 469, concl. Mayras, H.: "requisito fundamental de la legislación comu nitaria"; *CJCE*, 16 de mayo de 1979, Tomadini c. Ammistrazione delle finanze dello Stato, *Rec.,* p. 1801; concl. Warner, J. P.; *CJCE,* 5 de mayo de 1981, Dürbeck, A. c. Hauptzollamt Frankfurt am Main-Flughafen, *Rec.,* p. 1095, concl. Reischl, G.; ver también *CJCE,* 14 de febrero de 1990, sociedad francesa de cerámica Delacre, *Rec.,* p. 426, concl. Lenz, C. O.

708 *CJCE,* 21 de septiembre de 1983, Deutsche Milchkontor y otros c. República Federal alemana, *Rec.,* p. 2633, concl. Verlooren van Themaat, P.

709 Por ej., Trabucci, A., concl. sur *CJCE,* 25 de junio de 1975, Deuka, *Rec.*, pp. 759 y s.; Darmon, M., concl. sobre *CJCE,* 5 de octubre de 1988, Remo Padovani et Héritiers Mantovani, *Rec.*, p. 6187 (el autor ve allí un principio general de derecho que "no encontrará su fundamento en una disposición específica, sino en la estructura general del orden jurídico comunitario").

Resulta entonces que "su autoridad es igual a la de los tratados constitutivos" y que él está situado por sobre el derecho derivado[710].

El impacto que el principio de protección de la confianza legítima ha ejercido sobre los derechos de los Estados miembros de la Comunidad Económica Europea es inicialmente tributario, lo que es evidente, de las relaciones que fueron instituidas entre el derecho comunitario y los derechos nacionales. Estas relaciones son dominadas por los cánones de la primacía del derecho comunitario y de su aplicación uniforme en todos los territorios que abarca. Además, es obvio que los "principios generales del derecho comunitario" (consagrados formalmente por el Tratado de Maastricht a título de garantía de los derechos fundamentales: ver artículo F § 2, Tratado UE; art. 6-2, Tratado UE, versión consolidada)[711] constituyen para las instancias comunitarias un instrumento de penetración privilegiado en los órdenes jurídicos de los Estados. Ellos contribuyen al surgimiento de una "Comunidad de derecho", figura que se considera emblemática de la naturaleza jurídica *sui generis* de la Comunidad europea[712].

---

710 Planchon, M. H., "Le principe de la confiance légitime devant la Cour de Justice des Communautés", *RRJ*-1994-2, pp. 447 y s., esp. p. 452; Mengozzi, P., "Evolution de la méthode suivie par la jurisprudence communautaire en matière de protection de la confiance légitime", *Rev. Marché unique europ.*, 1997, N° 4, pp. 16 y s., entonces, el principio de confianza legítima debe ser respetado tanto por las autoridades comunitarias como por las autoridades nacionales que apliquen la legislación comunitaria (*CJCE,* 26 de abril de 1988, *Hauptzollamt Hamburgo-Jonas c. Krocken, Rec.*, p. 2233, concl. Mancini, G.; *CJCE,* 1° de abril de 1993, *Alois Lageder y otros c. Amministrazione delle finanze dello Stato, Rec.*, p. 1780, concl. Darmon, M., etc.). Por otra parte, éste puede servir tanto en materia de recursos de anulación como de daños a intereses, apreciación de la validez de actos comunitarios o en incumplimientos (Puissochet, J. P., "Vous avez dit confiance légitima?", en: *Mélanges offerts à G. Braibant, préc.*, Dalloz, 1996, p. 584).

711 Galmot, Y., "L'apport des principes généraux du droit communautaire à la garantie des droits dans l'ordre juridique français", *Cah dr. Europ.* 1997, N° 1-2, p. 67.

712 *CJCE,* 23 de abril de 1986, Partido ecologista "Los verdes", *Rec.*, p. 1357, concl. Mancini, G. F.; D. 1987, p. 77, estudio Constantinesco, V. y Simon, D.

Pero la Alta jurisdicción de Luxemburgo se cuida de verificar, para cada caso que le es sometido, si el principio de protección de la confianza legítima invocado por el requirente está "regido por el derecho comunitario o si aquél nada dice a su parecer"[713]. En relación con un pleito que cuestionaba la recaudación de créditos comunitarios *a posteriori*, en el marco de la política agrícola común, la Corte subraya que, si el derecho nacional no conlleva un principio de confianza legítima, el derecho comunitario no se opone, por sí mismo, a la aplicación de este derecho nacional, con tal que los créditos comparables puramente nacionales no sean tratados de manera diferente[714]. De hecho, la sentencia continúa: "surge (...) de un examen comparativo de las disposiciones nacionales pertinentes que no es posible identificar principios comunes al derecho de los Estados miembros, o generalmente admitidos por estos derechos, de los cuales pueda emerger un principio general del derecho comunitario que obligue a una administración nacional a abstenerse de rectificar la liquidación insuficiente de exacciones comunitarias más allá de un plazo uniforme o en caso de error imputable a la administración". En cuanto el derecho comunitario no regula la materia, ella se considera del derecho nacional, entendiéndose que la aplicación de este último no debería afectar la eficacia del derecho comunitario[715]. En esta materia, la sentencia considera que "el principio de protección de la confianza legítima consagrado por

---

(V. también *CJCE*, 13 de julio de 1990, Swarweld, *Rec.*, p. 3365; *CJCE*, 14 de diciembre de 1991, N° 1/91 opinión sobre la creación del espacio económico europeo, *Rec.*, p. 6079; *CJCE*, 23 de marzo de 1993, *Weber c. Parlement, Rec.*, p. 1093, concl. VAN GERVEN, W.

713 *CJCE*, 3 de octubre de 1988, *Remo Padovani et Héritiers Mantovani c. Amministrazione delle finanze dello Stato*, *Rec.*, p. 6177 (considerando N° 17), concl. DARMON, M.

714 En este caso, los operadores en un principio se habían beneficiado, de buena fe, de una subestimación de la exacción a su cargo, basados en una interpretación errónea de las disposiciones comunitarias.

715 *CJCE*, de 5 de marzo de 1980, H. Ferwerda BV, *Rec.*, p. 617, concl. WARNER, J. P.; *CJCE*, 21 de septiembre de 1983, *Deutsche Milchkontor GmbH y otros c. la República de Alemania Federal, Rec.*, p. 2633, cond. VERLOREN VAN THEMAAT, P.

el derecho comunitario, independientemente de las disposiciones específicas del reglamento Nº 1697/79 del Consejo, de 24 de julio de 1979[716], no obliga a la administración nacional a abstenerse de recuperar *a posteriori*, conforme al derecho nacional, un suplemento de exacción agrícola no percibido inicialmente, de acuerdo con una práctica constante y no impugnada de la administración, pero posteriormente invalidada por una sentencia de la Corte, mientras que, debido a esta práctica, los operadores económicos habían creído de buena fe tener que pagar solamente la cantidad de la exacción percibida inicialmente".

Se deriva de esta motivación que el principio llamado de "confianza legítima", tal como es reconocido por el orden jurídico comunitario, no se impone *ipso facto* en los órdenes jurídicos nacionales, sino bajo la doble exigencia de que las medidas nacionales imputadas como contrarias a este principio (en un país que no lo ha consagrado como principio general del derecho interno) no impliquen un quebranto al derecho comunitario y no impliquen tratamientos discriminatorios.

Es recomendable, entonces, determinar el lugar que los derechos estatales otorgan al principio de confianza legítima, pues la presión comunitaria para respetarlo es constante[717].

No nos detendremos en la estrecha y lógica relación que se establece entre el principio de la "confianza legítima" y el principio de la "seguridad jurídica". Se admitirá provisionalmente (sólo provisionalmente) que ambos principios emergen de la misma filosofía y que persiguen metas comparables globalmente, pero sin llegar

---

716 La disposición comunitaria de 24 de julio de 1979 limita, por razones de la seguridad legal, las posibilidades de acción en la recuperación *a posteriori* de derechos comunitarios por las administraciones nacionales (JOCE, L, Nº 197, p. 1).

717 El principio de protección de la confianza legítima es usado comúnmente en la jurisprudencia del Tribunal de Justicia de las Comunidades Europeas (V. Triantyfallou, D., "La confiance légitime en tant qu'instrument de cohesión en droit communautaire", *RFDA*, 2000, pp. 246 y s.).

a confundirse. El principio de seguridad jurídica tiene un alcance más extenso y potencialidades de aplicación más diversas que el principio de confianza legítima. Este último se considera, especialmente, que recoge una idea subjetiva, la confianza justificada del sujeto de derecho (o del operador económico, en derecho comunitario) en la estabilidad y la previsibilidad de las normas o de los comportamientos de las autoridades públicas, mientras que la "seguridad jurídica" reposa sobre consideraciones objetivas. Se trata, si no de un principio "material"[718], por lo menos de un principio "unificador"[719] que reagruparía, además del principio de la confianza legítima, otros principios de propósitos semejantes: principio de no-retroactividad de las leyes o de los actos administrativos, principio de la protección de los derechos adquiridos, principio de estabilidad de las relaciones contractuales, principio de accesibilidad y de inteligibilidad de la ley, etc.)[720].

Se debe observar, de igual forma, que la confianza legítima es aquella que las personas físicas o morales de derecho privado colocan en los actos o los comportamientos de las autoridades públicas[721]; mientras que la seguridad jurídica interesa al conjunto de los

---

718 De acuerdo a lo expresado por Mathieu, B., "Para un reconocimiento de los principios matriciales en lo que concierne a la protección constitucional de los derechos del hombre", *D.* 1995, *chron.*, p. 211; la calificación del principio de seguridad jurídica o legal como principio "matriz" fue apoyada por el mismo autor (Rapport français, in Constitution et sécurité juridique, *Ann. intern. just. const.* 1999, Económica, pp. 155 y s., esp. p. 191), que sin embargo, la ha relativizado (*ibid.*, p. 156).

719 Mathieu, B., "Rapport français", en: Constitution et sécurité juridique, 15ª Table ronde internationale du colloque de Aix-en-Provence (GERJC) *Ann. intern. just. const.* 1999, Económica, *op. cit.*, p. 156.

720 Sobre este último principio, ver, por ej., Cons. const., decis. Nº 99-421, DC de 16 de diciembre de 1999, concerniente a la ley que habilita al gobierno para proceder por ordenanzas adoptando la parte legislativa de ciertos códigos, JO 22 de diciembre de 1999, p. 19040; *AJDA*, 2000, p. 33, nota Schoettl, J. E.; *RFDC,* 2000, Nº 41, p. 120, nota Ribes D.; *Petites Affiches* de 28 de julio de 2000, p. 15, obs. Mathieu, B. y Verpeaux, M.

721 No es teóricamente inconcebible que el principio de protección de la confianza legítima esté en las relaciones entre personas públicas. Se admitirá, sin

operadores jurídicos, tanto públicos como privados. La protección de la confianza legítima interesa sobre todo para las situaciones favorables de aquellos que la invocan; mientras que la seguridad jurídica es indiferente al beneficio que signifique para unos u otros. La jurisprudencia constitucional alemana recuerda usualmente a este respecto que la protección jurisdiccional se debe sólo a aquellos cuya situación personal sea afectada por la incertidumbre de la disposiciones o por las variaciones erráticas en su interpretación y la Corte de Justicia de las Comunidades Europeas invoca a su vez las "esperanzas fundadas" de los requirentes[722].

Como sea, se enfrenta cierta dificultad al momento de querer separar por la fuerza las nociones de "seguridad jurídica" y de "confianza legítima". No sólo se las relaciona comúnmente tanto en doctrina[723] como en jurisprudencia, sino que parece obvio que la seguridad jurídica no puede sino consolidar la confianza legítima de los sujetos de derecho y que ésta contribuiría a mejor garantizar aquélla.

No son necesarios mayores comentarios al respecto[724]: el principio de protección de la confianza legítima, tal como ha sido conce-

---

embargo, que su uso plantearía allí problemas específicos; los datos subjetivos propios de la "confianza legítima" de una persona pública frente a los actos o el comportamiento de otra podrían provocar conflictos...

722 Ver, por ej., *CJCE,* 19 de mayo de 1983, *Vassilis Mavridis c. el Parlamento europeo, Rec.*, p. 1731, concl. Rozes: "el derecho de solicitar la protección de la confianza legítima no se limita al personal de las instituciones comunitarias, sino que se extiende a cualquier individuo privado que se encuentre en situación de haber sido inducido por la administración a crear esperanzas fundadas"; *CJCE,* 27 de marzo de 1990, *Chomel c. Commission, Rec.*, 1990, p. 1131.

723 Sólo se mencionará como ejemplo un estudio de Heers, "La Sécurité juridique en droit administratif français: vers une consécration du principe de confiance légitime", *RFDA,* 1995, pp. 963 y s.

724 Ver las observaciones de Prevedourou, E., *Le principe de confiance légitime en droit public française*, Atenas, 1998, pp. 18 y s., y de Calmes, S., *Du principe de la confiance légitime en droit allemand, communautaire et français*, Dalloz, 2001, pp. 111 y s.; ver, también, Moustakas, M., *La confiance de l'administré et son influence sur le régime juridique des actes administratifs*, These, París II 1993; Valembois,

bido por ciertos derechos nacionales y por el derecho comunitario, se presenta como una prolongación, una faceta, un corolario, un elemento o un complemento del principio más general de la seguridad jurídica en la mayoría de los análisis doctrinales.

Sin embargo, tampoco es imposible (volveremos sobre esto) que surjan ambigüedades, incoherencias, incluso contradicciones entre ambos principios, según la utilización combinada que se haga de ellos.

Se debe considerar que el principio llamado de "confianza legítima" interesa al orden jurídico en su conjunto y que tiene vocación, se reconoce, para asumir el rango de principio constitucional, no solamente debido a sus propias potencialidades (no es bueno ver el principio de confianza legítima detenerse en un nivel dado del ordenamiento jurídico), sino también porque algunos de sus corolarios ya instituidos tienen valor constitucional (el principio de la no-retroactividad del derecho penal, por ejemplo), o porque chocaría inevitablemente con principios o exigencias constitucionalizados (el principio de legalidad, por ejemplo).

Ahora bien, parece que el derecho constitucional francés continúa testimoniando (si así se puede decir) cierta desconfianza...

II. LA DESCONFIANZA PERSISTENTE DEL DERECHO CONSTITUCIONAL FRANCÉS

Para ser recibido por el derecho interno, el principio de protección de la confianza legítima debe ser objeto de un reconocimiento oficial por las autoridades competentes. Obviamente el derecho comunitario puede ser uno de los vectores privilegiados de esta recepción, en la medida en que él estructuralmente tiene primacía a las leyes nacionales. Pero su alcance está necesariamente limitado

---

A. L., *Le principe de sécurité juridique, principe de droit communautaire et de droit constitutionnel*. Mémoire DEA droit public Dijon, 1997.

a las materias que emergen de su campo de aplicación, mientras que la vocación del principio de confianza legítima es, de toda evidencia, llegar a aplicarse al conjunto de las relaciones entre los sujetos de derecho y las autoridades públicas.

Ahora bien, si el principio de protección de la confianza legítima puede ser visto como instituido en ciertos Estados europeos, tal afirmación sería temeraria en lo que concierne al derecho interno francés, cuando se trata de la identificación del fundamento textual al cual relacionarlo, o de la política del juez constitucional.

A. Un fundamento textual dudoso

La Constitución francesa no contiene ninguna norma o principio en los que sea susceptible de fundar el principio de confianza legítima tal como se concibe en el derecho alemán o en la legislación comunitaria. El Consejo Constitucional no se dejó seducir por la argumentación contraria que a veces se le propone; y nos parece dudoso que modifique rápidamente su punto de vista. Ante la ausencia de una referencia textual precisa, es recomendable estar conscientes de las perturbaciones que provocaría la intrusión mal controlada de un principio de este tipo en el derecho positivo francés. Y se sabe que el juez constitucional francés es renuente a internarse en las arenas movedizas de los principios generales del derecho de valor constitucional, que elaboraría de su propia iniciativa[725].

Aunque se podría operar una aproximación entre el principio de confianza legítima y el principio de seguridad jurídica (v. *supra*), no podrían confundirse y la evolución eventual constatada en favor de este último[726] no valdría, por sí misma, en favor del primero (V.

---

725 Ver en este punto nuestro estudio, "Actualité des principes généraux du droit", *RFDA*, 1998, pp. 495 y s. [§ 2 de este libro].

726 Puede ser que el juez constitucional francés exprese una mayor sensibilidad con respecto al principio de la seguridad jurídica: ya la formulación de las decisiones referentes a este principio permiten ver cierta mansedumbre, que

nuestras obs. *supra*). Además, si los jueces de la calle Montpensier [del Consejo Constitucional] han identificado un "objetivo de valor constitucional de accesibilidad y de claridad de la ley" basándose especialmente en el artículo 16 de la Declaración de Derechos del Hombre y del Ciudadano[727] ("Toda sociedad que no cuente con de-

---

fue rechazada en el principio de confianza legítima, paralelamente invocada (ver Nº 95-369, DC de 28 de diciembre de 1995, *Rec.,* Cons. const., p. 257; RFD Const. 1996, Nº 25, p. 119, obs. Philip, L.; *D.* 1997, *SC.*140, obs. Mélin-Soucramanien, F.; *AJDA,* 1996, p. 369, estudio Schrameck, O.; *D.* 1996, p. 193, obs. Lay, J. P.; *Petites Affiches,* 1996, Nº 10, p. 4, nota Collot, J.; *RDP,* 1997, p. 18, obs. Rousseau, D.; Nº 97-391, DC de 7 de noviembre de 1997, *Rec.,* p. 232; RFD Const. 1998, Nº 33, p. 157, obs. Philip, L.; *RDP,* 1998, p. 45, chron. Rousseau, D.). La tendencia parece haber sido confirmada (ver los estudios de Mathieu, B. "Liberté contractuelle et sécurité juridique: les oracles ambigus des sages de la rue Montpensier", *Petites Affiches* de 7 de marzo de 1997, p. 5; "La Sécurité juridique: un produit d'importation, dorénevant 'made in france'", *D.* 2000, Nº 4, p. VII; "La securité juridique: un principe constitutionnel clandestin mais efficient". Mélange P. Gélard, Montchrestien, 1999, p. 301; Rapport français, in Constitution et sécurité juridique, Ann. intern. just. const. 1999, pp. 155 y s.; ver también las observaciones de B. M. y M. V. Nº 99-421 DC de 16 diciembre de 1999 (concerniente a la ley que habilita al gobierno para adoptar vía ordenanzas la parte legislativa de ciertos códigos), *Petites Affiches* de 28 de julio de 2000, p. 15; Lepage, C., "Le principe de sécurité jiuridique est-il devenu un principe de valeur constitutionnelle?", *Gaz. Pal.* 1999.1939, etc.). No es este el lugar para examinar detalladamente esta jurisprudencia; repitamos solamente que la consagración del principio de seguridad jurídica no valdrá por sí mismo como reconocimiento explícito del principio de la protección de la confianza legítima: ambos principios se encuentran, efectivamente, en una relación particularmente ambigua (no se excluye de ninguna manera, por ejemplo, que el uso abusivo del principio de confianza legítima puede conducir a… la inseguridad jurídica).

727 Frison-Roche, M. A. y Baranès, W., "Le principe constitutionnel de l'accessibilité et de l'intelligibilité de la loi", *D.* 2000. Doctr., pp. 361 y s. Se acercarán a esta decisión aquellas que hacen de la claridad y precisión de la ley un requisito constitucional (d. Nº 93-224, DC de 28 de julio de 1993, *Rec.*, p. 204; *Rev. adm.* 1993, p. 443, nota Etien, R.; *Petites Affiches* de 4 de marzo de 1994, p. 4, not. Verpeaux, M.; *RFDC,* 1993, p. 830, nota Philippe, X.; d. Nº 98-401, DC de 10 de junio de 1998, *Rec.*, p. 258; *AJDA,* 1998, p. 540, nota Schoettl, J. E.; *JCP* 1998, I.1179, chron. Mathieu, B. y Verpeaux, M.; d. Nº 98-407 de 14 de enero de 1999, *Rec.*, p. 21; *AJDA,* 1999, p. 154,

rechos garantizados ni con separación de poderes determinados no tiene una Constitución"), ellos no han extendido este fundamento a otros aspectos del principio de seguridad jurídica ni, *a fortiori*, a este principio en sí mismo.

Indudablemente el artículo 16 del viejo texto revolucionario, bastante desconocido al principio, se benefició recientemente de un verdadero baño de juventud, puesto que él ha sido utilizado para conferir valor constitucional a otros principios: por ejemplo, el principio de separación de poderes, con la decisión N° 98-404, DC de 18 de diciembre de 1998[728], o el derecho a los recursos, con la decisión N° 93-335, DC de 21 de enero de 1994[729], para controlar mejor la constitucionalidad de las validaciones legislativas de los actos administrativos (exigiendo que esta validación sea "expresamente definida")[730]. Pero eso no autoriza a conferirle automáticamente las mismas virtudes en lo que concierne al principio de confianza legítima. Que uno de los elementos constitutivos del principio de

---

nota Schoettl, J. E.; *Petites Affiches,* 16 de septiembre de 1999, p. 9, chron. Mathieu, B. y Verpeaux, M.).

728 *Rec.,* p. 315 (ley del financiamiento de la Seguridad Social para 1999); *Petites Affiches* de 2 de agosto de 1999, p. 18, obs. Aivazzadeh-Barré, V. y Mathieu, B.; *Dr. soc.* 1999, p. 21, nota Pellet, R.; *RFDA,* 1999, p. 89, nota Mathieu, B.; *RFDC,* 1999, p. 123, nota Mélin-Soucramanien F.; *JCP* 1999, II, 10046, nota Guiheux, G.; *AJDA,* 1999, p. 22, nota Schoettl, J. E.

729 *Rec.*, p. 40 (ley que lleva diversas disposiciones en materia de urbanismo y de construcción); *RFDC,* 1994, p. 364, nota Mélin-Soucramanien, F.; *Rev. adm.* 1994, p. 75, nota Morand-Deviller, J.; *Petites Affiches* de 6 de mayo de 1994, p. 15, nota Lamorlette, B.; v. también decis. N° 96-373 de 9 de abril de 1996 (estatuto que lleva la ley orgánica de la Polinesia francesa), *Rec.*, p. 58; *RDP,* 1996, p. 953, nota Luchaire, F.; *AJDA,* 1996, p. 369, nota Schrameck, O.; *RFDC,* 1996, N° 27. p. 584, nota Trémeau, J.; Roux A. y Renoux Th. S.; *Petites Affiches,* 1996, N° 146, nota Turpin, D.; Justicias, 1997, N° 5, p. 247, nota Molfessis, N.; decis. N° 99-425, DC de 29 de diciembre de 1999 (Ley de finanzas rectificativa para 1999, consid. N° 16), *Rec.*, p. 168, *Petites Affiches*, 28 de julio de 2000, p. 33, obs. S. A. y B. M.

730 Ver decis. N° 99-425, DC de 29 de diciembre de 1999, *Rec.*, p. 168, *Petites Affiches*, 28 de julio de 2000, p. 33, obs. S. A. y B. M.; *AJDA,* 2000, p. 43 estudio de Schoettl, J. E.

seguridad jurídica haya sido promovido al rango constitucional no significa que, por extensión capilar, los demás elementos se beneficien de la misma promoción. De ser así, hace largo tiempo la discusión referente a la constitucionalidad del principio de seguridad jurídica estaría cerrada, por la norma de la no-retroactividad del derecho penal (artículo 8 de la Declaración de 1789); obviamente unido, incluso, por su naturaleza con la seguridad jurídica, y revistiría ya, indiscutiblemente, un valor constitucional.

Uno podría intentar invocar el artículo 2 de la misma Declaración de Derechos de 1789, que sitúa la "seguridad" entre los derechos naturales e imprescriptibles del hombre y del ciudadano. La idea fue enunciada por ciertos autores[731] como por el Consejo de Estado en su *Informe público* de 1991 (el que, más aún, lo pone como corolario)[732]. El argumento incluso ha sido sometido a veces al juez constitucional[733], pero no ha prosperado. Decir que la "seguridad" tiene como objetivo reforzar la libertad individual y que ésta exige de principio la confiabilidad del orden jurídico, no amerita demostración, ni histórica ni lógica, de la relación que se instituiría entre el principio de confianza legítima y el artículo 2 de la declaración de 1789, y que forzaría a constitucionalizar el primero a instancias del segundo[734]. El Consejo Constitucional ha tenido la ocasión de subrayar, en una decisión N° 89-254, DC de 4 de julio de 1989[735],

---

731 Por ej. Rousseau, D., "Chronique de jurisprudence constitutionnelle 1995-1996", *RDP,* 1997, pp. 13 y s. esp. p. 20 ("El artículo 2 de la declaración de 1789, en particular, el derecho a la seguridad, podría ser invocado, ya que la jurisprudencia le dio una amplia interpretación que excede la garantía única contra las detenciones o arrestos arbitrarios").

732 "De la sécurité juridique", *Rapport public* de 1991, *EDCG*, N° 43, pp. 15 y s.

733 Disposición N° 97-391, de 7 de noviembre de 1997, *Rec.*, p. 232 (ley de medidas urgentes en materia fiscal o financiera); *RFDC,* 1998, N° 33, p. 157, nota Philip, L.; *RDP,* 1998, p. 45, chron. Rousseau, D.; *Rev. adm.* 1998, N° 300, p. 634, nota Meindl, Th., *AJDA,* 1997, p. 969, nota Schoettl, J. E.

734 Ver en este punto Prevedourou, E., *op., cit.*, pp. 75 y s.; Calmes, S., *op. cit.,* pp. 128 y s.

735 *Rec.*, p. 41 (ley que enmienda el N° 86-912 de la ley de de agosto 6 de 1986 referente a los métodos de uso de la privatización); *RTDC* 1990, p. 519, nota

que el "artículo 2 de la Declaración de 1789 no prohíbe al legislador hacer modificaciones a contratos en curso de ejecución, por motivos de interés general"[736]; otra decisión (N° 94-348, DC de 3 de agosto de 1994)[737] dice "que ninguna norma ni ningún principio constitucional garantiza la intangibilidad de los derechos a retiro". Incluso si uno reduce la "seguridad" del artículo 2 de la declaración revolucionaria al principio de seguridad jurídica en materia represiva[738], ella no tendría valor sino en este ámbito específico y no se prestaría por sí misma para extrapolaciones en provecho del principio de confianza legítima.

Se realizan observaciones similares a propósito del artículo 8 de la Declaración de 1789, que establece el principio de no-retroactividad de las leyes penales. El Consejo Constitucional precisó muy claramente, en 1995, que "el principio de no-retroactividad de las leyes no tiene valor constitucional, en virtud del artículo 8 de la Declaración de los Derechos del Hombre y del Ciudadano, sino

---

ZENATI, F.; *Ann. intern. just. const.* 1989, vol. V, p. 483, nota GENEVOIS, B.; *Rev.* Sociedades 1990, N° 1, p. 27, nota GUYON, Y.; *D.* 1990, p. 209, nota LUCHAIRE, F.

736 Ver también disposición 94-358, DC de 26 de enero de 1995, *Rec.*, p. 183 (ley de orientación para la administración y el desarrollo del territorio); *RFDC,* 1995, N° 22, p. 289, nota MÉLIN-SOUCRAMANIEN, F.; *ibid.*, p. 384, nota OLIVA, E.; *RFDA,* 1995, p. 780, nota MATHIEU, B.; *RT Dr. San. et soc.* 1995, p. 579, nota ALFANDARI, E.: "se permite al legislador, con vista al interés general, modificar, abrogar o suplir las disposiciones tomadas con anterioridad siempre y cuando no desconozca principios o derechos de valor constitucional; (...) el hecho que tales modificaciones impliquen consecuencias en las convenciones en curso concebidas con la aplicación de disposiciones legales anteriores, no implica en sí mismo un hecho de naturaleza inconstitucional".

737 *Rec.*, p. 117; *Petites Affiches* de 28 de abril de 1995, p. 5, chron. MATHIEU, B. y VERPEAUX, M.; *JCP* 1995.II.22404, nota BROUSSOLLE, Y.; *RFDC,* 1994, N° 20, p. 832, nota GAÏA, P. y MÉLIN-SOUCRAMANIEN, F.; *Dr. soc.* 1995, pp. 306 y p. 411, nota LAIGRE, P. (Ley concerniente a la protección social complementaria de salarios y cambio de directivos N° 92-49 y N° 92-96 de 18 de junio y de 10 de noviembre de 1992 del Consejo Comunitario Europeo).

738 En este sentido MATHIEU, B., "Rapport français", en *Sécurité juridique et Constitution*, *op. cit.*, p. 166.

sólo en materia represiva"; y que "es permitido al legislador adoptar nuevas disposiciones, que permitan en ciertas condiciones no aplicar prescripciones que se habían dictado anteriormente, puesto que no priva de garantías legales de exigencias constitucionales"[739]. Él ha reiterado esta afirmación a propósito de las leyes fiscales retroactivas, en una decisión N° 97-391 de 7 de noviembre de 1997[740], tanto más significativa en la materia, dado que ella contiene además una desaprobación del principio mismo de confianza legítima (v. *infra*).

Entonces, ¿es necesario, en el marco de la Declaración de 1789, referirse a su preámbulo? Se hizo el esfuerzo en la petición sometida al Consejo Constitucional que dio lugar a la decisión de 3 de agosto de 1994 (citada) (sobre la base de que este olvidado texto enuncia que las reclamaciones de los ciudadanos "sean fundadas en principios simples e irrefutables"); fue condenado al fracaso[741], considerando el carácter excesivamente general de los términos usados.

Uno podría intentar pasar por el concepto de Estado de derecho, por sí mismo justificación clásica en la doctrina y jurisprudencia alemana de la idea de seguridad jurídica, para establecer una "cadena de deducción" ("*Ableitungskette*"): Estado de derecho, seguridad jurídica, protección de la confianza legítima[742].

---

739 Disposición N° 95 369, de 28 de diciembre de 1995 (Ley de finanzas para 1996), *Rec.*, p. 257; *AJDA,* 1996, p. 369, nota Schrameck, O., *Petites Affiches,* 1996, N° 10, p. 4, nota Collot, J.; *D.* 1997. *SC.*140, nota Mélin-Soucramanien, F.; *RFDC,* 1996, p. 119, nota Philip, L.; *D.* 1996, chron. p. 193, estudio Lay, J. P.; *JCP* 1996.II.22636, nota Van Tuong, Nguyen.

740 *Rec.,* p. 232; *RFDC,* 1998, p. 157, nota Philip, L.; *AJDA,* 1997, p. 969, nota Schrameck, O., *Rev. adm.* 1997, N° 300, p. 634 nota Meindl, Th.; *Bull. fisc. entrep.* 1998, p. 10, nota Turot, J. (ley de medidas urgentes en materia fiscal y financiera).

741 Mathieu, B., Rapport français, *op. cit.,* p. 166; Calmes, S., *op. cit.,* pp. 129 y s.

742 V., por ej., la disposición de la Corte Constitucional Federal de 19 de diciembre de 1961, BVerfGE N° 13, p. 261; Calmes, S., *op. cit.,* pp. 112 y s.; Prevedourou, E., *op. cit.,* pp. 82 y s.

De tal forma, el principio de confianza legítima encontrará un soporte formal en la referencia al Estado de derecho y se encontraría en cierto grado validado indirectamente. Estaríamos, sin embargo, olvidando que la expresión "Estado de derecho" no figura *in terminis* en nuestro "bloque de constitucionalidad", y uno se pregunta, lógicamente, sobre las disposiciones constitucionales que nos permitirían identificarla correctamente (¿el artículo 16 de la Declaración de los Derechos del Hombre?[743]. ¿El principio de igualdad ante la ley[744], establecido en el artículo 6° del mismo texto?) y que el tema de la seguridad jurídica en sí mismo es aquí un tema mediato, cuya pertinencia no ha logrado la unanimidad[745]. No se descarta que la ligera efervescencia doctrinal constatada en Francia alrededor del concepto de "seguridad jurídica" haya sido inicialmente imputable a la aparición más reciente de este concepto en nuestro horizonte jurídico. No debemos olvidar tampoco que

---

743 Esta disposición se cita a menudo como una de las más explícitas a este respecto; pero parece evidente *a priori* que la unión entre la "separación de poderes" y la "garantía de los derechos" no basta para desplazar al denso concepto de Estado de derecho.

744 Este principio es rápidamente invocado en socorro de las doctrinas alemanas y suizas.

745 La doctrina alemana ha abordado repetidas veces el problema, pero no le entrega las mismas soluciones. Sería recomendable determinar exactamente la relación entre Estado de derecho y seguridad jurídica, de una parte, y entre la seguridad jurídica y la protección de la confianza legítima, de la otra. Algunos proponen agregar otros conceptos intermedios, por ejemplo la idea de confiabilidad o la de previsibilidad (en este sentido, Fuss, E. W., "Der Schutz des Vertrauens auf Rechtskontinuität im deutschen Verfassungsrecht und europäischen Gemeinschaftsrecht", en: *Europäische Gerichtsbarkeit und nationale Verfassungsgerichtsbarkeit, Festchrift zum 70. Geburstag von Hans Kutscher*, Baden-Baden, 1981, p. 203). Muchos autores expresan una hostilidad obvia con respecto a la unión entre la protección de la confianza legítima y la seguridad jurídica como elemento del Estado de derecho (por ej., Grabitz, E., "Vertrauensschutz als Freiheitsschutz" (*DVB1*), *Deutsches Verwaltungsblatt* 1973, p. 675; Preuss, H., "Vertrauensschutz als Staatsschutz", *Juristische Arbeitsblätter (JA)*, 1977, p. 265; Püttner, G., "Vertrauensschulz im Verwaltungsrecht", *Veröffentlichungen derVereinigugng der Deutschen Staatsrechtlehrer,* 1974, N° 32, p. 200; Mainka, J., *Vertrauensschutz im öffentlichen Recht*, Bonn, 1963, p. 17, etc.).

la noción ambigua de Estado de derecho, sobrecargada (y subrevalorada) por estratos teóricos acumulados y a menudo confusos, no está libre de manipulaciones ni de inconsistencias; y que una de las componentes consideradas como elementales o esenciales ("*wesentlicher Bestandteil*") del Estado de derecho no es otra que el principio de legalidad, el cual debe combinar, según una lógica dialéctica delicada, con el principio de confianza legítima, precisamente para el logro del objetivo de la seguridad jurídica[746].

La comparación con la jurisprudencia comunitaria, que no vacila en hacer de la seguridad jurídica, como se ha dicho, un "principio general"[747], una "exigencia fundamental"[748], una norma de derecho "indispensable para el buen funcionamiento de las instituciones"[749], entre otras expresiones vigorosas (v. *supra*), no es sino moderadamente convincente: la Comunidad Europea se esfuerza para constituirse en "Comunidad de derecho" en un contexto particularmente complejo (diversidad de sistemas jurídicos nacionales, multiplicidad de instancias comunitarias o nacionales encargadas de elaborar o de aplicar el derecho comunitario, voluntad de crear un espacio de libertad económica y hoy un "espacio de libertad, de seguridad y de justicia", para retomar una expresión del Preámbulo del Tratado de

---

746 Labetoulle, D., "Principe de légalité et principe de sécurité", en: *L'Etat de droit, Mélange en l' honneur de* Braibant, G., Dalloz 1996, p. 403; sobre las incertidumbres y riesgos de "derivación del problema" del fundamento salido del Estado de derecho por medio de la seguridad jurídica, tal como la analiza la corte constitucional alemana para justificar el principio de *Vertrauensschutz,* ver las observaciones críticas de Pfersmann, O., "Regard externe sur la protection de la confiance légitime en droit constitutionnel allemand", *RFDA,* 2000, p. 236.

747 *CJCE,* 9 de julio de 1969, *Portelage c. Smith Corona Marchant Internacional, Rec.*, 1969, p. 309, concl. Roemer, K.; Grands ârrets del *CJCE*, 6ª edición, Dalloz 1994, t. I, obs. de Boulouis, J. y Chevallier, R. M.

748 *CJCE,* 14 de julio de 1972, *Azienda Colori Nazionali c. Commission, Rec.*, 1972, p. 933, concl. de Mayras, H.

749 *CJCE,* 14 de abril de 1970, *Nabe c. Comission, Rec.,* p. 145, concl. Roemer, K.; *CJCE,* 17 de febrero de 1972, *Richez-Parise c. Comission, Rec.*, p. 73, concl. Roemer, K.; *CJCE,* 12 de julio de 1984, *Moussis c. Comisssion, Rec.*, p. 313, concl. Lenz, C. O., etc.

Amsterdam)[750], etc.; tantas características que pueden explicar el interés que presenta el principio de seguridad (especialmente para los operadores económicos) en un derecho de este tipo. Tales exigencias no son necesariamente tan imperiosas en los sistemas jurídicos nacionales europeos, los que han desarrollado ellos mismos al efecto otros instrumentos, menos ambiciosos, indudablemente, pero razonablemente eficientes.

No parece que de antemano los otros fundamentos eventualmente propuestos por la doctrina sean ciertamente operacionales en derecho: ni el principio democrático[751], ni el recurso a los derechos naturales, inalienables y sagrados proclamados por la Declaración de 1789[752] o, en sus transformaciones contemporáneas, los derechos fundamentales[753]. Las relaciones susceptibles de establecerse entre, de una parte, estos diferentes conceptos (permaneciendo todos como objeto de agudas controversias) y, por otra parte, la protección de la confianza legítima de los ciudadanos, son demasiado huidizas, demasiado imprecisas o demasiado ambiguas para justificar de *plano* la juridización de este último principio como principio constitucional del derecho francés.

---

750 Ver tratado de la Unión Europea (versión consolidada) en: Grands textes du droit de l'union européenne, 5ª ed., por Dubouis, L. y Gueydan, Cl., Dalloz, 1999; Labayle, H., "Un espace de liberté, sécurité et justice", en *Le Traité d'Amsterdam*, Dalloz 1998, pp. 105 y s.; *Rev. Trim. Dr. Eur.* 1997, pp. 813 y s.

751 Calmes, S., *op. cit.,* pp. 48 y s.

752 Prevedourou, E., *op. cit.,* pp. 77 y s.

753 Calmes, S., *op. cit.,* pp. 185 y s.; los derechos mas comúnmente invocados a este respecto podrían ser la dignidad de la persona humana, la libertad, la igualdad, la propiedad, la seguridad (v., por ej., Arnold, R., "Le droit fondamental à la sûreté dans la constitution d'allemagne féderale", *RFDA*, 1996, pp. 1181 y s. Queda saber si la protección de la confianza es vista como un elemento de la garantía de un derecho fundamental concretizado o si se la cuenta como un principio de proporcionalidad, o si sólo sirve para marcar límites a los eventuales ataques contra los derechos fundamentales (teoría de "límites de los límites").

¿El análisis de la jurisprudencia del Consejo Constitucional permite ver su aclimatación progresiva en derecho interno? Esto no es evidente.

B. Una política prudente del juez constitucional

1º. El rechazo al principio de confianza legítima. Uno no se asombra demasiado de que el Consejo Constitucional francés haya, al menos en un primer tiempo, rechazado firmemente el derecho de invocar al principio de confianza legítima, pese a la solicitud insistente de una parte de la doctrina[754]. Es conocida su repugnancia a forjar principios de valor constitucional que no tengan un anclaje textual sobre uno u otro de los pilares del "bloque de constitucionalidad" (Constitución, Preámbulo de la Constitución de 1946, Declaración de los Derechos del Hombre y del Ciudadano, principios fundamentales reconocidos por las leyes de la República). Esta hostilidad se tradujo inmediatamente, cuando se le presentó el problema, en una seca condena del principio de confianza legítima: la decisión Nº 96-385, DC de 30 de diciembre de 1996[755] enuncia que "ninguna norma constitucional garantiza un principio llamado de "confianza legítima". La misma condena fue reiterada, aparentemente sin nue-

---

754 Por ej., PREVEDOUROU, E., *op. cit.*, p. 8: "Sería, entonces, deseable que el consejo constitucional, tal como ocurre con el tribunal constitucional federal, se incline por una interpretación constructiva (...) ciertos principios no escritos, inherentes a la noción, incluso, de Estado de derecho, tales como los principios de seguridad jurídica y de protección de la confianza. Para ser adaptables y para tener facetas múltiples, estos principios no constituyen más que una condición necesaria para la realización y profundización del Estado de derecho".

755 *Rec.*, p. 145; *RFDC,* 1997, Nº 29, p. 119, nota PHILIP, L.; *Petites Affiches* de 7 de marzo de 1997, p. 5, chron. MATHIEU, B.; *RDP,* 1997, p. 289, estudio LUCHAIRE, F.; *ibid.* 1998, p. 45, chron. ROUSSEAU, D.; *Cah. del Cons. const.* 1997, Nº 2, p. 13; *Petites Affiches* de 15 de junio de 1997, p. 5, nota ZARKA, J. C.; *Rev. Trim. Dr. Civ.* 1997, Nº 2, p. 289, obs. HAUSER, J.; *AJDA,* 1997, p. 161, estudio SCHRAMECK, O. (ley de finanzas para 1997).

vo examen, en la decisión N° 97-391 de 7 de noviembre de 1997[756], a propósito de una disposición legislativa retroactiva de carácter fiscal. A la afirmación ("ninguna norma de valor constitucional") se agrega un cierto desdén al referirse a "un" principio "llamado de confianza legítima". Tal formulación es *a priori* demasiado sólida para buscar matices interpretativos.

Quizás se explique por la voluntad del juez constitucional de no dejarse llevar hacia una constitucionalización progresiva de los principios generales del derecho comunitario, del que no tiene el control. Esto es lo que sugiere, en cualquier caso, un comentario autorizado[757] ("Será ciertamente relevante que él [el Consejo Constitucional] rechace de plano acoger dentro de las normas de que es responsable de asegurar su respeto, el principio llamado de confianza legítima que forma parte del orden jurídico comunitario").

2°. ¿Una posible evolución? ¿Estará en vías de evolucionar tal actitud? Ciertas decisiones recientes han sido analizadas en este sentido, por ejemplo la decisión N° 99-245, DC de 29 de diciembre de 1999, relativa a la ley de finanzas rectificatoria para 1999[758] o la decisión N° 99-423, DC de 13 de enero de 2000, referente a la reducción negociada de tiempos de trabajo[759].

En la primera de estas decisiones, el juez constitucional admite la constitucionalidad de una ley de validación de un acuerdo de recaudación que es afectada, sin embargo, por una ilegalidad formal (la referencia a las únicas menciones que figuran en la notificación de la rectificación, mientras que al mismo tiempo los derechos y

---

756 *Rec.*, p. 232; *AJDA,* 1997, p. 969, estudio SCHOETTL, J. E.; *Petites Affiches* de 4 de marzo de 1998, p. 21, obs. MATHIEU, B.; *RDP,* 1998, p. 45, chron. ROUSSEAU, D. (ley de medidas urgentes de tipo fiscal y financieras).

757 SCHRAMECK, O., *op. cit.,* p. 163.

758 *Rec.*, p. 168; *Petites Affiches* de 28 de julio de 2000, p. 31, obs. S. A. y B. M.; *AJDA,* 2000, p. 43, estudio SCHOETTL, J. E.

759 *Petites Affiches* de 19 de enero de 2000, p. 6, estudio SCHOETTL, J. E.; *Ibid.*, 19 de enero de 2000, p. 30, estudio SAURET, A.; *Dr. soc.* 2000, p. 257, estudio PRÉTOT, X.; *Petites Affiches* de 28 de julio de 2000, p. 22, obs. L.B.P., B.M. y M.V.

las penas fueron reducidos por medio de un procedimiento contradictorio), demuestra que es una "práctica muy corriente" (...) "que deja conforme a la interpretación jurisprudencial del artículo R. 256-1 del libro de los procedimientos fiscales anterior a la decisión de 28 de julio de 1999 del Consejo de Estado que ha decidido en forma diferente".

¿Es ésta una referencia indirecta al principio de confianza legítima? Somos escépticos. No sólo no se ha usado la expresión "confianza legítima", sino que la validación ha sido pronunciada en términos muy generales, independientemente de las situaciones subjetivas de los contribuyentes, a propósito de una disposición legislativa que puede afectar de manera significativa los intereses concretos particulares[760]; se hace alusión, además, a la "continuidad de los servicios públicos fiscales y jurisdiccionales", es decir, al principio (constitucional) de la continuidad de los servicios públicos.

En cuanto a la segunda decisión, ella declara inconstitucionales ciertas disposiciones de la ley referente a la reducción negociada de la jornada laboral (conocida como ley *Aubry*), motivada en que el legislador no podía volver a invocar las estipulaciones de los acuerdos colectivos concluidos en virtud de una ley precedente de 13 de junio de 1998, que si tales acuerdos habían desconocido "las consecuencias previsibles" de la reducción de la jornada de trabajo regida por la ley de 1998 o si ellos habían sido contrarios a las disposiciones legislativas en vigor luego de su conclusión; ahora bien, ninguna de estas justificaciones de interés general se podía invocar "en las circunstancias particulares del caso".

¿Se observa aquí un índice en favor del aumento del poder del principio de confianza legítima (al menos en lo que respecta al

---

760 Nada permite asegurar *a priori* la ventaja o desventaja para un contribuyente por la irregularidad formal condenada por el Consejo de Estado: el procedimiento contradictorio que sigue a la notificación de rectificación puede, teóricamente, desembocar en el alegato, la mantención o aumento de los montos exigidos. Ahora bien, el principio de confianza legítima sólo se aplica en el contexto de medidas favorables a la "persona que confió".

primero de los motivos invocados por el juez constitucional)? Nos permitimos dudarlo. La Alta Jurisdicción recalca que la solución específica que mantiene no obstaculiza al principio general según el cual "está permitido al legislador esgrimir las enseñanzas de los convenios colectivos concluidos bajo su amparo, decidiendo, a la vista del alcance de dichos acuerdos, sea mantener las disposiciones legislativas existentes, sea modificarlas en un sentido conforme o no a los acuerdos" (lo que relativiza en grado sumo el fondo de la decisión). Por otra parte, un comentarista informado[761] recuerda a este propósito que "el principio de la confianza legítima no es, en tanto tal, un elemento del bloque constitucional francés", y estima que "el conjunto de nuestras normas y principios existentes permite, en la mayoría de los casos, sujetar la economía de las convenciones en curso a resguardo de las vueltas de cara [en el sentido de arbitrariedad] del legislador, por lo menos cuando éstas no encuentran su justificación en un motivo de interés general suficiente".

Definitivamente, el principio comunitario de confianza legítima no parece estar en vías de ser aceptado fácilmente por el sistema jurídico francés, al nivel más elevado, que debería ser, en la jerarquía de normas, aquel del derecho constitucional.

Podemos encontrar varias explicaciones para esta situación.

De partida, a menudo se ha invocado que este principio, venido de afuera, no corresponde a la tradición jurídica francesa, centrada sobre el concepto de legalidad objetivamente protegida. Su adopción por la jurisprudencia de la Corte de Justicia de las Comunidades Europeas, que ha hecho de él un principio "superior" de la legis-

---

761 SCHOETTL, J. E., *Petites Affiches* de 19 de enero de 2000, p. 12. El mismo autor, en un comentario de la disposición N° 2000-433, de 27 de julio de 2000 (ley que enmienda la ley N° 86-1067, de 30 de septiembre de 1986, relativa a la libertad de comunicación) dice que "el principio es (...) que el legislador siempre puede modificar o derogar textos anteriores. Puede, particularmente, definir nuevas regulaciones suprimiendo disposiciones que ya no le parecen útiles. Su única obligación es de no privar garantías legales de los requisitos constitucionales (*Petites Affiches* de 31 de julio de 2000, pp. 12 y s., nota p. 23).

lación comunitaria, no sería suficiente para imponerlo en derecho interno, salvo para asuntos que forman parte del ámbito propio del derecho comunitario (así como lo ha admitido siempre la Corte)[762]. Ciertamente, los jueces nacionales, sean quienes sean, no disponen de un "poder soberano en la interpretación y la aplicación del derecho comunitario"[763] y la Alta Jurisdicción de Luxemburgo se propone controlar la aplicación de los principios generales del derecho comunitario al igual que las disposiciones de derecho escrito, originario o derivado[764], cuya ejecución le compete armonizar en el territorio de los Estados miembros. Por otra parte, parece ser que

---

762 *CJCE,* 28 de octubre de 1975, Rutili c. Ministro del Interior, *Rec.*, p. 1219, concl. Mayras, H.; *CJCE,* 27 de septiembre de 1979, Spa Eridiana y otros, *Rec.*, p. 2749, concl. Warner, J. P.; *CJCE,* 21 de septiembre de 1983, Deutsche Milchkontor GmbH y otros, *Rec.*, p. 2605, concl. Slynn, G.; *CJCE,* 30 de septiembre de 1987, Demirel, *Rec.*, p. 3719; *CJCE,* 5 de octubre de 1988, *Remo Padovani y Herederos Mantovani c. Amministrazione delle finanze dello Stato*, *Rec.*, p. 6177, concl. Darmon, M.; *CJCE,* 13 de julio de 1989, Wachauf, H., *Rec.,* p. 2609; *CJCE,* 18 de junio de 1991, *Elleniki Radiophonia Tileorassi Anonimi Etairia*, *Rec.*, p. 2951, concl. Lenz, C. O.; *CJCE,* 4 de octubre de 1991, *Society for the protection of Unborn children Ireland Ltd. Rec.*, p. 4733, concl. Van Gerven, N. W.; *CJCE,* 1 de abril de 1993, Alois Lageder SpA y otros, *Rec.,* p. 1761, concl. Darmon, M.; *CJCE,* 24 de marzo de 1994, *Bostock, Rec.*, p. 521, etc.

763 Dubouis, L., "Droit administratif et droit communautaire", *AJDA,* 1995, N° spéc., pp. 66 y s., esp. p. 68; Christophe-Tchakaloff, MF., "Les principes généraux du droit communautaire", en: *Droits nationaux, droit communautaire: influences croisées, CERIC,* Aix-en-Provence, la documentación francesa, 2000, pp. 83 y s. No se excluye, de antemano, que el juez ordinario pueda sacar partido de los principios generales del derecho comunitario para reforzar y mejorar su propio control (Galmot, Y., "L'apport des principes généraux du droit communautaire à la garantie des droits dans l'ordre juridique français", Cah. dr. Europ. 1997, N° 1-2, pp. 67 y s.).

764 Se debe observar que el Tribunal de justicia es mucho más estricto en el uso del principio de la confianza legítima en lo que concierne a consolidar subsidios comunitarios concedidos indebidamente por las autoridades nacionales que en materia de consolidar subsidios del Estado incompatible con el mercado común (v., en este punto, Triantyfallou, D., "La confiance légitime en tant qu'instrument de cohésion en droit communautaire", *RFDA,* 2000, pp. 246 y s.; Vapaille, L., "Le principe de sécurité juridique: réalité et avenir en droit administratif français". *Petites Affiches* de 10 de agosto de 1999, p. 18).

el juez administrativo francés no es hostil a esta interpretación[765], aun cuando no manifiesta siempre un entusiasmo desbordante ante una tal eventualidad[766].

Sin embargo, se percibe que la perspectiva de introducir en el bloque de constitucionalidad un principio que se basa en consideraciones subjetivas —e incluso, como lo admiten varios autores alemanes[767], hiper o ultrasubjetivas— es suficiente para suscitar serias reservas. El riesgo evidente es de remitirse hacia una casuística jurisdiccional, una justicia de casos individuales[768] tratados "a la carta" [a la medida], que no se acomoda bien a la necesaria flexibilidad de un derecho objetivamente concebido y favorece por otra parte el advenimiento de un derecho "optativo"[769], paradójicamente generador de arbitrariedades.

---

765 CE, 19 de junio de 1992, *Federación departamental de sindicatos de granjeros de las costas del norte*, *Rec.* N° 65.432; CE, 2 de octubre de 1992, *Federación departamental de sindicatos de granjeros de las costas del norte*, N° 72.232; v. también, en contrario, CE, 17 de febrero de 1995, *Meyet*, *Rec.*, p. 79; *AJDA*, 1995, p. 223, concl. Toutée, H.; concl. de Schwartz, R. sobre CE, 3 de noviembre de 1995, *Velluet y otras*, *AJDA*, 1996, p. 215.

766 Christophe-Tchakaloff, M. F., "Les principes generaux du droit communaitaire", *op. cit.*, pp. 93 y s.

767 Weber-Dürler, B., *Vertrauensschutz im öffentlichen Recht*, Verlag Helbin und Lichtenhahn, Bâle, 1983, p. 125; Krause, P., *Rechstsformen des Vertrauensschutz*, Dunker y Humbolt, Berlín, 1974, p. 22 (el autor habla de "jurisprudencia de equidad indisciplinada").

768 Arndt, H. W., "Ungleicheit im Unrecht", *Rechtsfragen im Spektrum des Öffentlichen*, Berlín, 1976, p. 245; Becker, F. y Luchmann, N., *Verwaltungsfehler und Vertrauensschutz*, Duncker y Humblot, Berlín, 1963, p. 111; Degenhart, C., *Systemgerechtigkeit und Selbstbindung des Gesetzgebers als Verfassungspostulat*, Munich, 1976, p. 73; Huber, H., "Vertrauensschutz. Ein Vergleich zurischen Recht und Rechtsprechung in der Bundesrepublik und in der Schweiz", *Verwaltungsrecht zurischen Freiheit*, Munich, 1978, p. 323; Kisker, G., "Vertrauensschutz im Verwaltungsrecht", *Veröffentlichungen der Vereinigung der Deustchen Staatsrechtslehrer* 1974, p. 150.

769 El derecho optativo (*Wunschrecht*) da al juez todo el poder para sopesar diversos elementos eventualmente contradictorios en un litigio, con la ayuda de criterios esencialmente subjetivos, para decidir como le parezca apropiado (ver Handgartner, Y., *Widerruf und Anerung von Verwaltungsakte aus nachträglich*

No hace falta imaginarse, en efecto, que el principio de protección de la confianza legítima, tal como se ha desarrollado en algunos países europeos (Alemania, Suiza, Países Bajos), sea despojado de todas sus virtudes. Los críticos a su uso se hacen cada vez más insistentes e incisivos. Algunos lo suponen ser capaz de desmoronar todo el sistema jurídico[770] y, en todo caso, de perturbar gravemente la técnica, la dogmática y la hermenéutica jurídicas. Otros ven en él una amenaza para el pensamiento jurídico mismo, cuyos elementos esenciales corren el riesgo de encontrarse rápidamente en tela de juicio por los atentados subjetivos de los operadores jurídicos; tanto que las potenciales aplicaciones de un principio tan general son prácticamente ilimitadas. No es sólo la legalidad, sino la norma jurídica en sí misma, el orden normativo, que podrían encontrarse a la larga afectados por un mecanismo instalado en nombre de la protección de los intereses particulares, pero susceptible de convertirse, a su turno, en fuente de inseguridad jurídica[771] para el conjunto de los operadores del derecho.

El reconocimiento del principio de protección legítima por la vía del principio de seguridad jurídica, a veces preconizado en doctrina, no parece suficiente para eliminar tales obstáculos. No sólo están lejos de ser claramente identificados los lazos exactos entre el concepto de "seguridad jurídica" y el de "protección de la confianza legítima" (ya se indicó la dificultad de establecer una "cadena de deducción" lógica: Estado de derecho-seguridad jurídica-principio

---

eimgetretenen Gründer, Zurich, 1959, p. 76; IPSEN, H., *Widerruf gültiger Verwaltungsakte*, Hambourg, 1932, p. 94; PIERROT, B., *Ruckwirkung und Ubergangsrecht*, Duncker y Humblot, Berlín, 1981, p. 86, etc.); ver, también, GALMES, G., *op. cit.*, pp. 460 y s.).

770 HUBER, H., "Die Staats und verwaltungsrechtliche Rechtsprechung des Bundesgerichts in den Jahren 1968 bis 1975", *Zeitschrift des Bernischen Juristenvereins*, 1969, p. 43; OSSENBÜHL, F., *Die Rücknahme fehlerhafter begünstigender Verwaltungsakts*, Berlín, 1964, p. 39.

771 MUCKEL, S., *Kriterien des verfassungsrechtlichen Vertrauensschutzer bei Gesetzsänderungen*, Duncker y Humblot, Berlín, 1989, p. 23; PÜTNER, G., "Vertrauensschutz im Verwaltungsrecht", *op. cit.*, p. 203; SCHMIDT, W., "Veirtrauensschutz im öffentlichen Recht", *Juristische Schulung* 1973, pp. 529 y s.

de confianza legítima), sino que la noción general e imprecisa de "seguridad jurídica" parece no poder producir por sí misma efectos de derecho concreto, directos y debidamente protegidos[772].

Uno no ve, en todo caso, al Consejo Constitucional descubriendo repentinamente una norma constitucional que garantice, en derecho francés, el principio de protección de la confianza legítima después de haber afirmado perentoriamente, dos veces, que lo desconoce.

Es más probable que la idea de confianza legítima continuará estando presente en su jurisprudencia bajo la forma de principios concretos, adaptados a situaciones precisas y susceptibles de ser integrados en el orden jurídico sin mayores perturbaciones. Algunos de estos principios ya existen; otros podrán ver el día o ser objeto de precisiones útiles. No se tratará, entonces, de crear, al amparo del derecho comunitario, un nuevo principio general del derecho constitucional tan subversivo.

---

[772] Ver la tesis antedicha de Calmes, S., pp. 111 y s.

Bibliografía citada

Aarnio, A. "*Zur Legitimität des Rechts. Ein begrifflicher Überblick*", en: *Rechtstheorie*, 1989, vol. 20, pp. 146 y s.

Abellán, A. M. "En torno a la comparación y diferencia entre valores, principios y normas constitucionales", en: *Revista vasca de administración pública*, N° 48, 1997, p. 253 y s.

Abraham, R. *Droit international, droit communautaire et droit français,* Hachette 1989, p. 29 y s.

Achterberg, N. *Allgemeine Verwaltungsrecht*, 2ª edición, Heilderberg, 1986, p. 596 y s.

Adams, W. J. "La justification économique du service public dans le contexte français", en: *L'idée de service public est-elle encore soutenable?,* p. 176 y s. esp. p. 179.

Alchourron, C. E y Bulygin, B. *Normative Systems*, New York, 1971, p. 81.

Alexy, R. "Zum Begriff des Rechtsprinzips", en: *Rechtstheorie*, Beiheft 1, 1979.

Alexy, R. *Theorie der Grundrechte*, Surhkamp Verlag, Francfort, 1986.

Alexy, R. *Theorie der juristischen Argumentation*, Suhrkamp, Francfort, 1983.

Allan, T. R. S. *Law, Liberty and Justice, the legal foundation of British Constitutionalism*, Oxford, Clarendon Press, 1993.

Arce, J. y Flórez-Valdés, *Los principios generales del derecho y su formulación constitucional*, Civitas, Madrid, 1990.

Arnaud, A. J. "De jeu fini au jeu ouvert. Réflexions additionnelles sur le droit post-moderne", en: *Droit et société*, 1991, N° 17-18, p. 38 y s.

Arnaud, A. J. "De la régulation par le droit à l'heure de la globalisation. Quelques observations critiques", en: *Droit et Société*, N° 35, 1997, p. 11 y s.

Arnaud, A. J. "Introduction", en: *Les transformations de la régulation juridique*, LGDJ, 1998, p. 75; *Entre modernité et mondialisation*, LGDJ 1998, p. 49 y s.

Arnaud, A. J. "Repenser un droit pour l'époque post-moderne", en: *Le Courrier du CNRS*, N° 75, 1990, p. 81 y s.

Arnaud, A. J. en: *Entre modernité et mondialisation. Cinq leçons d'histoire de la philosophie du droit et de l'État*, LGDJ, 1998, p. 152 y s.

Arnaud, A. J. *Entre modernité et mondialisation*, LGDJ, París, 1998, p. 148 y s.

Arnaud, A. J. *Pour une pensée juridique européenne*, PUF, 1991.

Arnaud, A. J. *Pour une pensée juridique européenne*, PUF, Les voies du droit, 1992.

Arndt, H. W. "Wirtschaftsverwaltungsrecht", en: *Besonderes Verwaltungsrecht*, Heidelberg, 5ª ed., 1995, p. 789.

Arndt, H. W. “Ungleicheit im Unrecht”, *Rechtsfragen im Spektrum des Öffentlichen*, Berlín, 1976, p. 245.

Arnold, R. “Le droit fondamental à la sûreté dans la constitution d'allemagne féderale”, *RFDA*, 1996, p. 1181 y s.

Atienza, M. y Ruiz Manero, J. “*Las piezas del derecho. Teoría de los enunciados jurídicos*”, Ariel, Barcelona, 1996.

Atienza, M. y Ruiz Manero, J. “Sobre principios y reglas”, en: *Doxa*, 1991, N° 10, p. 101 y s.

Attiyah, P. S “Common Law and Statute Law”, en: *The Modern Law Review*, 1995, p. 315 y s.

Baldassare, A. “La reforma del gobierno local en Italia”, en: *Federalismo y subsidiariedad en Italia*, Documentos Pi i Sunyer, Barcelona, 1998, N°5.

Balducci, M. y Colinet, C. “La Carta europea dell' autonomia locale de il federalismo italiano”, en: *Il nuovo governo locale,* 1997, N° 1.

Bandrés, J. M. *El principio de la subsidiariedad y la administración local,* Marcial Pons, Madrid, 1999.

Baratta, A. “Note in tema di analogia giuridica”, en: *Studi in onore di Emilio Betti*, Giuffrè, Milán, 1962, vol. I, p. 569 y s.

Barnés, J. “Subsidiariedad y autonomía local en la Constitución”, en: *Anuario de Gobierno local*, Madrid, 1997.

Bassols, M. *Constitución y sistema económico y derecho mercantil*, Madrid, 1982.

Baudin-Culliére, F. *Principe de subsidiarité et Administration locale*, LGDJ, 1995.

Beaud, O. *La puissance de l'État*, PUF, 1994, p. 197.

Béchillon, de, D. “La structure des normes juridiques à l'épreuve de la post-modernité”, en: *Les figures de la norme et de l'institution: entre État et société civile*, L'Harmattan, Paris, 1999.

Béchillon, de, D. “*Qu'est-ce qu'une règle de droit?*”, éd. O. Jacob, 1997.

Béchillon, de, D. *Hiérarchie des normes et hiérarchie des fonctions normatives de l'État*, Économica, 1996.

Béchillon, de, M. *La notion de principe général en droit privé*, PUAM, 1998, p. 40.

Becker, F. y Luchmann, N. *Verwaltungsfehler und Vertrauensschutz*, Duncker y Humblot, Berlín, 1963, p. 111.

Beladiez Rojo, A. M. *Los principios jurídicos*, Tecnos, Madrid, 1994.

Belaid, S. *Essai sur le pouvoir créateur et normatif du juge*, París, 1974.

Bell, J. “Le règne du droit et le règne du juge”, en: *L'État de droit, Mélanges en l'honneur de G. Braibant*, Dalloz, 1996, p. 15 y s.

Belley, J. (dir.) prefacio de Carbonier, J. *Le droit soluble. Contributions québécoises à l'étude de l'internormativité* LGDJ, col. Droit et Société, 1996.

Bernal Pulido, C. *"Atienza Manuel et Ruiz Manero Juan, Las piezas del Derecho. Teoría de los enunciados jurídicos, 1996"* en: *Droit et Société*, 1997, N° 36-37, p. 473 y s.

Berry, M. "*Les services publics entre le modèle de l'Etat bienveillant et le modele du marché bienfaiteur*", en: *L'idée de service public est-elle encore soutenable?* (dir. J. M. Chevalier, I. Ekeland y M. A. Frison-Roche), PUF, 1999, p. 55 y s.

Bienvenu, J. J. *L' interpretation juridictionnelle des actes administratifs et des lois et sa fonction dans l'élaboration du droit administratif*, París II, 1979. (No ha sido publicada).

Blanco de Morais, C. "A dimensão interna do principio da subsidiaredade no ordenamento portugués", en: *Revista dos Advogados*, 1998, p. 786 y s.

Blanquer, J. M. "Léon Duguit et le lien social", en: *Service public et lien social* (dir. S. Decreton), París, ed. L' Harmattan, 1999, p. 77 y s.

Bobbio, N. "Max Weber und Hans Kelsen", en: *Max Weber als Rechtssoziologie* (bajo la dirección de M. Rehbinder y K. P. Tieck), Berlin, Duncker et Humblot, 1987, p. 126 y s.

Bobbio, N. "Principi generali del diritto", en: *Novissimo Digesto Italiano*, vol. XIII, Turín, 1966.

Bobbio, N. "Principi generali di diritto", en: *Contributi ad un dizionario giuridico*, Giuffrè, Milán, 1994.

Bobbio, N. "*Principe generali di diritto*", en: *Contributi ad un dizionario giuridico*, Giappichelli, Turín, 1994.

Bochardt, K. D. *Der Grundsatz des Vertrauensschutzes im euröpaischen Gemeinschaftsrecht*, NP Engel, Kehl, 1988, p. 6.

Boissard, S. "¿Cómo garantizar la estabilidad de las relaciones jurídicas individuales sin privar a la autoridad administrativa de todos los medios de acción y sin transigir sobre el respeto del principio de legalidad? El difícil dilema del juez administrativo", *Cah. Cons. const,* N° 11, 2001, p. 70 y s., not. p. 79.

Bon, P. "Le statut constitutionnel du droit de propiété", en: *RFDA,* 1989, p. 1009 y s.

Bonnot, F. "Les principes généraux du droit applicables aux réfugiés et le principe de l'unité de famille", en: *RD publ.* 1996.1379 y s.

Boulanger, J. "Principes généraux du droit et droit positif", en: *Le droit privé français au milieu du XX siècle, Études offertes à G. Ripert,* LGDJ 1950, t. 1, p. 51 y s.

Boulouis, J. *Principes généneraux, in Droit communautaire*, Répertoire Dalloz, 1992 N° 19.

Boulouis, J. y M. Darmon, *Contentieux communautaire*, Dalloz, 1997 N°411 p. 215 y s.

Boulouis, J. "Quelques observations a propos de la securité juridique", en: *Liber amicorum Pierre Pescatore*, Nomos Verlagesellschaft, Baden-Baden 1987 p. 53 y s.

Boulouis, J. y Darmon, M. *Contentieux communautaire*, Dalloz, 1997, N° 440 y s., p. 215 y s.

Bourdieu, P. "De la règle aux stratégies", en: *Choses dites*, Éd. de Minuit, 1987, p. 75 y s.

Bourdieu, P. *Ce que parler veut dire. L'économie des échanges linguistiques*, Fayard, 1980, p. 107 y s.

Bouretz, P. "*La force du droit. Panorama des débats contemporains*", ed. Esprit, 1991.

Bouvier, J. "Le Conseil Constitutionnel et la coutume; sur les principes fondamentaux par les lois de la République", en: *Droits,* N° 3, 1988, p. 87 y s., esp. p. 88 y s.

Boy, L. "La référence au principe de précaution et l'émergence de nouveaux modes de régulation", en: *Petites affiches*, 1997, N° 4, p. 6 y s.

Braconnier, J. "La régulation des services publics", *RFDA*, 2001, p. 43 y s.

Braibant, G. "Le principe de proportionnalité", en: *Le juge et le droit public. Mélanges offerts à Marcel Waline*, LGDJ, 1974, p. 297.

Brimo, A. "La notion de rationalisation du droit dans la sociologie juridique de Max Weber", en: *Recueil d'études en hommage à Charles Eisenmann*, Cujas, París, 1975.

Buch, H. "À propos des principes généraux dans l'élaboration jurisprudentielle des actes administratifs", en: *Miscellanea W. J. Ganshof van der Meersch*, Bruylant, Bruxelles, 1972, t. III, p. 417 y s.

Buch, H. "La nature des principes généraux du droit", en: *Rapports belges au VI Congrès international de droit comparé*, Bruxelles, 1962, p. 55 y s.

Buchanan J. M. y Tullock, G. *The calculus of consent,* Ann Arbor, Univ. of Michigan Press, 1992.

Buchanan J. M. y Tollison, R. D. (ed.), *Theory of public choice: political applications of Economics,* Univ. of Michigan Press, 1970.

Buchanan, J. M. "The public-choice perspective", en: C. K. Rowley, *Public Choice Theory.,* vol. III, p. 535.

Buchanan, J. M. *An economic theory of clubs,* Économica, 1965.

Buchner, H. "Vertrauensschutz bei Anderung der Rechtzprechung", en: *Gedächtnisschrift für Rolf Dietz*, Munich, 1973, p. 175.

Buendía Sierra, J. L. "La communication de la Commission sur les services d' intérêt économique général en Europe et la politique communautaire de concurrence", en: *Service public et Communauté européenne: entre l' intérêt général et le marché,* Doc. Fr. 1998, t. II, p. 461.

Bullinger, M. y Jeannerod, D. "La protection de la confiance légitime dans les contrats de droit public en Allemagne", en: *Les droits individuels et le juge en Eu-*

rope. Mélanges en l'honneur de Michel Fromont, Press Universitaires de Strasbourg, 2001, p. 111 y s.

Caillose, J. "Le service public est mort. Vive le service public!", en: *Service public et lien social*, p. 399 y s., nota p. 412.

Calmes, S. *Du principe de la confiance légitime en droit allemand, communautaire et français*, Dalloz, 2001, p. 111 y s.

Canaris, C. W. *Systemdenken und Systembegriff in der jurisprudenz entwickelt am Beispiel des deutschen Privatrechts*, Berlin, 1969, p. 41 y s.

Caretti, P. "Il principio di sussidiaritá e suoi riflessi sul piano dell' ordinamento comunitario e dell' ordinamento nazionale", en: *Quaderni Costituzionali*, 1993, N°1.

Carreau, D. *Droit international*, 3ª ed., Pedone, 1991, p. 275 y s.

Cartelier, L., Fournier, J. y Monnier, L. *Critique de la raison communautaire,* París, Économica, 1996.

Castillo Blanco, F. A. *La protección de confianza en el derecho administrativo*, Marcial Pons, Madrid, 1998.

Cayla, O. "Le coup d'État de droit?", en: *Le Débat*, 1998, N° 100, p. 108.

Champeil-Desplat, V. *Les principes fondamentaux reconnus par les lois de la République*, Tesis, Nanterre, 1997, p. 10 y s.

Chapus, R. "De la valeur juridique des principes généraux du droit et des autres règles jurisprudentielles du droit administratif", en: *D.* 1966, chron., p. 99.

Chapus, R. *Droit du contentieux administratif*, 7ª ed., Montchrestien, 1998, N° 1157, p. 849.

Chapus, R. *Droit administrative general.* Montchrestien T. 1; 1992, N°136 y 140, p. 91 y p. 92 y s; 1997, N° 113 y 139, p. 77 y s. y p. 94 y s; 1998, N°156, p. 108; 2001, N°140, p. 111.

Chevallier, J. "Vers un droit post-moderne", en: *Les transformations de la régulation juridique*, LGDJ, 1998, col. Droit et Société, p. 21 y s.

Chevallier, J. *L'État*, Dalloz, col. Connaissance du droit, 1999, p. 33 y s.

Christophe-Tchakaloff, M. F. "Les principes généraux du droit communautaire", en: *Droits nationaux droit communautaire: influences croisées*, CERIC Aix-en-Provence Documentation française 2000, p. 83 y s.

Christophe-Tchakaloff, M. F. "La subsidiarité: du vice et de la vertu de l' ambiguïté", en: *Rev. pol. et parlem.,* 1993, N° 964, p. 67 y s.

Chueca Sancho, A. G. "Los principios generales del derecho en el ordenamiento comunitario", *Revista de instituciones europeas* 1983 vol. 10 N° 3 p. 878.

Ciriano Vela, C. D. *Principio de legalidad e intervención económica*, Atelier administrativo, Barcelona, 2000 p. 35 y s.

Clam, J. y Martin, G. (dir). *Les transformations de la régulation juridique*, LGDJ, 1998.

Clergerie, J. L. *Le principe de subsidiarité*, Paris, Ellipses, p. 7 y s.

Clergerie, J. L. "Les origines du principe de subsidiarité", en: *Les Petites affiches*, 17 de agosto de 1993, p. 34.

Cohen, E. y Henry, Cl. *Service public et secteur public,* Doc. Fr., París, 1997. p. 9 y s.

Colliot-Thélène, C. *Le désenchantement de l'État. De Hegel à Max Weber*, Paris, ed. de Minuit, 1992.

Colson, J. Ph. *Droit public économique,* 3ª ed., en: LGDJ, 2001, Nº 71, p. 65 y s.

Cometti, J. P. "Quelle rationalité? Quelle modernité?", en: *La modernité en questions*, Cerf, 1998, p. 47 y s.

Constantinesco, V. "Le principe de subsidiarité: un passage obligé vers l' Union européenne?", en: *L'Europe et le droit. Mélanges Jean Boulouis,* Dalloz, 1991, p. 38 y s.

Cornu, G. *Vocabulaire juridique*, Paris, PUF, 1987, p. 613.

Costa, J. P. "Principes fondamentaux, principes généraux, principes à valeur constitutionnel", en *Conseil constitutionnel et Conseil d'État*, Montchrestien, 1988, p. 133 y s.

Costa, J. P. Le principe de proportionnalité dans la jurisprudence du Conseil d'État, *AJDA* 1988. 434 y s.

Coussirat-Coustère, V. "Armes nucléaires et droit international; à propos des avis consultatifs du 8 juillet 1976 de la Cour internationale de Justice", en: *Ann. franç. dr. intern.*, 1996, T. XLII, p. 337.

Coutu, M. "Rationalité juridique et légitimité du droit chez Max Weber", en: *Actualité de Max Weber pour la sociologie du droit*, 1995, LGDJ, col. Droit et Société (bajo la dirección de P. Lascoumes), p. 199.

Coutu, M. *"Max Weber et les rationalités du droit"*, LGDJ, col. Droit et Société, 1995, p. 249 y s.

Crew M. y Rowley, C. K. "Toward a public choice theory of monopoly regulation", en: *Public choice Theory* (C. K. Rowley, ed.), Aldershot, Elgar, 1993, vol. II. p. 49.

D'Atena, A. "Il principio di sussidiarità nella Costituzione italiana", en: *Rivista Italiana di diritto pubblico comunitario,* 1997 Nºs 3-4. p. 607 y s.

D'Oliveira Martins, M. "O principio de subsidiariedade na Constituição de 1976: os trabalhos preparatorios da terceira revisão constitucional", en: *Perspectivas constitucionais: nos 20 anos da Constituição* de 1976, t. II, Coimbra Editora, 1997, p. 875.

Debbasch, O. "Les juridictions françaises et les principes généraux du droit international", en: *L'Europe et le droit. Mélanges en hommage à Jean Boulouis*, Dalloz, 1991, p. 139 y s.

Decreton, S. *Service public et lien social,* París, éd. L'Harmattan, 1999.

Degenhart, C. *Systemgerechtigkeit und Selbstbindung des Gesetzgebers als Verfassungspostulat*, Munich, 1976, p. 73.

Delacour, E. "La concurrence des personnes publiques aux enterprises privées", en: *Gaz. Pal.,* 1997.1.1007.

Delajoux, C. *Le Conseil d'État et les sources supranationales du droit*, Thèse, París II, 1994, ronéo.

Delcamp, A. "Principe de subsidiarité et décentralisation", *RFDC* 1995, N°23, p. 611 y s.

Delhombre, J. "La subsidiarité et son péché originel", en: *Rev. pol. et parlem.,* 1992, N° 961, p. 54 y s.

Delmas-Marty, M. "Le mou, le doux et le flou sont-ils des garde-fous?", en: *Les transformations de la régulation juridique*, LDGJ, 1998, p. 209.

Delmas-Marty, M. *Le flou du droit*, Paris, PUF, 1986.

Delmas-Marty, M. *Pour un droit commun*, Le Seuil, Paris, 1994, p. 117 y s.

Delvolvé, P. *Addendum*, en: *RFDA* 1996, p. 907 y s.

Delvolvé, P. *Droit public de l'économie,* Dalloz, 1998 N° 86, p. 109.

Depenheuer, O. en: Von Mangolt, Klein, Starck, *Das Bonner Grundgesetz Kommentar*, 4ª ed., 1999, N° 233 y s.

Descartes, R. *Discours de la méthode,* VI.

Desdentado-Daroca, E. *La crisis de identidad del derecho administrativo: privatización, huida de la regulación pública y administraciones independientes*, Ed. Tirant lo Blanch, Valencia, 1999.

Di Manno, T. *Le juge constitutionnel et la technique des décisions interprétatives en France et en Italie*, Économica, 1997.

Dixon, O. "The Common Law as the ultimate constitutionnal foundation", en: *Australian Law Journal*, 1957, p. 240 y s.

Donnedieu de Vabres, J. "La Constitution de 1946 et le droit international", en: *D.* 1948, chron, p. 5 y s.

Dookhy P. y Dookhy, R. "Le développement du contentieux de la loi en Angleterre", en: *RFDA*, 1999, p. 159 y s.

Douet, F. *Contribution à l'étude de la sécurité juridique en droit fiscal interne français*, LGDJ 1997 (col. Bibliothèque de droit privé, t. 280).

Drago, G. "La conciliation entre principes constitutionnels" en: *D.* 1992, chron., p. 265.

Drago, G. "Le principe de subsidiarité comme principe de droit constitutionnel", en: *Rev. intern. Dr. comp.*, 1994. p. 583 y s.

Dreyfus, J. D. "Actualité des contrats entre personnes publiques", en: *AJDA*, 2000, pp. 575 y s.

Dubouis, L. "A propos de deux principes généraux du droit communautaire", *RF-DA* 1988 p. 697.

Dubouis, L. "Le droit à cheval sur les principes généraux", en: *Drôle(s) de Droit(s), Mélanges en l' honneur de Elie Alfandari"*, Dalloz, 2000, p. 251.

Dubouis, L. "Le juge français et le conflit entre norme constitutionnelle et norme européenne", en: *Mélanges en hommage à J. Boulouis,* Dalloz, 1991, p. 205 y s.

Dubouis, L. "Droit administratif et droit communautaire", *AJDA* 1995, N° spéc., p. 66 y s., esp. p. 68.

Dubouis, L. "L'application du droit international coutumier par le juge français", en: *L'application du droit international par le juge français, Colloque de la société française de droit international*, A. Colin, 1970, p. 93 y s.

Dubouis, L. "L'arrêt Nicolo et la règle internationale et communautaire dans l'ordre juridique français", en: *RFDA* 1989, p. 1000.

Dubouis, L. "Le juge administratif français et les règles du droit international", en: *AFDI* 1971.9 y s.

Dubouis, L. y Blumann, Cl. *Droit communautaire matériel,* Montchrestien, 1999, p. 67.

Duguit, L. *Les transformations du droit public*, París, A. Colin, 1913, p. 51.

Duguit, L. *Traité de droit constitutionnel*, 2ª ed., Paris, 1921-1925, t. II, p. 461.

Dumez, H. y Jeunemaître, A. *Evaluer l'action publique. Régulation des marches financiers et modèle du mandat,* París, ed. L'Harmattan, 1998.

Dumez, H. y Jeunemaître, A. "Quels modèles de régulation pour les services publics?", en: *L' idée de service public est-elle encore soutenable?* (dir. J. M. Chevalier, I. Ekeland y M. A. Frison-Roche), PUF, 1999, p. 63 y s.

Dupuy, P. M. "Où en est le droit international du développement à la fin du siècle?", en: *RGDI publ.* 1997, N° 4, p. 873 y s.

Dworkin, R, *"Taking Rights seriously"*, Duckworth, Londres, 2ª ed., 1978 (traducción francesa: *Prendre les droits au sérieux*, PUF, 1995).

Dworkin, R. "*Freedom's Law, the moral reading of the American Constitution"*, Oxford UP, 1996.

Dworkin, R. *"Law's Empire"*, Fontana, Londres, 1986 (traducción francesa: *L'empire du droit*, PUF, 1993).

Dworkin, R. *"A matter of principle"*, Harvard UP, 1985.

Ehlers, D. "Die wirthschaftliche Betägigung der öffentlichen Hand in der Bundesrepublik Deutschland", en: *Juristenzeitung,* 1990, p. 1089.

Erichsen, H. U y Martens, W. *Allgemeine Verwaltungsrecht*, 7ª edición, Berlín, 1986, p. 247.

Eriksson, L. D. *"Conflicting tendencies in Modern Law"*, en: *Rechtstheorie*, 1989, vol. 20, p. 153.

Escarras, J. C. "Sobre dos estudios italianos: de la comunicabilidad entre sistemas italiano y francés de justicia constitucional", *Cahiers du Centre de droit et de politique comparés,* 1988 vol. III p. 13 y s.

Esser, J. *Grundsatz und Norm in der richterlichen Forbildung des Privatrechts*, 3ª ed., Tubingen, 1974, p. 231.

Esser, J. *Vorverständnis und Methodenwahl in der Rechtsfindung. Rationalitätsgarantien der richterlichen Entscheidungspraxis*, Francfort-sur-le-Main, 1970, p. 179.

Ethers, D. "Rechtsstaatliche und prozessuale problems des Verwaltungsprivatrechts", en: *DVBl* 1983, p. 482 y s.

Farinas Dulce, M. J. "Crisis de la racionalidad formal del derecho moderno", en: *Oñati Proceedings*, vol. 2, p. 153 y s.

Favoreu, L. "Bloc de constitutionnalité", en: *Dictionnaire constitutionnel*, PUF 1992, p. 87 y s.

Favoreu, L. "L'apport de la jurisprudence du Conseil constitutionnel au droit public", en: *Pouvoirs* 1980, Nº 13, p. 15 y s.

Favoreu, L. "Le Conseil constitutionnel et le droit international", en: *AFDI* 1977, p. 110 y s.

Favoreu, L. "Le principe de constitutionnalité: essai de définition d'après la jurisprudence du Conseil constitutionnel", en: *Mélanges Ch. Eisenmann*, Cujas, 1975, p. 33.

Favoreu, L. "Légalité et constitutionnalité", en: *Cah. du Cons. const.*, 1997, Nº 3, p. 73 y s., esp. p. 77.

Favoreu, L. "Les normes de réference", en: *Le Conseil constitutionnel et les partis politiques*, Economica 1988, p. 69 y s.

Favoreu, L. "Principes généreux du droit et principes fondamentaux reconnus par les lois de la République", en: *RFDA,* 1996.882 y s.

Favoreu, L. "Service public et Constitution", en: *AJDA*, junio de 1997, Nº spéc., p. 16 y s.

Favoreu, L. Dualité ou unité d'ordre juridique: Conseil constitutionnel et Conseil d'État participent-ils de deux ordres juridiques différents?", en: *Conseil constitutionnel et Conseil d'État,* p. 145 y s.

Favoreu, L. y otros, *Droit Constitutionnel*, 3ª ed., Dalloz, 2000, Nº 166, p. 168 y s.

Favoreu, L. y otros, *Droit des libertés fondamentales*, Dalloz, 2000, Nº 278, p. 239.

Favoreu, L. y Renoux, Th. S. *Le contrôle de constitutionnalité des actes administratifs*, Dalloz, 1993.

Favoreu, L. y Rubio Llorente, F. *El Bloque de Constitucionalidad*, Cuadernos Civitas, Madrid, 1991, p. 17 y s.

Favoreu, L. y Philip, L. (obs.) *Grandes décisions du Conseil constitutionnel,* Dalloz., Nº 33, p. 53.

Fernández, T. R. "Le principe constitutionnel d' interdiction de l' arbitraire des pouvoirs publics en Espagne: quid novum?" *RFDA* 1999, p. 171 y s.

Fernández, T. R. *De la arbitrariedad de la administración,* Civitas, Madrid 2ª ed. 1997.

Fernández, T. R. *De la arbitrariedad del legislador: una crítica de la jurisprudencia constitucional,* Civitas, Madrid 1998.

Fersmann, O. "Regard externe sur la protection de la confiance légitime en droit constitutionnel allemand", *RFDA* 2000, p. 236 y s.

Flauss, J. F. "Des incidences de la Convention européenne des droits de l'homme sur le contrôle de la constitutionnalité des lois en France", en: *Les Petites Affiches,* 9 dic. 1988, p. 3 y s.

Flauss, J. F. "Le rang du droit international dans la hiérarchie des normes en droit français", en: *Les Petites Affiches,* 10 julio 1992, p. 16 y s; 15 de julio 1992, p. 17 y s.

Flauss, J. F "Les principes généraux reconnus par les lois de la République", en: *Rev. adm. Est. France,* Nº 12, p. 5 y s.

Frison-Roche, M. A. y Baranès, W. "Le principe constitutionnel de l'accessibilité et de l'intelligibilité de la loi", *D.* 2000. Doctr., p. 361 y s.

Fromont, M. "Le principe de proportionnalité", en: *AJDA*, 20 junio 1995, Nº espec., p. 156 y s.

Fromont, M. "Le principe de securité juridique", en: *AJDA,* 1996, Nºspec. p. 178 y s.

Frosini, V. *La lettera e lo spirito della legge*, Giuffrè, 4ª ed., Milán, 1994.

Fuss, W. "Der Schutz des Vertrauens auf Rechtskontinuität im de deutschen Verfassungsrecht und Gemeinschaftsrecht", en: *Europäische Gerichtsbarkeit und nationale Verfassungsgerichtsbarkeit, Festchrift zum 70. Geburstag von Hans Kutscher*, Baden-Baden, 1981, p. 203.

Fuss, W. "La responsabilité des Communautés européennes pour le comportement ilegal de leurs organes", *Rev. trim. Dr. eur*, 1981, p. 1 y s.

Gaillard, F., Paulain, J. y Schusterman, R. (dir.). *La modernité en questions,* Cerf, col. Passages, 1998.

Galmot Y. "Réflexions sur le recours au droit comparé par la Cour de justice des Communautés européennes". *RFDA* 1990 p. 225 y s.

Galmot, Y. "L'apport des principes généraux du droit communautaire à la garantie des droits dans l'ordre juridique français", en: *Cah. dr. eur.* 1997, Nº 1-2, p. 67 y s.

Garcés, A. "Administración prestacional y derechos ciudadanos", en: *Revista Vasca de Administración Pública*, 2000, Nº 57, p. 159 y s.

García de Enterría, E. *Justicia y seguridad jurídica en un mundo de leyes desbocadas*, Civitas, 1999.

García de Enterría, E. *Reflexiones sobre la ley y los principios generales del derecho*, Madrid, Civitas, 1984.

García Macho, R. "Contenido y límites del principio de la confianza legítima: estudio sistemático de la jurisprudencia del tribunal de justicia", *Revista española de derecho administrativo*, 1987, N° 56, p. 563.

Gaudemet, Y. "Prolégomènes pour une théorie des obligations en droit administratif", en: *Mélange en hommage à Jean Gaudemet*, PUF 1999, p. 613 y s.

Gaudemet, Y. *Les méthodes du juge administratif*, LGDJ, 1972.

Gaudin, H. "*Amsterdam: l'échec de la hiérarchie des normes?*", en: *RTD eur.* 1999, p. 1 y s., especialmente p. 6 y s.

Gazier, F., Gentot, M. y B. Genevois, "La marque des idées et des principes de 1789 dans la jurisprudence du Conseil d'Etat et du Conseil constitutionnel", en: *EDCE*, 1989, N° 40, p. 150 y s., esp., p. 181 y s.

Genevois, B. "Normes de référence du contrôle de constituionnalité et respect de la hiérarchie en leur sein", en: *L'État de droit, Mélanges en l'honneur de Guy Braibant*, Dalloz, 1996, p. 323 y s.

Genevois, B. "Principes généraux du droit", en: *Répertoire Dalloz de Contentieux administratif*, edición de 1998; 1998-2, nota 31 y s.; N°49, p. 354; N°71 y s.

Genevois, B. *La jurisprudence du Conseil constitutionnel. Principes directeurs*, Éd. STH, 1988, N° 170, p. 100; N° 339, p. 203.; N° 559 y s., p. 356.; N°560 y s., p. 356 y s.; N°588 y s., p. 378 y s.

Genevois, B. "Le Conseil constitutionnel et le droit ne de la Convention européenne des droits de l'Homme", en: *Cahiers du Cedin,* N° 5, Montchrestien, p. 98 y s.

Genevois, B. "Le droit international et le droit communautaire", en: *Conseil constitutionnel et Conseil d'Etat,* LGDJ. Montchrestien 1988, p. 191 y s.

Genevois, B. "*Principes généraux*" en: *Encyclopédie Dalloz, Contentieux administratif*, actualización 2000.

Gérard, Ph. *Droit, égalité et ideologie. Contribution à l'étude critique des principes généraux du droit (1981),* Publications des Facultés universitaires Saint-Louis, Bruxelles, p. 177 y s.

Giddens, A. *The Consequences of Modernity*, Oxford, Polity Press, 1990.

Godard, O. *Le principe de précaution dans la conduite des affaires humaines*, ed. Maison des sciences de l'homme, Paris, 1997.

Gomes Canotilho, J. *Direito constitucional e teoria da Constituição* Almedina, Coimbra, 1998, p. 726 y s.

González Encinar, J. "Rechtsstaatlichkeit in Spanien", en: *Rechtsstaatlickkeit in Europa*, C. F. Müller Verlag, Heidelberg 1996, p. 167 y s.

González Pérez, J. *El principio general de la buena fe en el derecho administrativo,* Civitas, Madrid 3ª ed. 1999.

González-Varas Ibáñez, S. *El derecho administrativo privado*, Ed. Montecorvo, Madrid, 1996.

Goquel, F. *La jurisprudence du Conseil constitutionnel, Cours I.E.P.,* 1984, p. 199.

Gordillo Cañas, A. *Ley, principios generales y Constitución*, Centro de estudios Ramón Areces, Madrid, 1990.

Götz, V. "Bundesverfassungsgericht und Vertrauensschutz", en: *Bundesverfassungsgericht und Grundgesetz Festgabe aus Anlass des 25 jährigen Bestehens des Bundesverfassungsgerichts*, T. II, Mohr, Tubingen, 1976, p. 421.

Goyard, C. "Unité du droit et justice constitutionnelle", en: *L'unité du droit. Mélanges en hommage à Roland Drago*, Économica, 1996, p. 43 y s.

Grabitz, E. "Vertrauensschutz als Freiheitsschutz", en: *Deutsches Verwaltungsblatt (DVBl)* 1973, p. 675 y s.

Grau, E. *La doble desestructuración y la interpretación del derecho*, trad. castellana, Bosch, Barcelona, 1998, p. 96.

Guastini, R. *Dalle fonti alle norme*, Giappichelli, Turín, 1990.

Guastini, R. "I principi di diritto", en *Il diritto dei nuovo mondi*, Cedam, Padua, 1994, p.

Guastini, R. "Principi di diritto", en: *Digesto*, 4ª ed., Turín, 1995.

Guastini, R. "Sui principi di diritto", en: *Diritto e società*, Cedam, Padua, 1986, Nº 4, p. 101 y s.

Guibal, M. "De la proportionnalité", en: *AJDA* 1978.477 y s.

Häberle, P. "Derecho constitucional común europeo", en: *Derechos humanos y constitucionalismo ante el tercer milenio*, Marcial Pons, Madrid, 1996, p. 187 y s.

Häberle, P. "Verfassungslehre als Kulturwissenschaft", en: *Schriftenzum Öffentlichen Recht*, vol. 436, 2ª ed., 1996.

Häberle, P. *Europaïsche Rechtskultur*, Nomos, Baden-Baden, 1994.

Habermas, J. "Aspects of the Rationality of Action", en: *La rationalité aujourd'hui*, ed. Université d'Ottawa, 1979, p. 185 y s., especialmente p. 188.

Habermas, J. *Factizität und Geltung*, Suhrkamp. Francfort, 1992, p. 268.

Halpérin, J.-L. *Entre nationalisme juridique et communauté de droit*, PUF, Les voies du droit, 1999, p. 198.

Handgartner, Y. *Widerruf und Anerung von Verwaltungsakte aus nachträglich eimgetretenen Gründer*, Zurich, 1959, p. 76.

Hardy, J. "Le statut doctrinal de la jurisprudence en droit administratif français", en: *RD publ.* 1990.453 y s.

Hart, H. L. A. *The concept of Law*, Oxford University Press, 1961 (traducción francesa: *Le concept de droit*, Publications des Facultés universitaires Saint-Louis, Bruxelles, 1994.).

Haueisen, F. "Zum problem des Vertrauensschutzes im Verwaltungsrecht", en: *Deutsches Verwaltungsblatt (DVBL),* 1964, p. 710.

Hauriou, M. "Le pouvoir, l'ordre, la liberté et les erreurs des systèmes objectivistes", en: *Revue de métaphysique et de morale*, 1928, p. 203.

Hébraud, P. "Le juge et la jurisprudence", en: *Mélanges offerts a P. Couzinet*, Université des sciences sociales de Toulouse, 1974, p. 329 y s.

Heckly, Chr y Oberkanpf, E. *La subsidiarité à l'americaine: quels enseignement pour l'Europe?,* París, ed. L. Harmattan, 1994, p. 17 y s.

Heers, M. "La sécurité juridique en droit français: vers une consécration du principe de confiance légitime?", en: *RFDA,* 1995.963 y s.

Heintzen, M. Rechtliche Grezen und Vorgaben für eine wirtschaftliche Betätigung von Kommunen im Bereich der gewerblichen Gebäudereinigung, 1999, p. 47 y s.

Heller, H. "Der Begriff des Gesetzes in der Reichsverfassung", en: *Veröffentlichungen der Vereinigung der deutschen Staatrechtslehner*, 1928, p. 119.

Hengstschlager, M. "Privatisierung und Verwaltungsaufgaben-Berichte und Diskussionen auf der Tagung der Vereinigung deutscher Staatsrechtslehrer", en: *Halle / Saale*, vom 5 *bis* 8 oct. 1994, p. 194 y s.

Hermitte, M. A. "De la non-rétroactivité des lois à la confiance légitime", *Rev. Trim. Dr. Eur.* 1984, p. 457.

Herrero de Miñón, M. "La constitución económica: desde la ambigüedad a la integración", en: *Revista española de derecho constitucional*, 1999, N° 57, p. 11 y s.

Hierro Sánchez Pescador, L. "Seguridad jurídica y actuación administrativa", *Documentación administrativa* 1989 N° 218-219 p. 198 y s.

Höffe, O. *"Kategorische Rechts Prinzipien. Ein Contrapunkt der Moderne"*, Suhrkamp Verlag, Francfort-sur-le-Main, 1990.

Hubeau, F. "Le principe de la protection de la confiance légitime en droit communautaire", en: *Cah. dr. eur.* 1983.143 y s.

Hubeau, F. "Le principe de la protection de la confiance légitime dans la jurisprudence de la Cour de justice des Communautés européennes", *Cahiers dr. europ.* 1983, N° 2-3, p. 149.

Huber, H. "Die Staats und verwaltungsrechtiiche Rechtsprechung des Bundesgerichtts in then Jahren 1968 bis 1975", *Zeitschrift des Bernischen Juristenvereins*, 1969, p. 43.

Huber, H. "Vertrauensschutz. Ein Vergleich zurischen Recht und Rechtsprechung in der Bundesrepublik und in der Scuweiz", *Verwaltungsrecht zurischen Freiheit*, Munich, 1978, p. 323.

Ipsen, H. *Widerruf gültiger Verwaltungsakte*, Hambourg, 1932, p. 94.

Isensee, J. Subsidiaritätsprinzip und Verfassungsrecht, 1968, p. 143 y s.

Jeammaud, A. "Les principes dans le droit français du travail", en: *Dr. soc.* 1982.618 y s.

Jeanneau, B. "La théorie des principes généraux du droit à l'épreuve du temps", en: *EDCE*, 1981-1982, p. 33 y s.

Jeanneau, B. *Les principes généraux du droit dans la jurisprudence adminsitrative*, Sirey, 1954.

Jégouzo, Y. "Les principes généraux du droit de l'environnement", en: *RFDA,* 1996.209.

Jellinek, G. (s.i). *La théorie générale de l'État,* s.n.

Kalinowski, G. *Introduction à la logique juridique. Éléments de sémiotique juridique, logique des normes et logique juridique*, París, 1965, p. 149 y s.

Kamto, M. "Les nouveaux principes du droit international de l'environnement", en: *Rev. jur. envir.* 1993, p. 11 y s.

Karlbrenner, H. K. *Die Rechtliche Verbuidlich, Keit des Subsidiaritäts Prinzip,* p. 518.

Kdhir, M. "Le principe de la liberté du commerce et de l'industrie: mythe ou réalité?", en: *D.* 1994. *chron.*, p. 30 y s.

Kdhir, M. "Le principe du commerce et de l' industrie: mythe ou réalité?", en: *D.,* 1994, Jurispr., p. 30.

Kdhir, M. "Vers la fin de la sécurité juridique en droit français", en: *Rev. adm.* 1993.538.

Kelsen, H. "*Der sociologische und der juritische Staatsbegriff. Kritische Untersuchung des Verhältnisres von Staad und Recht*", Aalen, Scientia Verlag, 1981, p. 82 y s.

Kelsen, H. "*Théorie pure du droit*" 2ª ed., Dalloz, París, 1962, p. 385 (trad. Ch. Eisenmann); 1ª ed., Neuchàtel, ed. de la Baconnière, 1988, p. 95.

Kelsen, H. *Théorie générale du droit et de l'État*, París, LGDJ, 1997, p. 198 y s.

Kemp Kareleton, A. *Law in the making*, Oxford, Clarendon Press, 1964, p. 456.

Kisker, G. "Vertrauensschutz im Verwaltungsrecht", en: *Veröfentlischungen der Vereinigung der Deutschen Staatsrechtslehrer (VVDSERL)*, 1974, vol. 32, p. 149.

Krause, P. *Rechstsformen des Vertrauensschutz*, Dunker y Humbolt, Berlín, 1974, p. 22.

Kuhn, T. *The Structure of Scientific Revolutions*, University of Chicago Press, 1962.

Kunig, P. "*Das Rechtsstaatsprinzip Überlegungen zu seiner Bedentung für das Verfassungsrecht der Bundesrepublik Deutschland*", J. C. B Mohr, Tubingen, 1986.

Labayle, H. "Droits fondamentaux et droit européen", en: *Les droits fondamentaux, AJDA*, 1998, N° especial, p. 75 y s.

Labayle, H. "L'éloignement des étrangers devant la Cour européenne des droits de l'homme, en: *RFDA* 1997.977 y s.

Labayle, H. "Un espace de liberté, sécurité et justice", en *Le Traité d'Amsterdam*, Dalloz 1998, p. 105 y s.; *Rev. Trim. Dr. Eur.* 1997, p. 813 y s.

Labayle, H. "Le droit de l'étranger á mener une vie familiale normale, lecture nationale et exigences européennes", en: *RFDA* 1993.528 y s.

Labetoulle, D. "Principe de légalité et principe de sécurité", en: *L'État de droit. Mélanges en l'honneur de Guy Braibant*, Dalloz, 1996, p. 404.

Lanoy, L. "Réflexions sur la place et la portée des principes généraux du droit de l'environnement", en: *Bull. droit de l'environnement*, 1996, N° 2, p. 6 y s.

Larenz, V. K. *Methodenlehre der Rechtswissenschaft*, Berlin, Springer Verlag, 1969, p. 30.

Latournerie, R. "Essai sur les méthodes juridictionnelles du conseil d' Etat", en: *Le Conseil d' Etat. Livre jubilaire*, Sirey, 1952, p. 177 y s.

Lavilla Alsina, J. *Seguridad jurídica y función del derecho*, Academia de jurisprudencia y de legislación, 1999, p. 45 y s.

Leguina Villa, J. "Principios generales del derecho y constitución", *Revista de administración pública,* 1987, N° 114, p. 36.

Leisner, W. "Das Gesetzesvertrauen de Bürgers", en: *Festschrift für Friedrich Berber zum 75*, Geburtstag, C. H. Becksche Verlagsbuchhandlung, Munich, 1973, p. 273.

Lenoble, J. (dir.). *La crise du juge*, Bruylant, LGDJ, 1996.

Lepage, C. "Le principe de sécurité jiuridique est-il devenu un principe de valeur constitutionnelle?", *Gaz. Pal.* 1999.1.939.

Levèque, F. "Concepts économiques et conceptions juridiques de la notion de service public", en: *Le droit dans l'action économique* (dir. Th. Kirat y E. Serverin), CNRS Editions, 2000, p. 179 y s., nota p. 180.

Linde Paniagua, E. *El derecho del poder. Reflexiones sobre el derecho administrativo*, Madrid, Ed. Colex, 1999.

Linote, D., Mestre, A. y Romi, R. *Services publics et droit public économique*, 3ª ed., Litec, 1995, N°277.

Linotte, D. "Déclin du pouvoir jurisprudentiel et ascension du pouvoir juridictionnel en droit administratif", en: *AJDA*, 1980, p. 632 y s.

Lombard, M. "A propós de la liberté de concurrence entre opérateurs publics et opérateurs privés", en: *D.*, 1994, *chron.*, p. 163.

Loschak, D. "Le Conseil constitutionnel, protecteur des libertés?", en: *Pouvoirs*, N° 13, 1980.43 y s.

Luchaire, F. “La sécurité juridique en droit constitutionnel français”, *Cah. Cons. const.* N° 11, 2001, p. 67.

Luchaire, F. “Le contrôle de constitutionnalité des engagements internationaux et ses conséquences relatives à la Communauté européenne”, en: *RTDE* 1979, p. 391 y s.

Luchaire, F. *Le Conseil constitutionnel,* Economica, 1980, p. 243 y s.

Lyotard, J. F. *La condition post-moderne*, ed. de Minuit, 1979.

Lyotard, J. F. *Le post-moderne expliqué aux enfants*, Galilée, 1986.

Mailliot, J. M., *La théorie administrativiste des principes généraux du droit. Continuité et modernité.* Thése Montpellier I, 2001, Roneo.

Mainka, J. *Vertrauensschutz im öffentlichen Recht*, Ludwig Rörscheid Verlag, Bonn, 1963, p. 17.

Malinvaud, Ph. “Responsabilité des articles 1792 et s.: l’ action en responsabilité”, en: *Dalloz-Construcción*, 2000-2001, N° 7647 y s., p. 1187 y s.

Mans, J. *Los principios generales del derecho*, Bosch, Barcelona, 1979, p. 33.

Marcou, G. “Principe de subsidiarité, Contitution française et décentralisation”, en: *Entre l’ Europe et la décentralisation* (dir. J. C. Némery y S. Wachter), Reims, 1993, p. 85 y s.

Martín Mateo, R. *El marco público de la economía de mercado*, Trivium, Madrid 1999, p. 71 y s.

Martín Retortillo, S. *Derecho administrativo económico*, Madrid, Civitas, 1988.

Massot, J. “L’immigré et sa famille: le regroupement familial”, en: *RTDSS* 1987.238 y s.

Mathieu, B. “La sécurité juridique: un principe constitutionnel clandestin mais eficient”, en: *Mélanges Patrice Gélard*, Montchrestien, 1999, p. 301 y s.

Mathieu, B. “Un nouvel équilibre entre les considérations liées à l’intérêt général et celles relatives à la garantie des droits: à propos des decisions 97-390 DC y 97-393 DC”, *RFDA*, 1998, p. 147.

Mathieu, B. (dir.). “Le principe de securité juridique. *Cah. Cons. Const.* N°11, 2001, p. 66 y s.

Mathieu, B. “Constitution et sécurité juridique”, en: *Ann. Intern. Just. const.*, Economica, 1999 p. 155 y s.

Mathieu, B. “La Sécurité juridique: un produit d’importation, dorénevant «made in france»”, D. 2000, N° 4, p. 7.

Mathieu, B. “Liberté contractuelle et sécurité juridique: les oracles ambigus des sages de la rue Montpensier”, *Petites Affiches* de 7 de marzo de 1997, p. 5

Mathieu, B. “Para un reconocimiento de los principios matriciales en lo que concierne a la protección constitucional de los derechos del hombre”, *D.* 1995, *chron.*, p. 211.

Mathieu, B. "Rapport français, in Constitution et sécurité juridique", *Ann. intern. just. const.* 1999, Económica, p. 155 y s., esp. p. 191.

Mathieu, B. y Verpeaux, M. *Contentieux constitutionnel des droits fondamentaux*, LGDJ, 2002, p. 702 y s.

Maunz, T. "Selbstbindung der Verwaltung", *D.Ö.V.* 1981, p. 497 y s.

Maurer, H. "Droit administratif Allemand" (Traducc. M. Fromont), *LGDJ*, 1994, p. 291.

Maurer, H. "Kontinuitätsgewahr und Vertrauensschutz", en: Isensee-Kirchof, *Handbuch des Staatsrechts*, vol. III, Heidelberg, CF Muller, 1988, p. 211.

Mekhantar, J. "Les principes généraux du droit du travail dans les fonctions publiques", en: *AJFP* 2000, p. 21 y s.

Mekhantar, J. *Le principe de la proportionnalité*, Thèse, Paris II, 1990.

Mengozzi, P. "Évolution de la méthode suivie par la jurisprudence communautaire en matière de protection de la confiance légitime", en: *Rev. Marché unique européen*, N° 4/1997.13 y s.

Menna, D, "La théorie des principes généraux du droit à l'épreuve de la jurisprudence constitutionnelle", en: *Le droit administratif en mutation*, PUF, 1993, p. 200 y s.

Mertens de Wilmar, J. y Steinberger, J. "La notion de sécurité juridique dans la jurisprudence de la Cour de Justice des Communautés européennes", en: *Melanges offerts a Robert Legros,* Edit. de l'Université Libre de Bruxelles, 1985 p. 449 y s.

Mertens de Wilmars, J. y Steenbergen, J. "La notion de sécurité juridique dans la jurisprudence de la Cour de justice des Communautés européennes", en: *Mélanges R. Legros*, Éd. Université Libre de Bruxelles, 1985, p. 449 y s.

Mestre, J. L "Le Conseil constitutionnel, la liberté d'entreprendre et le droit de propriété", en: *D.*, 1984, *chron.*, p. 1.

Mezquitas del Cacho, J. L. *Seguridad jurídica y sistema cautelar,* Bosch, Barcelona, 1989.

Míguez Macho, L. *Los servicios públicos y el régimen jurídico de los usuarios*, Cedecs, Barcelona, 1999.

Million-Delsol, Ch. *L'Etat subsidiaire*, PUF, 1992.

Miranda, J. "La Constitution économique. Rapport Portugais, en *Études de droit constitutionnel franco-portugais,* Économica, 1992, p. 83 y s.

Mire, le, P. "La jurisprudence du Conseil constitutionnel et les principes généraux du droit", en: *Service public et libertés. Mélanges offerts à R. Charlier*, Éd. de l'Université, París, 1981, p. 188 y s.

Moderne, F. *Constitutional Justice under Old Constitutions* (ed. E. Smith), Kluver Law International, La Haya, 1995.

Moderne, F. *"Actualité des principes généraux du droit"*, en: *RFDA* 1998, 495 y s. [§2 de este libro].

Moderne, F. "Complémentarité et compatibilité des décisions du Conseil constitutionnel et des arrêts du Conseil d'État", en: *Conseil constitutionnel et Conseil d'État,* p. 313 y s., esp. p. 367 y s.

Moderne, F. "Existe-t-il un principe de subsidiarité fonctionnelle?", en: *RFDA*, 2001, p. 563 y s. [§5 de este libro].

Moderne, F. "La déclaration de conformité sous réserve", en: *Le Conseil constitutionnel et les partis politiques*, Économica, 1988, p. 93 y s.

Moderne, F. "La responsabilité contractuelle des constructeurs (droit public); la responsabilité contractuelle", en: *Droit de la construction*, Dalloz, 2000-2001, N° 80656 y s., p. 1287 y s.

Moderne, F. "Légitimité des principes généraux du droit et théorie du droit", en: *RFDA* 1999, p. 722 y s. [§1 de este libro]

Moderne, F. "Y a-t-il des sources complémentaires de la Constitution dans la jurisprudence constitutionnelle française?", *Petites Affiches*, 7 oct. 1992.7 y s., esp. p. 11 y s. [§3 de este libro]

Moderne, F. *La responsabilité décennale des constructeurs en droit public*, Dalloz, 1993, N° 147 y s.

Moderne, F. y Bon, P. *Les autonomies régionales dans la Constitution espagnole*, París, Économica, 1981. p. 3 y s.

Moderne, F. *"Le droit constitutionnel d'asile dans les États de l'Union européenne"*, Économica, 1997.

Molfessis, N. *Le Conseil constitutionnel et le droit privé*, LGDJ 1997, p. 471 y s., espec. p. 474.

Montejano, B. *Los fines del derecho,* Abeledo Perrot, Buenos Aires, 1976.

Morand, Ch A. "Vers une méthodologie de la pesée des valeurs constitutionnelles", en: *De la Constitution. Études en l'honneur de Jean-François Aubert*, Helbing y Lechtenhahn, Bâle, 1996, p. 57 y s.

Morand, Ch A. *Le droit néo-moderne des politiques publiques*, LGDJ 1999, p. 201.

Moreira, V. Administração autónoma e associações públicas, Coimbra, 1997, p. 250.

Moustakas, M. *La confiance de l'administré et son influence sur le régime juridique des actes administratifs*, These, París II, 1993.

Muckel, St. *"Kriterien Des verfasungsrechtlichen Vertrauensschutzes bei Gesestzesäderungen"*, Duncker y Humblot, Berlín, 1989.

Mueller, D. *Public choice,* Cambridge UP, vol. III, p. 496.

Naomé, C. "La notion de sécurité juridique dans la jurisprudence de la Cour de justice et du Tribunal de première instance des Communautés européennes", en: *Rivista di diritto europeo*, N° 2, 1993.223 y s.

Nawiasky, H. *Allgemeine Rechtslehre als system der rechtlichen Grundbegriffe*, Zurich, 2ª ed., 1948, p. 147 y s.

Odent, R. *Contentieux administratif*, Les cours de droit, fasc. 1.1977, p. 20.

Ortega, L. "Autonomía local y subsidiariedad europea", en: *Anuario de Gobierno local*, 1996. p. 625 y s.

Ossenbühl, F. "Vertrauensschutz im sozialen Rechtsstaat", en: *Die offentliche Verwaltung (DÖV)*, 1972, p. 25 y s.

Ossenbühl, F. *Die Rücknahme fehlerhafter begünstigender Verwaltungsakts*, Berlín, 1964, p. 39.

Ost, F. "Jupiter, Hercule, Hermès, trois modèles du juge", en: *La force du droit. Panorama des débats contemporains*, Paris, ed. Esprit, 1991, p. 241 y s.

Ost, F. *Le système juridique entre ordre et désordre*, PUF, 1988, p. 102 y s.

Ost, F. y van de Kerchove, M. *Jalons pour une théorie critique du droit*, Facultés universitaires de Saint-Louis, Bruxelles, 1987.

Ost, F. y van de Kerchove, M. *Le système juridique entre ordre et désordre*, PUF, Paris, 1988, p. 87.

Otero, P. *Vinculação e libertade de conformação juridica do sector empresarial do Estado,* Coimbra Editora, 1998, p. 33 y s.

Pacteau, B. "La sécurité juridique un principe qui nous manque?", en: *AJDA* 20 junio 1995; N° especial, p. 151 y s.

Papadopoulou, R. E. *Principes généraux du droit et droit communautaire*, Sakkoulas, Athènes, y Bruylant, Bruxelles, 1996.

Pascal, B. *Penseés,* art. 1°, 1.

Peces-Barba Martínez, G. "La seguridad jurídica desde la filosofía del derecho", *Anuario de derechos humanos* 1990, N° 6, p. 215 y s.

Peces-Barba Martínez, G. *Curso de derechos fundamentales. Teoría general* (con la colaboración de R. de Asis Roig, C. R. Fernández Liesa, y A. Llamas Cascón) Universidad Carlos III, Madrid, 1995 p. 245 y s.

Peces-Barba Martínez, G. *Los valores superiores*, Tecnos, Madrid, 198.

Peczenik, A. "Principles of law. The Search for legal theory", en: *Rechtstheorie*, 2, 1971.

Pérez Luño, A. E. *Derechos humanos, Estado de derecho y Constitución*, Tecnos, Madrid, 1984 (también ed. 1995).

Pérez Luño, A. E. *La seguridad jurídica,* Ariel, Barcelona, 1991.

Pérez Luño, A. E. *"El desbordamiento de las fuentes del derecho"*, Real Academia Sevillana de Legislación y Jurisprudencia, Sevilla, 1993, p. 39 y s.

Pérez Luño, A. E. *"Los principios generales del derecho: ¿un mito jurídico?"*, en *Revista de Estudios Políticos*, Madrid, 1997, N° 98, p. 9 y s.

Perrin de Brichambaut, M. "Les avis consultatifs rendus par la CIJ le 8 juillet 1996 sur la licéité de l'utilisation des armes nucléaires dans un conflit armé (OMS) et sur la licéité de la menace et de l'emploi d'armes nucléaires", en: *Ann. franç. dr. intern.*, 1996, T. XLII, p. 315.

Petersen, H. y Zahle, H. (dir.). *Legal Polycentricity: consequences of Pluralism in Law*, Dartmouth, Aldershot, 1995.

Peyrical, J. M. "Les contrats de prestation entre collectivités publiques. Réflexions et interrogations", en: *AJDA,* 2000. p. 581 y s.

Pfersmann, O. en: *Droit constitutionnel*, Dalloz, 1998, N° 76 y s., p. 78 y s.

Philippe, X. *Le contrôle de proportionnalité dans les jurisprudences constitutionnelle et administrative*, Économica, 1990.

Pierrot, B. *Ruckwirkung und Ubergangsrecht*, Duncker y Humbolt, Berlín, 1981, p. 86.

Pinto, R. "Article 55", en: *La constitution de la République française,* Economica 1987, p. 1063 y s., esp. p. 1069.

Pisier-Kouchner, E. *Le service public aujourd'hui dans la théorie de l' Etat de Léon Duguit*, París, LGDJ, 1972.

Planchon, M. H. "Le principe de la confiance légitime devant la Cour de Justice des Communautés", *RRJ-Droit prospectif*, 1994-2, p. 447 y s.

Plessix, B. *L'utilisation du droit civil dans l' élaboration du droit administratif*, Thése París II, 2001, T. 2, p. 1051 y s.

Poirmeur, Y y Fayet, E. "La doctrine administrative et le juge administratif", en: *Le droit administratif en mutation,* PUF, 1993, p. 97 y s.

Pollaud-Dulian, F. "A propos de la securité juridique", en: *RTDC,* 2001, p. 487 y s.

Pougnaud, P. *Service public «a la française» une exception en Europe?*, Institut de la gestion déléguée, 1998.

Pouletier, M. *Recherches sur l'equité en droit public français*, Tesis Poitiers, 1999, p. 225 y s.

Prada, M. "Les nouveaux acteurs de la régulation: démembrement ou renouvellement de l'Etat?", en: *Petites Affiches,* 8 noviembre 2000, p. 12 y siguientes

Prétot, X, Gautron J. C y Catala, N. *La Constitution et l'Europe,* Monchrestien, 1992, p. 327 y s.

Prétot, X. "Bloc de constituonnalité", en: *JCA* Fasc. 1418, N° 51.

Preuss, H. "Vertrauensschutz als Statusschutz", en: *Juristiche Arbeitsblätter*, 1977, p. 265

Preuss, L. "Droit international et droit interne dans la Constitution française de 1946", en: *Rev. intern. pol. et const.* 1951, p. 199 y s.

Prevedourou, E. *Le principe de la confiance en droit public français*, Sakkoulas, Atenas, 1998.

Prieto Sanchís, L. "Sobre principios y normas. Problemas de razonamiento jurídico", en: *Cuadernos y Debate*, N° 49, CEC, Madrid, 1992, p. 140 y s.

Puissochet, J. P. "Vous avez dit confiance légitime? (le principe de confianza légitime en droit communautaire)" en: *L' Etat du droit, Mélanges en l'honneur de Guy Braibant*, Dalloz, 1996, p. 581 y s.

Püttner, G. "Vertrauensschulz im Verwaltungsrecht", *Veröffentlichungen der Vereinigugng der Deutschen Staatsrechtlehrer,* 1974, N° 32, p. 200.

Quoc Dinh, N. "La jurisprudence française actuelle et le contrôle de conformité des lois aux traités", en: *AFDI* 1975, p. 873 y s.

Quoc Dinh, N. "Le Conseil constitutionnel et les règles du droit international", en: *RGDIP* 1976, p. 1027.

Quoc Dinh, N. "Sources du droit international: la coutume", en: *JCI,* fasc. 13, N° 126 y s.

Rainaud, J. M. *La crise du service public français*, PUF, col. Que sais-je?, 1999, p. 95 y s.

Raynaud, Ph. *Max Weber et les dilemmes de la raison moderne*, PUF, col. Quadrige, 1996, p. 167.

Raz, J. *"Principles and the Limits of Law"*, en: *The Yale Journal*, N° 81, 1972.

Raz, J. "The rule of Law and its virtue", en: *The Law Quarterly Review*, 1977, p. 195 y s.

Regan, D. H. "*Glosses on Dworkin: Rights, Principles and Politics*", en: *Michigan Law Review*, 1978-1979, N° 76.

Renard Payen, O. "Principe de la liberté du commerce et de l'industrie", en: *J.-Cl. adm.*, fasc. 255, N° 19 y s.

Rials, S. "Sur une distinction contestable et un trop réel déclin", en: *AJDA* 1981, p. 115 y s.

Richer, L. "La loi du 10 février 2000 sur l'électricité: entre concurrence et service public", en: *AJDA,* 2000, pp. 239 y s.

Rideau, J. "Constitution et droit international dans les Etats membres de la Communauté européenne", en: *RFDC* 1990, N° 2, p. 259 y s., esp. p. 266 y s.

Rideau, J. "La recherche de l'adéquation de la constitution française aux exigences de l'Union européenne", en: *Rev. aff. eur.* 1992, p. 7 y s., esp. p. 9.

Rideau, J. *Droit institutionnel de l'Union et des Communautés Européenes*, LGDJ, 3ª edic., 1999, p. 503 y s.

Rideau, J. *Droit institutionnel de l'union et des comunautés européennes*, *LGDJ*, 3ª edición, 1999, p. 181 y s.

Rigaux, M. F. *La théorie des limites matérielles à l'exercice de la fonction constituante,* Larcier, Bruxelles, 1989, p. 151 y s.

Rivero, J. "Les principes fondamentaux reconnus par les lois de la République, une nouvelle catégorie constitutionnnelle?", en: *D.* 1972, chron., p. 265.

Roche, J. *Les réactions de la doctrine à la création du droit par les juges*, Travaux de l'Association Henri-Capitant, Économica, 1982, p. 555 y s.

Rodrigues, St. *La nouvelle régulation des services publics en Europe*, París Ed. Tec. et Doc., 2000.

Rodrigues, St. *Services publics et service d'interêt économique général dans la Communauté européenne*, Thèse, París I, 2 vol., roneo 1999.

Rodríguez Arana Muñoz, J. "Sobre el principio de subsidiariedad y los entes locales", en: *La Ley,* 13 de junio de 1997.

Romano, S. *Frammenti di un dizionario jurídico,* Giuffrè, Milán, 1993, p. 66 y s.

Romano, S. *L'ordinamento giuridico*, Florencia, 1945.

Romano, S. *Osservazioni sulla completezza dell' ordinamento statale*, Módena, 1925.

Romano, S. *Principi di diritto costituzionale generale*, Giuffrè, Milán, 2ª ed., 1946, p. 90 y s.

Romano, S. *Frammenti di un dizionario giuridico,* Mitologia giuridica", Giuffrè, Milán, 1983.

Ros, N. *La Cour internationale de justice et les règles du droit international. Contribution à l'étude de la fonction effective de la juridiction internationale permanente*, Thèse Droit, París I, 1998.

Roubier, P. *Théorie générale du droit*, 2ª ed., p. 101.

Rousseau, Ch. *Droit international public*, Sirey, 1971, t. 1, p. 379.

Rousseau, D. "Vers un ordre juridictionnel européen des droits et des libertés?", en: *Conseil constitutionnel,* p. 103 y s.

Rousseau, D. *Droit du contentieux constitutionnel,* 2ª ed., Montchrestien 1992, p. 105 y s;

4ª ed., Montchrestien, 1995, p. 99.

Rousseau, D. "Chronique de jurisprudence constitutionnelle 1995-1996", *RDP* 1997, p. 13 y s.

Ruiz-Fabri, H. *Sur quelques aspects de la coutume dans le droit international,* thèse Bordeaux I, 1989.

Saussois, J. M. "Négociation européenne autour du service universel: le résidu ultime", en: *La production des normes entre Etat et société civile* (dir. E. Serverin y A. Berthoud), ed. L'Harmattan, 2000, p. 135 y s.

Schlesinger, R. B. "*The nature of General Principles of Law*", en: *Rapports généraux au VI Congrès international du droit comparé*, Bruxelles, 1963.

Schmidt, W. "Veitrauensschutz im öffentlichen Recht", *Juristische Schulung* 1973, p. 529 y s.

Schmitt, C, "Légalité et légitimité", en: *Du Politique: légalité et légitimité et autres essais*, Puiseaux, Pardès, 1990, p. 39 y s.

Schoekweiler, F. "La responsabilité de l'autorité national en cas de violation du droit communautaire", *Rev. trim. Dr. eur.* 1992, p. 27 y s

Schwarze, J. "Le principe de subsidiarité dans la perspective du droit constitutionnel allemand", en: *Rev. Marché commun,* 1993, N° 370, p. 615 y s.

Schwarze, J. "Le service public: l'expérience allemande", en: *AJDA*, junio 1997, N° espec., p. 150.

Schwarze, J. *Droit administratif européen*, Bruylant, Bruselas, 1994, T. II, p. 913 y s., esp. p. 933 y s.

Sebreli, J. *El asedio a la modernidad*, Barcelona, Ariel, 1992.

Serrano de Triana, V. "La función de la seguridad jurídica en la doctrina del Tribunal Constitucional", en: *Libro homenaje al Profesor José Luis Villar Palasi*, Madrid, 1989.

Sérvulo Correia, J. "Poder das Autarquias locais: novas perspectivas", *Forum justitiae. Direito e Sociedade*, 2000, N° 10, p. 46 y s.

Shughart, W. F. "The causes and consequences of antitrust: the public choice perspective", en: F. S. McChesney y W. F. Shughart (ed.). *Public- choice theory and antitrust policy,* Chicago UP, 1995, cap. 2. p. 7.

Silance, L. "Un moyen de combler les lacunes en droit: l'induction amplifiante", en: *Le problème des lacunes en droit*, Bruxelles, 1968, p. 489.

Simon, D. "Y a-t-il des principes généraux du droit communautaire?", en: *Droits*, 1991, N° 14, p. 73 y s.

Simon, D. *Le systeme juridique communautaire*, 2ª ed. PUF, 1998 N° 248 p. 252.

Smart, B. *Postmodernity*, Londres, Routledge, 1992 (col. Key ideas).

Sobota, K. *Das Prinzip Rechtsstaat: verfassungs-und verwaltungsrechtliche Aspekte,* Tubingen, 1997.

Sousa-Santos, de, B. "The post-modern transition: law and politics", en: *The Fate of Law* (A. Sarat y T. R. Kearns, dir.), Université of Michigan Press, 1991.

Sousa-Santos, de B.*"Towards a new Common Sense: Law, Science and Politics in the paradigmatic Transition"*, ed. Routledge, Londres, 1995.

Souvirón Morenilla, J. M. *La actividad de la administración y el servicio público*, Ed. Comares, Granada, 1998.

Spitzer, P. "Les principes géneraux du droit communautaire dégagés par la Cour de justice des Communautés européennes", en: *Gaz. Pal.* 1986.2 Doctr. p. 732 y s.

Stadler, K. *Subsidiaritätsprinzip und Foederalismus,* Freiburg, 1951.

Stelzer, M. "Was leistet das Prinzip der Rechtssicherheit?", *Die Verwaltung,* 1997, p. 143 y s.

Stirn, B. *Les sources constitutionnelles du droit administratif*, LGDJ, 1995, p. 19 y s.

Sudre, F. "La Communauté européenne et les droits fondamentaux après le traité d'Amsterdam: vers un nouveau système européen de protection des droits de l'homme", en: *JCP*, 1998, I. 100, p. 9.

Swindler, A. "The concept of Rationality in the Work of Max Weber", en: *Sociological Enquiry*, 1973, vol. 43, p. 35 y s.

Teboul, G. "Le droit international non écrit devant le juge administratif", en: *RGDI publ.* 1991.354 s.

Terneyre, Ph "Existe-t-il en droit constitutionnel positif ane hiérarchie des droits fondamentaux?", en: *Colloque de Pau, Journées juridiques francoportugaises,* 9-10 nov. 1990, p. 9.

Teubner, G. "*Substantive and Reflexive Elements in Modern Law*", en: *Law and Society Review*, vol. 17. p. 239 y s.

Thieme, K, "Foederalismus und Subsidiaritätsprinzip", en: *Politeia* I (1948-1949).

Thomas, F. *Le principe de subsidiarité en droit communautaire: sa signification et son impact sur la construction communautaire*, Paris II, 1998.

Thomson, J. E "State Sovereignty in International Relations: bridging the gap between Theory and Empirical Research", en: *International Studies Quarterly*, 1995, N° 39, p. 214 y s.

Tornos Más, J. "La actividad de regulación", en: *El derecho administrativo en el umbral del siglo XXI. Homenaje al Profesor Dr. R. Martin Mateo,* Ed. Tirant lo Blanch, Valencia, 2000, t. I, p. 1329 y s.

Touraine, A. "*Critique de la modernité*", Fayard, col. Livre de poche, 1992.

Train, F. *Le principe de la confiance légitime en contentieux communautaires*, Memoria DEA Bordeaux I (1992), ronéo.

Triantyfallou, D. "La confiance légitime en tant qu'instrument de cohesión en droit communautaire", *RFDA* 2000, p. 246 y s.

Truchet, D. "Les personnes publiques disposent-elles, en droit français, de la liberté d' entreprendre?", en: *D. aff.,* 1996, art. , p 731.

Tulkens, F. "La securité juridique, un idéal á reconsidérer", en: *Revue interdisciplinaire d' études juridiques*, Bruxelles, 1990 N° 24 p. 38 y s.

Turpin, D. "Le juge est-il représentatif? Réponse: oui", en: *Commentaire*, 1992, N° 58, p. 389 y s.

Turpin, D. "Le traitement des antinonies des droits de l'Homme par le Conseil constitutionnel", en: *Droits,* 1985, N° 2, p. 85 y s.

Ubertazzi, G. M. "La tutela dei diritti quesiti del legitimo affidamento nel diritto comunitario", en: *Diritto comunitario e degli scambi internazionali*, 1978, p. 422 y s.

Unger, R. M. *Law in Modern Society, Toward a Criticism of Social Theory*, Free Press, Collier Macmillan Publishers, New York, 1997.

Valembois, A. L. *Le principe de sécurité juridique, principe de droit communautaire et de droit constitutionnel.* Mémoire DEA droit public Dijon, 1997.

Vandelli, L. "Il principio di susidiaritá nel riparto di competenze tra diversi livelli territoriali: a proposito dell'art. 3 B del Tratatto sulla Unione Europea", en: *Rivista italiana di diritto pubblico comunitario,* 1993, N° 3, p. 392 y s.

Vapaille, L. "Le principe de sécurité jurídique: réalité et avenir en droit administratif français", *Petites Affiches* 10 agosto 1999, p. 18 y s.

Vattimo, G. *La fine della modernità. Nihilismo e ermeneutica nella cultura post-moderna*, Garanzi, 1985.

Vecchio, del, G. *Sui principi generali del diritto*, Zanichelli, Bolonia, 1921.

Vedel, G. "Aspects généraux et théoriques", en: *L'unité du droit, Mélanges en Hommage à Roland Drago*, Économica, 1996, p. 1 y esp. p. 7.

Vedel, G. "La loi des 16-24 août 1790: Texte? Prétexte? Contexte?", en: *RFDA*, 1990.698 y s.

Vedel, G. "La place de la Déclaration de 1789 dans le bloc de constitutionnalité", en: *La Déclaration des droits de l'homme et du citoyen et la jurisprudence*, PUF 1989, p. 35 y s., espec. p. 50 y s.

Vedel, G. "Le droit administratif peut-il être indéfiniment jurisprudentiel?", en: *EDGE* 1979-1980, N° 31, p. 31 y s.

Vedel, G. "Le précédent judiciaire en droit public français", en: *Journées de la Société de législation comparée*, vol. IV, 1984, p. 283.

Vedel, G. *La Cour de cassation et la Constitution de la République* PUAM, 1995, p. 286.

Vedel, G. Réflexions sur quelques apports de la jurisprudence du Conseil d'État à la jurisprudence du Conseil constitutionnel", en: *Mélanges René Chapus*, Montchrestien 1992, p. 647 y s., en especial p. 662 y s.

Vedel, G. y Delvolvé, P. *Droit administratif*, PUF, t. 1, 1992, p. 480 y s.

Villar Palasí, J. y Villar Ezcurra, L. "El derecho a la certidumbre y a la incertidumbre en nuestro derecho", en: *La protección jurídica del ciudadano*, Estudios en homenaje al profesor Jesús González Pérez, Civitas 1993 I p. 79 y s.

Vimbert, C. *La tradition républicaine en droit public français*, LGDJ, 1992.

Vincent, G. "L'idée de service public: origine et enjeux", en: *Service publics, solidarité et citoyenneté*, éd, L'Harmattan, 1998, p. 29 y s., esp. p. 37.

Virally, M. *La pensée juridique*, LGDJ 1960.

Vitanyi, B. "Les propositions doctrinales concernant le sens de la notion de principes généraux de droit reconnus par les nations civilisées", en: *RGDI publ.* 1982.48 y s.

Voisset, M. "La reconnaissance de l'existence de principes généraux du droit part le Conseil constitutionnel en: *JCP* 1970.I.2290 *bis*.

Vranken, J. B. M. *Kritiek en methode in de rechtswinding. Een onderzock naar de betekenis van de hermeneutick van H. G. Gadamer voor de analyse van het rechterlijk berlissingsgebeuren*, Deventer, 1978, p. 140 y s.

Vroblewski, J. "L'interprétation en droit: théorie et idéologíe", en: *Archives de philosophie du droit*, 1972, p. 51.

Vroblewski, J. "Principes du droit", en: *Dictionnaire encyclopédique de théorie et de sociologie du droit*, París, LGDJ, 1988, p. 317.

Waline, J. "Le rôle de la volonté dans la théorie de l' acte administratif unilatéral et dans le droit civil des contrats", en: *Le rôle de la volonté dans les actes juridiques. Études à la mémoire du Professeur Alfred Rieg*, Bruylant, Bruselas, 2000, p. 869 y s.

Weber, M. "*Wirtschaft und Gesellschaft*", 5ª ed., J. C. B. Mohr, Tunbingen, 1980 (traducción francesa: *Sociologie du droit*, PUF, 1986).

Weber, M. "Zwischenbetrachtung: Theorie der Stufen und Richtungen religiöser Weltablehnung", en: *Gesammelte Aufsätze zur Religionssoziologie*, Tubingen, J. C. B. Mohr, 1988, p. 537.

Weber-Dürler, B. "*Vertrauensschutz im öffentlichen Recht*", Helbing und Lichtenhahn, Francfort, 1983.

Weinberger, O. *Rechtslogik. Versuch einer Arwendung moderner Logik im Recht*, New York, 1970, p. 278 y s.

Willke, H. Droit réflexif: pour une approche du droit qui favorise la négociation", en: *La négociation*, bajo la dirección de J. Ruegg, N. Mettan y L. Vodoz, Presses polytechniques et universitaires de Lausanne, 1992, p. 270 y s.

Xynopoulos, G. "Réflexions sur le contrôle de proportionnalité en Europe continentale et en Grèce", en: *État, loi, Administration. Mélanges Ep. Spiliotopoulos,* Sakkoulas y Bruylant, 1998, p. 461 s.

Zippelius, Rh. *Einführung in die juristische Methodenlehre*, t. II, Munich, 1974, p. 70 y s.

Zoller, E. *Droit constitutionnel*, PUF, 1998, p. 233.

Índice de autores y nombres citados

Índice

Parte III
Aceptación de nuevos principios generales del derecho

Sede de edición original de los trabajos compilados

Los títulos y la sede de edición original en lengua francesa, de los trabajos que se publican, son los siguientes:

§ 1. *Légitimité des principes généraux et théorie du droit.* Publicado en la *Revue française de droit administratif,* 1999, pp. 722-742.

§ 2. *Actualité des principes généraux du droit.* Publicado en la *Revue française de droit administratif,* 1998, pp. 495-518; y en AVRIL, Pierre y VERPEAUX, Michel (dir.): *Les règles et principes non écrits en droit public* (Université Panthéon-Assas [Paris II] - LGDJ Diffuseur, 2000), pp. 47-78.

§ 3. *Y a-t-il des sources complementaires de la Constitution dans la jurisprudence constitutionnelle française?* Publicado (en inglés) en: *Constitutional Justice under old Constitutions* (ed. E. Smith), Kluver Law International, La Haya, 1995; y la versión francesa (aquí traducida) en: *Les Petites Affiches,* 7 de octubre de 1992, pp. 7-15.

§ 4. *Sur une méthode d'interprétation du Conseil d'Etat français: le recours aux principes dont s'inspirent des textes écrits du droit privé.* Publicado en: *Problèmes d'interprétation. A la mémoire de Constantinos N. Kakouris,* Sakkoulas y Bruylant, 2004, pp. 285-302.

§ 5. *Existe-t-il un principe de subsidiarité fonctionelle? (à propos des rapports entre initiative économique publique et initiative économique priveé dans les États européens).* Publicado en la obra (bajo la dirección) de F. Delpérée, *Le principe de subsidiarité* (Bruselas, ed. Bruylant, 2001), y en la *Revue française de droit administratif,* 2001, pp. 563-588.

§ 6. *Le principe de sécurité juridique en droit constitutionnel français et espagnol.* Traducido sobre el original inédito.

§ 7. *À la recherche d'un fondement constitutionnel du principe de protection de la confiance légitime. Du droit communautaire au droit interne.* Publicado en los *Mélanges en l'honeur de Louis Dubouis,* Paris, Dalloz, 2002, pp. 595-617.

Sobre el prologuista y el traductor

Eduardo García de Enterría (1923-2013), prologa esta obra, quien fue profesor de la Universidad Complutense de Madrid y emérito de esta. Fundador y Director de la *Revista de Administración Pública* y de la *Revista Española de Derecho Administrativo.* Autor, en colaboración, del *Curso de derecho administrativo,* 2 volúmenes, el más famoso de la disciplina en lengua castellana y de numerosas publicaciones. Doctor honoris causa por la Universidad de París I, Sorbona.

Alejandro Vergara Blanco (Talca, Chile, 1959). Profesor Titular de Derecho Administrativo y de Teoría del Derecho de la Facultad de Derecho de la Pontificia Universidad Católica de Chile, en donde desarrolla su labor investigativa (desde 1990). Es además director del Programa de Derecho Administrativo Económico y de la Revista de Derecho Administrativo Económico.

Este libro se enmarca en su preocupación por el método y por el Derecho administrativo.

Entre sus últimas obras en Teoría del Derecho se puede destacar: *Teoría del Derecho. Reglas y principios. Jurisprudencia y doctrina* (Santiago, 2018); *Teoría del Derecho: identidad y transformaciones* (Santiago, 2019); *La batalla de Betti para situar la hermenéutica en medio del método jurídico*, estudio preliminar de su compilación y traducción de la *Teoría de la interpretación* de Emilio Betti (Santiago, 2019) *y Andrés Bello: Escritos sobre fuentes del derecho: Constitución, ley, costumbre y jurisprudencia* y el Estudio preliminar: *Circulación de las ideas jurídicas al inicio de la República: Bentham y Savigny a través de Bello* (2023).

Entre sus últimas obras en materia de derecho administrativo se puede destacar: *Derecho administrativo: identidad y transformaciones* (2018); *Derecho administrativo económico. Sectores regulados: servicios públicos, territorio y recursos naturales* (2018); *El neomoderno Derecho administrativo económico. 20 años de trayectoria de un programa de investigación* (2020), *El Derecho administrativo ante la Jurisprudencia* (2022); *El derecho administrativo como sistema autónomo. El mito del Código Civil como «derecho común». La división «derecho público / derecho privado»* (2023) y El *Sistema de los derechos públicos subjetivos* de Georg Jellinek: Impacto y actualidad en el derecho administrativo, estudio preliminar de su traducción de *Sistema de los derechos públicos subjetivos* de Georg Jellinek (Valencia, 2024).